Knaur

Von Barbara Wendelken sind außerdem erschienen:
Am Anfang stand ein Mord
Schuldige müssen sterben

Über die Autorin:

Barbara Wendelken hat bereits zahlreiche Kinderbücher veröffentlicht. *Hexenzirkel* ist ihr dritter Kriminalroman.

BARBARA
WENDELKEN

Hexenzirkel

ROMAN

Knaur

Besuchen Sie uns im Internet:
www.droemer-knaur.de

Originalausgabe April 2000

Redaktion: Gisela Menza
Umschlaggestaltung: Agentur Zero, München
Satz: Brigitte Apel, Hannover
Umbruch: Ventura Publisher im Verlag
Druck und Bindung: Ebner, Ulm
Printed in Germany
ISBN 3-426-61231-3

2 4 5 3 1

»Glaubst du an eine unsichtbare Wirklichkeit hinter den Erscheinungen?«

Dion Fortune, *Moon Magic*, 1972

FÜR MEINE MUTTER

Sie stellte sich auf Zehenspitzen und tippte mit dem Zeigefinger gegen seine Nase. So wie jeden Morgen. Diesmal hielt er ganz still. Nicht mal die Augenlider zitterten. Er schaffte es, sich überhaupt nicht zu bewegen. Na gut. Sie holte ganz tief Luft, dann pustete sie mitten in sein Gesicht. Und noch einmal. Nichts regte sich. Überrascht wich sie einen Schritt zurück. Ob er wirklich noch schlief? Erst jetzt fiel ihr auf, daß er anders aussah als sonst. Sehr viel blasser, fast schon durchsichtig, mit einem blaugrauen Schimmer über den Wangen, als wäre seine Haut über Nacht ganz dünn geworden. Die Hände hielt er zu Fäusten geballt. Vielleicht war ihm kalt? Aber er war doch bis an die Brust zugedeckt. Sie kitzelte ihn unter dem Kinn, zupfte an seinem Ohrläppchen. Er sollte endlich aufhören mit dem Unsinn, doch er rührte sich nicht. Und er fühlte sich fremd an, wie vertrocknet, ein besseres Wort fiel ihr dafür nicht ein, obwohl sie wußte, daß Menschen nicht über Nacht vertrocknen konnten.

Jetzt stupste sie heftiger, flüsterte seinen Namen, flehte ihn an, sich zu bewegen, wenigstens das Gesicht zu verziehen, zu lächeln, zu weinen, irgend etwas, doch alles war vergeblich. Eine winzige Hoffnung flammte in ihr auf, nämlich daß er sich einen Spaß mit ihr erlaubte, einen grausamen, unheimlichen Spaß, er war ja noch so klein und ahnte vielleicht gar nicht, was er ihr damit antat. Doch sogleich erstarb diese Hoffnung wieder. Etwas Furchtbares war geschehen. Etwas, das sich nie wieder gutmachen ließ.

Auf dem Flur näherten sich Schritte. Jemand öffnete die Tür, schnappte nach Luft. »Christina, was hast du getan, was hast du nur getan?«

[1]

Wann ist der Zauber verschwunden? Wann stand sie zum letztenmal in Flammen, nur weil er kurz aufsah und lächelte, weil er im Vorbeigehen flüchtig ihren Arm berührte, wann brannte zuletzt dieses Feuer, das er, nur er löschen konnte? Müde streicht Christina Martell ihr langes Haar zurück. Sie kann sich nicht erinnern. Es muß Ewigkeiten her sein.

»Der Ofen in der Küche ist ausgegangen. Wir haben schon wieder kein Holz mehr.« Ihre Stimme ist flach und tonlos davon geworden, immer wieder dieselben Worte zu sagen, glatt, ohne Ecken und Kanten, wie ein Kieselstein, dem das Wasser über die Jahre alle Eigenheiten abgewaschen hat. Die ewig gleichen Worte: kein Holz mehr, nichts im Kühlschrank, kein Geld, das Wasser abgestellt.

Er schüttelt unwillig den Kopf. »Jetzt nicht. Du weißt genau, daß das Licht nur am Vormittag wirklich gut ist. Und Haiderbeck sitzt mir mit seiner Ausstellung im Nacken. Ich kümmere mich später um Holz.« Mit großzügigem Schwung peitscht er den vor Farbe triefenden Pinsel über die Leinwand, zieht einen leuchtend blauen Trennungsstrich zwischen sich und die Frau mit den großen, mutlosen Augen. Christinas Platz ist auf der anderen Seite. Zusammen mit den Kindern, die hinten in der Ecke spielen.

Lautlos. Für die Kunst braucht es Stille. Das haben sie früh lernen müssen. Und daß ihr Vater ein Genie ist. Eines, um das sich die Kunstwelt eines Tages reißen wird. Irgendwann einmal, später ...
Wie gut, daß Kinder so bereitwillig an Märchen glauben. Christina Martell hat es verlernt. Ihre Träume sind verhungert. Vielleicht auch erfroren. Im letzten Winter, kurz nach Weihnachten, als dieser strenge Frost herrschte und sie tagelang nichts zum Heizen hatten, nur das Altpapier, das sie in der Dämmerung aus dem städtischen Container klaubten. Ein schnelles Feuer, hohe Flammen, viel Asche, eine allzu vergängliche Illusion von Glück. In jenen kalten Nächten legten sie sich mit Wärmflaschen ins Bett, alle Decken übereinander, die Wintermäntel noch obendrauf, und trotzdem wurde ihnen nicht warm. Ja, damals werden die Träume sich davongemacht haben. An einen dieser fernen Orte, die so verheißungsvolle Namen tragen wie Formentera oder Lanzarote, Ibiza oder Jamaika. Orte, an denen immer die Sonne scheint.
Dem Jungen läuft die Nase. Nachlässig wischt er grünlichen Rotz mit dem Ärmel weg. Genaugenommen hat er immer Schnupfen, das ganze Jahr über. Aber sonst ist er kräftig und gesund. Um ihn macht sie sich eigentlich keine großen Sorgen. Die Kleine dagegen hat es mit den Ohren, chronisch sagt der Arzt. Auch jetzt geht es ihr wieder schlecht. Ihre Wangen glänzen fiebrig, und sie wimmert pausenlos vor sich hin. Wahrscheinlich eine Mittelohrentzündung. Die einzig gute homöopathische Kinderarztpraxis liegt am anderen Ende der Stadt. Viel zu weit, wenn man kein Auto besitzt. Und das Geld für die teuren Medikamente wäre sowieso nicht da. Weil sie nichts haben, nur

Kälte, Schulden und Hunderte von Bildern sowie die vage Versprechung, daß dieser Dr. Haiderbeck eine Ausstellung ausrichten will. In der Galerie CH am Marktplatz.
»Ich frag im Obstladen nach leeren Kisten.« Hat sie das überhaupt laut gesagt? Wenn ja, haben ihre Worte jedenfalls nicht die feuchte blaue Linie durchbrochen. Sobald sie zurück ist, wird sie den Ofen in der Küche anheizen und Kartoffeln kochen. Ein Umschlag aus warmem Kartoffelbrei hat noch immer gegen Ohrenschmerzen geholfen. »Und ihr beide muckst euch nicht, Papa braucht seine Ruhe!«
Der Junge zieht ängstlich den Kopf zwischen die Schultern. Seine blonden Locken müßten dringend gewaschen werden. Mit frisch gewaschenem Haar sieht er aus wie ein kleiner Engel. So manches Mal drehen sich die Leute auf der Straße um. Was für niedliche Kinder! Einmal war sie drauf und dran, ihre Hand auszustrecken, mit der geöffneten Innenfläche nach oben, und zu sagen: Arme Kinder, die sich über eine gesunde Mahlzeit freuen würden. Natürlich hat sie geschwiegen. Es ist ja nicht so, daß sie keinen Stolz hätte. Und so tief gesunken, daß sie betteln müßte, ist sie nun ganz gewiß nicht. Immerhin beziehen sie Sozialhilfe. Wenn nur die Farben nicht so teuer wären, die Pinsel, die vielen Leinwände, die er braucht. Wenn nur dieser Winter nicht so lange dauern würde, wenn wenigstens die Kleine nicht so kränklich wäre, daß es einem das Herz zerreißt, wenn sie doch einmal, ein einziges Mal genug Geld hätten, Geld, Geld, Geld ...
»Bin gleich wieder da«, sagt sie leise. Das Mädchen reagiert nicht. Bei jeder neuen Mittelohrentzündung ist sie so gut wie taub. Sie steckt den Finger in den Mund und gibt

jammernde Laute von sich. Der Junge murmelt etwas, das wie »will mit« klingt, aber sie tut so, als hätte sie nichts gehört.

Der Maler bearbeitet wie besessen die Leinwand. Ein schillernder Exzeß in Nachtblau, schwarz gerändert. Oft schon hat sie sich gefragt, wie es wohl in seinem Kopf aussehen mag. All diese Farben, dieses schäumende geifernde Chaos, in dem aufgerissene Mäuler, schreckerfüllte Augen und herausgerissene Herzen wie körperlose Monster schweben. Manchmal findet er noch irgendwo Platz für winzige schwarze Zeichnungen, etwa eine geballte Faust. Einmal war es ein Tier, ein sanftes Reh mit gesenktem Kopf, das links oben am Bildrand äste. Er stritt es natürlich vehement ab, und als sie darauf bestand, ein Reh zu sehen, übermalte er das Tier mit zornigen Pinselstrichen. Ein kleiner Mord war das, einer den sie ihm bis heute nicht verziehen hat, obwohl das ziemlich kindisch anmutet. Und doch war es, als hätte er ihr ein Geschenk gemacht, ein Geschenk, das er, kaum daß sie sich darüber freute, wieder fortnahm und zerbrach.

»Ein Reh!« hatte er hämisch lachend gesagt. »Du glaubst doch nicht wirklich, daß ich so ein dämliches Reh malen würde, dazu noch so eines, das jeder auf Anhieb erkennen kann! Lächerlich!« Und dann beschimpfte er sie, daß sie seine Kunst nicht verstehen, ja nicht einmal ernst nehmen würde. Er nannte sie sogar stumpfsinnig. Zu Ende geführt haben sie diesen Streit bis heute nicht. Weil er mitten im Satz abbrach und nach seinem Pinsel griff. Malen muß er, immer nur malen. Wie ein böses Fieber überkommt es ihn, urplötzlich und mit solcher Gewalt, daß er sich nicht wehren kann, daß ihm nichts anderes übrigbleibt, als sich zu ergeben. Ein wirklicher Maler, so behauptet er, ist nie frei, nie er selbst. Weil er die Welt durch die Brille der Kunst betrachten muß. Und das verderbe alles – in gewisser Weise jedenfalls.

Ihr ist schon der Gedanke gekommen, daß er in einem früheren Leben eine schwere Schuld auf sich geladen hat und daß dies hier seine Sühne ist, grausame Szenerien auf die Leinwand zu bringen. Und dann denkt sie, daß jede Strafe einmal zu Ende gehen muß und daß er eines Tages vielleicht andere Dinge malen darf, liebliche Landschaften, endlose Weiten, irgendwas Hoffnungsvolles in dieser Art. Kunst, die die Menschen anspricht und die deshalb auch gekauft wird. Denn diese Bilder, die jedes für sich eine verkapselte Hölle darstellen, will niemand haben.

Die Verzweiflung treibt sie raus auf die Straße, wo die Februarluft kühl ist, aber trotzdem tröstlich. Weil es einen weiten blauen Himmel gibt, übersät mit kleinen, freundlichen Wattewölkchen, einen Himmel, der wirklich ist und nicht gemalt. Einen Moment lang prüft sie den Gedanken, einfach nicht zurückzukehren. Fortzulaufen. Fort aus dieser düsteren Höhle am nördlichen Stadtrand, diesem ehemaligen Fischgeschäft, in dem es immer kalt und feucht ist, sogar im Sommer. Fort von diesem Maler, dessen Bilder niemand kaufen will, weil in ihnen der Wahnsinn lauert und sie den Betrachter deshalb das Fürchten lehren. Fort von den Kindern, die sie an sich fesseln mit ihrem Hunger, ihren Krankheiten, mit ihren blassen, spitzen Gesichtern, ihren großen, vorwurfsvollen Augen. Fort von der Verantwortung, ihrer aller Dasein mit den bloßen Händen zusammenzuhalten, ein Familienleben daraus zu binden, als ob das überhaupt möglich wäre.

Die Frau im Gemüseladen schaut mitleidig auf ihre Strickjacke, die weder den Wind noch die Kälte abhalten kann. Und dann greift sie scheinbar wahllos ein paar Äpfel aus den Holzkisten, an denen große Schiefertafeln hängen, auf denen mit gestochen scharfer Kinderschrift Namen stehen wie Ingrid-Marie, Gloster, Jonagold und Red Delicious.
»Für die Kinder«, sagt die Frau, natürlich laut genug, daß jeder im Laden auf ihre vermeintlich gute Tat aufmerksam wird. Nun, die junge Frau weiß es besser, sie hat die bräunlichen Druckstellen sehr wohl gesehen, die die andere blitzschnell nach unten gedreht hat, so daß die Äpfel rot und saftig und unversehrt in ihrer Hand glänzen. Ein winziger Betrug nur, unwichtig, und dennoch ein weiterer Schmerz, der ihre offene Wunde vergrößert.
Doch was bleibt ihr, als sich überschwenglich zu bedanken für das, was ohnehin kein anderer kaufen würde. Fleckiges Obst, leere Kisten, Verpackungsmaterial, das man verheizen kann. Einmal war die Frau da, um seine Bilder anzuschauen. Ihr Mann habe demnächst Geburtstag, den sechzigsten, und sie suche nach einem besonderen Geschenk. Als sie sich umsah, fiel ihr das freundliche Lächeln aus dem Gesicht.
»Ungewöhnlich, ja wirklich. Und sehr anspruchsvoll.« Mehr war ihr nicht eingefallen, und auch für diese paar Worte hatte sie eine Ewigkeit gebraucht, eine Ewigkeit, angefüllt mit peinlichem Schweigen. Natürlich hat sie kein Bild gekauft. In ihrem Haus gibt es sicherlich keinen Platz für schreiende Fragen, die keiner beantworten kann.
Obstkisten sind nicht da. Morgen früh wieder, meint die feiste Gemüsefrau, die niemals hungert, niemals friert. Und daß sie ihren Mann schicken solle. Mit einer Schub-

karre am besten. Morgen früh komme eine größere Partie Äpfel und Birnen aus dem Alten Land, da lohne es sich richtig.
Keine Spankisten. So muß sie wohl wieder einmal in der Tischlerei Stenzel betteln, auch wenn der Besitzer, ein schmieriger dickbäuchiger Kerl unbestimmten Alters, sie jedesmal langsam und genüßlich mit seinen gierigen Blikken auszieht. Einmal hat Stenzel versucht, sie in die Ecke seiner Werkstatt zu drängen. Seine großen, schwieligen Hände legten sich zentnerschwer auf ihre Schultern. »Das ist doch kein Leben für eine wie dich, Mädchen«, hat er gemurmelt, und sein Mund näherte sich dem ihren. Irgendwie ist es ihr gelungen, ihn beiseite zu stoßen und fortzulaufen. »Nix für ungut!« Sein asthmatisches Lachen keuchte ihr bis auf die Straße hinterher. Danach mied sie die Tischlerei für ein paar Wochen, doch jetzt, da die Kleine wieder so krank ist, kann sie sich keinen Stolz mehr leisten.
Stenzel verkauft einen großen Müllsack voller Abfallholz für zwei Mark. Wunderbar trockenes, abgelagertes Holz, das lange brennt. Aber er verkauft nicht an jeden. Den Maler braucht sie gar nicht erst zu schicken. Heute hat sie Glück. Ein junges Ehepaar, das sich eine Küche aus Birkenholz anfertigen lassen will, hält unwissentlich den Tischler in Schach. Bei den Preisen, die laut diskutiert werden, wird ihr schwindlig. Diesmal ist das Brennholz billig. Zwei Säkke für vier Mark und einen feuchten Hundeblick.
Die junge Frau macht sich auf den Heimweg. Zurück zu dem Mann, den sie einmal geliebt hat und den sie wohl immer noch lieben würde, wenn sie nicht so müde und ausgelaugt wäre, viel zu erschöpft für derartig große Gefühle.

Zurück zu den Kindern, deren Mutter sie ist. Die blauen Müllsäcke sind ziemlich schwer. Mehrmals bleibt sie unterwegs stehen, um ihre verkrampften Hände auszuschütteln. Ein älteres Ehepaar, einheitlich in kleinkariertes Beige gekleidet, macht einen großen Bogen um die junge Frau in der verfilzten Strickjacke, deren langer Rock trotzig rot leuchtet.

»Solche hätte man früher ins Arbeitslager gesteckt«, knurrt der Mann. Seine Gattin nickt und zieht verächtlich die Nase hoch.

Die beiden Kinder hocken immer noch auf der alten Matratze. Der Junge fährt lautlos mit einem Tannenzapfen Auto. Die Kleine ist eingeschlafen. Ihr magerer Körper ist nach hinten gekippt. Sie atmet schnorchelnd durch den Mund.

Das Atelier war früher ein Fischgeschäft. Die grünen Kacheln an den Wänden zeugen immer noch davon. Und der Geruch, manchmal nach Salz und Meer, dann wieder nach zu lange gelagertem Meeresgetier. Nun, ein wirkliches Atelier kostet ein Vermögen an Miete, das Haus dagegen mit dem ehemaligen Laden, der von außen wie ein angeklebtes Aquarium wirkt, nur vierhundertfünfzig Mark. Mehr kann man für ein verwohntes Gebäude mit Ofenheizung und uralten Fenstern auch nicht verlangen. Doch da waren die großen Schaufenster und damit Licht. Viel später erst haben sie gemerkt, daß die Fenster nach Osten rausgehen, daß sie nur die Morgensonne einfangen, schon mittags fressen die dunkelgrünen Kacheln das ganze Tageslicht auf. Die Küche liegt nach Süden, aber sie ist so winzig klein, daß man sich kaum darin bewegen kann. In der Wohnstube sind Matratzen auf dem Boden. Hier wird geschlafen. Die beiden Zimmer oben kann man nicht heizen. Außerdem sind die Fenster undicht, und es regnet herein, vor allem, wenn der Wind von Nordwesten kommt und das ist in diesen unfreundlichen Frühlingswochen beinahe täglich der Fall.

Manchmal, wenn er aus seinen selbstgemalten Träumen aufwacht, spricht er davon, Kaninchen anzuschaffen. Gras genug hätten sie hinter dem Haus. Und dann sucht er nach Rezepten, will das Kaninchen in Weißwein und italienischen Kräutern garen, natürlich nicht, ohne es vorher mit Knoblauchzehen gespickt zu haben. Diese Phasen sind allerdings nur kurz, sie reichen nicht einmal für den Bau eines Stalls.

Nachdenklich betrachtet die junge Frau ihre Fingernägel. Brüchig sind sie und nicht gerade sauber. Doch seit der Ofen in dem primitiven Badezimmer seinen Geist aufgegeben hat, muß sie ins Schwimmbad gehen, wenn sie sich duschen will. Und das kostet jedesmal zwei Mark. Zwei Mark oder auch zwei Liter Milch für die Kinder. Und überhaupt, wer schaut schon auf ihre Hände. Höchstens die Frau im Gemüseladen, aber die hat sich ihr Urteil ohnehin längst gebildet.

Er steht immer noch vor der Leinwand, breitbeinig, den Kopf leicht in den Nacken gelegt. Den linken Arm hält er hinter dem Rücken, mit dem rechten tupft er noch mehr Blau ins Bild. Nach jedem Pinselstrich geht er zwei, drei Schritte zurück, um sein Werk als Ganzes zu betrachten. Ein zufriedener Feldherr. Stolz. Einer, der nichts davon wissen will, daß es heute keine Obstkisten zum Verheizen gab. Daß sie deshalb den widerlichen Stenzel in seiner Tischlerei aufsuchen mußte, vor dem sie sich fürchtet, weil

er kein Hehl aus seinen schmutzigen Gedanken macht. Daß die Kleine wieder krank ist. Daß auch dieses Bild wohl keinen Käufer finden wird.
Auf einmal möchte sie nur noch fort. Fort aus dieser erdrückenden Jämmerlichkeit, an deren Anfang sie sich kaum erinnern kann und deren Ende nicht absehbar ist, fort aus diesem schmutzigen, klebrigen Sumpf, der einen tiefer zieht und immer noch tiefer, bis man keine Luft mehr bekommt und erstickt.
Auch die größte, die einzigartigste Liebe muß an irgendeiner Stelle geerdet sein, damit sie nicht wie ein Luftballon davonfliegt. Sie haben es versäumt, ihr Glück in der Wirklichkeit anzuleinen, und jetzt ist es zu spät.

»Wir rufen Euch, Wächter der Türme des Ostens, Mächte der Luft und der Phantasie, wir bitten Euch in diesen Kreis. Helft uns, klärt unseren Geist, erhellt unsere Gedanken, auf daß wir unseren Weg erkennen können. Seid gesegnet!
Wir rufen Euch, Wächter der Türme des Südens, Mächte des Feuers und der Gefühle, wir bitten Euch in diesen Kreis. Helft uns, wärmt unsere Herzen, erfüllt sie mit Liebe, Zuversicht und Kraft, auf daß wir unser wahres Selbst erkennen und dazu stehen können. Seid gesegnet!
Wir rufen Euch, Wächter der Türme des Westens, Mächte des Wassers und der Intuition, wir bitten Euch in diesen Kreis. Helft uns, erleuchtet unser Bewußtsein, auf daß wir unsere Fehler erkennen und daraus lernen können. Seid gesegnet!
Wir rufen Euch, Wächter der Türme des Nordens, Mächte der Großen Mutter und der Erde, wir bitten Euch in diesen

Kreis. Gebt uns Stärke, laßt uns ganz und gegenwärtig werden, auf daß es uns gelingt, unsere Schwierigkeiten zu überwinden. Laßt uns zu uns selbst finden. Seid gesegnet!«

Inmitten eines Kreises aus unzähligen brennenden Teelichtern sitzen fünf Frauen. Heute nacht tragen sie mit Stolz die Namen, die außerhalb des Covens nicht ausgesprochen werden dürfen. Freya, Isis, Themis, Litha und Flora. Es sind die Namen der Göttinnen, denen sie sich nahe fühlen. Ein dunkles Purpurrot ist die Farbe ihrer langen schlichten Gewänder. Auf den Boden haben sie ein Pentagramm aus goldenen Bändern gelegt. An jeder der fünf Ecken sitzt eine Frau, vor sich eine brennende Kerze aus Bienenwachs. Die halb aufgeblühte weiße Rose im Zentrum des Pentagramms ist das Symbol für die Große Göttin.

Freya, die geistige Führerin des Kreises, beugt sich vor, um ein wenig Sandelholzpulver auf die glühende Holzkohle in einer dreifüßigen Kupferschale zu schütten. Angenehm süßlicher Duft steigt auf und erfüllt den Raum.

Die Frauen atmen langsam und gleichmäßig und in genau demselben Rhythmus.

»Aradia, Mutter der Hexen, wir rufen dich an, wir beschwören dich, steh uns heute nacht bei, öffne unser drittes Auge.« Freyas Stimme klingt heiser.

»Wir beschwören dich, öffne unser drittes Auge!« wiederholen gleichzeitig die vier anderen Frauen mit monotoner Stimme.

Jetzt greift Freya nach einem Becher, in dem sich frisch aufgebrühter Safrantee befindet. Sie trinkt ein paar Schlucke, dann sagt sie eindringlich: »Mein Name ist Freya. Ich habe die Kontrolle über meinen Körper. Wenn ich ihn heute nacht auf meinen eigenen Wunsch verlasse, kann ich jederzeit zurückkehren.« Sie reicht den Becher an Isis weiter, die es ihr gleichtut.

Auch die beiden nächsten Frauen schließen sich an. Nur Flora, die links von Freya sitzt und damit die letzte in der Runde ist, schüttelt entschieden den Kopf. »Mein Name ist Flora. Ich werde heute nacht nicht meinen Körper verlassen.« Auch den Safrantee rührt sie nicht an.

Freya nickt. Niemand hier wird zu Dingen gezwungen, denen er sich nicht gewachsen fühlt. Alles muß freiwillig geschehen.

Isis, die rechts neben Freya sitzt, wiegt kaum merklich ihren Oberkörper vor und zurück. Ihr Atem geht so ruhig und gleichmäßig wie das Pendel einer Uhr, auf und ab und auf und ab. Auf ihrem Gesicht liegt ein sanftes, abwesendes Lächeln.

Aus der kupfernen Weihrauchschale kräuselt sich Rauch in dünnen Fäden zur Decke empor. Die Stille verdichtet sich, wird zu absolutem Frieden, zu grenzenloser Liebe, zu einem Verstehen ohne Worte. Ab und zu schaut eine von ihnen auf und lächelt. Themis drückt zärtlich Lithas Hand. Ja, es ist wahr, was in den Büchern steht. Jede Frau trägt tief in sich verborgene Kräfte. Kräfte, die sich zu einer großen Macht vereinigen lassen.

Isis, die immer noch im Rhythmus ihres Atems vor und zurück schaukelt, scheint auf geheimnisvolle Weise von innen heraus zu leuchten. In diesem Moment ist sie wahrhaftig aufgestiegen und zu einer Göttin geworden, in diesem Moment erfährt sie vielleicht als erste hier eine Ahnung von Unendlichkeit.

Die Änderung kommt völlig unerwartet. Urplötzlich wird

ihr Atem schneller, oberflächlicher, gerät aus dem Takt, ihre Hände zucken nervös, ruckartig schnellt ihr Oberkörper vor, sie wirft den Kopf hin und her, ihre Lider flattern, ihr Gesicht verzieht sich unwillig, und dann entrinnt ihrer Kehle ein hoher, beinahe unmenschlicher Laut, der ihnen Schauer des Entsetzens einjagt. Mit einem gequälten Aufschluchzen sinkt Isis zur Seite, liegt plötzlich auf dem Boden, preßt die geballten Fäuste vor ihre Augen, während ihre Beine wie unter einem Anfall rhythmisch zucken. Mit dem Knie stößt sie gegen den Becher mit Tee, der überschwappt. Freya greift geistesgegenwärtig nach der Kerze aus Bienenwachs, und auch die anderen bringen ihre Kerzen in Sicherheit.

Alles implodiert, stürzt mit unglaublicher Geschwindigkeit in sich zusammen. Dort, wo sie eben noch auf einer Woge aus vollkommener Harmonie geschwebt haben, stürzen sie jetzt in einem mächtigen Strudel aus Panik und Entsetzen hinab. Auf einen Schlag hat Isis alle Göttlichkeit verloren, auch von der geheimnisvollen Energie, die sie alle getragen hat, ist nichts mehr zu spüren. Isis' hohes, dünnes Kinderweinen reißt tiefe Wunden in die Stille. Der Teelichterkreis flackert hektisch, der Rauch der aus der Schale aufsteigt, zeichnet bizarre, monströse Schattengestalten in die Luft. Die Angst bohrt sich mit spitzem Dolch in ihre geöffneten, schutzlosen Herzen.

Litha verläßt den Kreis als erste. Sie steigt über die Lichterkette, stolpert rückwärts, bis sie die sichere Wand hinter sich spürt. Dort kauert sie sich mit angezogenen Knien hin, die Arme fest um die Beine geschlungen, das Kinn auf die Knie gestützt. Wie immer, wenn unerwartete Dinge über sie hereinbrechen, ist sie unfähig, sich zu rühren. Sie hockt

einfach nur da und beobachtet mit riesengroßen Augen das Geschehen.
»Verdammt, was sollen wir tun?« jammert Freya. Alles, was sie vorher über solche Situationen gelesen hat, ist in diesem Moment spurlos aus ihrem Kopf verschwunden. »Bleib ruhig, ganz ruhig. Du kommst jetzt zurück, hörst du mich? Du mußt zurückkommen!« bettelt sie, doch ihre Stimme quietscht vor Panik und hat damit jegliche Überzeugungskraft verloren. »Isis, sprich mir bitte nach: Ich habe die Kontrolle über meinen Körper! Ich kehre jetzt in meinen Körper zurück!« Ihre Hände greifen nach Isis' Schultern und rütteln wie wild daran, doch deren gesamte Muskulatur hat sich verkrampft, steinhart fühlt sie sich an wie eine zu stramm gestopfte Puppe, wie ein Ding, ein lebloses Ding ohne eigenen Willen. Erschrocken zieht sie ihre Hände zurück. »Wach auf, Isis«, fleht sie, »wach bitte auf, es ist vorbei, du kannst deinen Körper wieder kontrollieren, glaub es mir, es geht ganz leicht, du kehrst jetzt zu uns zurück, alles ist wieder in Ordnung, Schatz, es ist ja gut, ich halte dich …«
Vielleicht hätte sie sehr viel lauter schreien sollen, vielleicht hätte sie ihre Freundin härter anfassen müssen, sie womöglich ohrfeigen, rechts und links, man liest ja manchmal in Büchern, daß hysterische Anfälle sich dadurch unterbrechen lassen. Aber das hier hat nichts mit Hysterie zu tun. Isis hat eine Grenze überschritten, und scheinbar ist sie jetzt auf der anderen Seite gefangen. Was, wenn sie nie wieder zurückfindet? Wenn das hier den Tod der Person Isis bedeutet, der Isis, die sie alle kennen und lieben? Was, wenn Isis sich für den Rest ihres irdischen Daseins in eine überdrehte Spieluhr verwandelt hat, eine, deren Me-

chanik niemand anhalten kann, die sich drehen muß, drehen und drehen – ihren grausigen Veitstanz tanzen bis in alle Unendlichkeit.

Immer noch jammert sie in den höchsten Tönen, heult sie wie ein Tier in unermeßlichen Todesqualen, immer noch schlägt sie mit den Füßen auf den Boden, jetzt greift sie mit den Händen in ihr langes blondes Haar, als wollte sie dicke Strähnen davon ausreißen.

Längst existiert kein magischer Kreis mehr, keine sphärischen Schwingungen, keine Harmonie, jede für sich ist allein und vollkommen verloren in ihrer schrecklichen Angst. Themis kriecht auf allen vieren im Kreis und pustet ein Teelicht nach dem anderen aus.

Flora hat es zum Fenster gezogen. Sie, die kleinste und jüngste von ihnen, die mit ihrer strohblonden Strubbelfrisur an ein vorwitziges Gänseblümchen erinnert, schluchzt so heftig, daß sie einen Schluckauf davon bekommen hat. In ihrer Angst schlägt sie ein Kreuz vor ihrer Brust, dann faltet sie die Hände und beginnt mit lauter Kinderstimme zu beten. Nichts anderes als der 23. Psalm ist ihr eingefallen: Der Herr ist mein Hirte, mir wird nicht mangeln. Er weidet mich auf einer grünen Aue und führet mich zum frischen Wasser. Dabei vermeidet sie es nach Möglichkeit, eine der anderen Frauen anzusehen.

Immer noch hockt die dritte von ihnen, Litha, regungslos vor der Wand. Als Isis' Schreie schriller werden, hält sie sich die Ohren zu.

In Freyas Kopf geht alles drunter und drüber. Ein paar Erste-Hilfe-Regeln fallen ihr ein, die sie vor Jahren bei der Führerscheinprüfung gelernt hat, etwa daß man einen Bewußtlosen in stabile Seitenlage bringen sollte, damit er nicht an seinem Erbrochenen erstickt. Dann erinnert sie sich unscharf an einen Kugelschreiber, den man durch den Hals stechen muß, wenn der Verletzte keine Luft mehr bekommt. Doch all das ist schrecklich absurd, hilft ihr jetzt und hier auch nicht weiter. Isis ist schließlich nicht krank. Sie befindet sich in Trance, ja, möglicherweise wohnen sie alle einem Körperaustritt bei. Nur daß er nicht so gut verläuft, wie er hätte verlaufen sollen. Die Ärmste befindet sich auf einem Horrortrip, und irgendwie müssen sie ihr da raushelfen. Ohne es zu merken, hat Freya sich die Unterlippe aufgebissen, und ein winziges Rinnsal aus Blut läuft über ihr Kinn.

»Scheiße, ich weiß auch nicht, eine von euch muß die Beine nehmen«, ordnet sie mit erstaunlich fester Stimme an, und ausgerechnet Flora, die kleinste und schwächste von allen, gehorcht auf der Stelle. Sie stürzt sich geradezu auf Isis' zuckende Beine und setzt sich rittlings darauf, während Freya verzweifelt versucht, deren verkrampfte Finger aus ihrem Haar zu lösen.

Keine von ihnen soll später sagen können, wie lange dieser Zustand angedauert hat, nur daß es Ewigkeiten waren, daß es kein Ende nehmen wollte, das wird in ihren Köpfen haftenbleiben. Und daß sie nie zuvor etwas ähnlich Furchtbares, Unheimliches erlebt haben. Daß es ein Kampf war, ein Kampf gegen eine unbekannte Macht, die man bestenfalls als Wahnsinn und schlimmstenfalls als den Leibhaftigen selbst bezeichnen könnte – wenn man überhaupt den Mut hätte, näher darüber nachzudenken.

Flora hockt auf Isis' Beinen und betet, Freya liegt quer über ihrem Oberkörper und brüllt hysterisch, daß jetzt alles Schreckliche in die Erde fließe, ob sie es nicht end-

lich merken könne, Themis umkreist die drei mit langen Schritten: »Hör auf, hör bitte damit auf!« Litha klebt immer noch verschreckt mit dem Rücken an der Wand.

Da endlich verstummen Isis' klägliche Schreie, ein letztes schwaches Aufbäumen, dann erschlafft ihr Körper, fällt in sich zusammen wie ein Luftballon, dem alle Luft entwichen ist.

Zögernd schlägt sie ihre Augen auf. Das Entsetzen darin läßt Flora erneut aufschluchzen. Auch Themis, die endlich stehengeblieben ist, kann ihre Tränen nicht länger zurückhalten. »O mein Gott, was haben wir nur getan?« Mit der rechten Hand zerrt sie am Halsausschnitt ihres Gewands, bis die Naht krachend aufreißt.

Flora, die immer noch auf Isis' Unterschenkeln hockt, rückt verschämt von ihr ab. »Entschuldige bitte, ich hoffe, ich habe dir nicht weh getan.« Ihre kleinen Kinderhände, geschmückt mit zahlreichen Silberringen, streicheln nervös über Isis' feuchtes Haar. »Jetzt geht es wieder, nicht wahr?« fragt sie flehend. »Jetzt ist doch alles wieder okay, nicht?«

Im Hintergrund nimmt Litha zögernd die Hände von ihren Ohren, so als könnte sie noch gar nicht recht glauben, daß die Stille endgültig sein soll. Ihr Gesicht ist vor lauter Angst in seine Einzelteile zerfallen, zwei Augen, eine Nase, ein Mund, die jemand nachlässig auf ein weißes Papieroval geklebt hat.

»Was hast du gesehen? Was hast du eben gesehen?« Freya kann nicht länger an sich halten. Ihre Stimme bebt vor unterdrückter Erregung. »War es Feuer? Ein Scheiterhaufen? Wollte man dich verbrennen? Hast du dich an ein früheres Leben erinnert? An ein Leben als Hexe?«

Augenblicklich hält sich Litha, die von nichts wissen will, wieder die Ohren zu.
Wie in Zeitlupe schüttelt Isis den Kopf. »Ein Kind«, flüstert sie tonlos. »ich habe ein totes Kind gesehen. Es war so ... kalt.« Sie verbirgt ihr Gesicht in ihren Händen. »So schrecklich kalt.«

Kaum daß sie in ihrem Audi A 6 sitzt, der noch so neu ist, daß er nach Fabrik riecht, weiß Rena Antorius, daß sie nie wieder Themis sein wird. Falls sie es denn jemals wirklich gewesen ist. Während sie in ihrer Handtasche nach Zigaretten kramt, gesteht sie sich ein, daß ihre Erleichterung darüber, daß Isis wieder in die Realität zurückgefunden hat, nicht ganz uneigennützig ist. Man stelle sich nur vor, sie hätten einen Krankenwagen rufen müssen. Und erklären, wie die Frau in diesen Zustand gekommen ist. Mein Gott, das hätte unweigerlich ihren beruflichen Untergang bedeutet. Die männlichen Kollegen hätten sich die Hände gerieben. Nein, es muß andere Möglichkeiten geben, seine weiblichen Wurzeln zu entdecken. Sie schnipst den Namen Themis und alles, was damit zusammenhängt, mit der halbgerauchten Kippe aus dem Wagenfenster und gibt dann Gas, froh, noch einmal davongekommen zu sein.

[2]

Manchmal weiß Gisbert Liedke nicht mehr, warum er sich ausgerechnet dieses Leben ausgesucht hat. Warum er jeden Morgen um fünf aufsteht, um noch vor Tagesanbruch seine Einkäufe in den zugigen Großmarkthallen zu tätigen, warum er seine Tage in dieser dunklen, schlecht belüfteten Restaurantküche verbringt, Seite an Seite mit Harald Mertens, den er im Grunde nicht ausstehen kann, aber trotzdem braucht, und mit einem Lehrling ohne jeden beruflichen Ehrgeiz, der jetzt schon davon spricht, daß er später in irgendeiner Werkskantine arbeiten will – wegen der angenehmeren Arbeitszeiten. Liedke fragt sich, warum er in Michelin-Stern-Qualität für Menschen kocht, die sich daheim von Dosen und Fertiggerichten ernähren und die das Filet eines Salzlamms von dem eines tiefgefrorenen Neuseelandlamms aus dem Supermarkt nur am Preis unterscheiden können, warum er jeden Dienstag vor einer Klasse von Auszubildenden steht, denen er die Finessen der Hohen Küche vermittelt, obwohl er genau weiß, daß die meisten nach ihrer Ausbildung zu lang gebratene Zigeuner- und Jägerschnitzel oder Pizza aus Fertigteig zubereiten werden, sofern sie überhaupt im Beruf bleiben.

An Tagen wie diesem, an denen seine Füße vom langen Stehen so angeschwollen sind, daß die Nähte seiner luftgepolsterten NIKE-Turnschuhe ins Fleisch schneiden, sehnt er sich in das klare Raster eines geregelten Angestelltendaseins. Auf fünf Arbeitstage zu je acht Stunden würde ein freies Wochenende folgen, am Monatsende fände sich ein vertrauter Betrag auf dem Kontoauszug. Jemand anderes wäre verantwortlich für den Betrieb, die Kalkulation, die Buchführung, jemand anderes müßte die schwarzen Zahlen zähmen, die so gern von der Haben- auf die Sollseite flüchten.

Oben in der kleinen Wohnung über dem Lokal schläft Jelka, seine Tochter. Ohne daß er es bemerkt hat, ist sie fünfzehn geworden, eine junge Frau, beinahe schon erwachsen. Wo sind die Jahre nur geblieben? Gisbert Liedke ist müde, schrecklich müde, und er fühlt sich irgendwie betrogen. Nur daß er beim besten Willen nicht weiß, wer ihn eigentlich geprellt hat. Und worum. Jedes seiner dreiundfünfzig Lebensjahre erscheint ihm heute abend wie eine schwere Last, wobei die Jahre nach Iras Tod doppelt und dreifach wiegen.

Leise quietschend öffnet sich die Tür zum Lokal. Ach ja, die wollte er längst schon ölen, aber Liedke ist kein Handwerker, er ist Koch. Vielleicht würde er Harald Mertens darum bitten.

»Da ist noch eine wegen der Anzeige gekommen. Soll ich sie wegschicken?«

Auch Nadja Polzin hört man die Erschöpfung an, ihre Stimme klingt dünn und blutleer. Seit vier Jahren ist sie in der Weißen Taube für den Service zuständig. Am Anfang war Gisbert Liedke ein bißchen verliebt in die zierliche Frau mit den dunklen Haaren, mehrmals versuchte er, ihr näher zu kommen. Aber seine Avancen waren wohl zu ungeschickt, jedenfalls ging sie nicht darauf ein. Im nachhinein ist es natürlich besser so. Frauen nehmen solche Dinge immer gleich so ernst.

»Schick sie ruhig rein«, sagt er. Nicht daß die Stelle als Spülhilfe noch zu vergeben wäre. Gerade gestern hat er sich für eine zuverlässig wirkende Frau in den Fünfzigern entschieden, überzeugt davon, daß seine eigene Generation die einzige ist, der man heutzutage noch vertrauen kann. Nein, er sagt es, weil die Zeit einfach nicht vergehen will, weil immer noch Gäste im Lokal sitzen und er nicht abschließen kann, weil seine Füße und sein steifer Rücken ihn gleichermaßen quälen. Später dann wird er sich einbilden, daß eine geheimnisvolle Ahnung ihn dazu getrieben hätte, aber das ist blanker Unsinn.

Die Frau, die Nadja hereinführt, ist jung, bestimmt noch keine dreißig. Sie trägt einen bodenlangen kirschroten Seidenrock und darunter derbe Wanderstiefel mit leuchtend blauen Schnürbändern. Ihr in der Mitte gescheiteltes Haar reicht beinahe bis auf die Hüften, hat die Farbe reifer Weizenfelder und riecht nach Honig und Sommer. Wie eine Erscheinung lehnt sie da im Türrahmen, wie eine heidnische Göttin aus der Vergangenheit. Das Licht, das aus dem Lokal fällt, umrahmt ihre Gestalt wie ein Heiligenschein. Gisbert Liedke wird es eng in der Brust. Mit belegter Stimme bietet er der Frau einen Platz an. Und Nadja, Nadja schickt er einfach fort. Vorher muß sie allerdings noch ein Rotweinglas holen. Das erstaunte Anheben ihrer Augenbrauen übersieht er der Einfachheit halber.

Wie schon gesagt, die Stelle ist bereits vergeben, und wäre sie noch zu haben gewesen, er hätte sie, die Schöne, die

Göttin unter gar keinen Umständen eingestellt. Einem Frevel käme es gleich, sie an ein Spülbecken zu stellen, ihre schlanken, wohlgeformten Hände in heißes Seifenwasser zu zwingen, in dem aufgeweichte Speisereste schwimmen.

Sie stellt sich als Christina Martell vor. Christina. Ein häufiger Name, der ihn trotzdem an diesem Abend eigentümlich berührt, so als hätte er ihn zum erstenmal richtig gehört. Christina Martell spricht langsam, ohne großartige Betonung reiht sie die Worte aneinander, doch ein Hauch Melancholie in ihrer samtigen dunklen Stimme verleiht dem, was sie sagt, eine besondere Bedeutung.

Seit langer Zeit hat Liedke sich für keine Frau mehr interessiert, jedenfalls nicht ernsthaft. Seine Sexualität besteht aus hektischem Masturbieren unter der Bettdecke, nachts, wenn er nicht einschlafen kann. Doch soeben ist ein Wunder geschehen. Soeben hat der Himmel die Erde geküßt, für einen kurzen Moment nur, aber dafür um so heftiger. Gisbert Liedke fühlt die Liebe in sich wachsen, er weiß, daß er diese Frau nicht mehr aus seinem Leben fortgehen lassen darf. Christina Martell ist sein Schicksal. Und so wagt er das, was er noch nie in seinem Leben gewagt hat, er schließt die Augen und springt ins Bodenlose, lädt eine wildfremde Frau zum Essen ein, wohlwissend, daß ihm eine harmlose Mahlzeit nicht genug sein wird.

Seit jenem Abend hat er nichts mehr von ihr gehört. Komisch, jetzt, da sie nicht mehr da ist, bekommen ihre Worte ein ganz anderes Gewicht, werden urplötzlich wahr. Es ist verdammt kalt in der Bude, kein Wunder, daß die Kinder ewig erkältet waren, und gestern, als es den ganzen

Tag lang geregnet hat, begriff er, warum sie von einem Aquarium gesprochen hat. Das Wasser rann an den Schaufensterscheiben herunter. Er wagte nicht zu prüfen, ob von innen oder außen, weil er lieber nicht wissen wollte, ob er der Fisch im Wasser ist, den jeder begaffen darf, oder aber der Zuschauer, der von hier aus die anderen beobachtet. Letzteres wäre ihm weitaus angenehmer, natürlich, und darum hält er sich daran. Die anderen sind die Fische, die immer brav im Schwarm bleiben, weil sie glauben, daß derjenige, der ausschert, vom bösen Hai gefressen wird.

Er hat Christina vorgeworfen, sie sei egoistisch und kleinbürgerlich, ihr würden die Visionen im Leben fehlen, und außerdem bekomme sie nichts auf die Reihe. Ein Ballast sei sie für ihn mit ihrer ewigen Jammerei nach Geld, eine Belastung, die er nur wegen der Kinder ertragen habe. Und wenn sie ihn verlassen wolle, bitte sehr, er als unehelicher Vater habe ja keine Handhabe, um die Kinder bei sich zu behalten. Und sie komme ja sowieso zurück. Weil sie allein gar nicht überlebensfähig sei. Und weil sie verrückt nach ihm sei ... Und dann hat er sie rückwärts auf die Matratze gestoßen. Und sie hat sich nicht gewehrt, wie immer, hat sehr bald schon gebettelt und gestöhnt und ihr Kleid hochgezogen. Gegangen ist sie trotzdem. Weil gegen Abend ihre Freundin Thora erschien, bei der sie jetzt wohnt.

Was soll der Scheiß, hat er gefragt, als sie ihre Klamotten in die Taschen stopfte. Willst du mich erpressen oder was? Sie hat natürlich nur vielsagend die Augenbrauen hochgezogen. So als wäre er zu blöde, um das alles zu verstehen. Aber das ist ja sowieso ihre Art. Sich groß was einzubilden. Auf ihr Abitur, das Studium. Auf die vielen Bücher, die sie gelesen hat. Auf die Filme, die sie sich früher im Kino angeschaut hat. So gesehen war es wirklich nicht leicht mit ihr. Wer kommt sich schon gern wie ein ungebildeter Depp vor? Aber er hat sie trotzdem geliebt. Wirklich. Ja, schlimmer, er liebt sie immer noch. Und die Vorstellung, daß seine Familie in diesem Augenblick bei dieser Thora lebt, die einen mit ihren dunklen Augen anschauen kann, daß es einem durch Mark und Bein geht, so als hätte sie den bösen Blick, macht ihn schier wahnsinnig. So wahnsinnig, daß er seit Tagen kein Bild mehr zustande gebracht hat. Und das, obwohl dieser Dr. Haiderbeck ständig auf der Matte steht. Wenn er wenigstens ein paar Skizzen zu Papier bringen könnte, irgendwas Brauchbares, was er dem Haiderbeck in den gierigen Schlund stopfen könnte, damit der endlich seine Klappe hält. Aber sein Kopf ist leer, seine Hand praktisch taub. So wie es aussieht, war Christina seine Inspiration. Ohne sie kann er nicht malen. Wenn sie ihm wenigstens Laura gelassen hätte, die kleine, sanfte, lächelnde Laura, deren Farbe ein sonniges Gelb ist.

Sabine Paschke sitzt in dem geblümten Ohrensessel, die Beine auf den dazugehörigen Hocker gelegt, und starrt mit zusammengezogenen Augenbrauen ins Leere. Beide Arme hält sie fest über ihrem gewölbten Bauch verschränkt, die Lippen sind trotzig aufeinandergepreßt. Seit Tagen ist das ihre liebste Haltung. Sie spricht nicht, sie lacht nicht, sie sitzt da wie eingefroren. Christoph Paschke weiß gar nicht, wann seine Frau zuletzt die Wohnung verlassen hat. Wenn es was zu besorgen gibt, muß er sich selbst bemühen. Mal tun ihr die Füße weh, mal ist sie zu müde, dann wieder klagt sie über Rückenschmerzen. Vernünftig gekocht hat sie die ganze Woche noch nicht, dabei legt sie doch sonst so großen Wert auf eine ausgewogene, gesunde Ernährung. Gerade jetzt in der Schwangerschaft.

»Sag mal, was ist eigentlich los mit dir? Du machst so einen niedergeschlagenen Eindruck. Fühlst du dich nicht wohl?«

Es dauert eine ganze Weile, bis seine Worte in ihr Bewußtsein dringen. »Wieso?«

Er schiebt ihre Beine ein wenig zur Seite, damit er auf der Kante des Hockers sitzen kann. »Komm, Sabine, da stimmt doch was nicht. Hast du Probleme? Hängt es mit diesen Mittwochabend-Treffen zusammen? Du warst schon einen ganzen Monat nicht mehr dort.«

Auf einen Schlag weicht alle Farbe aus ihrem ohnehin schon so blassen Gesicht. »Seit wann interessierst du dich für meinen Coven? Ich denke, das ist alles nur Blödsinn?« fährt sie ihn an.

Christoph Paschke hebt beschwichtigend die Hände. So wie es aussieht, hat er ja wohl mitten in ein Wespennest gestochen. Sieh an, diese Mittwochabende sind also der Grund für Sabines dauerhaft schlechte Laune. Zugegeben, am Anfang war er ziemlich irritiert, als seine Frau ihm erklärte, sie wolle mit vier gleichgesinnten Frauen einen Hexenzirkel gründen. Die Vorstellung, daß Sabine dort in ihrem komischen selbstgenähten Kleid rumhüpfte (vor seinem geistigen Auge sah er sie immer wild und ekstatisch um ein flackerndes Feuer tanzen), machte ihn geradezu aggressiv. Weil er beim besten Willen nicht verstand, wie sie mit ihrer akademischen Ausbildung diesen ganzen Blödsinn ernst nehmen konnte. Ein paarmal versuchte er Sabine auf den Boden der Tatsachen zurückzuziehen. Das

kann doch nicht wahr sein! Hexenrituale, ich bitte dich! Und er wurde ziemlich laut dabei. Doch sie ließ sich nicht beirren. Behauptete sogar, daß die Vorstellung eines wiederkehrenden Matriarchats ihm Angst einflöße. Lächerlich! Das, was vielleicht vor tausend Jahren einmal war, soll sich wiederholen? Ein Matriarchat! Und was sollen die Männer dann machen? Zu Hause bleiben und die Kinder aufziehen? Haha. Nun ja, in jeder Ehe gibt es Dinge, über die man keine Einigung erzielen kann. Im Laufe der Monate hat es sich so eingebürgert, daß sie nicht mehr über das sprachen, was dort passierte. Sie taten so, als handelte es sich um einen dieser allgemein üblichen Frauenabende, wo man sich trifft, um über Gott und die Welt zu quatschen. Und eines war nicht zu übersehen, ganz gleich, was dort geschah, es tat Sabine gut. Sie ist im letzten Jahr sehr viel ruhiger geworden, ausgeglichener, ja, sogar die heißersehnte Schwangerschaft hat sich eingestellt. Jetzt allerdings muß da etwas vorgefallen sein. Etwas, über das sie partout nicht reden will.
»Habt ihr euch gestritten?« Natürlich merkt er sofort, wie lächerlich seine Frage klingt. So als wäre sie ein Kind, das sich mit seinen Spielkameraden gezankt hat. Kein Wunder, daß sie ihre Mundwinkel spöttisch herabzieht.
»Wir haben für eine Weile mit unseren Treffen aufgehört. Aus Gründen, über die ich jedoch nicht sprechen möchte.«
Damit aufgehört, einfach so, das kann er kaum glauben.
»Paß mal auf. Du lädst deine Freundinnen zu uns ein. Ich hole euch ein paar Leckereien vom Italiener, ein paar Flaschen Wein, und dann räume ich das Feld. Egal, was vorgefallen ist, ihr seid doch erwachsene Frauen, die ihre

Probleme vernünftig miteinander besprechen können. Schließlich arbeitest du in einer Erziehungsberatungsstelle.« Er lacht albern.
»Falls du eine Ausrede benötigst, weil du dich mit deinen Freunden zum Squash treffen willst, brauchst du nicht länger danach zu suchen. Du kannst ruhig gehen! Es stört mich nicht im geringsten.« Mit der linken Hand angelt sie nach der Fernbedienung. Ein leises Knacken, schon füllt sich die Mattscheibe mit Leben. Ulrich Wickert verkündet die neuesten Nachrichten so laut, daß jedes weitere Gespräch unmöglich erscheint, doch Sabine stellt die Lautstärke noch höher.

»Ich will nicht, daß du wieder heiratest. Wir brauchen keine Frau.« Mit dem Handrücken wischt Jelka ihre Tränen fort. Das hat sie schon als ganz kleines Mädchen so gemacht. Weil sie nie ein Taschentuch finden konnte. Als er sich vorbeugt, um ihre Wange zu tätscheln, weicht sie seiner Hand aus. »Wenn du wieder heiratest, verzeihe ich dir das nie.«
Alles spielt sich genauso ab, wie Christina es prophezeit hat. Eine Fünfzehnjährige, der man von heute auf morgen eine neue Mutter vor die Nase setzt, fühlt sich hintergangen, bestohlen, damit mußt du rechnen, lauteten ihre Worte. Kinder mögen keine drastischen Veränderungen in ihrem Leben. Er hatte sie ausgelacht. Ach was, da kennst du aber meine Jelka schlecht. Die ist ein ganz vernünftiges Mädchen. Durch Iras Tod besteht zwischen uns eine außergewöhnlich enge Bindung, wir beide können über alles sprechen. Sie wird mich verstehen.
Von wegen.

»Ich rede kein Wort mit ihr. Dazu kannst du mich nicht zwingen.«
»Ach komm, das ist doch Blödsinn. Überleg mal, wir werden endlich eine richtige Familie sein.« Natürlich hat er damit genau das Falsche gesagt.
»Guck mal an«, fährt sie auf, »und vorher war alles Mist, was? Schön, daß du mal ehrlich bist. Ich dachte nämlich bisher, daß wir beide auch eine richtige Familie sind und daß wir es sehr schön miteinander haben. Nur du und ich ... und meinetwegen noch das Lokal.«
»Es war ja auch schön«, beeilt er sich zu versichern. »Aber ich habe doch viel zuwenig Zeit für dich. Wie du selbst schon sagst, du und ich und das Lokal. Glaubst du, ich habe ein gutes Gewissen, wenn ich Abend für Abend unten in der Küche stehe und mein einziges Kind hockt oben einsam vor dem Fernseher?«
»Ach, meinetwegen willst du heiraten? Nee danke, das ist nicht nötig. Mir gefällt mein Leben so, wie es ist. Ich brauche keine Mutter, die mir nachspioniert. Ich bin gern für mich allein.«
»Jelka, Kind, nun beruhige dich doch bitte. Man kann nicht über einen Menschen urteilen, dem man noch niemals begegnet ist! Nun warte erst einmal ab. Am nächsten Sonntag habe ich Christina zum Kaffee eingeladen. Dann wirst du selbst sehen, daß sie ...«
»Glaub bloß nicht, daß ich auch nur ein nettes Wort zu ihr sage. Das werde ich niemals tun, nicht in hundert Jahren. Ich werde ihr das Leben zur Hölle machen. Darauf kannst du Gift nehmen!« Trotzig schiebt sie die Unterlippe vor. Schon wieder fühlt er sich an früher erinnert, an eine Jelka, die bunte Shorts und Ringelsöckchen trug.

»Nun laß mich doch erst einmal zu Ende reden. Ich habe dir noch gar nicht erzählt, daß Christina auch Kinder hat, ein Mädchen und einen Jungen, zwei und drei sind die beiden erst. Ganz süß. Die wirst du bestimmt liebhaben.«
Noch ein Fehler. »Sag mal, wie alt ist die denn, wenn sie so kleine Kinder hat ... sechsundzwanzig??? So jung? Und du bist über fünfzig? Das ist ja ekelhaft!« Zum erstenmal, seit er sich erinnern kann, ist ihm seine Tochter fremd. Weil sie ihn anschaut, als würde sie ihn aus tiefster Seele verachten. Noch ehe Liedke einfällt, wie er einer Fünfzehnjährigen die Liebe erklären soll, stürzt sie mit einem unterdrückten Schluchzer aus dem Zimmer.
Gisbert Liedke beschließt, sich nicht zu grämen. Wenn Jelka ihre zukünftige Mutter erst kennenlernt, werden sich all ihre Vorbehalte in Wohlgefallen auflösen. Ja, genauso wird sich alles abspielen. Christina war auch der Meinung.

Johanna Lauritz, genauer gesagt Kriminaloberkommissarin Johanna Lauritz, wischt mit dem Ärmel über ihren Schreibtisch. Kein guter Einfall, denn jetzt ziert der Kaffee, den sie gerade ungeschickt vergossen hat, nicht mehr die Schreibtischplatte, sondern statt dessen das Strickbündchen ihres Pullovers. Allerdings ist er kunterbunt gestreift, da fällt das nicht so auf.
»Das kriegen Sie nie mehr raus«, orakelt Cora Samcke mit düsterer Miene. »Übrigens, der Chef hat Ende der Woche Geburtstag. Aber das wissen Sie ja wohl besser als ich.«
Seit Johanna vor nunmehr neun Monaten ein einziges Mal mit dem Mann aus den Träumen der Sekretärin eine Nacht verbracht hat, ist sie zu deren erklärter Lieblingsfeindin ge-

worden. Was den Arbeitsalltag immer wieder mit netten kleinen Sticheleien aufheitert.
»Tatsächlich? Wie alt wird er denn?« fragt Johanna, bevor sie ausgiebig gähnt. Als äußeres Zeichen dafür, daß Heyne ihr völlig egal ist.
Die Samcke kneift mißtrauisch ihre perfekt geschminkten Augen zusammen, dann murmelt sie: »Fünfzig. Deshalb dachte ich, daß wir ein bißchen was auf die Beine stellen.«
»Wie wäre es mit einem Jahresabo im Fitneßcenter?« schlägt Kriminalobermeister Edgar Lohse vor. »Mit fünfzig muß man langsam an die Figur denken ...« Grinsend pumpt er seinen Bizeps auf Luftballongröße. Lohse selbst verbringt seine gesamte Freizeit im Fitneßcenter. Er steckt unglaubliche Energien in den Aufbau und Erhalt seines zugegeben beeindruckend athletischen Körpers.
»Das hat Herr Heyne gewiß nicht nötig«, schnieft Cora Samcke, und sie schaut Lohses Oberarmmuskel an, als säße dort ein ekelerregendes Tier. Das allgemeine Gelächter erträgt sie tapfer.
In diesem Moment öffnet sich schwungvoll die Bürotür. Hauptkommissar Stefan Heyne betritt die Szene. Cora Samcke, die wie ein verknallter Teenager errötet, beugt sich rasch über die Kaffeemaschine. Johanna hat da weniger Hemmungen. Ungeniert betrachtet sie ihren Chef. Fünfzig. Trotz der unregelmäßigen Dienstzeiten inklusive unzähliger Überstunden, die offiziell abgebummelt werden sollen, aber mangels Personal dann doch vergütet werden, hat er sich gut gehalten. Da hat die Samcke schon recht.
Wenn es um Stefan Heyne geht, sind Johannas Gefühle in etwa so konkret wie die Umrisse eine Feuerqualle. Man

kann nicht so genau erkennen, wo sie beginnen und wo sie enden. Aber wehe, wenn man mitten hineingerät. Das kann höllisch brennen. Ganz ohne Frage ist Hauptkommissar Stefan Heyne ein attraktiver Mann, groß, schlank, schnauzbärtig, mit ersten Silberfäden an den dunklen Schläfen. Auf eine etwas steife, distanzierte Art kann er sogar nett sein. Einmal sind die beiden volltrunken in Johannas Bett gelandet, doch sämtliche Erinnerungen an pikante Einzelheiten sind dem Alkohol zum Opfer gefallen. Nur daß Heyne dieser Sündenfall am nächsten Morgen so peinlich war, daß er sich wie eine verklemmte alte Jungfer aufgeführt hat, ist bei Johanna haftengeblieben. Und irgendwo, tief in ihrem Innersten, nimmt sie ihm das immer noch ein wenig übel.
Dann und wann trinkt man nach dem Dienst ein Bier oder einen Rotwein, um Berufliches zu besprechen, doch bestimmte Grenzen werden nicht mehr überschritten. Heynes Privatleben ist ein Buch mit sieben Siegeln, und das nicht nur für Johanna. Nach Feierabend reduziert sich der Chef des Ersten Kommissariats für seine Mitarbeiter auf eine Adresse in einem anonymen Hochhaus und eine Handynummer.
»Ist was? Warum guckt ihr so? Habe ich meine Jacke verkehrt herum an?« Mit gerunzelten Brauen schaut Heyne an sich hinab. Natürlich ist alles perfekt. Wie immer. Das Tweedjackett paßt zur Breitcordhose, die Socken wiederholen das Rostrot des Hemds, Krawatte und Schuhe haben sich auf ein dezentes Kaffeebraun geeinigt.
Johanna, die es salopp mag, am liebsten Leder und Turnschuhe, wendet sich ab. So viel guten Geschmack kann sie am frühen Morgen einfach nicht ertragen. Vielleicht sollte

man Heyne zum Geburtstag eine Jeans aus dem Secondhandshop holen. Eine, die mindestens fünfzigmal gewaschen ist, einmal für jedes Lebensjahr.

»Also, Frau Paschke, wie schon gesagt, es ist alles in bester Ordnung.« Über die Ränder seiner Hornbrille hinweg mustert Dr. Schell seine Patientin. Sie macht ihm Sorgen. Ohne jeden ersichtlichen Grund scheint sie seit kurzem davon überzeugt, daß etwas mit ihrem Ungeborenen nicht in Ordnung ist. Ständig verlangt sie Ultraschallaufnahmen oder mindestens eine gründliche Untersuchung. Dabei liegt nicht der geringste Anlaß zur Sorge vor. Gut, mit einundvierzig Jahren ist sie relativ alt für eine Erstgebärende, doch die Schwangerschaft ist bislang völlig unproblematisch verlaufen. Die Fruchtwasseruntersuchung in der achten Woche war in Ordnung, so daß man sich in dieser Richtung keine Sorgen zu machen braucht, alle Werte liegen in der Norm, der Fötus entwickelt sich prächtig, und trotzdem ist die Frau davon überzeugt, daß ihr Kind sich in Gefahr befindet. Merkwürdig. Er krakelt ein unleserliches »Ehemann« auf den Rand der Karteikarte. Genau. Er wird nachher den Ehemann anrufen. Irgendeinen Grund muß es doch für die Wesensveränderung von Sabine Paschke geben. Und er als ein über die gesetzlich geforderten Maßnahmen hinaus engagierter Arzt wird den Grund herausfinden. Am Ende ist die Frau psychisch gestört, und er weiß gar nichts davon. Oder aber es liegt eine familiäre Belastung in dieser Richtung vor.
»Was ich auch nicht verstehe, Dr. Schell«, klagt sie jetzt mit weinerlicher Stimme, »sind diese Schmerzen, wenn ich im Bett liege. Das kann doch nicht normal sein. Vielleicht

löst sich bei mir der Mutterkuchen vorzeitig, so was gibt es doch, nicht wahr?«

Ach du große Güte, was redet diese Frau sich jetzt schon wieder ein? Er setzt ein väterlich-beruhigendes Lächeln auf. »Meine liebe Frau Paschke, ihr Kind kommt in etwa fünf Wochen zur Welt. So langsam wird es mit dem Platz ein wenig eng. Nicht wahr? Da kann es schon mal ziehen, wenn das Baby kräftig strampelt. Das ist vollkommen normal. Sie gehen doch zur Schwangerschaftsgymnastik. Reden Sie dort ruhig mal mit den anderen Müttern, die werden Ihnen ganz Ähnliches berichten. Dem Baby geht es wunderbar. Wir haben doch erst vor zwei Wochen einen Ultraschall gemacht. Von einer vorzeitigen Plazentaablösung kann bei Ihnen gar keine Rede sein. Wo haben Sie das nur wieder aufgeschnappt?«

Gar zu gern würde Sabine Paschke seinen Worten Glauben schenken, und vor ein paar Wochen hätte sie das auch getan. Zu Beginn ihrer Schwangerschaft erschien Dr. Schell ihr wirklich vertrauenswürdig, er wirkte absolut kompetent und überzeugend, und allgemein heißt es ja auch, er sei der beste Gynäkologe in der Stadt. Doch jetzt erinnert er sie an einen geldgierigen Scharlatan, dem das Wohl seiner Patienten völlig gleichgültig ist. Wie kann er sich so sicher sein? Er hat sie doch kaum untersucht. »Es ist aber kein harmloses Ziehen«, setzt sie an. »Mehr so ein Stechen, ziemlich doll sogar! Meistens auf der linken Seite.«

Dr. Schell winkt ab. »Sie sollten sich nicht immer soviel Sorgen machen. Freuen Sie sich auf das Baby. Gehen Sie in die Stadt, und kaufen Sie einen hübschen Strampelanzug!«

Seine eigene Frau kommt immer auf andere Gedanken, wenn sie einkaufen gehen kann. Doch diese Patientin sieht ihn an, als hätte er ihr einen unsittlichen Antrag gemacht. Mein Gott, unauffällig schielt er auf seine Armbanduhr, erst halb elf. Im Wartezimmer sitzen mindestens noch vier Schwangere. Hystera ist griechisch und bedeutet Gebärmutter. Früher nahm man an, daß dort der Ausgangspunkt der Hysterie liegt. An schlechten Tagen, und heute ist ein schlechter Tag, kann Dr. Schell dieser Überlegung durchaus etwas abgewinnen. Er hätte auf seinen Vater hören und Augenarzt werden sollen! Seinen Vorsatz, den Ehemann nach dem Grund für Frau Paschkes momentanen Seelenzustand zu befragen, vergißt er, sobald die Tür sich hinter der Patientin schließt. Die Nächste bitte.

Die Idee, Heyne nach ihrem Geschmack einzukleiden, hat Johanna wieder verworfen. Eine stinknormale Jeans! Er würde wahrscheinlich vor Scham sterben. Statt dessen gibt es jetzt zwei sündhaft teure Gläser aus der Günther Lambert Kollektion, zusammen mit einer Flasche Glenfiddich Malt Whisky. Ein Vorschlag von Cora Samcke, so herrlich neutral, daß niemandem ein Gegenargument eingefallen wäre, wenn er denn überhaupt danach gesucht hätte.
Selbstredend weiß ein Mann wie Hauptkommissar Heyne, was sich gehört. Er bedankt sich mit angemessenen Worten: »In meinem Alter ... gemütlich zu Hause sitzen ... immer schon gern Whisky getrunken ... blablabla.«
Um Viertel vor vier klopft es. Zwei nette Damen in feschen blendendweißen Kitteln, über der linken Brust bestickt mit einem dezenten, aber dennoch gut lesbaren roten Emblem, das sie als Angestellte der Firma Feinkost Scharringhausen ausweist, tragen kalte Platten auf. Aal, Lachs und Forelle, Putenbrust, Schinken und Schweinefilet, alles mit reichlich

Dill, Gürkchen und Tomatenrosen verziert, dazu ein Henkelkorb mit frischen Brötchen und eine üppig bestückte Käseplatte werden, begleitet von einem freundlichen Lächeln, das irgendwie einstudiert wirkt, auf den Schreibtischen verteilt. Kaum daß sie aus der Tür sind, knallen die Sektkorken. Noch mal herzlichen Glückwunsch. Die anderen Abteilungen schauen kurz rein, bringen Blumen, werden dafür mit Sekt bewirtet. Um Viertel nach vier weiß Johanna, daß sie besser mit dem Bus heimfahren sollte. Um fünf bestellt Heyne per Telefon noch eine Kiste Mumm. Die Häppchen gehen bereits zu Ende. Nur noch Forelle und Schinken sind übrig. Edgar Lohse knutscht hinter dem Garderobenständer mit der Praktikantin aus dem Rauschgiftdezernat, einer kessen Brünetten, von der Johanna nie im Leben gedacht hätte, daß sie auf Machos steht. Im Nebenzimmer säuselt Roland Bierwirth mit schwerer Zunge durchs Telefon, daß es noch dauern wird. Der offizielle Teil der Feier sei noch nicht zu Ende. Seine Frau knallt empört den Hörer auf.

Um halb sieben hat sich das Büro geleert. Die meisten sind gegangen – und haben ihre Mäntel mitgenommen. Lohse und die Praktikantin knutschen immer noch hinter dem Garderobenständer. Nur daß der mangels Garderobe keinen Sichtschutz mehr darstellt. Roland Bierwirth befindet sich seit einer halben Stunde auf dem Heimweg, behauptet er jedenfalls. Doch immer wieder überredet er sich selbst zu einem letzten Glas Sekt. Stefan Heyne schneidet den restlichen Käse in kleine Würfel, die er unter den Anwesenden verteilt.

»War doch schön«, säuselt Cora Samcke. Mit seligem Lächeln räumt sie die Gläser zusammen.

»Lassen Sie nur«, wehrt Heyne ab. »Ich habe mit der Putzfrau gesprochen. Sie kommt morgen früh eine halbe Stunde eher und bringt hier alles in Ordnung.« Er dreht sich zu Johanna um. »Das bezahle ich natürlich extra! Gehen wir noch was essen?«

Aus rein pragmatischen Gründen willigt Johanna ein. Die paar bunten Häppchen in ihrem Bauch waren der Alkoholflut einfach nicht gewachsen. Ihr Magen benötigt dringend was Handfestes, um ihren Geist wieder auf Vordermann zu bringen. Und ihr Kühlschrank bietet da keine großen Möglichkeiten.

»Was hältst du vom Franzosen? Da können wir zu Fuß hingehen.«

Oho. Sekt macht den Chef leichtsinnig. Die Artischocke ist das mit Abstand teuerste Lokal der Stadt. Und trotzdem stets überlaufen.

»Ohne Vorbestellung kriegen wir da keinen Tisch.« Da ist sich Johanna ganz sicher.

Heyne lächelt. »Das laß mal meine Sorge sein. Ich kenne den Inhaber ziemlich gut. Der findet schon ein Plätzchen für uns.«

Ganz Kavalier, zieht er Johannas Lederjacke vom Garderobenständer. Wobei er es sich nicht verkneifen kann, dem schwer beschäftigten Edgar Lohse auf die Schulter zu klopfen. »Wir hauen ab. Viel Spaß noch! Und daß mir keine Schweinereien zu Ohren kommen!«

»Bis morgen dann!« Heyne hebt grüßend die Hand. Roland Bierwirth winkt müde mit einem Käsewürfel. Als Johanna sich umschaut, steht Cora Samcke an Heynes Schreibtisch und heult. Er hat alles stehenlassen. Die Überreste des Büfetts, seine Geschenke und die Sekretärin.

Nachdem Heyne den Franzosen dann doch nicht so gut wie versprochen kannte und sie dort keinen Tisch bekommen haben, sind Johanna und ihr Chef nach einem Kurzaufenthalt bei McDonald's in seiner Wohnung gelandet. Selbstredend ist Johanna nur aus Neugierde mitgegangen. Lange schon möchte sie wissen, wie es in Heynes Privatleben aussieht. Daß ihr Herz rast, daß ihre Knie sich anfühlen, als hätte sie einen Tausendmeterlauf hinter sich, muß wohl am Alkohol liegen. Johannas Vorstellung davon, welche Einrichtung zu ihrem Chef passen könnte, ist ziemlich klar umrissen. Chromglänzende Designermöbel, schick, aber ein bißchen kühl, eine teure Anlage, eine gut sortierte CD-Sammlung mit dem Schwerpunkt Klassik, vor den Fenstern vielleicht diese weißen Lamellen, die man in Arztpraxen und Anwaltskanzleien findet. Auf jeden Fall nur dezente Farben, viel Schwarz wahrscheinlich.
Heyne wohnt im vierten Stock. Der Aufzug ruckelt und gibt seltsame Geräusche von sich, unter anderem so ein langgezogenes, gequältes Quietschen, das entstehen könnte, wenn ein Stahlseil kurz vor dem Reißen steht. Johanna ist froh, als die Tür sich öffnet. Auf dem Rückweg, das ist jetzt schon gewiß, wird sie die Treppe nehmen.
Die Klingel an Heynes Wohnungstür ist zunächst einmal so ein billiges Plastikdings von anno irgendwann, das mit Schreibmaschine getippte Schild so blaß, daß man den Namen nur mit Mühe entziffern kann. Na ja, das beweist nur, daß Stefan Heyne hier schon sehr lange wohnen muß. Jetzt öffnet er mit Schwung die Tür in seine Intimsphäre. Hereinspaziert. Nach zwei Schritten die erste Pause, Heyne bückt sich und zieht seine Straßenschuhe aus, um sie in den Schuhschrank zu ihresgleichen zu stellen, dann schlüpft er

in graue Kunstlederpantoffeln, wie man sie für fünfzehn Mark auf jedem Grabbeltisch kaufen kann. Johanna schluckt. Als nächstes zieht Heyne seinen Mantel aus. Bedächtig, um nicht zu sagen liebevoll, zupft er das gute Stück auf dem Bügel zurecht. »Das ist Ziegenveloursleder. Der kostet im Laden weit über tausend Mark!« Zärtlich fährt er mit dem Zeigefinger an der Knopfleiste entlang. »Fühl mal, wie weich das Leder ist.«
Johanna fühlt nicht. »Tausend Mark für einen Mantel? Du mußt ja ein Vermögen für Klamotten ausgeben.« Genau. Das wollte sie immer schon mal loswerden.
»Ach was. Ich kaufe mir praktisch gar nichts. Höchstens dann und wann ein Paar Schuhe.« Irgendwie kann Johanna nicht verhindern, daß ihr Blick auf seine Pantoffeln runterrutscht. Mühsam arbeitet sie sich wieder an den dezent dunkelgrau gewandeten Beinen hoch, über das elegante Sakko, den langweilig gestreiften Binder, das dem Anlaß entsprechend feierliche weiße Hemd, bis sie endlich wieder in Heynes grinsendem Gesicht landet. »Meine Schwester ist mit dem größten Herrenausstatter von Augsburg verheiratet. Die schickt mir regelmäßig Pakete. Ein Anzug, zwei Hemden, zwei Paar Socken, zwei Binder. Alles mit einem Wäschestift gekennzeichnet, damit ich später nicht vergesse, was zusammengehört. Erika behauptet nämlich, daß ich keinen Geschmack habe.« Schon wieder plumpst Johannas Blick auf die Billigpantoffeln. Heyne merkt nichts davon. Er plappert munter weiter. »Erika ist zehn Jahre älter als ich, und weil ich noch nicht verheiratet bin, fühlt sie sich für mich verantwortlich.«
Noch nicht verheiratet hat er gesagt. Laut und deutlich. Und das an seinem fünfzigsten Geburtstag. Aufgrund eines

leichten Schwindelgefühls muß Johanna sich an der Wand abstützen. Stefan Heyne, der bestangezogene Mann im ganzen Polizeipräsidium, wird also von seiner großen Schwester eingekleidet. Und er wartet immer noch auf die wahre Liebe. Wenn das Cora Samcke wüßte.

Von irgendwoher taucht eine Katze auf. Schwarz mit weißen Pfoten, klein, dünn und höchstwahrscheinlich uralt, denn sie bewegt sich, als würde jeder Schritt ihr Schmerzen bereiten.

»Darf ich vorstellen, das ist Käthe.«

Johanna, die immer noch schwer an den neuen Wahrheiten über ihren Chef zu tragen hat, bückt sich pflichtschuldig, um die Katze zu streicheln. Die faucht unwillig. Finger weg!

»Sie ist ein bißchen schüchtern«, erklärt Heyne. »Wir haben nur sehr selten Besuch. Setz dich schon mal, ich füttere Käthe, und dann hol ich uns was zu trinken.« Er öffnet eine der Türen.

Das Wohnzimmer hat die gute Erika jedenfalls nicht eingerichtet, das erkennt Johanna auf einen Blick. Von wegen schicke Designermöbel! Eine kreuzbrave Polstergarnitur in Nebelgrau, auf der sich dickbäuchige Kissen aus Samt und Brokat breitmachen, ein Couchtisch mit einem eingelassenen Kupferrelief und als Krönung ein völlig unmoderner Schrank, Nußbaumfurnier mit schwarzen Eisenfüßen, dessen Blickfang der Fernsehapparat ist. Irgendwo liegt eine dunkel gemusterte Brücke mit ordentlich gekämmten Fransen, warum gerade an dieser Stelle und nicht anderswo, läßt sich weder aus logischen noch aus ästhetischen Gründen erklären. Langweilige Möbel, langweilige Gardinen, eine langweilige Lampe, ein langweiliges Zim-

mer. mühsam erobert Johanna sich ein freies Plätzchen zwischen den Kissenbergen. Wie nicht anders zu erwarten, ist das Sofa viel zu weich gepolstert. Bei Sex auf diesem Sofa wird man wahrscheinlich seekrank.
»So, Käthe ist versorgt.« Mit dynamischen Schritten stolziert Heyne, den sie wegen seiner synthetischen Leisetreter nicht hat kommen hören, zum Nußbaumschrank, wobei er einen kleinen Schlenker um die Brücke macht. Mit wichtiger Miene plaziert er jetzt drei Plastikuntersetzer auf dem Tisch, zwei kleinere für Gläser, einen größeren für die Flasche. Bei Johannas Großeltern zeigten diese Plastiktellerchen Blumensträuße, Heyne seinerseits hat sich für hochinteressante Jagdszenen entschieden. Bei einem weiteren Gang zum Nußbaumschrank holt Heyne Gläser und den Wein.
»Ein ganz besonderer Tropfen«, verspricht er augenzwinkernd. »Ein Dornfelder aus der Gegend von Heilbronn. Ich fahre zweimal im Jahr selbst hin und decke mich mit ein paar Kisten ein. Magst du was knabbern?« Schon eilt er wieder von dannen, um wenig später eine blaue Glasschale mit gesalzenen Erdnüssen auf den Tisch zu stellen. Er schaut skeptisch, dann rückte er die Schale weiter in die Mitte, was natürlich um Klassen besser aussieht. »So.«
Inzwischen ist Käthe auf der Bildfläche erschienen. Ein hochnäsiger Blick streift Johanna, dann springt die Katze mit einem entschlossenen Satz auf einen der beiden Sessel.
»Nanana!« Spielerisch droht Heyne mit dem Zeigefinger. »Wo sollst du liegen?«
Entweder sie weiß es nicht oder aber sie weiß es sehr wohl, es interessiert sie aber nicht. Auf jeden Fall leckt Käthe seelenruhig ihre Vorderpfoten ab. Heyne fühlt sich genötigt,

seine Katze auf den anderen Sessel zu tragen. Dort bedeckt ein Handtuch die gesamte Sitzfläche. »Sie haart nämlich so«, erklärt er Johanna. »Ach, da kann ich uns ja auch gleich mal was Schönes auflegen«, fällt ihm jetzt ein. Mit sicherem Griff zieht er eine CD aus dem Regal. Kurz darauf schwappt die ölige Stimme von Barry Manilow, eingebettet in den Sound eines großen Orchesters, aus den Lautsprecherboxen.

Endlich hat Heyne alle Vorbereitungen getroffen. Aufatmend sinkt er direkt neben Johanna auf die Couch, die aufgeregt rauf- und runterwippt. Die Hände auf den Knien, ein Kissen im Rücken, lächelt er so erwartungsvoll, daß Johanna wie unter Zwang ihr Glas leert. Der Dornfelder schmeckt wirklich gut. Da hat Heyne schon recht. Aber er steigt ganz schön zu Kopf. Oder wie ist es sonst zu erklären, daß sie immer noch hier sitzt. Heyne trinkt sein Glas ebenfalls aus, dann schenkt er nach. Die Musik scheint seiner Stimmung sehr zuträglich, jetzt singt er sogar leise mit. Leider einen halben Ton zu tief. Wie zufällig liegt sein linker Arm auf der Lehne des Sofas, und als Barry Manilow seine Stimme zu einem pompösen Crescendo emporschraubt, rutscht er auf Johannas Schulter.

»Johanna«, säuselt er, »du hast was an dir, das macht mich richtig verrückt. Sei ehrlich, so cool, wie du dich immer gibst, bist du gar nicht.« Mit Schwung stößt er sich vom Sofakissen ab, um sich mit seinem ganzen Körpergewicht gegen Johanna fallen zu lassen. Die rechte Hand setzt sich in Bewegung, wandert zielstrebig vom Knie aufwärts. Sein Kuß ist warm und ein bißchen zu feucht. Jetzt zieht er sein rechtes Bein auf die Couch. Es gibt ein leises Geräusch, als sein Pantoffel auf den Boden fällt. »Ich spüre seit Monaten, daß du scharf darauf bist. Komm, entspann dich, Baby, es wird dir gefallen ...«

Ja, es stimmt, denkt sie verzweifelt. Ich wollte. Bis vorhin. Aber jetzt will ich nicht mehr.

»Du, Stefan, ich ...«

»Ja, ich weiß, du kannst es nicht länger aushalten.« Das Geräusch, das entsteht, wenn ein Reißverschluß hastig runtergezogen wird, kann ziemlich ernüchternd sein. Ratsch. Der Widerstand in Johanna wächst. Nicht in diesem Zimmer. Nicht auf dieser Couch. Nicht zu dieser Musik. Und nicht mit diesem Mann, der sein Weinglas nach jedem Schluck so gekonnt in der Mitte des Untersetzers plaziert. Nein, hier hilft auch kein amerikanischer Schnulzenkönig mehr, die Stimmung ist hin.

Mit sanfter Gewalt drängt sie ihn zurück. »Du, Stefan, tut mir leid, wenn du mein Verhalten anders ausgelegt hast. Aber ich will nicht.«

Sein Unterkiefer klappt runter, ein verständnisloses »Häää?« fällt heraus. »Und warum bist du dann mitgekommen?«

Johanna richtet sich kerzengerade auf. »Weil du mich zu einem Glas Wein eingeladen hast. Und das ist bei mir nicht gleichbedeutend mit Beischlaf.« Kaum zu glauben, wie klar sie sich noch artikulieren kann.

Ihr Chef hat da weitaus größere Schwierigkeiten. »Stell dich doch nicht so verklemmt an! Ich denke, du bist so emanzipiert!« keucht er empört, wobei er für das letzte Wort zwei Anläufe braucht.

»Bin ich auch«, erwidert sie sanft lächelnd. »Deshalb sage ich ja klar und deutlich nein, wenn ich keine Lust habe.«

Heyne ist so sauer, daß er sich den Umweg über das Weinglas spart und gleich aus der Flasche trinkt. »Keine Lust? Wieso bist du dann mitgekommen?« beschwert er sich ein weiteres Mal.

Die Wahrheit ist nicht für seine Ohren bestimmt. Seit Monaten glimmt da etwas zwischen ihnen, etwas, das manchmal geheimnisvoll aufleuchtete, das Johanna manchmal verrückte Sachen träumen ließ, wider alle Vernunft, das soeben jedoch für alle Zeiten erloschen ist. Der geheime Zauber ist gebrochen, ist ihnen unter den Händen weggestorben. Auf einmal ist es ganz leicht, diese Tür zu schließen. Endgültig. So als würde man ein Buch zuklappen. Die letzte Seite ist gelesen. Mehr wird nicht passieren.

»Es ist wohl besser, wenn ich jetzt gehe.«

Seine Antwort besteht aus einem weiteren Schluck aus der Rotweinflasche. Daß Käthe, die kleine Anarchistin, inzwischen den Sessel gewechselt hat, scheint ihn nicht mehr zu interessieren.

Die Nacht vor dem Frühlingsanfang ist bitterkalt. Eine hauchdünne glitzernde Schicht aus Rauhreif überzieht den Bürgersteig. Ganz behutsam setzt Johanna ihre Schritte, ein paarmal bleibt sie stehen und betrachtet zufrieden die gleichmäßige Schnur aus Fußabdrücken. Im Märchen hat Hänsel Kieselsteine ausgelegt, um später den Weg zurückzufinden. In der Wirklichkeit gibt es kein Zurück. Die Fußabdrücke formieren sich zu Wellenlinien, zu Zickzackmustern, Johannas fröhliches Lachen verschwindet in der Dunkelheit.

[3]

Unruhig wandert Sabine Paschke auf und ab. Ihre Hände hält sie unter ihrem Bauch gefaltet. Ihrem Baby geht es gut, der Arzt hat es heute nachmittag gesagt. Da, die Herztöne sind wunderbar, und Sie spüren doch selbst, wie kräftig es strampelt. Ich weiß gar nicht, warum Sie so besorgt sind, hat er sich gewundert.

Wie hätte sie ihm ihre Befürchtungen erklären sollen? Isis' Vision ist zu ihrem Alptraum geworden. Beinahe ist sie schon fest davon überzeugt, daß ihr Kind tot zur Welt kommen wird. Blau und kalt, so wie die andere es beschrieben hat.

Seit jenem Abend haben sie sich nicht mehr getroffen. Aber das hilft auch nicht gegen die Angst.

Große Göttin, hilf mir, fleht sie lautlos, steh mir und meinem Kind bei! Dabei weiß sie schon längst nicht mehr, ob es diese Große Göttin überhaupt gibt. Heißt es nicht in der Bibel: Es gibt nur einen Gott! Du sollst keine Götter haben neben mir! Vielleicht haben sie Frevel betrieben, sich der Gotteslästerung schuldig gemacht. Und zur Strafe wird man ihrem Kind die Seele verweigern, es nicht leben lassen, nicht zu diesem Zeitpunkt in dieser Welt. Das Kinderzimmer, das sie so liebevoll eingerichtet haben, mit freundlich hellen Kiefernmöbeln und grün-weiß karierten Gardinen,

mit bunten Bildern an den Wänden und einem Mobile aus Holzfiguren, wird leerstehen.
An manchen Tagen versteht sie sich selbst nicht. Isis' Vision ist das gewesen, nicht die ihre, nein, sie hat überhaupt nichts damit zu tun. Sie wird in wenigen Wochen ein kerngesundes Kind zur Welt bringen. Doch sobald die Dunkelheit sich über die Stadt legt, kehren ihre Ängste zurück. So wie heute abend.
Der Mond ist zu einer schmalen Sichel geworden, seine Kraft kehrt sich nach innen, und damit ist die richtige Zeit angebrochen, um das Böse zu bannen. Sie hat es genau nachgelesen. Doch jetzt, da die Dinge sich auf so dramatische Weise verändert haben, stimmt vielleicht auch das nicht mehr. Ein Stück aus einer anderen Welt ist in die ihre gelangt, und niemand kann ermessen, was es hier ausrichten wird. Nur daß es nicht ohne Wirkung bleiben kann, das weiß sie, das wissen alle, die dabeigewesen sind. Die ersten Veränderungen haben ja auch bereits begonnen, denn neuerdings ist Wichtiges banal geworden, Gutes hat sich in Entsetzliches gekehrt, Lachen in Weinen und Freundschaft in kalte Stille.
Die kleine Flora, die im bürgerlichen Leben Sonja Mittmann heißt, fürchtet sich vor dem, was in den Büchern beschrieben steht und woran sie alle gemeinsam geglaubt haben. In ihrer Angst hat sie sich in den warmen Schoß der Kirche geflüchtet. Am Telefon läßt sie sich von ihren Eltern verleugnen. Themis, eigentlich die besonnenste von ihnen, hat sich völlig ausgeklinkt. Das kann ich mir rein beruflich nicht leisten, hat die ehrgeizige Rechtsanwältin erklärt. Im übrigen wäre ihr das Erlebte schlicht und ergreifend unheimlich gewesen. Allem voran Isis und ihre unberechen-

baren Kräfte. Was nur zu verständlich ist, Sabine Paschke geht es ja auch nicht anders. Vorhin hat sie einen Schutzzauber für ihr ungeborenes Kind gewirkt. Allein, und das sehr bewußt. Wer weiß denn, ob Isis nicht irgendwelche negativen Energien in sich trägt? Weshalb sonst konnte jener Abend so entsetzlich enden?

Christoph ist mit Freunden ins Kino gegangen. Irgendeine dieser amerikanischen Komödien, die immer so hochgelobt werden und dann doch nur enttäuschen, weil man die Gags schon vor Jahren in einem anderen Film gesehen hat. Sie selbst hat in letzter Minute Müdigkeit vorgetäuscht. Einer Schwangeren sieht man so manches nach, Stimmungsschwankungen, Übelkeit, auch einen plötzlichen Anfall von Erschöpfung. Christoph wollte natürlich daheimbleiben. Seine Fürsorge geht ihr im Moment ziemlich auf die Nerven. Zum Glück ist es ihr gelungen, ihn zu überreden, die Freunde nicht zu versetzen. Ich brauche nur mein Bett, hat sie geschwindelt und demonstrativ gegähnt. Und dann noch gesagt, daß sie lieber allein sei, was allerdings der Wahrheit entspricht, und das nicht nur an diesem Abend. Kaum daß Christoph aus der Tür war, ist sie ins Schlafzimmer gelaufen, um ihr purpurrotes Kleid anzuziehen. Zurück im Wohnzimmer, hat sie den kleinen Couchtisch vor die Terrassentür gezogen und darauf die notwendigen Utensilien ausgebreitet. Federn, Muscheln und Rosmarinzweige, eine Silberschale mit Holzkohle, um Olibanum zu verräuchern, und natürlich Kerzen in den richtigen Farben. Dreimal hat sie den Altar linksherum umrundet, barfuß, um die heilende Kraft der Erde in sich aufzunehmen, hat einen magischen Kreis gezogen und dann die Worte gesagt, die bei Starhawk nachzulesen sind und die sie auf einen Zettel geschrieben hat, um nur ja nichts zu vergessen. Mit aller Kraft hat sie versucht, in der Kerzenflamme ein lachendes, fröhlich spielendes Kind zu visualisieren. Ein lebendiges Kind, dem keine Gefahr droht, weil es geborgen ist im Schutz der großen Göttin Diana. Doch das Bild, das Isis heraufbeschworen hat, ist stärker geblieben. Sabines Kraft reicht einfach nicht aus, um diese Vorstellung auszulöschen. Ohnehin bereitet ihr das Visualisieren große Schwierigkeiten, immer wieder schweifen ihre Gedanken in Alltägliches ab, von irgendwoher rollen Einkaufslisten vor ihrem inneren Auge ab, unbezahlte Rechnungen melden sich zu Wort, unerledigte Telefonate bitten um Gehör. Du mußt loslassen, hat Isis immer gesagt, den Alltag ausblenden. Aber es funktioniert einfach nicht richtig.

Nach den gemeinsamen Ritualen blieb immer ein euphorisches Hochgefühl zurück, doch heute fühlt Sabine Paschke sich leer und traurig. Ihre nackten Füße sind eiskalt. Sie tapst zum großen Spiegel im Flur. Schaut sie nicht lächerlich aus in dem unförmigen Kleid, das sie sich vor ein paar Monaten aus alten Bettlaken geschneidert und dann in der Waschmaschine gefärbt hat? Der Saum ist hinten länger als vorn, und die Ärmel reichen nicht bis zu den Handgelenken. Nein, es ist nicht genug zu sagen: Ich bin jetzt eine Wicca. Dazu gehört wohl mehr. Man muß es in sich tragen, wahrscheinlich wird man schon damit geboren, ja, so wird es sein, man wird auserwählt, einüben kann man solche Dinge nicht, auch wenn es heißt, alles wäre nur eine Sache der Konzentration. Wenn es in ihrem Coven eine wahrhaft Erleuchtete gegeben hat, so war das Isis. Sie, die mühelos den Raum mit geheimnisvoller Energie füllen konnte, Energie, die jede von ihnen körperlich spürte. Isis schaffte es als einzige der fünf Frauen, den Zaun zu überspringen, in zwei Welten daheim zu sein, Hagazussa, die Zaunreiterin, die Hexe. Ohne Isis' magische Kräfte verkommt alles zu einer sinnlosen Mimikry. Geheimnisvolle Energie ist heute nacht jedenfalls nicht geflossen, Sabine hat nichts bewirken können – Gott schütze das arme Kind!

Der Sonntag kommt schneller als erwartet. Zum erstenmal fällt Liedke auf, wie lieblos, ja schäbig seine Wohnung eingerichtet ist. Keine Blumen in den Fenstern, keine hellen freundlichen Farben, nichts, woran das Auge sich erfreuen könnte. Seit Iras Tod lebt er mit Jelka in drei winzigen Zimmern über dem Lokal. Es war damals die einzige Möglichkeit, die Kleine bei sich zu behalten. Und das hatte er Ira auf dem Totenbett versprechen müssen, daß er ihr einziges Kind nicht zu fremden Leuten geben würde. Nach der Beerdigung verkaufte er das kleine Reihenhaus am Stadtrand mitsamt den Möbeln, er wollte nicht erinnert werden. Die neue Einrichtung fiel seiner damaligen Stimmung entsprechend düster und traurig aus. Aber das ist ihm bisher kaum aufgefallen. Wann denn auch. Im Grunde betritt er die Räume nur zum Duschen und zum Schlafen. Zu den Mahlzeiten kommt Jelka ins Lokal runter. Als sie noch kleiner war, hat sie nachmittags auf dem Gang zwischen Küche und Gastraum mit ihren Barbiepuppen gespielt. Die Kellner mußten aufpassen, daß sie nicht über die vielen Plastikpferde stolperten. Beschwert haben sie sich nie. Ein mutterloses Kind tut allen leid.
Gisbert Liedke ist durchaus ein wohlhabender Mann, und er könnte ganz anders leben, wenn er denn die Zeit dazu

hätte. Dieses Haus zum Beispiel hat seine verstorbene Frau vor zwölf Jahren von ihrer Großmutter geerbt, zusammen mit einer beträchtlichen Summe Bargeld. Und da die Weiße Taube wirklich gut läuft, liegt das Geld zusammen mit der Summe, die beim Verkauf des Reihenhauses übrigblieb, unangetastet auf der Bank und bringt weitere Zinsen. Neuerdings sieht es danach aus, als würde Liedke sein Geld demnächst brauchen.

Für Christinas Besuch hat er eine dreistöckige Schwarzwälder Kirschtorte gebacken. Später wird er sich verwirrt fragen, wieso er nicht von selbst daran gedacht hat, daß Christinas Kinder noch so klein sind, gerade erst im Kindergartenalter. Und er hat die Torte mit reichlich Kirschwasser getränkt. Zum Glück zaubert Christina eine Packung Kekse aus ihrer Tasche, Vollkornkekse, sie legt Wert auf gesunde Ernährung, das muß er sich merken. Jelka sitzt mit verschränkten Armen am Tisch und spricht kein Wort. Wenn Christina sie anredet, schürzt sie nur verächtlich die Lippen. Ihre Antworten bestehen aus ja, nein und Achselzucken.

Die beiden Zwerge Dario und Laura hocken brav auf der Couch, knabbern Kekse und trinken mit Honig gesüßten Pfefferminztee. Hübsche Kinder sind es, mit vorwitzigen Stupsnasen, großen, klaren Augen und schulterlangen Locken, der Junge hellblond, das Mädchen dunkel. Für einen Moment fragt er sich, ob sie wohl verschiedene Väter haben, aber er verdrängt den Gedanken gleich wieder. Christinas vorheriges Leben geht ihn nichts an. Die Gegenwart zählt und vor allem die Zukunft, daß sie bald seine Frau sein wird. Und daß die fünf Menschen an diesem Tisch, die zwei Erwachsenen und die drei Kinder, sich sehr

bald schon zu einer Familie zusammenfügen werden. Er sieht alles ganz genau vor sich. Und ein warmer Lichterglanz liegt über seinen Zukunftsvisionen.
Daß Jelka mit ihrem bockigen Gesichtsausdruck ihn zum Lachen reizt, läßt er sich natürlich nicht anmerken, es wäre unfair, sie in Verlegenheit zu bringen. Das wird schon alles werden. Liedke registriert genau, daß seine Tochter von Zeit zu Zeit, wenn sie sich unbeobachtet glaubt, einen langen Blick auf Laura wirft. Die Kleine ist aber auch zu niedlich. Ein wenig sonderbar findet er es allerdings, wie sie mit ihren schokoladenbraunen Augen, glänzend wie dicke Glasmurmeln, durch andere hindurchschaut, so als wären sie gar nicht vorhanden. Den ganzen Nachmittag beschäftigt sie sich mit den Knöpfen an ihrer Strickjacke, winzigen hellblauen Teddybären aus Plastik. Ach, sie mag wohl ein wenig schüchtern sein. Mädchen sind halt schwierig, die kleinen wie die großen. Über den Tisch hinweg lächelt er Christina an. So wird es bald jeden Tag sein, du und ich und unsere drei Kinder. Daß sie anders als die meisten Frischverliebten tagsüber nur wenig Zeit füreinander haben werden, macht ihm keine Angst. In seinem Alter ist man geduldig, kann auf die Nächte warten, auf die Stunden, die nur ihnen gehören werden.
Christina, in deren Ohrläppchen winzige Halbmonde aus Lapislazuli glänzen, schenkt ruhig und selbstverständlich den Kaffee nach, mit sicherer Hand legt sie ein weiteres Stück der dreistöckigen Torte auf seinen Teller, mit einem sauberen Taschentuch wischt sie der Kleinen den Mund ab, dem Jungen fährt sie zärtlich durch die Locken, für Jelka bleibt ein freundliches, verständnisvolles Lächeln, das natürlich nicht erwidert wird. Liedkes Herz weitet

sich. Christina ist dazu geschaffen, der Mittelpunkt einer großen Familie zu sein, er weiß es einfach. Auf einmal wünscht er sich noch viel mehr Kinder, am besten eine ganze Fußballmannschaft.

[4]

Ganz langsam läßt Freya das Pendel kreisen. Wie immer hat sie den Kegel aus Bergkristall vorher mehrere Stunden auf ihrer nackten Haut getragen. Sie ist vollkommen sicher, daß das notwendig ist, um einen Kontakt zwischen dem Stein und ihrem Unterbewußtsein herzustellen.

»Bin ich eine Frau?« Ihre Stimme klingt rauher als sonst. Das liegt an der inneren Anspannung. Sicherlich wäre es besser, ganz ruhig und gelassen zu sein. Aber davon kann gar nicht die Rede sein. Im Gegenteil. Freya zittert vor Ungeduld. Das Kristallpendel an der silbernen Kette schwingt sanft hin und her. Ja.

Mit angehaltenem Atem beobachtet sie, wie der Kegel aus Kristall langsam zur Ruhe kommt. Auch ihr Herzschlag beruhigt sich. Endlich.

»Soll ich mir zum Abendessen auch eine Flasche Wein gönnen?«

Der Kegel pendelt von rechts nach links. Freya lächelt. »Okay. Ich werde deinen Rat befolgen.« Sie wartet, bis das Pendel wieder stillsteht. Wenn sich ihr wild klopfendes Herz doch auch so leicht bezähmen ließe.

»Ich muß noch etwas wissen. Wird unser Coven wieder zusammenfinden?«

Zuerst schlingert das Pendel unruhig an der Kette, dann beginnt es ziemlich schnell zu kreiseln.
»Also nicht. Das habe ich befürchtet.« Es dauert eine ganze Weile, bis der kristallene Kegel sich wieder beruhigt hat. Freya holt tief Luft.
»War Isis' Vision ein Blick in die Zukunft?« Sie kann nicht verhindern, daß ihre Stimme vor Aufregung zittert.
Erneut beginnt das Pendel zu kreisen. Schnell und ziemlich hektisch.
Erleichtert schließt Freya die Augen. »Halt an«, verlangt sie gebieterisch. Das Kreiseln erstirbt. Die letzte Frage ist jetzt eigentlich gar nicht mehr notwendig, aber sie stellt sie trotzdem: »Wird es ein totes Kind geben?«
Das Pendel schwingt sanft hin und her. Ja.

Inzwischen ist es Frühling geworden. Über den Büschen und Bäumen liegt dieser zarte grüne Schimmer, der den Sommer ankündigt. Sehr bald schon werden die Blätter ihre Knospen endgültig sprengen. Nachts muß man jetzt aufpassen, daß man keinen liebestollen Kater überfährt. In den Mittagsstunden kann es mitunter so warm werden, daß man getrost auf den Mantel verzichten kann. Vor dem Straßenverkauf der Eisdiele bilden sich dann lange Schlangen von Sommersüchtigen. Heute ist das weiße Schokoladeneis, der Hit des letzten Sommers, leider ausverkauft. Nachts fällt die Temperatur wieder unter den Gefrierpunkt. Habt Geduld, es ist noch nicht soweit.
Wenigstens steht das Osterfest vor der Tür. Man sieht es daran, daß in den Büschen und Sträuchern der Vorgärten unzählige bunte Plastikeier hängen. In den Regalen der Kaufhäuser steht eine ganze Armee von Schokoladenhasen

aufgereiht. In ihren glänzenden Stannioluniformen warten sie auf Käufer. Ihr seelenloser Blick, von einer Maschine aufgedruckt, soll die Herzen der anspruchsvollen Wohlstandskinder erfreuen. Als wäre das überhaupt noch möglich.

Ostern! Im letzten Jahr hat Luzie sich einen Strauß roter Tulpen auf den Tisch gestellt und dann in kürzester Zeit eine halbe Flasche Eierlikör sowie zwei Schachteln Weinbrandbohnen verdrückt. Hinterher ging es ihr ziemlich schlecht. Sogar noch am nächsten Tag. Ob das Päckchen mit den Plüschhasen für die Kinder angekommen ist, weiß sie bis heute nicht. Christina hat weder geschrieben noch angerufen. Seither schickt Luzie nichts mehr. Wenn ein bißchen Dankbarkeit schon zuviel verlangt ist.

In diesem Jahr allerdings hat das Schicksal ein Einsehen gehabt und Luzie einen wunderbaren Ersatz für das zu erwartende trostlose Osterfest beschert. Ihre einzige Tochter wird am 8. April heiraten, mit anderen Worten morgen. Vor lauter Aufregung muß sie andauernd zum Kühlschrank laufen, um sich mit dem Wermut von Aldi zu beruhigen. Und wenn sie nicht gleich das Geschenkpapier findet, wird sie glatt durchdrehen. Herrgott, irgendwo muß es doch sein. Ratlos faßt sie sich an den Kopf.

Ihre Hände treffen auf ein feuchtes Handtuch. Auch das noch. Sie hat vergessen, den Kurzzeitwecker zu stellen. Längst schon hätte sie die Tönung ausspülen müssen. Dabei wollte sie ihr Haar doch diesmal ganz natürlich färben, rotblond, so wie es früher ausgesehen hat, als die Sonne es im Sommer glänzen ließ, als wären Fäden aus gesponnenem Kupfer darin. Christina ist auch blond – flachsblond –, das Rot fehlt ihr ganz und gar, nicht den geringsten Schimmer hat sie mitbekommen. Einfach nur blond, das fand Luzie von Anfang an ein bißchen gewöhnlich. Aber die Zeit läßt sich nicht zurückholen, und die Haarfarbe, die sie gerade auf ihrem Kopf produziert hat, wird nicht im entferntesten an das Rotgold von einst erinnern. Knallorange wird sie leuchten, genau wie dieser keifende Fatzke aus den Kinderfilmen, sie kann es sich lebhaft ausmalen. Christina wird natürlich entsetzt sein. Wieder einmal. Seufzend macht Luzie sich auf den Weg ins Badezimmer, um zu retten, was noch zu retten ist. Viel wird es ja nicht sein.

Mit dem Handgelenk prüft sie die Temperatur des Wassers, bevor sie ihren Kopf unter den Hahn hält. Die knallrote Brühe, die ins Becken tropft, verheißt Schreckliches. Jetzt kriegt sie auch noch eine kalte Dusche. Wahrscheinlich läßt die Meyersche, die eine Treppe tiefer wohnt, wieder Badewasser ein. Die scheint von morgens bis abends in der Wanne zu liegen. Geradeso, als würde Warmwasser kein Geld kosten. Seufzend dreht Luzie Martell den Wasserhahn ab. Das kann jetzt ewig dauern, bis wieder warmes Wasser kommt. Und sie hat keine Lust, sich auch noch zu erkälten. Einen Tag bevor ihr einziges Kind heiratet. Mit einem dunkelblauen Handtuch frottiert sie ihre Haare so kräftig, wie sie nur kann. Schon im nassen Zustand schimmert die Farbe viel zu grell, wenn das Haar erst getrocknet ist, wird sie leuchten wie ein orangefarbiger Luftballon.

»Ach Luzie, was bist du nur für ein kleines Dummchen«, schilt sie sich liebevoll. »Aber daran kann man jetzt nichts mehr ändern, mein Püppchen. Müssen wir eben den Lippenstift etwas unauffälliger wählen.« Das hat sie mal ir-

gendwo gelesen. Daß man sich selbst freundlich behandeln soll.
Heute ist einer von diesen Pechtagen, an denen alles, was man anfängt, schiefgeht. Gleich morgens begann es. Das Brot war schimmlig, und sie hat es erst bemerkt, als sie schon eine halbe Scheibe davon gegessen hatte. Vor Schreck wurde ihr so übel, daß sie auf der Stelle zwei Gläser Wermut trinken mußte, um ihren aufgebrachten Magen zu beruhigen. Zwei Gläser um halb neun, das war natürlich zuviel für ihren Kreislauf, und so blieb ihr gar nichts anderes übrig, als sich für zwei Stunden ins Bett zu legen. Mittags ist ihr das Kartoffelpüree klumpig geworden. Vorhin hat sie beim Abwaschen einen Teller zerschlagen, und jetzt kann sie ihren Plan, nämlich Christinas Hochzeitsgeschenk einzupacken, nicht in die Tat umsetzen, weil sie seit Stunden überall nach dem weißen Geschenkpapier mit den silbernen Rosen darauf sucht. Es muß irgendwo sein, sie sieht es förmlich vor sich, die Rosen wirken so plastisch, als wären sie einzeln von Hand aufgeklebt. Doch das verflixte Papier ist und bleibt verschwunden. Und als Krönung das Unglück mit den verfärbten Haaren.
Egal. *Sie* will schließlich nicht heiraten. Rigoros pflügt Luzie mit einem Stielkamm über den Kopf. Dann bückt sie sich stöhnend und holt die Plastiktüte mit den Lockenwicklern unter dem Waschbecken hervor. Eingezwängt zwischen die aufgestellten Türen ihres dreiteiligen Badezimmerschränkchens, in denen sie sich seitenverkehrt betrachten muß, was sie immer wieder aufs neue verwirrt, wickelt sie mit verbissener Miene ihr feuchtes Haar um die bunten Schaumstoffrollen. Wenn es wenigstens nicht so

anstrengend wäre, die ganze Zeit die Arme über dem Kopf zu halten. Aber gerade das fällt ihr immer schwerer. Sie stellt sich jedesmal eine Sanduhr vor, in der der Quarzsand unaufhaltsam nach unten rieselt, und ehe man sich's versieht, ist die obere Hälfte leer. Genauso fühlen sich ihre Arme an, ausgelaufen, gänzlich blutleer und ohne jedes Gefühl. Kein Wunder, daß ihr die Seitenpartien immer so unordentlich geraten. Mit tauben Fingern lassen sich eben keine großartigen Wunder vollbringen.
Draußen rattert eine Straßenbahn vorbei, die Fensterscheiben vibrieren unwillig, im Schrank klirren die Tassen. Die Straßenbahn verkehrt hier halbstündlich. Also müßte es jetzt fünf vor halb fünf sein. Luzie Martell hat die Haltestelle genau vor der Tür, doch wenn man nirgends hinwill, ist das ziemlich bedeutungslos. An manchen Tagen steht sie am Fenster und betrachtet die Menschen, die in die gelb gestrichenen Waggons einsteigen, ihre gleichgültigen Gesichter, in denen nichts zu lesen ist. Ja, das hat sich so eingebürgert. Daß man nicht mehr auf offener Straße lacht. So viel Gefühl ist heutzutage höchstens den Kindern gestattet. Im letzten Sommer hat die Bahn beim Anfahren einen kleinen Hund überrollt, so einen weißen, mit ganz wuscheligem Fell, fein säuberlich hat sie ihn in zwei Teile geschnitten. Es war schrecklich, die Frau, der der Hund gehörte, starrte fassungslos auf die Leine, die zu dem zerstükkelten Tier führte. Sie war aus grünem Leder. Zuerst konnte sie es wohl nicht fassen, dann aber begann sie zu schreien, so laut, daß Luzie sich hinter der Scheibe die Ohren zuhalten mußte. Vor dem Unglück sah Luzie die Frau beinahe jeden Tag spazierengehen, hinterher nie wieder. Sie wird sich die Pulsadern aufgeschnitten haben, aus

Kummer, denkt sie manchmal, und daß das nicht der schlechteste Ausweg aus der Einsamkeit ist.
Ein Blick auf die Uhr holt sie in die Wirklichkeit zurück. Es ist nicht fünf vor halb, nein, es ist bereits fünf Uhr durch. Die Zeit macht neuerdings auch, was sie will. Seufzend schlurft Luzie Martell aus dem Badezimmer. Die Wickler sitzen natürlich wieder viel zu locker. Wenn sie den Kopf nicht ganz gerade hält, werden sie herauspurzeln. Womit sich ihre heimliche Hoffnung, der Hochzeitstag ihrer Tochter würde eventuell einen geheimnisvollen goldenen Schimmer werfen, würde auf unerklärliche Weise Dinge gelingen lassen, die sonst nie gelingen, nicht erfüllt. Alles ist wie immer. Wirklich schade.
Ihre besten Jahre hat Luzie Martell hinter sich gelassen, einundsechzig ist sie jetzt, das Gehör läßt nach, die Beine wollen auch nicht mehr so recht, mühsam schlägt sie sich von Sozialhilfe durchs Leben, und sie ist so allein, wie ein Mensch nur allein sein kann. Mit vorsichtigen Schritten, den Kopf immer schön geradeaus gerichtet, balanciert sie in die Küche, die dringend tapeziert werden müßte. Die blauen Blumen sind längst verblaßt, und hinter der Heizung hat die Tapete sich bereits gelöst. Gar nicht zu reden von den schwarzen Stockflecken am Fenster. Aber wie soll sie denn bitte sehr renovieren – ohne Mann im Haus und ohne Geld für einen Maler. Ganz langsam setzt sie sich auf den rot bezogenen Stuhl, der schon so lange wackelt, daß sie es gar nicht mehr wahrnimmt.
Auf dem Tisch steht Christinas Hochzeitsgeschenk, eine altmodische Glasschüssel mit sechs passenden Kompottschalen. Luzie muß sich beherrschen, um nicht vor Freude in die Hände zu klatschen. Also das gefällt Christina be-

stimmt. Sie hat es doch immer so mit dem Kram von früher. Und die Schüsseln sind alt, beinahe schon antik, hat Willi behauptet. Willi gehört die Pfandleihe neben dem Bahnhof. Man kennt sich seit Jahren, obwohl die Umstände ihrer ersten Begegnung keineswegs zu ihren angenehmen Erinnerungen gehören.

Ach ja, das mit dem Schmuck. Das kann sie Hubert bis heute nicht verzeihen. All die schönen Ringe und Ketten, die er ihr zu Weihnachten, zum Geburtstag und sogar zu Ostern geschenkt hat. Und später dann auch noch zum Muttertag. Viermal im Jahr ein schönes Schmuckstück, ihr schwarzes Lederetui war bis zum Rand gefüllt. Nur Brillanten, sagte Hubert immer, sind gut genug für mein Püppchen. Wie glücklich sie damals war. Eine Frau, die von ihrem Ehemann verwöhnt, mit Kostbarkeiten überhäuft wurde. Später, als Hubert längst fort war, als sie kein Geld im Portemonnaie hatte, als Weihnachten vor der Tür stand und Christina sich diese hohen Lederstiefel wünschte, die ein kleines Vermögen kosteten, da brachte sie mit schlechtem Gewissen, aber was sollte sie denn sonst tun, einen Ring ins Pfandleihhaus. Nie wird sie diesen Tag vergessen. »Brillanten?« wieherte der Mann mit der häßlichen Hakennase. »Wer hat Ihnen denn das erzählt? Das sind ganz billige Zirkonia, meine Dame, synthetische Diamanten, Modeschmuck, das Ding ist höchstens achtzig Mark wert, von mir kriegen Sie 'nen Zehner. Aber nur, weil ich erkenne, wenn eine Dame in Not ist. Normalerweise würde ich so einen Schund gar nicht erst annehmen.« Damals war sie heulend aus dem Laden gerannt. Zwei Stunden später stand sie mit zitternden Knien beim Juwelier, ihr Schmuckkästchen in der Hand. Und was kam dabei raus? Dem

Pfandleiher konnte sie nichts vorwerfen, o nein, der verstand sein Geschäft, Hubert war der Betrüger. Hubert hatte sie belogen. All die Jahre hatte er ihr billigen Tand geschenkt. *So viel* war sie ihm in Wirklichkeit wert gewesen. Nie wird sie vergessen, was sie gefühlt hat, als sie mit dem Schmuckkästchen in der Tasche den Laden verließ. Seither ist sie noch viele Male in der Pfandleihe gewesen. Ihre halbe Ehe hat sie dort im Laufe der Jahre verscherbelt. Und ganz nebenbei erfahren, daß der Mann mit der Hakennase Willi heißt und eigentlich ganz nett ist. Wenn er nur nicht soviel trinken würde. Und sein ganzes Geld verspielen. Fast jeden Abend findet man Willi in diesen komischen Spielsalons, wo die blinkenden Automaten auf Münzen lauern. Einmal war sie mit, aber es hat ihr nicht gefallen. obwohl Willi großzügig war und ihr eine Handvoll Silbergeld spendierte. Bei Willi hat sie jedenfalls das Hochzeitsgeschenk gefunden. Für fünfundzwanzig Mark. Offiziell verstößt das gegen die Regeln, weil alle Sachen, die im Pfandhaus nicht abgeholt werden, später in einer anderen Stadt zur Versteigerung kommen. Wenn einer schon gezwungen ist, seine Habseligkeiten zu verpfänden, soll wenigstens eine gewisse Anonymität gewährleistet bleiben. Aber Willi nimmt das nicht so genau. Ist doch egal, hat er gemeint, da kräht sowieso kein Hahn nach. Und deine Tochter lebt schließlich ganz woanders. Er hat ihr sogar einen passenden Karton rausgesucht. Und ein paar Bögen Zeitungspapier, damit nichts zerbrechen konnte. Einpacken mußt du das aber allein, Luzie, hat er dann noch gemeint, das ist Frauensache, das liegt mir nicht. Wenn sie doch nur das verflixte Geschenkpapier wiederfinden würde. Das mit den silbernen Rosen, das so festlich wirkt. Eine plötzliche Idee läßt sie aufstehen und mit unnatürlich steifem Hals ins Schlafzimmer stolzieren. In der Nachttischschublade, unter ihren sorgfältig gebügelten Taschentüchern, denen mit den selbstgehäkelten Spitzenrändern in Rosa und Hellblau, findet sie das Papier. Zu ihrer Enttäuschung ist es sehr viel kleiner als in ihrer Erinnerung. Es würde nicht einmal halb um den Karton herum reichen. Und die silbernen Rosen entpuppen sich als graue Notenschlüssel. Mit einem tiefen Seufzer sinkt sie auf das Bett. Ein Pechtag, wirklich, sie hat es ja gleich gewußt. Jetzt mußte sie sich extra anziehen, um einen Bogen Geschenkpapier zu kaufen. Dabei stehen die Zeiger der Uhr auf Viertel nach fünf. Und draußen ist es windig und kalt. Wenn wenigstens die Haare schon trocken wären.

Heute morgen hat Sabine Paschke eine junge Frau auf der Straße gesehen. Sie quälte sich damit, gleichzeitig einen Kinderwagen zu schieben, einen riesigen Schäferhund an der Leine zu führen, der ständig die Passanten anbellte, und ein etwa dreijähriges Kind auf einem Tretauto zu beaufsichtigen, das immer wieder auf die Straße rollte. Der Kissenberg in dem Wagen war sehr hoch, was darauf schließen ließ, daß der Säugling noch klein war. Je winziger die Babys, um so mehr Kissen benötigt man, das war schon immer so. Seit heute morgen fragt sie sich, ob sie selbst jemals so viele Kissen brauchen wird.
Nachdenklich stellt sie die Teller zusammen. Die Sauce Bolognese war viel zu schwach gewürzt. Und die Spaghetti klebten. In diesen Tagen will ihr einfach nichts gelingen. »Räumst du die Spülmaschine ein?« Das Bücken fällt ihr zunehmend schwerer, kein Wunder bei dem dicken Bauch.

Und wenn sie sich vorstellt, daß alles Hoffen vergeblich sein soll.
Jedesmal, wenn Christoph Paschke seine Frau anschaut, regt sich in ihm ein kaum zu bändigender Stolz. Das war ich! möchte er am liebsten rufen und dann beide Hände auf ihre nackte, gespannte Haut legen und das Leben darunter fühlen. Aber Sabine verzieht neuerdings unwillig das Gesicht, wenn er ihren Bauch berührt.
Irgendwie rechnet Christoph Paschke ganz fest mit einem Sohn, obwohl das verrückt ist. Und Sabine wäre bestimmt sauer, wenn er ihr von seinem Wunschtraum erzählen würde. Aber der Bauch ist so gewaltig, so kraftvoll, so strotzend vor Leben, daß er sich darin immer nur einen Jungen vorstellen kann.
Sabine hat sich wieder hingesetzt, breitbeinig, mit geradem Rücken, die Hände liegen locker gefaltet auf dem Küchentisch. »Ich habe beim Frauenarzt eine Broschüre entdeckt. Wußtest du, daß es in unserer Stadt seit neuestem eine Selbsthilfegruppe verwaister Eltern gibt?«
Irritiert schreckt Christoph Paschke aus seinen Träumen auf. »Wie bitte?«
»Ich meine, es ist doch gut zu wissen, daß man nicht allein dasteht, wenn man sein Kind verliert.«
Tatsächlich. Er hat sich nicht verhört. »Sabine, was ist eigentlich mit dir los? Warum redest du ständig von toten Kindern? Ich denke, beim Frauenarzt war alles in Ordnung.« Kopfschüttelnd rückt er seine grüne Brille mit den tropfenförmigen Gläsern auf dem Nasenrücken zurecht, dann steht er auf, geht um den Tisch und legt seine Arme auf Sabines Schultern. »Liebling, was sind das bloß für Gedanken?« Mit kreisenden Fingerspitzen massiert er ihren

Nacken. »Du bist ja völlig verspannt. He, laß dich fallen. Denk mal an was Schönes.«
Die Veränderung seiner Frau macht ihm wirklich zu schaffen. Achtzehn Jahre lang war es Sabines Hauptanliegen, schwanger zu werden. Von einem Frauenarzt zum anderen ist sie gepilgert, hat Hormone geschluckt, seltsame Tees getrunken, hat in geheimnisvollen Kräutern gebadet. Die absonderlichsten Rezepte mußten ausprobiert werden. Einmal war es Pflicht, jeden Abend miteinander zu schlafen, immer um Punkt halb acht, dann wieder verlangte sie zwei Monate völlige Abstinenz, um die Qualität seines Spermas zu verbessern. Geholfen hat all das nichts. Erst als sie sich damit abgefunden hat, kein Kind zu bekommen, wurde sie schwanger. Einfach so. Natürlich behauptet sie vehement, es liege an ihren Hexenabenden, an den Zauberritualen, die dort abgehalten wurden, aber das ist für Christoph Paschke noch längst nicht bewiesen. Auf jeden Fall war sie überglücklich über diese Kehrtwendung ihres Schicksals. Wenn man Kinder hat, weiß man doch erst, wofür man lebt, jubelte sie. Nun, Christoph Paschke weiß es auch so, was nicht heißen soll, daß er sich nicht auf das Baby freut. Das schon. Nur daß er sich auch ein Leben ohne Kind vorstellen kann.
In den ersten Monaten wußte Sabine gar nicht wohin mit ihrem Glück. Sie ernährte sich nach einem genau ausgeklügelten Plan, machte Gymnastik, besuchte Kurse in Säuglingspflege, richtete das Kinderzimmer in hellen, freundlichen Farben ein, strickte winzige Schühchen aus ungefärbter Schafwolle. Die Strampler, die sie im Lauf der Monate gekauft hat, würden höchstwahrscheinlich für fünf Babys reichen. Doch jetzt benimmt sie sich von Tag zu Tag seltsa-

mer. Behauptet allen Ernstes, daß es Unglück bringen könnte, das Kinderzimmer schon vor der Geburt fertig eingerichtet zu haben. Und den Kinderwagen, den seine Eltern bei Karstadt haben zurückstellen lassen, duldet sie vor der Geburt nicht im Haus, weil das ein schlechtes Omen sein könnte. Seit neuestem sitzt Sabine von morgens bis abends in der Küche und wartet, weiß der Himmel worauf. Das Baby kommt erst in ungefähr zwei Wochen. Trotzdem verläßt sie das Haus nur noch, wenn es unbedingt sein muß. Reden können sie praktisch gar nicht mehr miteinander.

Auch jetzt schüttelt sie unwillig seine Hände ab. »Aua, du tust mir weh.«

Den Wagen in der Einfahrt erkennt Johanna sofort. Lea ist da. Lea Brenning, ihre Vermieterin, die sie in den letzten Monaten kaum mal gesehen hat. Seit Weihnachten lebt Lea wieder bei ihrem geschiedenen Mann. Und genauso lange steht die Wohnung unter Johanna leer. Was in Zeiten, in denen alle Welt eine Wohnung mit Garten sucht, nicht unbedingt einsichtig erscheint. Johanna hegt die Vermutung, daß ihre Vermieterin sich den Rückweg offenhalten möchte. Falls sich erweisen sollte, daß das frisch aufgewärmte Eheglück doch nicht für die Ewigkeit taugt.

Die Haustür ist nur angelehnt, die Tür zur unteren Wohnung steht einladend offen. Leas unverkennbare Stimme schwärmt gerade von der Einbauküche. »Eiche rustikal. Echtes Holz natürlich. Und die Geräte sind von Miele. Renovieren braucht man hier eigentlich nicht. Ich habe ja vor zwei Jahren erst alles machen lassen.«

Das kann ja wohl nur heißen, daß Lea sich endgültig entschieden hat. Für Dr. Georg Brenning. Und das zum zweitenmal in ihrem Leben. Neugierig spaziert Johanna in die Küche, in der sie so oft mit Lea Brenning Kaffee getrunken hat.

»Johanna!« Überschwenglich schließt die kleine blonde Frau sie in die Arme. Irgendwie hat sie sich verändert. Statt blumigem Pastellrosa hanseatisch korrektes Dunkelblau. Ihre Haare, sonst meist zu einem Knoten aufgesteckt, der sich kurz vor der Auflösung befindet, sitzen heute tadellos.

»Darf ich Ihnen Paul Bischoff vorstellen? Er wird demnächst hier einziehen. Paul ist mein Neffe.« Lea platzt beinahe vor ungezügeltem Tantenstolz. Und sie hat allen Grund dazu.

»Hallo.« Seine Hand fühlt sich warm an. Beim Lächeln bilden sich zwei Grübchen auf seinen Wangen. Wirklich charmant. Mindestens einsneunzig ist er groß, muskulös, aber zum Glück nicht so übertrieben wie Edgar Lohse. Seine Augen leuchten in einem geradezu hypnotischen Gletscherblau. Das einzige, was Johanna nicht auf Anhieb zum Schwärmen verleitet, sind seine Haare. Rotblond und im Nacken entschieden zu kurz rasiert, lassen sie ihn wie einen englischen Studenten aussehen. Johanna holt tief Luft. Schau auf seine Haare, ermahnt sie sich selbst. Engländer sind schlechte Liebhaber, das weiß doch jeder. Außerdem haben die meisten einen Spleen. Da es ihr nicht gelingt, sich selbst zu überzeugen, fällt ihr eigenes Hallo reichlich atemlos aus.

»Schade, daß wir keine Zeit für einen Kaffee haben. Aber Georg und ich wollen heute ins Theater. Die Dreigroschenoper, eine sehr moderne Inszenierung. Waren Sie schon da?«

Leider muß Johanna verneinen, was ihr ein »Das sollten Sie aber unbedingt nachholen!« einbringt. Jetzt wendet sich Lea wieder ihrem Neffen zu. »Den Mietvertrag machst du mit Onkel Georg. Der dürfte jetzt«, sie schaut auf ihre goldene Armbanduhr, »gleich mit der Praxis fertig sein. Johanna, wir müssen uns unbedingt mal wieder treffen.« Zwei Küßchen rechts und links neben Johannas Wangen in die Luft gehaucht, schon entschwindet Lea Brenning samt ihrem Neffen.

»Tschüs, Lea«, murmelt Johanna. Eine leise Traurigkeit begleitet diese Worte. Nie wieder wird Lea ihr so vertraut sein, wie sie es einmal war. Seufzend geht sie zur Treppe, die in ihre eigene Wohnung führt. Doch mit jeder Stufe steigt ihre Laune. Ein Mann in der Wohnung unter ihr. Ein gutaussehender Mann. Alleinstehend, wie es scheint. Wie ein pantoffeliger Pedant, der Gläser auf Plastikuntersetzer stellt, schaut er jedenfalls nicht gerade aus. Johanna, streng dich an. In ihrer Wohnung angekommen, führt ihr erster Weg zum Spiegel, Lederhose und ein enges Shirt, ja, das kann sich sehen lassen. Die Haare allerdings wirken heute entschieden zu brav. Und ein bißchen Lippenrot hätte auch nicht geschadet.

Gut eine halbe Stunde später, Johanna hat sich gerade Badewasser eingelassen, klingelt das Telefon. Lea ist dran. »Ich konnte eben nicht so frei sprechen«, erklärt sie aufgeregt. »Stellen Sie sich bloß vor, der arme Paul braucht von heute auf morgen eine Wohnung. Diese Elfi hat ihn einfach vor die Tür gesetzt. Auch wenn sie nicht verheiratet sind, so was gehört sich ja wohl nicht. Mitten im Studium ist der Junge. Ich weiß wirklich nicht, was diese Person sich denkt. Na ja, den Rest erzählt ihr beide euch selbst. Ich

muß jetzt los, Georg ruft mich schon ...« Das hastige Tschüs klingt schon ziemlich weit entfernt.
Übermütig planscht Johanna mit den Füßen. Der arme Paul ist also wirklich allein. Vielleicht kann er bei Gelegenheit ein wenig Trost von einer lebenserfahrenen Kriminalbeamtin gebrauchen. Man wird sehen.

[5]

Die Vorstellung, daß sie mit dem Zug fahren soll, macht Luzie angst. Der Bahnhof ist so groß und unübersichtlich, und dann diese komischen Pläne hinter Glas mit den winzig kleinen Zahlen darauf. Wie soll man sich da zurechtfinden? Was, wenn sie sich aus Versehen in den verkehrten Zug setzt? Aber heute ist ein besonderer Tag. Heute heiratet Christina. Und da kann die Brautmutter nicht daheim bleiben. Warum Christina ausgerechnet im April heiraten muß, vermag sie beim besten Willen nicht zu verstehen.

Der April ist doch von jeher ein schrecklicher Monat. Kalt und naß und ungemütlich. Jeder weiß, daß das Wetter im April verrückt spielt. Als sie vor der Haustür in die Straßenbahn stieg, schien die Sonne. Hier vor dem Bahnhof prasseln dicke Hagelkörner auf das Pflaster. Luzie Martell trägt ihr schönstes Kleid, ein hauchdünnes Ding aus Voile mit kurzen Ärmeln, und darüber den uralten, ungefütterten Trenchcoat. Ein Nerz, der würde ganz bestimmt auch bei diesem Wetter wärmen, aber Luzie besitzt keine Pelze, in ihrem Schrank gibt es nicht einmal einen anständigen Wintermantel. Nur diese gelb karierte Jacke, die sie sich vor zwei Jahren in der Altkleiderkammer beim Roten Kreuz geholt hat und die man auf gar keinen Fall zu einer

Hochzeit tragen kann. Und eben diesen dünnen Trenchcoat.
Jetzt friert sie natürlich erbärmlich. Sie friert so, daß sie das winzige Stückchen Vorfreude, das in den letzten Tagen gewachsen ist, nirgends mehr finden kann vor lauter Zähneklappern. Wenigstens hat sie einen netten Schaffner getroffen, der sie zu ihrem Zug begleitet hat. »Hier, meine Dame, und Sie brauchen nicht umzusteigen. Achten Sie nur auf die Ansage, dann kann nichts schiefgehen«, hat er erklärt und ihr noch eine angenehme Reise gewünscht.
Der Zug setzt sich mit einem leisen Rucken in Bewegung, Luzie sitzt mit dem Rücken zur Fahrtrichtung, ein anderer Platz war leider nicht frei, und immer noch ist ihr bitterkalt. Daß diese Züge auch so schlecht geheizt sein müssen! Die Frau gegenüber in ihrem dicken Lodenmantel ist wirklich zu beneiden. Die friert bestimmt nicht. Früher war Loden gar nichts Besonderes. Die Schäfer trugen es bei der Arbeit, und das schloß gleichzeitig aus, daß eine elegante Frau sich darin kleidete. Früher war sowieso alles viel einfacher. Es gab eine klare Ordnung, nach der man sich richten konnte, jedermann war klar, was falsch war und was richtig. Die Schäfer trugen dunkelgrünen Loden und die Damen von Welt Pelze. Heutzutage tragen Mädchen Soldatenstiefel mit Stahlkappen in den Spitzen, und junge Männer binden ihr Haar zu langen Pferdeschwänzen oder sie färben es sogar knallig grün. Töchter heiraten, ohne das vorher mit ihren Müttern zu besprechen, und sie heiraten so plötzlich, daß man gar nicht weiß, woher man das Geld für ein angemessenes Geschenk nehmen soll. Ja, Töchter befinden es noch nicht einmal für nötig, ihren Zukünftigen daheim vorzustellen.

Nachdenklich betrachtet Luzie Martell ihre Fingernägel, die sie heute morgen goldfarben lackiert hat. Ein bißchen gewagt vielleicht, aber anderes Gold kann sie sich nun einmal nicht leisten. Natürlich hätte es ihr weit besser gefallen, ihre Finger mit dicken edelsteinbesetzten Ringen zu schmücken. Von jeher sind Saphire ihre Lieblingssteine. Ihre Mutter besaß früher einen wunderschönen Saphirring, aber sie schenkte ihn kurz vor ihrem Tod ihrer jüngeren Schwester. Du hast es ja nicht nötig, sagte sie zu ihrer einzigen Tochter, dein Mann überhäuft dich ja mit Schmuck. Sie konnte Hubert übrigens von Anfang an nicht leiden. Vielleicht sollten Töchter manchmal auf ihre Mütter hören.

Das Zittern beginnt in den Därmen, und es breitet sich wellenförmig in alle Richtungen aus. Jetzt erreicht es die Hände. Die Frau in dem Lodenmantel denkt hoffentlich, daß ihr einfach nur kalt ist, doch Luzie Martell weiß es besser. Laut Christina ist sie eine Trinkerin, eine, die Alkohol zum Überleben braucht. Das ist natürlich maßlos übertrieben. Sie trinkt ganz gern ein Glas, das stimmt, aber nicht, weil sie es körperlich braucht, sondern nur, weil sie so schrecklich einsam ist. Andere gehen von morgens bis abends einkaufen. Oder sie tun jedenfalls so. Sie streunen aus Langeweile durch die Geschäfte. Wie herrenlose Hunde. Sie vergleichen die Preise, begutachten die Waren mit kritischen Augen, manchmal probieren sie sogar ein oder zwei Kleider an, und dann behaupten sie, daß sie es sich noch einmal überlegen wollen, und gehen in den nächsten Laden. Luzie Martell findet so ein Verhalten ungezogen. Den Verkäuferinnen gegenüber. Vor ihrer Ehe war sie selbst Verkäuferin, und sie weiß, wie anstrengend es ist,

nett zu Leuten zu sein, denen man an der Nasenspitze ansieht, daß sie sowieso nichts kaufen werden. Als Hubert Martell ihr seinerzeit einen Antrag machte, zögerte sie nicht eine Sekunde, ihn anzunehmen. Sie hatte die Nase voll davon, andere zu bedienen. Ach ja, Hubert. Mein Püppchen hat er sie immer genannt. Und er hat sie genauso behandelt. Als wäre sie ein zerbrechliches Kunstwerk, das bei der geringsten Beanspruchung auseinanderfallen würde. Hubert nahm ihr alles ab. Laß nur, ich mach das schon, meine Süße! Die Wohnung brauchte sie gar nicht zu verlassen. Hubert erledigte sämtliche Geldangelegenheiten, er kaufte ein, am Wochenende kochte er, putzte die Fenster, hing die Bettwäsche auf die Leine, und als die Kinder geboren wurden, gab er ihnen nachts die Flasche, später schaute er Christinas Hausaufgaben nach. Damit braucht mein Püppchen sich nicht belasten, sagte er, führte sie zur Couch und breitete eine warme Wolldecke über ihre Beine. Wenn ihr kalt war, und ihr war häufig kalt, daran hat sich bis zum heutigen Tag nichts geändert, massierte er liebevoll ihre Füße, die in seinen riesigen Händen wie appetitliches rosa Zuckerzeug aussahen.
Hubert war Schlachter. Und er mußte sehr schwer arbeiten. Schön war er gerade nicht, er wurde frühzeitig kahl, und sein Kopf schien ohne Hals an den Rumpf gewachsen zu sein, außerdem trug er einen gewaltigen Bauch vor sich her, aber er war kräftig und verläßlich. Und er bereitete ihr den Himmel auf Erden. Wenn sie ausgingen, zum Sommerball des Schützenvereins oder auch zu Silvester, dann stellte er sie allen als: Mein kleines Frauchen! vor. Sie lächelte dann und klammerte sich an seinen starken Arm. Leider war Hubert schrecklich eifersüchtig. Obwohl dazu

nicht der geringste Anlaß bestand. Wenn ein anderer Mann sie zu lange anstarrte, brach ihm der Schweiß aus. Dann behauptete er, rasende Kopfschmerzen zu haben, und sie mußten überstürzt aufbrechen. Daheim entschuldigte er sich tausendmal für sein Benehmen. Ich weiß ja, wie gern du tanzt, mein Püppchen. Und er legte eine Platte auf und tanzte mit ihr in der Wohnstube. Bis in die frühen Morgenstunden. Es war wohl so, daß Hubert Angst vor sich selbst hatte. Vor seiner Kraft. In jungen Jahren hatte er mal einen anderen zusammengeschlagen, nur weil der mit seiner damaligen Freundin tanzen wollte. Der junge Mann verlor bei der Sache ein paar Zähne. Und Hubert mußte an zwei Wochenenden gemeinnützige Arbeiten verrichten. Er sprach nicht gern davon.

Wenn Hubert zur Arbeit war, fühlte Luzie sich einsam. Daran konnten später auch die Kinder nichts ändern. Sie wischte Staub, bügelte die Wäsche, kochte mittags irgendwelche Kleinigkeiten zusammen, so wie Pellkartoffeln mit Butter oder Milchsuppe, aber eigentlich wartete sie die ganze Zeit auf Hubert.

Auch nachdem er sie wegen dieser anderen Frau verließ, wartete sie weiter, Tag für Tag. Weil er einfach wiederkommen *mußte*. Wie sollten sie denn ohne ihn zurechtkommen? Sie wußte ja nicht einmal, was sie auf der Bank sagen sollte. Wegen des Geldes, das Hubert ihr monatlich aufs Konto zahlte. Aber er blieb fort. Und als Christina volljährig wurde, kam auch kein Geld mehr. Zur Fürsorge mußte sie gehen oder zum Sozialamt, wie man jetzt sagt, und um Geld betteln. Zum Glück war Christina damals schon so groß, daß sie ihr beim Ausfüllen der Anträge helfen konnte. Meine Mutter begreift das alles nicht, sagte sie

kühl. Nun, ein bißchen netter hätte sie das schon formulieren können. So, daß Luzie Martell sich nicht so erbärmlich dabei gefühlt hätte.
Hubert war sie nur noch einmal begegnet. Das war, als seine Mutter angeblich im Sterben lag und unbedingt noch mal Christina sehen wollte. Weil sie ihr einziges Enkelkind war. Damals hätte Luzie gern die Kraft gehabt, abzulehnen. Einfach zu sagen: Nein, das kommt ja überhaupt nicht in Frage! Was geht mich deine Mutter an! Verlaß auf der Stelle die Wohnung! Du Weiberheld!
Natürlich hat sie nichts Derartiges gesagt, hat statt dessen brav Christinas Sachen eingepackt und ihre Tränen zurückgehalten, bis sich die Tür hinter den beiden schloß. Vierzehn Tage blieb ihre Tochter damals bei der Großmutter, die keineswegs starb, was sie eigentlich hätte wissen müssen. Vierzehn Tage, in denen das Mädchen sich sehr veränderte. Hinterher tat sie so, als würde sie über ein geheimnisvolles Wissen verfügen. Bei allem, was Luzie Martell machte, lächelte Christina spöttisch, oder sie zog ihre Augenbrauen skeptisch in die Höhe, als wollte sie fragen: Ist das dein Ernst? Sie gab ihrer Mutter das Gefühl, am laufenden Band Fehler zu machen. Einen nach dem anderen. Ja, schlimmer noch, sie gab ihr das furchtbare Gefühl, unfähig zu sein. Unwissend. Dümmer als ihre vierzehnjährige Tochter. O ja, Luzie Martell konnte sich schon denken, worin dieses mysteriöse Wissen bestand, so groß war das Geheimnis nun auch wieder nicht. Ihre Schwiegermutter hatte zu Christina höchstwahrscheinlich genau dasselbe gesagt, was sie bereits auf Luzies Hochzeit laut herausposaunt hatte, nämlich daß sie, Luzie, einfältig sei, ein hübsches Vögelchen zwar, aber blutarm und schwächlich. Ihre

Schönheit werde sehr bald vergehen. Und übrigbleiben werde am Ende eine alte, dumme Frau. Nun, vielleicht stimmte ein wenig davon. Denn immerhin ließ sie ja zu, daß die Alte mit ihrem Schandmaul ihre Meinung an Christina weitergab. Und wofür das alles? Für ein Wort, ein läppisches, albernes Wort, das dann nicht einmal gesagt wurde: Püppchen.

Christina Martell. Schwungvoll setzt sie ihren Namen unter die Eheurkunde. Sein Herz zuckt zusammen, als hätte sie mit dem rot emaillierten Füllfederhalter mitten hineingestochen. Christina Martell. Die Buchstaben stehen schmal und hoch, und sie neigen sich stark nach rechts. Eine typische Frauenschrift, eine Schrift, mit der man Liebesbriefe schreiben sollte, mit schwarzer Tinte auf blaßrosa Seidenpapier, das zart nach Veilchen duften müßte. Der junge Standesbeamte erhebt sich. Das Scharren seines Stuhls über die Steinfliesen klingt endgültig, allerdings auf eine sehr unerfreuliche Art und Weise. Man könnte denken, daß er froh darüber ist, dies hier hinter sich gebracht zu haben. Eine Gerichtsverhandlung ist zu Ende gegangen, und das Urteil lautet lebenslänglich. Zwei Menschen wurden soeben zur Strafe für irgendein nicht näher bekanntes Vergehen zusammengeschmiedet, aneinandergekettet, auf Gedeih und Verderben, in guten wie in schlechten Zeiten. Es hört sich allerdings nicht so an, als würde der Beamte selbst an diese guten Zeiten glauben. Als er der frisch vermählten Frau Liedke, die darauf besteht, weiterhin Martell zu heißen, die Hand schütteln will, muß er sich auf Zehenspitzen stellen und seinen Oberkörper weit über den imposanten Schreibtisch beugen. »Meinen Glückwunsch«, knurrt er ungnädig. Insgeheim mag er wohl dasselbe wie der Bräutigam denken, nämlich daß eine Frau, die nicht bereit ist, den Namen ihres Mannes anzunehmen, sich nicht wirklich hergeben will.

»Herr Liedke ... meinen Glückwunsch.« Die Hand des jungen Mannes fühlt sich heiß und glitschig an und damit ausgesprochen unangenehm. Gisbert Liedke lächelt gezwungen. »Vielen Dank.« Er unterdrückt den Impuls, seine Hand an der Hose abzuwischen, dreht sich zur Seite und legt seinen Arm um Christina, die in ihrem schwarzen, engen Spitzenkleid und den hohen Pumps ganz fremd aussieht. Und er sehnt sich nach der Stille seines Schlafzimmers und ihrem roten Seidenrock. Wie konnte er jemals vergessen, daß die Wirklichkeit Träume tötet, schnell, aber nicht schmerzlos, das nicht. Woher hat er nur den Mut genommen, eine Frau, die er seit kaum acht Wochen kennt und von der er so gut wie gar nichts weiß, so einfach zu heiraten. Als wäre das ähnlich unbedeutend wie der Kauf einer neuen Krawatte.

Auf dem blaßgrün getünchten Korridor überfällt ihn ganz plötzlich das Gefühl, betrogen worden zu sein, sein Herz protestiert mit gewaltigen Hammerschlägen, die Luft wird ihm knapp, winzige Schweißperlen bilden sich auf seiner Stirn und seine Hände beginnen vor Angst zu zittern. Genauso muß sich ein Vogel fühlen, den man in einen Käfig gesteckt hat. So, nun sing mal schön. Am liebsten würde er zurücklaufen, am liebsten würde er den Standesbeamten am Kragen packen und ihn dazu zwingen, dies alles wieder ungeschehen zu machen. Ich habe einen Fehler begangen, möchte er herausschreien, alte Männer sollten keine jungen Frauen heiraten – und überhaupt! Sooo heiratet man nicht, so doch nicht! Und es drängt ihn, von seiner ersten Hochzeit zu berichten, die mehr als zwanzig Jahre zurückliegt. Damals war alles genau richtig, so wie es sein sollte, damals gab es keine Zweifel. Der Standesbeamte erschien ihm geradezu überirdisch wichtig. Und alles, was er sagte, hörte sich großartig und verheißungsvoll an. Und so bedeutungsschwer, daß man kein Wort davon jemals wieder vergessen durfte. Ira hatte etwas Ernstes, Dunkelblaues an, ein Kleid mit einer Art weißem Matrosenkragen. Und sie wurde ganz und gar seine Frau, weil sie bereit war, zukünftig Liedke zu heißen. Als sie ihren neuen Namen das erstemal schrieb, zitterte ihre Hand vor Aufregung, und der I-Punkt geriet viel zu groß. Damals heiratete man nicht ohne kirchlichen Segen. Bräute trugen weiße Prinzessinnen-Kleider und schmückten sich mit bodenlangen Schleiern aus teurer Spitze, und sie waren von so unwirklicher Schönheit, daß man sich scheute, sie zu berühren, aus lauter Angst, der Zauber könnte verfliegen. Ira, seine erste Frau, war eine traditionelle Braut in kühler schneeweißer Seide, mit rosaroten Wangen und verlegen niedergeschlagenen Augenlidern. Ein Hauch von Farbe auf den Lippen. Sie war die unbefleckte weiße Lilie, von der die Minnesänger einst zu erzählen wußten. Vor der Heirat waren sie zweieinhalb Jahre verlobt. Ira sammelte in der Zeit Gläser und Handtücher und was man sonst noch alles für den eigenen Hausstand brauchte. Damals waren sie jung an Jahren und trotzdem so vernünftig. Heute dagegen ist er alt und vollkommen verrückt. Heiratet diese wildfremde Frau, exotisch, geheimnisvoll und sündhaft jung für einen Dreiundfünfzigjährigen. Ohne ein Wort zu sagen, hat sie ihn dazu gebracht, Dinge zu tun, die ihm vor drei Monaten

niemals eingefallen wären. Etwa die Jugendstilvilla im Gerichtsviertel zu kaufen, die der Makler ihm seit Monaten schmackhaft machen will und die ihm bislang viel zu teuer erschien. Doch vor einer Woche hat er den Kaufvertrag unterschrieben, nicht um, wie ursprünglich geplant, ein neues Lokal zu eröffnen, sondern um dort mit seiner neuen Familie zu leben. Und er hat nicht einmal versucht, den Preis herunterzuhandeln. Nein, dafür reichte die Zeit nicht aus, denn er wollte alles auf einmal, Christina, das Haus, ein völlig neues Leben, und das so schnell wie möglich.
Heute nun ist alles besiegelt worden, unterschrieben und amtlich gemacht. Schmale Goldreifen haben sie sich gegenseitig auf den Ringfinger der rechten Hand gesteckt. Der junge Mann mit den unangenehm feuchten Händen kann es bezeugen. Damit ist es endgültig zu spät, um zu der Art von Vernunft zu gelangen, die zu seinen Jahren passen würde. Er kann nicht mehr verwundert den Kopf schütteln und fragen: Was will ich mit dieser Frau? Ja, bin ich denn von allen guten Geistern verlassen? Zu spät.
Am Tag seiner ersten Trauung schien die Sonne, mitten im März und ungeachtet dessen, daß es vorher wochenlang nur geregnet hatte. Ob Benita auch gerade daran denkt? Sie war es doch, die damals laut ausgerufen hat: Seht euch das an! Wenn das kein gutes Omen ist! Und sie hatte ihre Hände lachend emporgestreckt. Schon damals trug sie so ein billig wirkendes schwarzes Kostüm. Das immerhin hat sich nicht geändert.
Dreizehn Jahre später ist Ira an Brustkrebs gestorben. Ziemlich jämmerlich. Allzuweit kann es mit dem Zusammenhang von schönem Wetter und Glück also nicht hersein. Vielleicht ist Regen ein weitaus günstigeres Vorzei-

chen, wenn man miteinander alt werden will. Er beschließt, daran zu glauben. Daran und an die allmächtige Kraft der Liebe.

Drei Frauen stehen auf den Stufen zum Rathaus, um dem Brautpaar Glück zu wünschen. Benita, seine Schwester, die gleichzeitig seine Trauzeugin ist, Jelka natürlich und als dritte eine hagere, nervös wirkende Frau, die Thora heißt und Christinas Freundin und Trauzeugin ist. Ständig nestelt diese Thora an ihrem schwarzen Seidenschal herum, zupft an den langen Fransen, bindet einen lockeren Knoten, den sie gleich darauf erneut öffnet, dann wieder wirft sie beide Enden mit Schwung über ihre Schultern. Ihr enger kurzer Rock läßt dünne, sehnige Beine sehen, deren Knie wie dicke Knoten hervortreten. Für Gisbert Liedke sieht sie wie ein Vogel aus, wie eine dunkle, unheilbringende Krähe, wie die böse schwarze Frau aus den Märchen. Besonders neben Christina, der blonden, hellen Morgenfee, macht sie eine schlechte Figur. Sollte diese Ehe nicht halten, so deshalb, weil diese undurchsichtige Thora sie mit einem Fluch belegt hat.

Benita, Gisbert Liedkes ältere Schwester, umarmt das Brautpaar als erste. »Ich gratuliere euch von Herzen und wünsche euch ein langes, glückliches gemeinsames Leben.« Leider fehlt den Worten jede Wärme, selbst ihre Geste, die Umarmung, wirkt falsch und aufgesetzt, jedenfalls als sie die Braut flüchtig an ihren Busen zieht. Diese Thora bringt nichts als ein gemurmeltes »Ich auch« zustande, wobei sie Gisbert Liedke keines Blickes würdigt. Und Jelka sagt gar nichts, nicht ein einziges Wort. Sie verschränkt die Hände hinter ihrem Rücken und malt mit der Schuhspitze unsichtbare Kreise auf den Bürgersteig.

Benita in ihrem langweiligen Kostüm lächelt gezwungen von einem zum anderen, die Wortlosigkeit ist wirklich kaum zu ertragen. Jetzt legt sie ihren rechten Arm um die Schulter ihrer Nichte und flüstert ihr etwas ins Ohr. Das Mädchen schüttelt heftig den Kopf.

Jelka, ach Jelka. Stumm und blaß steht sie dort, wie versteinert, in gewichtiges Schwarz gekleidet, so als wäre sie in Trauer. Ihr Haar, das ihr für gewöhnlich locker ins Gesicht fällt, hat sie mit viel Gel nach hinten gekämmt. Sie meint wohl, damit älter zu wirken. Tatsächlich schaut sie jung und verletzlich aus, beinahe schon krank. Tapfere kleine Jelka. Gewiß hält sie es für ihre Aufgabe, an diesem Tag die Position ihrer verstorbenen Mutter zu vertreten. In ihrem Namen anzuklagen. Wie könnte eine Fünfzehnjährige auch begreifen, daß Ira niemals ein lebenslanges Zölibat von ihm verlangt hätte. Ira, die mit beiden Beinen so felsenfest auf dem Boden der Tatsachen stand. Bleib nicht allein, hatte sie kurz vor ihrem Tod gesagt, versprich es mir, schon wegen Jelka. Doch er hat sein Versprechen gebrochen, hat jahrelang keine neue Frau in sein Leben gelassen. Und so trägt er selbst die Schuld an Jelkas abwehrender Haltung. Er war es schließlich, der Ira stets wie eine Heilige dargestellt hat. Wie einen weißen, lichten Engel, der vom Himmel aus über das Glück der kleinen Jelka wacht. Du bist ja nicht allein, hat er seiner Tochter zugeflüstert, wenn er sie abends ins Bett schickte, vergiß nicht, daß Mama immer bei dir ist. Daß sie dich beschützt. Und jetzt hat er die Heilige gegen eine Frau aus Fleisch und Blut eingetauscht. Wie könnte er ausgerechnet von Jelka Verständnis erwarten.

So muß er wohl ausharren, muß geduldig sein. Bis Jelka

nicht mehr mit vor der Brust verschränkten Armen dasteht und ihn mit großen, vorwurfsvollen Augen ansieht, als hätte er sie aufs schändlichste verraten.
»Schau nicht hin«, flüstert Christina. »Sie ist einfach sehr traurig. Laß dir nicht den Tag verderben.« Durch die schwarze Spitze kann er ihr warmes, festes Fleisch fühlen. Er nickt. Alles, was Christina sagt, klingt so absolut richtig. Christina weiß auf jede Frage die passende Antwort. Sie wird das mit Jelka schon in den Griff kriegen. Gisbert Liedke schließt erleichtert die Augen. Er ist angekommen. Wie hat er nur daran zweifeln können?

Am liebsten würde Nadja Polzin sich einfach krank melden. Ja, das würde ihr gefallen, einmal im Leben so feige wie ein kleines Mädchen sein. Einfach Gisberts Hochzeit verderben. Soll er doch zusehen, wer aus diesem Tag einen Traumtag macht, für ihn und diese fette blonde Kuh mit den breiten Hüften.
Natürlich steht sie trotzdem auf, schleppt ihre müden Glieder unter die Dusche, um sie mit kaltem Wasser zum Leben zu erwecken. Nach kurzem Zögern entscheidet sie sich für ein schlichtes smaragdgrünes Seidenkleid, dessen enggeschnittenes Oberteil ihre schmale Taille hervorhebt. Der kurze, enge Rock ist über der linken Hüfte großzügig gerafft, ein gewagter Schnitt, den sich nur wirklich schlanke Frauen erlauben können. Christina mit ihrer altmodischen Rubensfigur dürfte nicht mal im Traum daran denken. In Wahrheit ist das Kleid viel zu elegant für Nadjas Tätigkeit, aber heute ist ja auch kein normaler Arbeitstag, heute kann ihr Stern gar nicht hell genug strahlen. Ihr schulterlanges Haar, das sie der Einfachheit halber meist zu einem

schlichten Zopf zurückbindet, schlingt sie zu einem lokkeren Nackenknoten, der von einem Schildpattkamm zusammengehalten wird. Als nächstes werden ihre dunklen Augen kupferfarbig umrahmt, was ihnen sehr viel Tiefe verleiht, dann trägt sie bräunlichroten Lippenstift auf. Zu guter Letzt zaubert sie mit Rouge einen Hauch unerfüllter Sehnsucht auf ihre Wangen.

Nadja Polzins Gesicht wirkt zu streng, um wirklich hübsch zu sein. Ihre Augen stehen auffallend nah zusammen, was ihrem Blick etwas Mißtrauisches, ja Stechendes verleiht, was durch die geraden und für eine Frau ungewöhnlich stark ausgeprägten Brauen noch intensiviert wird. Ihre Nase ist klassisch gerade, aber eine Spur zu groß, genau wie der Mund.

Wenn jemand Nadja Polzin um eine Selbsteinschätzung bitten würde, sie beschriebe sich wohl zuallererst als zuverlässig, als ehrgeizig, aber auch als einen Menschen, der einen ausgeprägten Sinn für Ästhetik, für die Schönheit der Dinge hat. Ihren größten Fehler würde sie natürlich verschweigen, nämlich diese innere Gleichgültigkeit, diese dumpfe Stille, daß es ihr nie gelingen will, wirklich tief zu empfinden.

Nein, sie liebt Gisbert Liedke nicht wirklich, nicht annähernd so, wie Julia ihren Romeo geliebt hat oder Isolde ihren Tristan. Man könnte eher sagen, daß sie ihn gern hat. Und doch ist es so, daß sie sich jetzt, da er eine Frau heiraten will, die er kaum zwei Monate kennt, verraten fühlt. Getäuscht. So als hätte ihr diese Christina den Stuhl unter dem Hintern weggezogen, gerade als sie sich gemütlich darauf einrichten wollte. Insgeheim hat Nadja Polzin in letzter Zeit davon geträumt, die Chefin in der Weißen

Taube zu werden. Liedke mit seinen dreiundfünfzig Jahren und seinem arglosen Babygesicht hätte sie dafür in Kauf genommen, und das nicht ungern. Für jemanden, der es aufgegeben hat, nach der ganz großen Liebe zu suchen, ist die Wärme, die sie in der Gegenwart ihres Chefs empfindet, schon eine ganze Menge.

Um zehn vor elf öffnet Nadja die Tür der Weißen Taube. Der Tisch, den sie heute decken will, ist in ihrem Kopf seit Tagen fertig. Weißer Damast, darüber drei Lagen weißer Theatertüll, rechts und links mit dicken Samtschleifen zusammengefaßt, was entfernt an einen Brautschleier erinnern soll, darauf weiße Teller mit einem altmodisch breiten Goldrand, die sie bei einem Partyservice ausgeliehen hat, weil das graue Geschirr, das zum Lokalfundus gehört, ihr nicht passend erschien. Als Tischschmuck dient ein Gesteck aus dreißig weißen Rosen, vergoldetem Farnkraut und üppigen Goldbandschleifen sowie ein Paar dreiarmige Messingleuchter mit weißen Kerzen. Ganz zum Schluß streut Nadja Polzin noch eine Handvoll Goldglitter über den Tisch. Perfekt. Ein anderes Wort kommt für diese Tafel nicht in Frage. Perfekt, aber eiskalt. Und ein wenig unpassend für eine junge Braut, der rote Rosen gebührt hätten, ein ganzer Tisch voller sanft duftender Blütenblätter als Symbol für Glück und Liebe. Aber das gönnt Nadja ihr nun wirklich nicht. Dieser Tisch bleibt ihr selbst vorbehalten.

»Du bist schon wieder zu spät!« fährt sie zwischendurch Harald Mertens an, der gerade dabei ist, seine weiße Kochjacke zuzuknöpfen.

Harald Mertens verdreht genervt die Augen. Daß diese

Hochzeit der Nadja die Laune verdorben hat, ist ihm schon länger aufgefallen. Als Liedke sie allerdings angebaggert hat, ganz am Anfang ist das gewesen, da hat sie ihm die kalte Schulter gezeigt. Egal, er hat weder Zeit noch Lust, sich mit Nadjas persönlichen Problemen zu befassen. Liedke hat ihm eine lange Liste mit Arbeiten aufgetragen. Nur gut, daß Thomas, der Lehrling, heute zur Berufsschule muß. Den mit seiner ewigen Fragerei könnte er jetzt nicht ertragen.

Mit spitzen Fingern plaziert Nadja Polzin vergoldete Rosen auf den schlicht zu Dreiecken gefalteten Damastservietten. Sieben Gedecke, das ist wirklich dürftig für eine grüne Hochzeit.

Hinter der Küchentür geht es laut zu. Harald Mertens ist froh, einmal ungestört werken zu können. Gisbert Liedke ist ein unangenehmer Chef. Und das, obwohl er nie ein lautes Wort sagt, niemals offen tadelt. Aber Liedkes Fehler ist, daß er nicht delegieren kann, daß er leidet, wenn jemand anders in seinen Töpfen rührt. Nie kann er sich verkneifen, seinen Koch zu kontrollieren, nicht mal, wenn es sich um so läppische Dinge wie das Aufschneiden einer Salatgurke handelt. Unerträglich findet Harald Mertens das. Und wenn es zur Zeit nicht so verdammt schwierig wäre, anderswo eine neue Anstellung zu finden, hätte er schon längst gekündigt. Doch so muß er bleiben und Liedkes Chefgehabe ertragen. Manchmal, wenn er es nicht mehr aushalten kann, läßt er seinen Frust an dem Lehrling aus, indem er ihn wegen einer beliebigen Kleinigkeit zusammenstaucht. Ungerecht, zugegeben, aber was ist schon gerecht im Leben.

Gerade als Nadja sich auf einen der dunkelroten Samthocker an der Bar setzen will, klopft jemand an die Tür. Halb zwölf, zu früh für die Hochzeitsgesellschaft. Eigentlich zu früh für jeden. Seufzend schließt Nadja Polzin auf.

»Wir haben heute eine geschlossene Gesellschaft«, sagt sie mit steriler Freundlichkeit und zeigt auf das Schild im Fenster.

»Das weiß ich doch.« Mit vorwurfsvollem Blick rafft die Frau auf der Straße ihren schäbigen Trenchcoat über der Brust zusammen. »Ich bin schließlich die Brautmutter.«

Ein Geschenk des Schicksals erkennt Nadja Polzin sofort. Und diese seltsame Alte, die dort so jämmerlich auf dem Bürgersteig friert, ist so ein Geschenk. Sie zieht die Frau ins Warme und nimmt ihr den fadenscheinigen Mantel ab, wohlwissend, daß darunter nichts Besseres zum Vorschein kommen wird.

Klein ist die Mutter der Braut und dünn, sie kann höchstens hundert Pfund wiegen. Ihr orangerot gefärbtes Haar steht bizarr toupiert vom Kopf ab, was ihr zusammen mit dem knallroten Lippenstift und den zentimeterlangen falschen Wimpern das Aussehen eines weiblichen Clowns verleiht. Zu hochhackigen hellrosa Lackschuhen mit riesigen getupften Schleifen auf dem Spann trägt sie ein magentarotes Kleid aus Polyestervoile. Daß ihre Tasche ganz schlicht und schwarz ist, kann da auch nicht mehr helfen.

Geblendet schließt Nadja die Augen. So sieht also die Mutter dieser Christina aus. So billig, so abgewrackt, so lächerlich. Sie scheint direkt aus der Gosse zu stammen. Eine sprudelnde Quelle aus Schadenfreude öffnet sich genau dort, wo irgendwann in den letzten Wochen Nadja Polzins Herz vertrocknet ist.

Mit der Hand zeigt sie auf die leeren Barhocker. »Setzen

Sie sich ruhig zu mir. Es dauert nämlich noch, bis das Brautpaar eintrifft. Darf ich Ihnen solange etwas zu trinken anbieten?« Die Freundlichkeit braucht sie nicht einmal zu spielen.

Sie darf, natürlich, sie hat es der Frau schon auf der Straße angesehen. Einen Martini, mittags um halb zwölf. Nadja schenkt großzügig ein, immerhin sitzt dort die Brautmutter, deren Hände erbärmlich zittern, und das bestimmt nicht nur vor Kälte. Um zwanzig vor greifen die Hände, die sich mittlerweile beruhigt haben, nach dem zweiten Glas. Die Fingernägel sind spitz gefeilt und goldfarben lakkiert. Ja, wenn sie braungebrannt wäre und dreißig Jahre jünger, hätte das unter Umständen sogar interessant aussehen können. So wirkt es nur albern. Ein weiterer Minuspunkt auf der langen Liste der Lächerlichkeiten. Ein weiterer Schmutzfleck auf Christinas weißem Brautkleid.

Die Alte wirkt jetzt längst nicht mehr so ängstlich und verloren. »Ich kenne den Mann meiner Tochter überhaupt nicht«, vertraut sie Nadja nach dem dritten Glas an. Ihr Blick wandert neugierig durch den Raum. »Wissen Sie, wenn das einzige Kind gut versorgt ist, ist das schon ein beruhigendes Gefühl für eine Mutter.« Treuherzig klimpert sie mit den falschen Wimpern, die aussehen, als wären sie aus Plastik und damit für die Karnevalszeit bestimmt.

Nadja kennt diesen Zustand der künstlichen Fröhlichkeit nur zu gut, schließlich mußte sie jahrelang mit ihrer Mutter, einer hoffnungslosen Alkoholikerin, zusammenleben. Es bedarf nur einer Kleinigkeit, um die Frau in ihre eigene Erbärmlichkeit abstürzen zu lassen.

»Ich schenke noch einmal nach, ja?« fragt sie scheinheilig. »Heute ist schließlich ein Feiertag!«

Die Brautmutter stolpert und fällt, natürlich. Über den vierten Martini innerhalb von vierzig Minuten. Sie hat zuviel getrunken, viel zuviel, um noch seriös wirken zu können. Das Orange ihrer Haare scheint plötzlich zu leuchten, genau wie das schräge Rot ihres Kleides. Die beiden Farben geraten in einen erbitterten Machtkampf, bei dem ganz nebenbei alle Farbe aus dem kleinen, dreieckigen Katzengesicht gezogen wird. Mein Gott, was für ein erbärmlicher Anblick, diese Frau hätte besser bei ihren zitternden Händen bleiben sollen, das wäre das kleinere Übel gewesen.
Mit einem winzigen Schluck Cointreau spült Nadja Polzin ihr Mitleid hinunter. Gewiß, irgendwie tut die Alte ihr leid, aber nicht allzusehr. Warum hängt sie auch an der Flasche. In dem Alter. Im Grunde ist das doch widerlich. In Nadjas Kopf meldet sich ihre verstorbene Mutter zu Wort: Was bleibt mir denn sonst vom Leben? Wie sie diesen weinerlichen Tonfall gehaßt hat!
Draußen fahren drei Wagen vor. Ganz vorn ein dunkelblauer BMW. Die junge Frau in dem schicken grünen Partykleid (jedenfalls nannte man das früher so) zupft sich ein paar Ponyfransen in ihre Stirn. Gleich schaut sie viel weicher aus. Sie sollte ihre Haare anders tragen, denkt Luzie Martell, aber sie schweigt, weil sie nicht unhöflich erscheinen möchte.
»Sie sind da. Der dunkelblaue Wagen gehört dem Chef.«
Vor Schreck wird es Luzie ganz flau im Magen. Mit großen Augen starrt sie auf das leere Glas in ihrer Hand. Dann wandert ihr Blick zu der jungen Frau, die ihr mit gleichbleibender Freundlichkeit die ganzen Martinis eingeschenkt hat. Selbstredend wäre es ungerecht, der Frau die

Schuld in ihre hohen schwarzen Schuhe mit den elegant gekreuzten Riemchen zu schieben, zu behaupten, daß sie niemals so viel getrunken hätte, wenn die andere ein bißchen mehr Verachtung oder wenigstens Erstaunen an den Tag gelegt hätte. Es ist nämlich ein Fehler, die Schuld immer nur bei den anderen zu suchen, das sagt ihr Hausarzt auch. Und daß sie sich zusammennehmen muß. Beherrschen. Aber gerade das fällt ihr ja so schwer. Nicht einmal am Hochzeitstag ihrer Tochter bringt sie es zuwege. Dabei hat sie während der Zugfahrt an nichts anderes gedacht. Du darfst nicht trinken, hat sie sich pausenlos vorgebetet. Und sich dabei die verächtliche Kälte in Christinas Gesicht vorgestellt, die sie so fürchtet. Ja wirklich, man glaubt es kaum, aber sie als Mutter fürchtet sich vor ihrer Tochter. Vielleicht, weil sie selbst so winzig und zerbrechlich ist, wie ein kleines Mädchen, ein Porzellanpüppchen, Hubert war ganz verrückt danach, jedenfalls bevor er diese andere kennengelernt hat und Hals über Kopf ausgezogen ist. Christina war nie klein und zart, nicht einmal als Säugling. Sie kam schon groß und kräftig auf die Welt, und ihre Geburt war eine mörderische Tortur. Ihr Becken ist zu eng, hatte die Hebamme die ganze Zeit über gejammert, und daß man eigentlich einen Kaiserschnitt machen müßte, aber irgendwie war es nicht dazu gekommen. Als Luzie Martell ihre brüllende Tochter endlich in den Armen hielt – ihr Unterleib brannte, als hätte jemand mit einem Messer darin herumgewühlt, und die gesamte Wirbelsäule schien sich irgendwie nach rechts verschoben zu haben –, da hätte sie am liebsten gefragt, ob das eine Verwechslung sein könnte. So ein riesiges feistes Kind hatte sie nicht haben wollen, sie hatte die ganzen Monate von einer winzi-

gen, rosigen Babypuppe mit riesigen blauen Augen geträumt.
Seither hat sie sich vergeblich darum bemüht, ihre Tochter zu lieben. Nur daß dieses seltsame Kind scheinbar keiner Zuneigung bedurfte, von Anfang an nicht. Christina war sehr früh selbständig, sie beschäftigte sich stundenlang allein, und jedesmal, wenn man sie ansprach, gab sie zu verstehen, daß sie sich gestört fühlte. Als ihr Vater sich klammheimlich davonstahl, zuckte sie nur mit den Achseln. Der hat uns doch sowieso nicht lieb, erklärte sie ihrer schluchzenden Mutter. Damals war sie siebeneinhalb und so kalt wie ein Fisch. Daß ihre Mutter aus Kummer zur Trinkerin wurde, schien sie nicht weiter zu stören. Als sie älter wurde, hielt sie Luzie von Zeit zu Zeit eine flammende Rede, in der sie sich altklug über die zerstörerische Wirkung von Alkohol auf das Gehirn ausließ. Nach dem zweiwöchigen Besuch bei Huberts Mutter wurden sie sich noch fremder. Luzie Martell war froh, als ihre Tochter mit achtzehn Jahren auszog. Das würde sie natürlich niemals laut sagen, nicht einmal zu Willi aus der Pfandleihe, und der ist ihr in den letzten Jahren der vertrauteste aller Menschen geworden. Genausowenig würde sie zugeben, daß sie sich ein klein wenig besser fühlt, seit Christina die beiden Kinder hat. Gleich zwei uneheliche Kinder, darauf kann ihre Tochter sich weiß der Himmel nichts einbilden. Und über andere Leute braucht sie jetzt auch nicht länger die Nase zu rümpfen, hat Luzie entschieden.
Heute allerdings ist Christinas Hochzeitstag, und ihre Mutter hat schon wieder zuviel getrunken, hat das Limit überschritten. Selbstredend nicht das Limit, das der Doktor ihr gesetzt hat, nämlich gar nichts Alkoholisches mehr

zu trinken, trocken zu bleiben, absolut. Solch einen Unsinn kann nur einer reden, der nichts von Einsamkeit und Verzweiflung weiß. Einer, der nichts davon hat, daß man innerlich erfrieren kann, zu Eis werden, Eis, das nur durch Kirschlikör oder Rotwein zum Schmelzen gebracht zu werden vermag, oder durch roten Wermut. Nein, Luzie Martell hat sich ihr eigenes Limit gesetzt. Sie muß mit dem Trinken aufhören, wenn sie den Zustand einer federleichten Euphorie erreicht hat, wenn sie sich fühlt wie ein junges Ding, das auf Zehenspitzen balanciert, wie ein Mädchen, das alles noch vor sich hat, das die Welt noch in eine andere Richtung lenken könnte, wenn es nur wollte, eine, die ausgehen kann, singen, tanzen, fremde Männer kennenlernen. Dieser Zustand ist es, der sie bislang davon abgehalten hat, sich die Pulsadern aufzuschneiden.
Zu ihrem großen Leidwesen hält diese märchenhafte Unbeschwertheit allerdings nie lange an. Sie selbst ist meistens dumm genug, ihr den Garaus zu machen, indem sie die Grenze überschreitet, noch ein Glas trinkt, oder auch zwei, manchmal unzählige, in der kindlichen Hoffnung, ihr Glück ließe sich noch vergrößern. Doch ehe man sich's versieht, verwandelt sich das belebende Hochgefühl in eine dumpfe, zentnerschwere Traurigkeit. Auch heute, am Hochzeitstag ihres einzigen Kindes, hat sie den Pfad der Glückseligkeit verlassen, um im Sumpf der Selbstanklage unterzugehen. Die Konturen ringsum verschwimmen bereits, ein deutliches Zeichen dafür, daß sie sich auflösen wollen. Sehr bald schon wird die Welt nur noch aus vorwurfsvollen Gesichtern bestehen, aus Köpfen, die körperlos durch den Raum schweben. Jedes Wort, das sie dann noch zu sagen wagt, wird verkehrt sein, geradeso als wäre

ihre Sprache nicht die der anderen, jede Bewegung wird mißlingen, vielleicht wird sie erneut fallen und sich die Knie aufschlagen. Dann wird Christina wieder sagen, daß sie sich schämt, so eine Mutter zu haben. Und sie wird ihr verbieten, die Kinder anzufassen.

Mit einer ruckartigen Bewegung hält sie der jungen Frau ihr Glas hin. »Ich hätte gern noch einen klitzekleinen Schluck.« Vielleicht läßt sich die Grenze ja doch noch irgendwo finden. Einfach nur, weil heute so ein besonderer Tag ist. Eben Christinas Hochzeitstag.

Zu spät. Die Tür öffnet sich, und Christina tritt ein. So elegant hat Luzie Martell ihre Tochter noch nie zuvor gesehen. Ein wunderbares Kleid aus schwarzer Spitze, hohe Absätze, das Haar zu einer richtigen Frisur aufgesteckt, schaut sie tatsächlich wie eine verheiratete Frau aus. Etwas Warmes in der Art von Mutterstolz läßt Luzies Wangen mädchenhaft erglühen. Neben Christina trippelt aufgeregt ein Mann, der sich in einen rosaroten Seidensmoking gezwängt hat, der gut und gern eine Nummer zu klein ist. Entschieden zu gewaltig ist dagegen die schwarze Fliege unter seinem Kinn ausgefallen. Luzie Martell verschluckt sich beinahe an ihrem Martini. Sollte *das* etwa ihr Schwiegersohn sein? Dieser ältliche, mollige Operettenbaron, der mindestens einen Kopf kleiner ist als Christina? Aber es muß ja wohl so sein, denn wie es aussieht, kommt kein anderes männliches Wesen mehr zur Tür herein. Und jetzt hakt er Christina unter, wenn auch ein wenig schüchtern. Beim Anblick der übrigen Hochzeitsgesellschaft wäre Luzie Martell beinahe in lautes Gelächter ausgebrochen. Neben Christina und ihrem Mann, den sie sich weiß Gott vollkommen anders vorgestellt hat, stehen dort noch drei

Frauen, eine alte dicke, eine mittlere spindeldürre und ein junges Mädchen, und alle drei machen einen äußerst schlechtgelaunten Eindruck. Außerdem tragen sie samt und sonders Schwarz. Sogar die Braut trägt Schwarz. Hat man so was schon gehört? Der Bräutigam – ihr Schwiegersohn also, aber daran muß sie sich erst noch gewöhnen – erinnert an einen überalterten Gockel, der voller Stolz seine Hennen ausführt, zu einer Beerdigung, wie es aussieht, denn sie tragen ja Trauerkleider. Was für eine alberne Gesellschaft! Was für eine alberne Hochzeitsfeier! Typisch Christina! Das, was für normale Menschen gut ist, das, was ihrer Mutter gefallen hätte, kommt für Christina nicht in Frage.
Nun, Luzie wird sich ihren Teil denken und schweigen. Wie gewöhnlich. Ihre Meinung interessiert Christina ohnehin nicht im geringsten. Gar nicht davon zu reden, daß sie zuviel getrunken hat. Und wenn sie sich nicht zusammennimmt, wird Christina ihr wieder verbieten, ihre Enkelkinder auf den Schoß zu nehmen. O ja, da kennt Christina keine Gnade. Sie würde ihre arme Mutter hier vor aller Augen bloßstellen. Würde lauthals verlangen, daß sie ihre Finger von den Kleinen läßt. Die brauchen nicht zu wissen, daß ihre Oma säuft, würde sie kreischen.
Auch Nadja traut beim Anblick der dürftigen Hochzeitsgesellschaft kaum ihren Augen. Für die da hätte es allemal ausgereicht, den Tisch wie jeden Tag zu decken, hellgraues Geschirr auf weißem Grund, weiße Papierservietten, graue Kerzen. Das Kleid der Braut war billig, das sieht man auf den ersten Blick, synthetische Spitze, die auf der Haut kratzt. Auch die Schuhe taugen nichts. Vielleicht sind sie nicht mal aus Leder. Aber das wundert Nadja überhaupt

nicht. Jetzt, da sie Christinas Mutter kennengelernt hat, die auf ihrem Barhocker zu einem jämmerlichen Haufen aus orangerotem Haar und schlechtem Gewissen zusammengeschrumpft ist, der heftig nach Martini riecht.
Unterdessen führt der Chef seine Frau zu ihrem Platz am Kopf der Tafel. Er glüht förmlich vor Stolz. Ach Gisbert … ihr Herz zieht sich liebevoll zusammen. Was weiß denn einer wie Gisbert Liedke von guter Kleidung? Von teuren Stoffen, raffinierten Schnitten? Ja, wenn es hier um die Zubereitung eines Rehrückenfilets ginge, um die richtige Garzeit, um die Gewürze, die passenden Beilagen. Aber so? Sein eigener Aufzug, dieser lachhafte Versuch, jung und schlank auszusehen, sagt doch alles. Mit einer Handbewegung winkt er jetzt die schwarzgewandeten Frauen, die immer noch unschlüssig mitten im Raum stehen, so als hätten sie hier nichts verloren, heran. »Setzt euch doch bitte.« Dann nähert er sich mit großen Schritten seiner Angestellten, eine flüchtige Umarmung, ein in die Luft gehauchter Kuß. »Der Tisch sieht einfach wunderbar aus. Ich danke dir, nein, wir danken dir!«
Wunderbar? Guck doch mal genauer hin, hätte sie am liebsten ausgerufen. Frierst du nicht in dieser kalten Pracht? Meinst du etwa, da steckt etwas von meinem Herzblut drin? Glaubst du, ich wünsche dir auch noch Glück? Dir und dieser falschen Schlange, die vorgibt, dich zu lieben, obwohl sie nur dein Geld meinen kann? Doch sie lächelt matt und läßt seine Worte kommentarlos in den Falten der glatten Seide verschwinden. »Setzt euch um Himmels willen hin, damit ich auftragen kann.« Herzlichen Glückwunsch sagt sie nicht, es ist einfach unmöglich. Ihr Chef scheint es nicht zu merken. Seine Augen ruhen schon wie-

der wohlgefällig auf seiner jungen Frau, seinem vermeintlichen Hauptgewinn in der großen Lotterie des Lebens.
Als er an ihre Seite zurückeilen will, hält Nadja ihn am Ärmel fest. »An der Bar sitzt die Mutter deiner Frau. (Den Namen Christina bringt sie nicht über die Lippen!) Wenn mich nicht alles täuscht, trinkt sie gerade ihren fünften Martini. Sieh zu, daß du sie an den Tisch kriegst, solange sie noch einigermaßen geradeaus laufen kann.«
Als hätte besagte Dame nur darauf gewartet, plärrt sie in diesem Moment mit weinerlicher Stimme: »Christina, Kindchen, willst du denn gar nicht deine Mama begrüßen?«
Alle Köpfe fliegen herum. Christina erstarrt. Ihre Mutter grinst dümmlich, dann rutscht sie mit erhobenen Händen von dem hohen Barhocker, so wie ein Schwimmer, der sich vom Rand ins Becken fallen läßt. Vielleicht hat sie die Höhe nicht richtig eingeschätzt, vielleicht ist sie es nicht gewohnt, auf hohen Absätzen zu laufen, vielleicht liegt es auch an den vielen Martinis, am Ende ist sie ganz einfach schwach vor Glück, was allerdings am unwahrscheinlichsten erscheint, jedenfalls sackt sie für einen kurzen Augenblick in die Knie. Doch im nächsten Moment steht sie schon wieder. Kerzengerade wie ein Soldat, mit durchgedrückten Knien, den Bügel der Handtasche ordentlich über den linken Unterarm gelegt.
»Christina, meine Liebe, ich gratuliere dir. Und deinem Mann natürlich.« Ihr roter Clownsmund verzieht sich zu einem makabren Lächeln, das ihrem blassen Altfrauengesicht den letzten Rest von Würde raubt. Dann geht sie mit seltsam ungelenken Schritten durch das Lokal, und ihre Arme rudern wild, so als müßte sie gegen einen Sturm

kämpfen, aber sie kämpft wohl eher gegen den Alkoholnebel in ihrem Kopf.

»Hallo, Mutter, schön, daß du gekommen bist.« Christinas Stimme wird mit jedem Wort leiser. Unvermittelt springt sie auf, eilt der alten Frau entgegen, hakt sie unter und führt sie die letzten Meter an den gedeckten Tisch. Ihre Mutter reicht ihr nicht einmal bis zur Schulter. Vielleicht wirkt Christinas Benehmen deshalb so gewalttätig.

»He, willst du mir den Arm ausreißen?« kreischt Luzie Martell böse. Und sie versucht vergeblich, sich aus der Umklammerung zu befreien.

Schon längst ist Nadja Polzin, die im Hintergrund eine Flasche Champagner entkorkt, nicht mehr zum Heulen zumute. Begierig saugt sie jede Einzelheit von Christinas Schmach in sich auf. Die Braut in einem wertlosen Fähnchen, kalt wie ein Eisblock, ihre Mutter eine bedauernswerte Trinkerin, dazu die anderen Frauen in ihren schwarzen Trauerkleidern, die verlegen auf ihre Teller starren – was für ein Bild! Diese Hochzeit ist doch eine Farce, eine absurde Komödie, ein Spektakel, das zum Lachen reizt. Gleich morgen früh wird der Chef seinen Irrtum erkennen, wird merken, daß er sich in den Netzen einer neuzeitlichen Lorelei verfangen hat, und er wird all dem ein Ende bereiten. Nadja wird dann immer noch da sein, zuverlässig, kompetent, ohne Fehl und Tadel und nur allzugern bereit, seinen großen Traum vom Michelinstern mit ihm zu teilen. Ohne daß sie sich dessen bewußt ist, streicht sie zärtlich über die tannengrüne Seide des Kleides, das sicherlich doppelt und dreifach soviel gekostet hat wie das Brautgewand. Christina hat ihren Spießruten-Hochzeitslauf beendet. Sie sitzt wieder auf dem Platz der Braut, lächelt beinahe so, wie es sein muß, nur ihr inneres Gleichgewicht, das ist ihr auf dem kurzen Weg verlorengegangen. Oder warum ballt sie ihre Hände sonst zu Fäusten, die sie schnell und rhythmisch gegeneinanderstößt?

»Giesi, das ist meine Mutter. Mutter, das ist Gisbert.« Ein hingehauchter Seufzer begleitet ihre Worte.

»Angenehm. Luzie Martell.« Die Hand mit den goldenen Nägeln schnellt vor. Der Händedruck ist erstaunlich fest. »Sag ruhig Luzie, alle nennen mich so. Daß meine Tochter noch einmal heiratet, also ganz ehrlich, damit habe ich nicht mehr gerechnet.« Sie lacht heiser. »Aber zwei uneheliche Kinder reichen ja auch, was? Dann hört dieser ganze Unsinn ja wohl endlich auf!«

»Mama, ich bitte dich«, sagt Christina streng. Ihre Fäuste liegen jetzt auf dem Tischtuch. Ruhig, aber dennoch irgendwie bedrohlich. Wie zwei entsicherte Waffen.

»Ist ja schon gut.« Die Alte senkt ihren Blick. »Ich bin ja auch nur gekommen, weil ich meine Enkelkinder so lange nicht gesehen habe. Wo sind sie überhaupt?«

»Sie müssen jeden Moment hier sein. Eine Freundin bringt sie her. Du wirst staunen, wie groß sie jetzt sind. Setz dich dorthin, Mutter.« Christina weist mit dem Kopf auf einen freien Stuhl.

Gehorsam sackt Luzie Martell auf den ihr zugedachten Platz. Sie ist so klein, daß ihre Füße den Boden nicht berühren. Mit beiden Händen umklammert sie die schwarze Handtasche auf ihrem Schoß. Ihr Blick heftet sich auf die Eingangstür, auf ihre Enkel wartend. Für einen Moment möchte Nadja hinlaufen, die kleine Frau in den Arm nehmen und trösten. Es ist alles nur meine Schuld, möchte sie

sagen, ich habe ihr all die Martinis eingeschenkt. Und jetzt tut es mir schrecklich leid.
Doch nun ist es Zeit für den Champagner. Mit charmantem Lächeln reicht Nadja Polzin jedem ein Glas, zuerst natürlich Gisbert Liedke, der sie dankbar anlächelt, dann Christina, die hoheitsvoll nickt, als gäbe es jetzt noch etwas, worauf sie sich was einbilden könnte, als nächstes ihrer armseligen Mutter, wobei sie deren Blick ausweicht, dann Jelka, die heute so unglücklich aussieht, Benita Liedke, die ihre Lippen krampfhaft aufeinanderpreßt, als hätte sie Angst davor, daß ein unpassendes Wort entweichen könnte, und zuletzt der fremden Frau mit dem strengen Haarknoten, deren gesamte Aufmerksamkeit der schwarzen Braut gilt.
Gisbert Liedke hebt sein Glas. »Auf meine Frau Christina, die mich heute zum glücklichsten Menschen auf der Welt gemacht hat«, sagt er feierlich.
Auf Christina, wiederholen die Gäste höflich, doch niemand scheint es besonders ernst damit zu sein. Die magere Frau in der altmodischen Bluse nippt nur kurz, dann stellt sie ihr Glas hinter sich auf die Fensterbank. Jelka leert ihren Champagner auf einen Zug, was ihrer Tante ein mißbilligendes Geräusch entlockt.
Auch Luzie Martell trinkt das Glas auf Anhieb leer. »So was Gutes ...« Ihre Augen blinzeln vergnügt. Plötzlich bleibt ihr Blick an der Tischdekoration hängen. »Ich dachte immer, weiße Blumen nimmt man nur für Beerdigungen!« Sie schlägt sich mit der Hand auf den Mund. »Tschuldigung.« So unerwartet, daß alle erstaunt aufsehen, erhebt die Frau sich. »Normalerweise spricht an dieser Stelle natürlich der Vater der Braut. Aber Christinas

Vater weilt ja schon längst nicht mehr unter uns, und deshalb muß ich ja wohl die Tischrede halten. Ich möchte zuallererst dem jungen Glück gratulieren!« Sie hält ihr leeres Glas in Richtung Nadja Polzin, der nichts anderes übrigbleibt, als eine weitere Flasche Champagner zu öffnen und nachzufüllen. Luzie Martell nimmt einen tiefen Schluck. Dann wischt sie sich mit dem Handrücken über den Mund und verschmiert die letzten Reste des knallroten Lippenstiftes. Christina schnappt hörbar nach Luft. »Meine Tochter«, fährt die Alte vergnügt fort, »ich hab ja nur die eine, also meine liebe Christina hat mir heute eine sehr große Freude gemacht. Weil sie endlich in den heiligen Stand der Ehe getreten ist, ich meine natürlich wegen der Kinder, na ja, also die letzten Jahre, da ging ja einiges drunter und drüber. Manchmal dachte ich schon, es wird nie mehr was mit ihr. Hab mir bereits Sorgen gemacht, bin ja selbst nicht mehr die Jüngste. Dieser Maler, also der war doch nichts Rechtes ...«
Zwei kräftige Hände legen sich auf ihre Schultern und drücken sie auf den Stuhl zurück. »Mutter, das ist ja lieb gemeint, aber wir haben sehr bewußt auf eine große Feier verzichtet. Nur ein ungezwungenes Beisammensitzen soll das hier sein, und eine Rede ist uns viel zu offiziell. Wir sind schließlich ganz unter uns. Danke.«
Ein lauter Knall, die Tür fliegt auf, und zwei quirlige Kinder stürmen herein, gefolgt von einer verlegen lächelnden Frau. »Ich konnte sie nicht halten«, entschuldigt sie sich.
Die Kinder, der strohblonde Dario und die schwarzgelockte Laura, rennen zu ihrer Mutter, um sich wie kleine, ausgehungerte Tiere an ihren Körper zu schmiegen.

»Ach, da sind sie ja«, flüstert Luzie Martell gerührt, »meine kleinen Engel!« Jede Spur von Bosheit ist aus ihrem Gesicht gewichen, alt und einsam sieht sie plötzlich aus, wie ein Mensch, der sich nach Liebe sehnt.

Gisbert Liedke kümmert sich unterdessen um die Frau, die immer noch an der Eingangstür steht, so als hätte sie Angst, die Feierlichkeiten zu stören. »So kommen Sie doch. Ich möchte mich noch einmal ausdrücklich dafür bedanken, daß Sie auf die Zwerge aufgepaßt haben. Natürlich auch in Christinas Namen. Darf ich Sie an den Tisch bitten, was möchten Sie trinken, einen Saft vielleicht?« fügt er mit einem Blick auf ihren hochschwangeren Bauch hinzu.

»Das ist sehr nett. Leider habe ich keine Zeit, in einer Viertelstunde muß ich beim Arzt sein.« Sie streckt ihm sehr entschieden ihre Hand mit dem schmalen goldenen Ehering hin. »Herzlichen Glückwunsch, Herr Liedke.«

Plötzlich ist Thora da und legt von hinten ihren Arm um die schwangere Frau. »Sabine, wie geht es dir, gut schaust du aus. Wann ist es denn endlich soweit?«

»Eigentlich warten wir jeden Tag.«

»Oh, dann wird es ja ein Kind des sechsten Mondes. Wie schön. Komm, setz dich doch zu uns.«

Sabine Paschke bleibt dabei, keine Zeit zu haben. Sie umarmt Christina flüchtig, haucht einen Kuß auf ihre Wange, herzlichen Glückwunsch, fährt den beiden Kindern, die jetzt gar keine Notiz mehr von ihr nehmen, kurz über die Locken, dann verabschiedet sie sich.

Draußen vor der Tür atmet sie erleichtert auf. Daß sie vor Christinas Berührung zurückgewichen ist, ist hoffentlich niemandem aufgefallen. »Dir wird nichts zustoßen, mein

Herz«, sagt sie tonlos, und ihre Hand rutscht unter den Mantel. »*Ihre* Kinder sind in Gefahr. Dario und Laura.« Dann entfernt sie sich mit dem typisch schaukelnden Gang einer Hochschwangeren. *Ein Kind des sechsten Mondes.* Unterwegs werden ihre Schritte immer schneller, und als sie in ihre Straße einbiegt, rennt sie beinahe. In der Wohnung reicht die Zeit nicht einmal, um ihren Mantel auszuziehen. Sie stürmt direkt ins Wohnzimmer und reißt dort ein Buch mit einem grünen Einband aus dem Regal. Ihre Finger zittern, als sie im Inhaltsverzeichnis nach der richtigen Seite sucht. Der sechste Mond. Seine Pflanze ist die Pfefferminze, sein Thema die Vision. Schluchzend sinkt sie auf die Couch. Alles fügt sich wie von selbst zusammen. Es gibt keine Möglichkeit, Isis' Vision zu entkommen. Das Schicksal hat sein Urteil längst gefällt.

In der Weißen Taube ist mit der Ankunft der Kinder das letzte bißchen Feierlichkeit gewichen. Der dreijährige Dario sammelt die vergoldeten Rosen ein, um sie auf dem Fußboden zu zerpflücken. Seine Schwester krallt sich auf dem Schoß ihrer Mutter fest. Jeder Versuch, sie auf einen Stuhl zu setzen, endet mit einem schrillen Kreischkonzert.

»Komm doch mal zu Omi«, fleht Luzie Martell, doch keines der Kinder würdigt sie auch nur eines Blickes. Laura stößt den Champagner ihrer Mutter um, Dario verteilt die abgerissenen Goldblätter auf den anderen Tischen.

»Er will die anderen Tische auch so hübsch decken«, erklärt Gisbert Liedke seinen Gästen, und Jelka denkt, daß er ihr so etwas nie erlaubt hätte. Und gleichzeitig sieht sie vor sich, was kommen wird. Wie es sein wird, mit Christina und diesen beiden Kindern in einem Haus zu leben.

Ohne ihren Vater, der die meiste Zeit in seinem Lokal verbringt. Und das Blut stockt in ihren Adern, weil das Leben als Stieftochter, als Stiefschwester nur entsetzlich sein kann.

Nadja dagegen kämpft den Drang nieder, dem Ungeheuer mit den unschuldig blonden Locken einen Klaps auf die Finger zu geben, einen sehr kräftigen Klaps.

[6]

Nun pressen Sie doch, Frau Paschke, es ist ja gleich geschafft!« Mit dem Handgelenk wischt die Hebamme sich den Schweiß von der Stirn. Diese Frau liegt da wie ein nasser Sack. Außer theatralischem Gestöhn bringt sie nichts zustande. Wenn es so weitergeht, muß sie noch eine Vakuumextraktion vorbereiten. Aber so, wie sie diese Paschke einschätzt, wird die dann losflennen, daß ihr Kind nicht mit einer Saugglocke geholt werden darf. Von wegen Geburtstrauma und bleibenden seelischen Schäden. Schmerzlindernde Medikamente hat sie vor zwei Stunden ja auch noch rigoros abgelehnt. Leider hat ihr Heldenmut nicht besonders lange angehalten.

Sabine Paschke dreht ihren Kopf zur anderen Seite. »Ich kann nicht mehr«, jammert sie. »Bitte geben Sie mir doch eine Spritze! Ich halte die Schmerzen nicht mehr aus! Ich kann nicht mehr!«

Ich halte die Schmerzen nicht mehr aus! Mein Gott, wie oft hat sie das schon gehört. Am liebsten würde sie dieser wehleidigen Zicke mal so richtig die Meinung sagen. Daß sie es auch nicht mehr ertragen kann, dieses ewige Geheule. Früher hätte man so einer zu verstehen gegeben, daß das der Lauf der Welt ist. Erst das Vergnügen, dann die Strafe! Und daß schon in der Bibel steht: Unter Mühen sollst du gebären! Aber das kann man sich heutzutage ja nicht mehr erlauben. Einmal mußte sie zum Chef, weil sie einer Frau etwas in dieser Art gesagt hat. Und die hatte nichts Besseres zu tun, als sich hinterher zu beschweren. Eine Lehrerin war das. Seither schaut sie jedesmal auf das Anmeldeformular, was die Frauen von Beruf sind. Und diese hier ist auch was Studiertes, irgendwas mit Pädagogik. Deshalb stellt sie sich auch so blöd an.

»Atmen, tief in den Bauch atmen!« Die Stimme der Hebamme klingt schon längst nicht mehr freundlich oder gar aufmunternd. Das hat bei so einer ohnehin keinen Zweck. Die ist viel zu sehr mit sich selbst beschäftigt, die hört gar nicht zu. Dem armen Mann ist das richtig peinlich. »Sabine, denk doch an die Schwangerschaftsgymnastik. In den Bauch atmen«, fleht er. Da hat schon mancher dumm aus der Wäsche geguckt, wie seine Frau sich hier anstellt.

»Jeeetzt!« brüllt die Hebamme. Auf ihren Wangen leuchten hektische Flecken. »Pressen! Das Baby kommt, es kommt ...«

»Mach doch, Sabine«, bettelt der zukünftige Vater. »Streng dich an, ein letztes Mal! Denk doch an das Kind!«

»Wozu?« kreischt sie, aber dann preßt sie doch mit aller Kraft, was man daran erkennt, daß ihr Gesicht dunkelrot anläuft, und endlich, endlich sieht man den schwarzen Haarschopf.

Erleichtert atmet die Hebamme auf. Mit dem Unterarm wischt sie sich über das nasse Gesicht. Ein paar Tränen für den neuen Erdenbürger. Auch nach einundzwanzig Dienstjahren kann sie sich der besonderen Magie dieses Augenblicks nicht entziehen. Ein Kind ist geboren, es ist von irgendwoher in diese verrohte, schlechte, sündige Welt

gekommen, rein und unschuldig wie ein Heiliger. Was für ein Wunder, das letzte Wunder hier auf Erden, das man uns noch gelassen hat.
»Ein Junge. Herzlichen Glückwunsch.«
Der frischgebackene Vater schluchzt auf. »Sabine, er lebt, hörst du? Und er ist einfach wunderbar! Ein Junge, wir haben einen Sohn!«
»Natürlich lebt er, was denn sonst«, brummt die Hebamme. Jetzt fängt der auch noch an zu spinnen. Behutsam legt sie den neuen Erdenbürger auf den Bauch seiner Mutter. Die heult daraufhin los wie ein Schloßhund. »Er lebt, er lebt wirklich, er bewegt sich ...« Dann dreht sie den Kopf. »Er ist doch gesund, nicht wahr? Ich möchte, daß ein Arzt kommt und meinen Sohn untersucht. Ob wirklich alles in Ordnung ist.«
Die Hebamme ist sprachlos. Bei dem Kind ist schon alles in Ordnung. Bei Ihnen scheinbar nicht, würde sie am liebsten sagen. Aber sie knurrt nur, daß jedes Kind nach der Geburt gründlich untersucht wird.
Zweieinhalb Stunden später, Sabine schläft, das Baby auch, ruft Christoph Paschke seine Mutter an. »Es ist soweit, ihr könnt den Kinderwagen abholen, ihr habt einen Enkelsohn. Was? Ja, Sabine hat alles gut überstanden. Wir sind überglücklich.« Jetzt erst, da er das Gefühl hat, zum erstenmal seit langem frei atmen zu können, wird ihm bewußt, wie sehr ihn Sabines düstere Reden über den Tod in den letzten Wochen belastet haben.

Heute morgen brodelt die Welt schwefelgelb. Tom Gräfe rührt die Acrylfarbe schaumig, bevor er sie mit dem Pinsel aufträgt. Unnatur, ja, so wird er das Bild nennen. Und es ist

wirklich gut. Man kann das Gift förmlich riechen. Genau das wäre sein Traum. Gerüche auf die Leinwand bannen. Einem plötzlichen Impuls folgend, rast er in die Küche, um den Blechtopf mit Kaffee, der dort seit Stunden auf dem Herd vor sich hin köchelt, von der Platte zu reißen. Das, was auf dem Topfgrund steht, schwarzbraun, dickflüssig und verbrannt, könnte kein Mensch mehr runterkriegen, aber das hat er ja auch gar nicht vor. Nein, er wird dafür sorgen, daß die braune Soße in die Kunstgeschichte eingeht. Der Topf ist so heiß, daß er ein Geschirrtuch oder jedenfalls das, was er dafür hält, braucht, um ihn ins Atelier zu tragen. Mit einer ausholenden Handbewegung kippt er den oxidierten Kaffee über sein Bild. Genau in die Mitte, das aber nur, weil er schlecht gezielt hat. Links oben wäre es besser gewesen. Asymmetrisch. Nichts haßt Tom Gräfe so wie die Symmetrie, die es sich anmaßt, den Dingen eine Ordnung zu geben. Alles von einem Mittelpunkt aus zu spiegeln, zu doppeln. Nun, ganz so tragisch endet sein Versuch nicht, jedenfalls nicht auf den ersten Blick. Der Kaffee frißt sich mit leisem Zischen in die feuchte Leinwand und bildet einen Fleck, der entfernt an ein Tier erinnert, links der Kopf, rechts der langgezogene Schwanz. Das Böse im Sprung. Für einen Moment scheint das Experiment gelungen, dann verlaufen die Konturen, eine hellbraune Suppe rinnt von der Leinwand herunter. Tropfen reiht sich an Tropfen, absolut gleichmäßig. Scheiße. Der Geruch allerdings, diese Mischung aus Lösungsmitteln und abgestandenem Kaffee ist absolut ekelerregend. Unnatur.
Tom Gräfe wirft den Kopf in den Nacken und lacht. Mit der Ausstellung in der Galerie CH hat es wider Erwarten doch geklappt, vorgestern stand es groß und breit in der

Zeitung, hoffentlich hat sie es gelesen. Auf dem Bild sieht man eine blonde Frau neben Tom. Ganz nah. Eine von der Sorte, an der man sich sehr leicht die Finger verbrennen könnte. Ein weibliches Raubtier mit sinnlichem Mund und mandelförmigen Augen. Auch wenn er nicht die geringste Ahnung hat, um wen es sich dabei handelt, macht es den Eindruck, als hätten sie was miteinander. Hoffentlich hat Christina das Bild in der Zeitung gesehen.

Die Ausstellung war ziemlich erfolgreich. Sieben Bilder wurden verkauft, die Preise hat der Galerist zwischen achthundert und zweitausendvierhundert festgesetzt. Viel zuviel in Gräfes Augen, aber Dr. Haiderbeck erklärte beleidigt, daß seine Klientel keine gewöhnliche Laufkundschaft sei. Nein, Mäzene der Kunst würden bei ihm ein und aus gehen, solche, die es nicht nötig hätten, nach Sonderangeboten zu suchen. Nun gut. Über neuntausend Mark liegen oben in einer Blechdose. *Lagen* dort. Inzwischen hat er sich ja reichlich mit Whiskey und Zigarren eingedeckt. Und mit dieser Acrylfarbe, von der er sich so viel versprochen hat. Wenn dieser Haiderbeck recht hat, und es sieht ja verdammt danach aus, braucht er demnächst eine vernünftige Bleibe, mit anderen Worten ein repräsentatives Atelier. Ein bißchen Boheme wäre ja ganz schön, durchaus auch geschäftsfördernd, aber das hier sei nichts weiter als ein verkommener Saustall ohne jedes Flair. Dr. Haiderbeck untersagte Tom Gräfe strengstens, die Presse in sein Haus zu laden. Sämtliche Interviews fanden vielmehr in der Galerie statt, bei Sekt und kleinen Häppchen aus dem Delikatessenladen. Vorher wurde Tom Gräfe von seinem Galeristen eingenordet. Tabu war alles, was nach Haiderbecks Meinung nicht zu einem ernst zu nehmenden Künstler

paßt. Beispielsweise die Tatsache, daß Gräfe nie studiert hat (wie denn auch ohne Abitur?), daß es keinen theoretischen Hintergrund für seine Malerei gibt, daß er einfach nur malt, was ihm gerade in den Kopf schießt. Für die Leute, die in angesehenen Kunstgalerien kaufen, ist das nicht genug. Sie wollen ihr Geld keineswegs in einen unbedarften Zufallskünstler investieren. Behauptet Haiderbeck. Mit anderen Worten: Ein Genie, das sich nicht erklären kann, paßt nicht in unsere aufgeklärte Zeit, in der jedes Ding seine Schublade braucht. Tom Gräfe mußte vor der Pressekonferenz die von Dr. Haiderbeck ausgearbeiteten Theorien auswendig lernen. Nun ja, warum nicht. Die Journalisten haben den ganzen Mist mit vor Ehrfurcht erstarrten Gesichtern gefressen. Sie gaben vor, all das zu begreifen, was er großspurig rezitierte. Später stand es wortwörtlich wiedergegeben in der Zeitung. Daß seine Bilder geprägt seien von einem kraftvollen Dynamismus der Farben, das vermeintlich Primitive in seinen Gemälden sei eine gekonnte Simulation, ein Weg, sich auf das Wesentliche zu reduzieren, eine Art selbst geschaffenes inneres Exil. Ihn, Tom Gräfe, beschrieben sie als introvertiert, hochintelligent und dabei hypersensibel für die Problematiken dieser desolaten Konsumgesellschaft. Hoffentlich hat sein alter Mathelehrer das gelesen. Für den war er nämlich stets der Klassenidiot.
Es wird Zeit, daß Christina wieder auftaucht. Nie hätte er gedacht, daß sie es so lange bei dieser Thora aushält. Manchmal ist er drauf und dran, einfach hinzugehen oder wenigstens anzurufen. Doch dieses Zeichen von Schwäche würde Christina hinterher hemmungslos ausnutzen. Sie wird schon von selbst wiederkommen. Bis jetzt ist sie noch

jedesmal wiedergekommen. Sobald sie zurück ist, wird er ihr einen Tausendmarkschein in die Hand drücken. Ganz lässig. Einfach so. Da, kauf dir was Anständiges, wird er sagen. Und die Kinder müssen auch mal vernünftig eingekleidet werden. Und dann könntest du dich endlich um eine angemessene Wohnung kümmern. Er freut sich jetzt schon auf ihr dummes Gesicht.

Der Kaffee hat das Bild versaut. Total. Statt »Unnatur« könnte man es höchstens noch »Kaffeefleck« nennen oder »Der Künstler weiß nicht weiter«. Auch der widerliche Geruch hat sich mittlerweile verflüchtigt. Wirklich bedauerlich.

Dr. Haiderbeck hat einen Galeristen in Bad Homburg aufgetan, der möglicherweise an Bildern eines neuen avantgardistischen Künstlers interessiert ist. Also malen. Und bitte nicht immer das gleiche. Lassen Sie sich mal was anderes einfallen als diese Augen, es ist ein großer Fehler, sich unaufhörlich selbst zu kopieren. Im übrigen drängt sich die Erinnerung an den frühen Franz Kline auf. Vorsicht! Wenn Sie verstehen ... Nun, um der Wahrheit zur Ehre zu gereichen, ist ihm jener Franz Kline mitsamt seinen Werken gänzlich unbekannt, was den Vorwurf des Kopierens ad absurdum führt. Bedauerlich, daß er seine Unkenntnis in diesem Zusammenhang nicht zugeben darf.

Also mal was anderes. Unglücklicherweise leidet der große Künstler an Ideenlosigkeit. In seinem Gehirn macht sich Christina breit, ihr herrliches Haar, ihr weicher, nachgiebiger Leib, der für ihn eine Kathedrale darstellt. Die Kathedrale der Lust.

Das schwefelgelbe Geschmiere reißt er von der Staffelei. Christina, ihre langen, kräftigen Glieder, dieser kühle, mitunter so gleichgültige Blick, der dennoch alles in Flammen setzen kann. Christina. Die weiße Göttin. Wobei weiß nicht stimmt, weiß ist viel zu kalt und tot, elfenbeinfarben, fast schon chamois, das ist ihre Farbe, also mischt er noch eine Spur ocker dazu. Als er das nächstemal zur Uhr schaut, sind beinahe vier Stunden vergangen. Er reibt sich über die brennenden Augen. Das Licht ist eine einzige Quälerei. Diese Halogenspots, die er sich angeschafft hat, um seine Schaffensperioden zu verlängern, martern seine empfindliche Künstlerseele. Dr. Haiderbeck kennt sich schon aus. Er braucht in der Tat ein vernünftiges Atelier. Was hält ihn überhaupt in dieser Ruine, in der es das ganze Jahr über nach vergammeltem Fisch stinkt? Was außer der Erinnerung an Christina und die beiden Kinder?

»Die Paschke spinnt. Die hat eine, das sollst du sehen!« erklärt Schwester Helga mit wichtiger Miene ihrer jüngeren Kollegin. Eine Wochenbettpsychose meint sie, aber sie scheut sich, das Wort auszusprechen.

Die beiden Krankenschwestern stehen mit verschränkten Armen auf dem Flur der Entbindungsstation. Sabine Paschke hockt in der Besucherecke, neben sich das Bett mit dem Baby. Mißtrauisch beäugt sie jeden Neuankömmling.

Die ältere der beiden Schwestern kann sich nicht länger beherrschen. »Frau Paschke«, sagt sie freundlich, »meinen Sie nicht auch, daß es hier viel zu kalt für den Sebastian ist? Es ist kühl draußen, und die Tür zum Treppenhaus geht ständig auf und zu. Außerdem wird hier geraucht. Ich an Ihrer Stelle würde ihn zurück ins Zimmer bringen. Sonst holt er sich noch was. Neulich mußten wir so ein Würmchen in die Kinderklinik verlegen. Mit einer Lungenentzündung. Die Mutter hatte ihn auch die ganze Zeit im Flur stehen. Hat hier eine Zigarette nach der anderen geraucht. Da konnte man reden, wie man wollte.«

»Und? Ist es daran gestorben?«

Schwester Helga verschlägt es beinahe die Sprache. »Nee, natürlich nicht«, bringt sie gerade noch hervor. »Siehst du, sie hat eine«, raunt sie ihrer Kollegin dann zu und tippt sich mit dem Zeigefinger gegen die Schläfe.

»Glaub ich nicht.« Schwester Kathrin geht die ewige Besserwisserei der Älteren schon lange auf die Nerven. »Sie ist einfach nur unsicher und ängstlich. Kein Wunder, die ist nämlich schon über vierzig, wußtest du das? Ich hab es in der Kurve nachgeschlagen. Und dann das erste Kind. Solche Mütter neigen zur Überängstlichkeit. Letztes Jahr war ich auf einer Fortbildung, da gab es einen Vortrag zu diesem Thema.« Sie weiß genau, daß sie Helga damit trifft. Helga besucht grundsätzlich keine Fortbildungen, ihr Mann ist dagegen. »Guck, sie ist doch einsichtig.« Mit dem Kopf nickt Schwester Kathrin zum Flur, wo Sabine Paschke gerade eilig das Babybett vorbeischiebt. Offenbar hat sie sich die Worte zu Herzen genommen. Was ja durchaus für sie spricht.

Wenig später allerdings muß Schwester Kathrin ihr Urteil revidieren, während Schwester Helga triumphierend grinsen darf.

Da steht nämlich eine völlig aufgelöste Frau Paschke in der Tür des Stationszimmers. Mit dem Babybett. »Da, nehmen Sie ihn. Schnell. Ich bekomme gleich Besuch. Und die dürfen mein Baby auf gar keinen Fall sehen. Ich werde sagen, daß Sebastian bei einer Untersuchung ist. Bitte behalten

Sie ihn solange im Dienstzimmer. Bitte!« Ihre Augen sind kreisrund vor Angst, und ihre Stimme ist zu einem heiseren Flüstern geronnen. »Schnell, sie kommen!«

Sie, das sind zwei junge Frauen, die einen völlig normalen Eindruck machen. Eine ist blond, die andere dunkel, sie tragen einen Strauß bunter Frühlingsblumen vor sich her, und ihre Gesichter glänzen genauso erwartungsvoll wie die aller Besucher auf der Entbindungsstation. Die Blonde hat zwei kleine Kinder bei sich.

»So ein Pech! Die haben Sebastian gerade zu einer Untersuchung geholt. Es wird länger dauern, hat die Schwester gesagt. Etwas wegen seiner Nieren. Aber nichts Ernstes. Routine.« Die Paschke überschlägt sich beinahe, es hört sich an, als hätte sie einen Schwips.

»Siehst du.« Triumphierend rammt Schwester Helga ihrer Kollegin den Ellbogen in die Seite. »Die hat eine. Und ich rufe jetzt gleich den kleinen Stein an.«

Schade. Eigentlich macht Frau Paschke einen so netten Eindruck. Aber jetzt ist auch Schwester Kathrin ins Grübeln gekommen. Vielleicht leidet Sabine Paschke tatsächlich an einer Wochenbettpsychose. Versteckt ihr Kind vor den Besuchern. Normal ist das jedenfalls nicht. Der arme Mann.

Richard Stein macht erst seit fünf Wochen Dienst auf der Station. Überhaupt ist dies hier seine erste Stelle als Assistenzarzt, und seinen Doktor muß er sich erst noch verdienen. Leider kennen sich die Schwestern mit solchen Dingen aus und behandeln ihn deshalb wie einen dummen Jungen. Soso, diese gräßliche Helga hat also wieder mal eine Diagnose gestellt. Bei einer Frau, die heute morgen während der Visite noch einen völlig normalen Eindruck machte, hat sie eine Wochenbettpsychose entdeckt. Schau mal einer an.

»Sie vermuten also eine Puerperalpsychose. Bei Frau Paschke. Ich persönlich würde bei ihr nicht mal an eine postpartale Depression denken. Worauf, wenn ich fragen darf, stützen Sie Ihre Diagnose? Ordnen Sie die Psychose als manisch, als depressiv oder gar als schizoaffektiv ein? Was ist Ihnen aufgefallen? Affektstörungen, formale Denkstörungen, womöglich akustische Halluzinationen? Hat Frau Paschke irgendwelche verdächtigen produktiven Symptomatiken entwickelt?« Mit Fachlatein kann man diese Helga ganz leicht aus dem Konzept bringen, das hat er schon erkannt. Auch jetzt starrt sie ihn ziemlich dümmlich an. Gibt allerdings nicht auf.

»Sie hat eine.« Trotzig schiebt sie ihre gewaltige Unterlippe vor.

»Ich werde mir die Patientin später anschauen.« Sein Ton laßt keinen Zweifel daran, was er von Schwester Helgas Diagnose hält.

Schwester Kathrin, die gerade die Medikamente für den Nachmittag auf einem weißen Plastiktablett herrichtet, lächelt. Das hat Superschwester Neunmalklug jetzt davon. Schwester Kathrin findet den neuen Doktor süß. Besonders, wenn er rot wird.

»Sie hat uns den Kleinen ins Dienstzimmer gebracht. Ihr Besuch sollte ihn nicht sehen«, schaltet sie sich ins Gespräch ein. Um gleich darauf Helgas Siegeslächeln mit einem lakonischen: »Na ja, vielleicht waren das einfach nur Arbeitskolleginnen, die sie nicht leiden kann. Oder eine von denen ist die heimliche Geliebte ihres Mannes. Weiß man's?« auszulöschen.

Richard Stein zwinkert ihr verschwörerisch zu. »*Man* weiß es nicht, nur Schwester Helga, die weiß alles!«
Als er gegen fünf Uhr noch einmal Sabine Paschke in ihrem Zimmer besucht, macht sie einen normalen, gefestigten Eindruck. Sie liegt im Bett, das Kind auf dem Bauch, und liest in einem Buch über Stillpraktiken.
»Nun, Frau Paschke, wie fühlen wir uns?« Das plumpvertrauliche, kollektive Wir, mit dem die Schwestern so gern die Patienten strafen und das ihm in den ersten Tagen hier so gegen den Strich gegangen ist, hat sich klammheimlich in seinen eigenen Wortschatz eingeschlichen. »Hatten wir heute Besuch?«
Sie überlegt einen Moment, dann lächelt sie spitzbübisch. »Zwei ehemalige Freundinnen. Solche von der Sorte, die immer alles besser wissen, zwei Übermütter. Deshalb hab ich Sebastian zu den Schwestern gebracht. Ehe die beiden mich damit nerven konnten, was ich in diesen drei Tagen schon alles verkehrt gemacht habe.«
Na bitte, wieder einmal stellt sich heraus, daß Schwester Helga keineswegs so allwissend ist, wie sie selbst es gern glaubt. Richard Stein grinst erfreut.
Leider soll seine Schadenfreude ein jähes Ende finden. Schon am folgenden Abend. Als nämlich die Nachtschwester die Tür von Zimmer 17 öffnet, findet sie den Säugling im Bett von Frau Paschke vor. Und die schlummert selig. Nun, so etwas geschieht hin und wieder. Die Mütter sind noch erschöpft von der Geburt, gar zu leicht schlafen sie mit den Kindern im Arm ein. Daheim ist das sicher ganz nett, hier allerdings nicht. Die Klinikbetten sind ziemlich schmal und fast einen Meter hoch, und sollte so ein Wurm herauspurzeln, würde er sich möglicherweise schwer ver-

letzen. Schwester Margret erzählt jedenfalls in solchen Fällen die von ihr erdachte Geschichte einer jungen Frau, deren Kind nachts auf den Klinikboden gefallen ist. Manchmal behauptet sie, das Kind wäre an einer Hirnblutung gestorben, manchmal beläßt sie es auch dabei, daß es bleibende Schäden davongetragen hat. Das hängt ganz davon ab, wie sympathisch ihr die jeweilige Patientin ist. Sabine Paschke mag sie nicht besonders. Deshalb wählt sie die schlimmere Variante. Und sie verlangt, daß das Kind augenblicklich in sein Bettchen zurückgelegt wird. Nun, es kann schon möglich sein, daß ihr Ton ein wenig barsch ausfällt, auch die Hände hätte sie nicht unbedingt in die Hüften zu stemmen brauchen, doch auf der Station ist der Teufel los, vier frische Sectiones, wobei sie für die eine vorhin zwei Blutkonserven bestellen mußte, und zwei Zimmer weiter liegt so eine arme Frau, die gerade ihre dritte Fehlgeburt hatte und pausenlos weint. Ist es ein Wunder, daß Schwester Margret ganz einfach die Zeit für stundenlange Diskussionen fehlt?

Sabine Paschke reagiert vollkommen hysterisch. Ihr Kind könne nicht in seinem eigenen Bett schlafen, es sterbe dort, kreischt sie. Und als die Nachtwache damit droht, den diensthabenden Arzt zu rufen, geht sie mit den Fäusten auf sie los. Das Kind hat sie vorher achtlos zur Seite gelegt, so nah an die Bettkante, daß der Nachtschwester beinahe das Herz stehenbleibt. Irgendwie schafft Schwester Margret es, sich ins Dienstzimmer zu retten und den Doktor zu rufen. Ein Pfleger aus der Inneren muß noch zur Hilfe geholt werden, bis man die völlig hysterische Frau Paschke endlich mittels einer Valiuminjektion gebändigt hat. Der kleine Sebastian wird auf der Stelle ins Kinderzimmer verlegt, wo er vorläufig verbleiben soll. Und der zukünftige Dr. Stein bekommt am nächsten Morgen einen kräftigen Rüffel vom Chefarzt, der sich in aller Ausführlichkeit darüber ausläßt, wie unersetzlich erfahrene Krankenschwestern für jede Klinik sind und daß ihr Wissen dem eines unerfahrenen Mediziners in jedem Fall vorzuziehen sei. Schließlich habe Schwester Helga die Wochenbettpsychose bereits zwei Tage vorher erkannt, und nur durch seine, also Dr. Steins Borniertheit sei zu diesem Zeitpunkt kein fachärztlicher Kollege zu Rate gezogen worden und so beinahe der Säugling zu Schaden gekommen. Frau Paschke sei bedauerlicherweise ein Fall für die Psychiatrie, sie leide an einer schweren Psychose, die sich in Verfolgungswahn und Zwangsvorstellungen manifestiere, und er werde noch heute mit dem Ehemann über eine Einweisung reden. Je eher man mit der Behandlung beginne, desto größer seien die Aussichten auf eine völlige Heilung. Im übrigen befinde Stein sich immer noch in der Probezeit, das sollte er besser nicht vergessen.

Helene, die Wirtin von der gleichnamigen Frauenkneipe, in der Johanna Lauritz Stammgast ist, strahlt über das ganze sonnenbankgebräunte Gesicht. »Wie immer?« Sie greift zur Roséweinflasche.

Johanna nickt. Sie klettert auf einen freien Barhocker. Nur mit allergrößter Selbstbeherrschung gelingt es ihr, Helene nicht mit weit aufgerissenen Augen anzustarren. Die gute Seele befindet sich offenbar auf einem absonderlichen Ökotrip, jedenfalls ist sie in einen grob gestrickten Wollpullover und eine viel zu weite Latzhose gehüllt. Kein Make-up, keine falschen Fingernägel, keine Ringe, keine klimpernden Ohrgehänge. Eine schlichte Kette aus ungefärbten Holzperlen und ein gemustertes Tuch als Stirnband sind ihr einziger Schmuck.

Helene scheint sich bester Laune zu erfreuen. »Ich fühle mich prächtig! Schau mich nur an, sehe ich nicht um Jahre jünger aus?«

Manchmal ist es besser zu lügen. Also nickt Johanna eifrig, was die Wirtin ihrer Stammkneipe erfreut zur Kenntnis nimmt.

»Ich habe mein Leben völlig umgestellt. Nur noch vegetarisches Essen aus ökologisch kontrolliertem Anbau. Kein Alkohol, keine Zigaretten, keine synthetischen Fasern auf der Haut, die Haarfarbe lasse ich natürlich auch herauswachsen. Das ist ja das reinste Gift! Wußtest du eigentlich, daß man diese Farbpigmente noch monatelang in den Nieren nachweisen kann?«

Mit hochgezogenen Augenbrauen mustert sie Johannas roten Schopf. Cayennerot stand auf der Packung der Tönung, und das trifft die Farbe ziemlich genau. Hilflos zuckt Johanna mit den Schultern.

Doch Helene redet bereits weiter: »Sämtliche Tabletten habe ich zur Apotheke zurückgebracht, Kräutertees tun es auch, und das ganz ohne Nebenwirkungen. Ach ja, statt der vielen Cremes benutze ich jetzt reines Olivenöl für mein Gesicht. Das solltest du auch mal versuchen. Du siehst, ich habe mich gewissermaßen runderneuert.«

»Seit wann?« fragt Johanna atemlos, und sie rechnet mit schlechtem Gewissen nach, daß sie mindestens zwei Wochen nicht hier war.

»Seit vier Tagen.«

Dann ist ja noch Hoffnung. Provokativ läßt Johanna ihr

Weinglas gegen das Glas mit Mineralwasser von Helene klirren. »Wirklich keinen Eierlikör?«
»Nein. Es ist mir ernst. Ich will etwas für mich tun. Für meine Gesundheit. Immerhin bin ich schon dreiundfünfzig.«
Im letzten Jahr war sie fünfundfünfzig, und da war Johanna schon klar, daß man ein Jahrzehnt draufschlagen mußte, um der Wahrheit nahe zu kommen.
»Noch einen Wein.« Sonst braucht man das hier nicht zu sagen. Jedenfalls nicht als Stammgast.
Heute allerdings runzelt Helene die Stirn. »Ich habe jetzt was ganz Neues. Frisch gepreßten Obstsaft. Auch als Mixgetränk mit Joghurt. Orange könnte ich dir anbieten, Ananas und Mango.«
»Nee danke, mir ist heute nicht so nach Vitaminen. Ich bleibe bei Wein.«
»Du solltest an deine Haut denken, Kindchen. Zu viel Alkohol läßt sie fahl und blaß werden.«
»Und du solltest an deinen Umsatz denken. Wenn du so weitermachst, sitzt du hier bald allein in deinem Laden«, kontert Johanna.
»Ich spreche ja nicht jeden an. Nur meine Stammgäste«, schnieft Helene beleidigt. Zum Glück läßt sich jetzt am letzten Tisch eine ganze Horde lärmender Mädchen nieder, und Helene braucht gut zehn Minuten, um sie mit Getränken zu versorgen. Anscheinend hat sie ihre missionarischen Ambitionen für sich behalten, denn sie balanciert schon bald ein Tablett mit Biergläsern vor ihrem üppigen Busen.
»Du machst dich in letzter Zeit ja auch ganz schön rar. Haste 'nen Lover oder was?«

Es gelingt Johanna nicht, ein heftiges Erröten zu verhindern.
Helene reibt sich die Hände. »Und? Was Ernstes? Große Liebe? Wohnt er bei dir?«
Alle Fragen müssen verneint werden, was die Röte noch vertieft. »Die Wohnung unter mir ist vermietet. Und der Typ ist eben ganz nett.«
»Ach, und deshalb leuchtest du jetzt wie eine Tomate? Weil er ganz nett ist? Komm, erzähl …«
»Auf jeden Fall ist er viel zu jung für mich. Er studiert noch.«
»Das ist doch genau das richtige!« Begeistert trommelt Helene mit der flachen Hand auf den Tresen. »Ich sag es ja immer. Der Frühling!«

Ihre Tage gehen ineinander über, nahtlos, so als wären sie aus einem Stück gegossen. Tag oder Nacht, das macht keinen großen Unterschied. Es sieht so aus, als würde sie immer dasselbe tun, nämlich auf der Couch sitzen und vor sich hin träumen.
Luzie Martell hat sich an das Alleinsein gewöhnt. Sie findet es sogar beruhigend, daß niemand sie sehen kann, daß niemand weiß, wie oft sie zum Kühlschrank geht und eine der roten Flaschen öffnet. Luzie schwört auf rote Getränke. Wermut, Portwein, am liebsten natürlich Kirschlikör, den teuren von Eckes, aber zum Monatsende hin kann sie sich den nicht mehr leisten. Luzie ist felsenfest davon überzeugt, daß sie die rote Farbe braucht, um damit ihre Vergangenheit am Leben zu erhalten. Als wären die Erinnerungen kleine Tierchen, denen man von Zeit zu Zeit eine Bluttransfusion verabreichen muß. Wenn sie ganz ge-

nau darüber nachdenkt, ist das natürlich blanker Unsinn. Aber Luzie denkt nur in Ausnahmefällen ganz genau nach. Viel lieber läßt sie sich treiben, trippelt in ihren winzig kleinen goldbestickten Brokatpantöffelchen durch ihre Wohnung, wischt hier und da ein bißchen Staub, nicht allzu gründlich, für wen denn auch, manchmal saugt sie die verblichenen Teppiche ab, spült ihre Tassen und Teller, und einmal pro Woche läßt sie die Waschmaschine laufen.
Außerhalb ihrer eigenen vier Wände fühlt Luzie sich absolut schutzlos, so ähnlich wie ein Regenwurm, der sich auf den Bürgersteig verirrt hat, oder wie eine Schnecke ohne Haus. Überall lauern riesige bösartige Vögel, die nach Futter gieren. Ach ja, und die alte Schnecke, das arme Ding, ist viel zu langsam, um sich in Sicherheit zu bringen.
Wenn Luzie ihre Wohnung verläßt, um einzukaufen, muß das sehr sorgfältig vorbereitet werden. Zum einen ist es wichtig, daß sie vorher nichts getrunken hat, nichts Alkoholisches jedenfalls. Hagebuttentee schon. Als zweites muß sie darauf achten, ordentlich gekleidet zu sein. Sehr ordentlich. Keine Flecken, keine aufgetrennten Säume, keine fehlenden Knöpfe und vor allem vernünftiges Schuhwerk. Im letzten Sommer ist ihr nämlich etwas Schreckliches widerfahren. Etwas, das ihr Leben sehr nachhaltig verändert hat. Damals war sie am späten Nachmittag noch schnell zum Bäcker gelaufen, um sich einen Berliner zu holen. Diese köstliche rote Füllung in den Berlinern hat sie schon als kleines Mädchen geliebt. Obwohl es sich dabei in Wahrheit natürlich nur um Marmelade handelt. Billige Marmelade, die in riesigen unappetitlichen Blecheimern angeliefert wird. Himbeere steht darauf oder Erdbeere, niemals aber Kirsche. Doch durch irgendein Geheimnis

schaffen es die Bäcker, die simple Marmelade in eine Köstlichkeit zu verwandeln, während sie sie mit großen Spritztüten in die Hefeteigbällchen füllen. Luzie ist also zum Bäcker gelaufen, zugegeben in einem alten, verwaschenen Kleid, dessen Seitennaht ein Stück aufgetrennt war. Und es stimmt auch, daß sie an den Füßen ihre bestickten Pantöffelchen trug, die ja für die Wohnung gedacht sind. Ein Versehen war das, meine Güte, so was kann doch mal passieren! Ja, und sie mußte sich am Türrahmen festhalten, weil sich alles in ihrem Kopf drehte, vom schnellen Laufen, vielleicht auch von der Augusthitze. Aber deshalb hätte die Frau, die in einem dieser schneeweißen, tief ausgeschnittenen Sommerkleider, die normalerweise nur Filmstars tragen, neben ihr stand, noch lange nicht von ihr abzurücken brauchen, als litte sie unter einer ansteckenden Krankheit. Und schon gar nicht hätte sie die Nase rümpfen und dann ganz laut sagen dürfen: Mein Gott, und das am hellichten Tag! Und die Bäckerin, diese falsche Schlange, hat frech gegrinst, genickt hat sie außerdem und wissend die Augen verdreht. Dabei wäre es ihre Pflicht gewesen, eine Kundin, die seit mehr als fünfzehn Jahren regelmäßig bei ihr einkaufte, in Schutz zu nehmen.
Luzie Martell wird immer noch die Kehle eng, wenn sie an diesen Tag denkt, an das Gefühl der Erniedrigung. Den Berliner konnte sie zu Hause nicht essen, nicht einmal seinen Anblick vermochte sie zu ertragen, und am nächsten Morgen warf sie ihn in den Müllschlucker. Seither hat sie nie wieder einen geholt. Nicht bei diesem Bäcker, dessen Geschäft sie selbstverständlich nie mehr betreten hat, noch anderswo. Diese fremde Frau in dem weißen Kleid hat ihr die harmlose Freude an diesem Gebäck für immer verdor-

ben. Schlimmer noch, mit ihrem hämischen Grinsen hat sie einen Stempel auf Luzie Martells Stirn gebrannt, genau in die Mitte. Einen Stempel, auf dem »Alte Säuferin!« steht, mit einem leuchtend roten Ausrufezeichen dahinter.
Seit diesem Tag schleicht sie nur noch mit gesenktem Kopf durch die Straßen. Ihre Lebensmittel holt sie aus einem der großen Supermärkte, wo es anonym zugeht und wo man sich nicht zu rechtfertigen braucht, nur weil man Appetit auf einen Berliner hat. Man glaubt ja gar nicht, wie viele Menschen mit niedergeschlagenem Blick durch die Gänge huschen, scheinbar ohne Ziel und doch auf dem direkten Weg zum Flaschenregal, Menschen, die für alle Zeiten durch einen roten Stempel auf der Stirn entwertet sind.

Gleich am Anfang hat sie zu Christina gesagt: »Ich möchte nicht, daß du in mein Zimmer kommst. Ich betrete euer Schlafzimmer ja auch nicht.« Christina hat behauptet, das sehr gut zu verstehen.
Jelkas Reich ist hell und freundlich eingerichtet. Laura-Ashley-Tapeten mit rosa Streublümchen, dazu passende Vorhänge, ein resedagrüner Teppichboden und weiße Rattanmöbel, genauso, wie sie es sich seit Jahren heimlich erträumt hat. Die passende Tagesdecke mußte extra bestellt werden, sie hat sehr viel Geld gekostet. Nur daß sie jetzt, da sie in dieser gerüschten Niedlichkeit wohnt, plötzlich spürt, daß sie mittlerweile zu alt dafür geworden ist. Die übertriebene Freundlichkeit ihrer Umgebung geht ihr auf die Nerven, weil sie so gar nichts damit zu tun hat, wie sie sich tatsächlich fühlt. Und so hat sie vor zwei Wochen die Wände mit Fotos ihrer verstorbenen Mutter geschmückt. Ihr gesamtes Taschengeld für diesen Monat ist für die brei-

ten, schwarz eloxierten Aluminiumrahmen draufgegangen, die schlicht und teuer und vor allem sehr erwachsen aussehen. Die Fotos hat sie einfach aus dem Album genommen. Sie weiß, daß ihr Vater nicht unbedingt damit einverstanden ist, aber daß er nichts sagen wird. Alles, was mit ihrer verstorbenen Mutter zu tun hat, ist wie frisches Eis, das man noch nicht betreten darf, wie eine Mohnblüte, die ihre Blütenblätter verliert, sobald man sie pflückt, wie eine Schneeflocke, die bei der kleinsten Berührung schmilzt.

Jelka braucht die Bilder. Falls Christina sich heimlich doch hier reinschleicht, morgens, wenn sie selbst in der Schule ist, soll sie sich zumindestens unwohl fühlen. Beobachtet. Ein paarmal hat Jelka ihr schon eine Falle gestellt. Frühmorgens hat sie ein Haar in den Türrahmen geklemmt, so wie sie es mal in einem Kinderbuch gelesen hat. Mittags, als sie aus der Schule heimkam, war das Haar noch an seinem Platz. Ihr Mißtrauen ist trotzdem nicht kleiner geworden. Vielleicht kennt Christina den Trick mit dem Haar.

Aus Jelkas Fenster hat man einen wunderschönen Blick in den Garten, den der Vorbesitzer des Hauses mit sehr viel Liebe angelegt hat. Ein großer Rasen, hohe Bäume, hier und da ein Kübel mit blühenden Blumen, eine weiß gestrichene Bank, ein Teich. Manchmal spiegelt sich die Mittagssonne darin, was ein besonders hübscher Anblick ist. Seit Jelka zurückdenken kann, hat sie sich immer ein Haus mit genau so einem Garten gewünscht. Doch jetzt verbringt sie ihre Zeit in diesem Zimmer, in dem sie sich nicht einmal wohl fühlt.

Immer noch sind Christinas Kinder ihr so fremd, sind wie zwei x-beliebige Nachbarskinder, deren Namen sie zufällig

mal gehört hat. Wenn Jelka Hunger hat, geht sie in die Küche und holt sich ein Brot und einen Apfel, die sie auf einem Tablett in ihr Zimmer trägt. An den Mahlzeiten, die Christina für ihre Kinder zubereitet, nimmt sie nicht teil.
Dario reißt Blätter von den Büschen und wirft sie in den Teich. Laura sitzt auf dem Rasen und beschäftigt sich mit ihrer Puppe. Sie trägt etwas Schlabbriges, Bodenlanges. Offenbar ein T-Shirt ihrer Mutter, dazu eine knallrote Pudelmütze und einen gestreiften Schal. Sie ist das hübscheste Kind, das Jelka je gesehen hat, doch Christina weiß das nicht zu schätzen. Warum sonst zieht sie ihre Tochter so fürchterlich an? Jetzt steht die Kleine auf und trippelt zum Gartenteich. Ob die beiden schwimmen können? Bestimmt nicht. Der Teich ist so tief, daß die Fische darin überwintern können. Jelka wendet sich ab und geht ins Zimmer zurück. Mit hochgezogenen Brauen blättert sie in dem Kalender, der auf ihrem Schreibtisch liegt. Für übermorgen ist dort eine Mathearbeit eingetragen. Geübt hat sie noch nicht.
Es klopft. »Darf ich hereinkommen?« fragt Christina durch die geschlossene Tür. Jelka zwinkert dem großen Portrait ihrer Mutter, das auf dem Schreibtisch steht, zu. »Bitte«, sagt sie unfreundlich und fügt in Gedanken hinzu: Wenn es unbedingt sein muß.
Christina trägt ihr Haar heute offen. Sie hat wirklich wunderbares Haar. Weizenblond und leicht gewellt, so üppig und prachtvoll, daß ein geflochtener Zopf daraus beinahe so dick wie ein Kinderarm wird. Manchmal träumt Jelka davon, diese Pracht heimlich abzuschneiden. Nachts, wenn Christina in den Armen ihres Vaters schläft. Ohne dieses Haar wäre sie eine ganz und gar gewöhnliche Frau,

jeder würde nur auf ihren dicken Hintern starren und auf die stämmigen Beine. Bestimmt käme ihr Vater dann wieder zur Vernunft.
»Jelka, könntest du mir ausnahmsweise einen Gefallen tun?«
Das Mädchen zuckt mit den Schultern.
»Könntest du für mich zum Buchladen an der Ecke gehen? Ich habe ein paar Bücher bestellt, und man hat mich gerade angerufen, daß sie angekommen sind. Die Kinder spielen gerade so schön. Die mag ich jetzt nicht stören. Oder möchtest du statt dessen auf Dario und Laura aufpassen? Dann laufe ich selbst hin.«
Erschrocken zuckt Jelka zusammen. »Nein«, sagt sie schnell. »Ist schon in Ordnung. Ich gehe.« Der Gartenteich ist tief. Und die beiden sind da draußen ganz allein. Damit will sie nichts zu tun haben.
Die Bücher wiegen einiges. Und sie kosten fast zweihundert Mark. Eins heißt *Die wilde Frau,* ein anderes *Die geheimen Lehren des Abendlandes,* ein drittes *Wicca, die alten Weisheiten.* Die Titel klingen irgendwie verrückt und passen damit sehr gut zu Christina. Achtlos stopft Jelka die Bücher in den mitgebrachten Baumwollbeutel. Eigentlich ist ihr egal, womit Christina ihre Zeit verbringt. Auf dem Heimweg geht sie extra langsam. Immer wieder sieht sie Laura vor sich, wie sie mit ihrer Puppe am Gartenteich steht. Laura ist das hübschere der Kinder. Wenn schon, mag sie Laura lieber. Auf Dario könnte sie gut verzichten. Dario stand ganz nah am Teich.
Als sie die Haustür aufschließt, rennt Dario gerade die Treppe hoch. Er heult dabei wie ein Indianer. Laura sitzt auf der untersten Stufe. Sie schaut nicht auf. Jelka unter-

drückt den Wunsch, ihr über die schwarzen Locken zu streichen. Süße kleine Laura. Glückliche kleine Laura. Sie selbst wäre auch gern in so einer hermetisch abgeriegelten eigenen Welt daheim. Alle Türen würde sie von innen verrammeln. Und wenn sie lange genug drinnen bliebe, könnte sie sich vielleicht sogar wieder an ihren Laura-Ashley-Tapeten erfreuen.

»Hier, deine Bücher, ich leg sie auf den Tisch.« Bevor Christina etwas erwidern kann, hat sie sich schon umgedreht und die Küche verlassen.

Als Jelka eine halbe Stunde später wieder in die Küche kommt, sitzen Christina und ihre Kinder am Tisch. Ein fremder, bitterer Geruch liegt in der Luft.

»Magst du mit uns einen Brombeerblättertee trinken?« fragt Christina. »Er hilft gegen alles mögliche, gegen Bauchschmerzen, kalte Füße und böse Träume, nicht wahr, mein Sohn?« Sie lächelt Dario aufmunternd an.

Dario greift nach der Kanne. »Kann das selber«, murmelt er. Der Tee, gerade erst frisch aufgebrüht, ist kochend heiß. Und Darios Hände scheinen viel zu klein, um die große getöpferte Kanne sicher zu halten. Christina sagt nichts. Sie wendet sich sogar ab, um eine Tüte Vollkornzwieback aus dem Schrank zu holen. Jelka hält die Luft an. Doch irgendwie schafft der Junge es, den Tee in seine Tasse zu gießen und die gefährlich schwankende Kanne abzustellen, ohne sich zu verbrennen.

Laura schlägt mit dem Löffel gegen ihren Becher. Ganz sacht. Die leisen Töne scheinen ihr zu gefallen. Ihre braunen Augen leuchten. Jetzt pocht sie mit dem Löffel auf den Tisch. Sie lächelt glücklich. Für niemand Bestimmten, nur für sich selbst. So sieht es jedenfalls aus. Dario erzählt von

den Fischen, die er im Teich gesehen hat. »Ganz, ganz viele hundert«, sagt er aufgeregt. »Und sie waren soooo groß!« Er reißt seine speckigen Arme weit auseinander.
Christina nickt ernsthaft.
Man kann jemanden fortstoßen, ohne ihn dabei zu berühren. Ja, man braucht ihm dazu nicht einmal in die Augen zu schauen. Jelka fühlt sich wie ein Fremdkörper. Wie ein Nackter unter Angezogenen, wie ein Alien. Sie muß den Impuls unterdrücken, rückwärts aus dem Zimmer zu gehen. Ganz leise, auf Zehenspitzen.
Da muß es etwas geben. Etwas Mystisches, Unbegreifliches. Vielleicht bestäubt Christina ihre Kinder abends vor dem Schlafengehen mit Sternenstaub. Oder sie reibt ihnen geheimnisvolle Kräuter auf die nackte Haut, oder sie kennt uralte Formeln, von denen niemand sonst etwas weiß. Christinas Kinder sind zwei Lichtgestalten, zwei Engelswesen, denen nichts und niemand etwas anhaben kann. Sie fallen keine Treppen runter, sie schneiden sich nicht, verbrennen sich nicht, schlagen sich nicht einmal die Knie blutig. Und sie ertrinken auch nicht in Gartenteichen.

Freya steht am Fenster. Seit Stunden, oder jedenfalls kommt es ihr so vor. Der Mond ist eine schmale Sichel, deren Umrisse so scharf sind, als könnte man sich daran schneiden. Merkwürdig, daß die Sterne genauso unschuldig schimmern wie immer, während der Mond sich in eine bedrohliche Waffe verwandelt hat, in einen gebogenen Dolch, der matt glänzt. Schaudernd wendet sie sich zum Tisch.
Mit Doves' Blood Tinte schreibt sie ihren sehnlichsten Wunsch auf ein Stück Pergament, immer wieder, bis kein

Platz mehr darauf ist. Dann wendet sie das Blatt und schreibt auch die Rückseite voll. Jedesmal spricht sie laut mit. Eine Weile betrachtet sie ihre Buchstaben. Dann legt sie das Blatt in eine Schale, streut etwas Success-Pulver darüber und hält ein brennendes Streichholz daran.
Die kleine Flamme wandert außen am Papier entlang, das Pergament wellt sich merkwürdig auf, die rotglühenden Ränder ziehen sich zusammen. Plötzlich sieht Freya eine kleine gekrümmte Gestalt, die sich unter Schmerzen windet. Sie zuckt erschrocken zusammen. Die Botschaft ist eindeutig. Das Kind wird sterben! Erst dann kann sich ihr Wunsch erfüllen.

[7]

Um diese Zeit ist das Licht phänomenal. Hell und gradlinig fällt es durch die Scheiben, genau auf die weiße Leinwand. Und da liegt der Fehler. Die weiße Leinwand. Immer noch hat er nichts malen können. Weil sein ganzes Hirn verseucht ist. Von Christina und ihrem jämmerlichen Verrat.

Wütend preßt er seine zitternden Finger gegeneinander. Das darf doch nicht wahr sein. Dieser Haiderbeck redet von einer Ausstellung in Göttingen. In Göttingen! Das liegt gleich bei Kassel und damit in unmittelbarer Nähe der documenta! All ihre Träume hat er treu und brav erfüllt, er hat sie abgearbeitet, einen nach dem anderen – und jetzt will sie ihn nicht mehr. Hat sich in einer Villa im Gerichtsviertel verbarrikadiert, gibt sich spießig, bürgerlich und kleinkariert. Wenn sie ihm wenigstens Laura gelassen hätte, die kleine süße sonnige Laura. Vorgestern hat er das ganze Geld, das noch in der Dose war, ausgegeben. Mit dem Taxi hat er sich durch die Stadt chauffieren lassen, von einer Nachtbar in die nächste. Hat für die halbnackten Frauen mit den hungrigen Augen flaschenweise Champagner spendiert. Fünfeinhalbtausend Mark in einer Nacht.

Ganz wie von selbst gleitet der Pinsel über die schmierige Holzpalette, vermischt die Farben zu einem verwaschenen, tieftraurigen Violett, mit dem man nichts anfangen kann, höchstens einen gewaltigen Gewitterhimmel malen, so düster und bedrohlich wie seine Wut. Mit einer heftigen Bewegung schleudert er den Pinsel quer durch den Raum, es interessiert ihn nicht einmal, wo er letztendlich landet. Dann strafft sich seine Gestalt. So geht es nicht weiter. Wenn er nicht sehr bald schon zu seiner Kreativität zurückfindet, wird Haiderbeck ihn fallen lassen wie eine heiße Kartoffel. Ein Dr. Haiderbeck findet jederzeit einen neuen Künstler, den er ausstaffiert mit großen Worten, der Presse als Genie vorstellt, bei Sekt und kalten Platten. Wenn er noch Geld hätte, könnte er sich wenigstens Whiskey besorgen. So manches seiner Bilder ist im Alkoholrausch entstanden. Doch die Dose ist leer. So leer wie sein Kopf.

Scheiße. Jetzt biegt auch noch der weiße Jaguar in die Straße ein, Haiderbeck naht, Dr. Conrad Haiderbeck mit seinen Forderungen. Tom Gräfe überlegt nicht lange. Er verläßt das Haus durch die Hintertür, die ehemals den Lieferanten vorbehalten war. Dann marschiert er mit großen Schritten Richtung Wald.

Gelangweilt krakelt Leander Hoffmann Strichmännchen auf seinen Block. Von Zeit zu Zeit wirft er sein halblanges Haar mit Schwung nach links, damit alle sehen können, daß die rechte Seite seit neuestem kahl rasiert ist. Seine Mutter hat noch nichts davon bemerkt, zu Hause scheitelt er sein Haar brav in der Mitte. Vorn schreibt Dr. Riedel die Formel an die Tafel, mit der man die Oberfläche einer Kugel berechnen kann. Was Leander Hoffmann angeht, macht das wenig Sinn. Er hat nicht vor, jemals in seinem Leben die Oberfläche einer Kugel auszurechnen. Die Schule betrachtet er ohnehin als Zeitverschwendung. Und wenn es nach ihm ginge, würde er nach der zehnten Klasse Schluß machen. Aber seine Mutter sieht das etwas anders. Ohne Abitur ist man für sie überhaupt kein Mensch. Daß er studieren muß, am besten Jura oder Politik, hat sie wahrscheinlich schon fünf Minuten nach seiner Geburt beschlossen. Und es ist verdammt schwer, gegen einen sechzehn Jahre alten Entschluß anzukämpfen. Am Ende wird er wohl doch sein Abi machen. Nur das mit dem guten Schnitt, eins Komma noch was, das kann seine alte Dame sich abschminken. Daran ist überhaupt nicht zu denken.

Schräg vor Leander sitzt Jelka Liedke. Ein langweiliges Mädchen, konservativ, brav und angepaßt, eine typische Streberin mit Seitenscheitel und Markenklamotten, die Unterschriften gegen Tierversuche sammelt und nur bei Grün über die Straße geht. Jedenfalls war sie das bisher. Doch in letzter Zeit ist eine Veränderung mit ihr vorgegangen. Die letzte Englischarbeit hat sie total in den Sand gesetzt, und in Mathe kriegt sie nur noch die Hälfte mit. Auch äußerlich ist sie nicht mehr dieselbe, Gel scheint sie jetzt zu benutzen, der brave Mädchenscheitel ist verschwunden. Gleich wirkt sie interessanter, vielschichtiger. Im übrigen ist sie deutlich dünner geworden, fast schon mager. Man könnte beinahe sagen, daß sie ein wenig kaputt aussieht. Ja genau, kaputt, zerstört, krank, sie scheint ernsthafte Probleme zu haben. Vielleicht nimmt sie neuerdings Drogen.

Dr. Riedel labert immer noch von Oberflächenberechnungen. Beim Kegel ist er jetzt angelangt. Claas schläft mit offenen Augen, kein Wunder nach der letzten Nacht, Constanze malt mit einem schwarzen Edding Pentagramme auf ihre Physikmappe. Ihr merkt man am wenigsten an, daß sie kaum geschlafen hat, das Mädchen ist wirklich hart im Nehmen, aber sie hat ja auch immer diese komischen Tropfen dabei, Appetitzügler, die bei entsprechender Dosierung aufputschen. Matthias blättert unter dem Tisch in einem CD-Katalog. Jelka kritzelt gelangweilt auf ihrem Blatt herum. Als Leander sich vorbeugt, kann er die Buchstaben entziffern. HASS. Immer wieder HASS. Er grinst. So wie es aussieht, war Jelka Liedke mal ein braves Mädchen. Er reißt ein Blatt aus seinem leeren Matheheft und schreibt: He, wenn du Mut hast ...

Jedesmal, wenn Thora Detlefsen durch das Gerichtsviertel geht, um Christina zu besuchen, ärgert sie sich. Die Häuser, imposante Bauwerke aus der Jahrhundertwende, strahlen in ihrer Wohlgefälligkeit so viel Arroganz aus, daß ihr ganz übel davon wird. Vielleicht sind sie alle unbewohnt, denn nie sieht man ein Gesicht hinter den Fensterscheiben, die riesigen sattgrünen Rasenflächen sind zu allen Zeiten leer, kein Kind, das Fußball spielt oder einfach nur lacht. Manchmal rollt ein großes Auto auf einer der langen, schnurgeraden Auffahrten und verschwindet in einer der Garagen, deren Tor sich wie von Geisterhand hebt und wieder senkt. Doch niemand kommt anschließend aus der Garage heraus.

Und dann die Zäune, die man hier gezogen hat. Mannshoch und mit scharfkantigen Stahlspitzen bewehrt, so als wäre die Welt voller Feinde, als fände in diesen Straßen ein geheimer Krieg statt, arm gegen reich. Immer wieder ertappt sie sich dabei zu rennen. Wie ein gejagtes Wild, und

das nur, weil sie nichts vorzuweisen hat außer einem schlechtgehenden Laden in einer Gegend, in der hauptsächlich Studenten und Arbeitslose wohnen. Na ja, und ein paar Künstler, zu denen Thora sich auch irgendwie zählt, weil sie ab und an ein paar Seidentücher einfärbt. Hier jedenfalls, in dieser Protzgegend, möchte sie um nichts in der Welt zu Hause sein müssen. So wie Christina, die sich in diesen merkwürdigen Mann verliebt hat – angeblich –, in einen Mann, der nichts an sich hat außer einem gutgehenden Restaurant, dazu jede Menge Geld, teilweise geerbt von seiner ersten Frau, und der ansonsten das genaue Gegenteil von Tom ist, mit dem sie vorher zusammengelebt hat. Aber so wie es scheint, hat Christina genau das gesucht.
Christina öffnet gleich beim ersten Klingeln, sie hat wohl schon gewartet. »Komm rein.«
Im Haus ist es mollig warm, Dario und Laura laufen barfuß über das matt glänzende Parkett. Ihre bonbonbunten Schlafanzüge sind neu, lachende Walfische für Dario, Marienkäfer für seine Schwester. Neuerdings sehen sie aus wie zwei x-beliebige verwöhnte Wohlstandskinder. Das Gerichtsviertel hat bereits erste Spuren hinterlassen.
»Geh gleich rein, ich habe uns den Kamin angemacht.«
Das Wohnzimmer ist riesig, eigentlich sind es drei Räume, die der Vorbesitzer zu einem gemacht hat. Gleich vorn, wenn man hereinkommt, steht ein Eßtisch mit acht gepolsterten Armlehnenstühlen, doch soweit Thora bekannt ist, hat hier noch niemals jemand gespeist, der Herr des Hauses, der begnadete Koch, ist ja nie daheim. Das eigentliche Wohnzimmer schließt sich an mit drei elegant gestreiften Sofas, mehreren winzigen Tischen und wuchtigen antiken

Schränken. Durch große Fenster hat man freien Blick in den parkähnlichen Garten, den zweimal im Monat ein Gärtner in Ordnung bringt. Durch einen gemauerten Halbbogen geht es zwei Stufen runter in die Kaminecke, in der eine alte, abgestoßene und damit für Thora sehr sympathische Ledergarnitur steht. Der Herr des Hauses hat sie mit in die Ehe gebracht. Die bunten Bleiglasfenster allerdings erinnern an eine Kirche, weshalb sich Thora grundsätzlich mit dem Rücken dazu setzt.

Im weiß verputzten Kamin, auf dessen Sims Fotos von den Kindern stehen, brennt ein loderndes Feuer. »Magst du einen Rotwein?« fragt Christina, ganz die zuvorkommende Gastgeberin.

Da sagt Thora nicht nein. Der Wein, der in diesem Haus getrunken wird, ist vorzüglich. Thora und der Hausherr teilen sich die Flaschen, ohne einander jemals zu begegnen. Christina selbst trinkt niemals Alkohol.

Mindestens an einem Abend pro Woche kommt Thora vorbei. Manchmal sind es auch zwei oder drei. Gisbert Liedke arbeitet ja sowieso, und Christina kann wegen der beiden Zwerge nicht weg. Diese Jelka weigert sich nämlich standhaft, auf ihre Stiefgeschwister aufzupassen. Ein komisches Mädchen muß das sein.

Christina legt einen dicken Klotz Kaminholz nach. Die Funken fliegen in alle Richtungen. Erschrocken weicht sie einen halben Meter zurück. »Gibt es was Neues? Hast du was von Sabine gehört?«

»Leider nicht. Christoph sagt, sie sei immer noch in der Psychiatrie. Man hat sie wohl völlig unter Medikamente gesetzt. Den Kleinen hat er tagsüber bei seinen Eltern untergebracht.«

»Ich versteh es nicht«, seufzt Christina. »Dabei hat sie sich so sehnsüchtig ein Kind gewünscht. Und jetzt das ... Ich hab irgendwo gelesen, daß es Frauen gibt, die nach so einer Wochenbettpsychose überhaupt nicht mehr normal werden.«

Ein paar Minuten hängen beide ihren Gedanken nach. Psychiatrie, das klingt nach Einsperren und Gefängnis. Nach gestreiften Schlafanzügen und Lederriemen, mit denen man am Bett festgeschnallt wird.

Sehr entschieden wechselt Thora Detlefsen das Thema. »Sag mal, war dein Tom wieder da?«

»Tom?« Christina Martell greift so ungestüm nach ihrem Glas, daß der Kirschsaft darin überschwappt. »Scheiße, das gibt Flecken! Ich hol schnell ein Tuch.« Mit fliegenden Haaren flüchtet sie in die Küche.

Nachdenklich schaut Thora Detlefsen ihrer Freundin hinterher. Tom Gräfe ist der wunde Punkt in Christinas Leben, ihre große Liebe, falls die gemeingültige Vorstellung von Liebe überhaupt genug Raum bietet für diese Besessenheit wider jede Vernunft, die so gar nicht zu der ansonsten so besonnenen Christina passen will. Als Thora ihre Freundin bei einem Seminar über alte Heilmethoden kennenlernte, war sie auf Anhieb fasziniert von dieser Frau, die so eine unglaubliche innere Zufriedenheit ausstrahlte, daß es einfach wohltat, sich in ihrer Nähe aufzuhalten. Laura war noch ein Säugling, der geduldig alle zwei Stunden gestillt wurde, Dario ein niedlicher blonder Lokkenkopf von achtzehn Monaten. Mit leuchtenden Augen berichtete Christina von ihrem Leben mit einem freischaffenden Künstler. In einem Haus am Stadtrand. Später stellte sich heraus, daß das Haus am Stadtrand ein ehema-

liges Fischgeschäft war, das einer gründlichen Renovierung bedurfte und dessen Möblierung in erster Linie aus alten Matratzen bestand. Thora hätte es nicht eine Woche dort ausgehalten, ohne Depressionen zu kriegen. Auch Tom Gräfe entpuppte sich als Enttäuschung. Er wirkte so unfertig, fast schon kindisch, und seine sorgsam zur Schau gestellte Exzentrik, die ihn wohl als empfindsame Künstlerseele auszeichnen sollte, mutete unter diesen äußeren Umständen geradezu lächerlich an. Er tänzelte hinter der Leinwand hin und her, den Kopf trotzig in den Nacken geworfen, eine Hand auf dem Rücken, die andere, die den Pinsel hielt, nach vorn ausgestreckt. Ab und an warf er ihr, der störenden Besucherin, einen verächtlichen Blick zu. Seinen seltsamen Bildern konnte sie nichts abgewinnen. Allein schon die Tatsache, daß er selten länger als zwei Stunden für so ein Machwerk brauchte, disqualifizierte ihn in Thoras Augen zu einem dilettantischen Stümper, der unter chronischer Selbstüberschätzung litt. Wenn die beiden wenigstens keine Kinder gehabt hätten, aber sie hausten zu viert unter diesen unwürdigen Verhältnissen. Eigenartig, daß Christina dennoch einen glücklichen Eindruck machte, jedenfalls am Anfang.
Doch die Zeiten ändern sich manchmal. Und jetzt residiert sie im Gerichtsviertel. Kauft ihre Kleider in teuren Alternativboutiquen, die nur Mode aus Leinen und Baumwolle führen, selbstverständlich unbehandelt und frei von jeglichen Schadstoffen. Jetzt trinkt sie naturreine Säfte aus dem Reformhaus. Und ihre Kinder toben in Schlafanzügen von *Prenatal* durch das Haus. Im Kamin lodert ein wärmendes Feuer, im Keller lagert teurer Rotwein in meterlangen Regalen. Die Gläser sind nicht besonders schön, dafür

aber echte Klassiker von Riedel, wie die Hausherrin nebenbei erwähnt hat, und in den Schränken steht schlichtes weißes Knochenporzellan von Villeroy & Boch, das ein kleines Vermögen gekostet hat und trotzdem nach nichts aussieht.

Christina ist wieder da. Sie reibt den klebrigen Saft von der Tischplatte. Ihr Lächeln ist eine schlechte Show. »Tom war zweimal hier. Ich denke, er hat ein Recht darauf, ab und an die Kinder zu sehen. Gisbert habe ich nichts davon erzählt, weil ich mir nicht sicher bin, ob er das verstehen würde. Weißt du, als Mann existiert Tom für mich nicht mehr. Ich habe ja wohl genug Jahre mit ihm vergeudet. Jetzt will ich endlich mal an mich selbst denken.« Trotzig schiebt sie die Unterlippe vor.

Später bringen sie gemeinsam die Kinder ins Bett. Laura dreht sich gleich auf die Seite, Dario möchte, daß seine Mutter noch das Lied von den vielen Sternlein singt, die am Himmel stehen.

Nach der ersten Strophe schläft er ein, ein seliges Lächeln auf den Lippen.

Im Flur fragt Thora: »Was macht eigentlich deine Stieftochter? Die kriegt man ja überhaupt nicht zu Gesicht. Ich meine, die ist doch schon fast erwachsen, so früh kann sie wohl nicht ins Bett gehen, oder?«

»O doch. Ob du es glaubst oder nicht, Jelka mit ihren fünfzehn Jahren liegt um spätestens neun Uhr in der Falle. Das Mädchen ist unglaublich vernünftig. Alles, was sie interessiert, ist die Schule. Sie muß wohl am laufenden Band Einsen schreiben.«

Hinter ihrer Zimmertür hält Jelka den Atem an. Sie ist unglaublich vernünftig! wiederholt sie stumm die Worte ihrer

Stiefmutter. Unglaublich vernünftig! Einsen am laufenden Band! Wie blöd diese Christina doch ist!

Dario mag seinen neuen Vater nicht. Er mochte ihn von Anfang an nicht. Aber das ist nicht weiter schlimm, weil er ja sowieso nie da ist. Daß Mama diesen Mann bei sich schlafen läßt, jede Nacht, und daß er selbst und seine Schwester deshalb in ihren Zimmern bleiben müssen, findet Dario allerdings sehr traurig. Laura findet es auch nicht schön. Er sieht es an den bitterbösen Blicken, die sie dem neuen Vater zuwirft, wenn gerade keiner hinschaut. Dario liebt seine Mutter. Mit aller Inbrunst, die ein bald Vierjähriger aufbringen kann. Laura liebt er auch, aber nicht ganz so sehr. Laura ist wie ein Tier, ein weiches, kuschliges Tier, das nicht reden kann und das darum nicht so interessant ist. Höchstens wenn man sehr unglücklich ist, dann ist so ein Schmusetierchen tröstlich. Die neue Schwester Jelka ist Dario unheimlich. Sie läßt ihn nicht in ihr Zimmer. Und sie spricht kaum ein Wort mit ihm. Einmal hat sie ihn auf die Finger gehauen, weil er sich eins von ihren Büchern angeschaut hat. Es hat nicht sehr weh getan, aber er hat trotzdem gebrüllt, bis Mama kam und ihn getröstet hat. Leider hat Mama nicht mit der neuen Schwester geschimpft, jedenfalls nicht richtig. Obwohl sie die neue Schwester auch nicht leiden kann. Das neue Haus ist viel schöner als das alte. Und Mama ist nie mehr traurig oder krank. Jeden Tag denkt Dario an seinen richtigen Papa. Sein richtiger Papa malt den ganzen Tag bunte Bilder. Abends vor dem Schlafengehen erzählt er manchmal wunderbare Geschichten. Von Zwergen, Zauberern und sprechenden Blumen. Und seine Arme sind so stark, daß er seinen Sohn hoch in die Luft werfen und wieder auffangen kann. Ich will meinen Papa, hat er mal weinend gesagt. Und da hat Mama erklärt: Wenn du größer bist, wird alles wieder gut.

»Isis?«

»Hm.«

»Ich muß immer wieder an diesen Abend denken. Deine Vision.«

»Ich möchte nicht darüber reden. Es ist mir ernst damit, daß ich nichts mehr mit diesen Dingen zu tun haben will.«

»Du weißt, daß das nicht funktioniert. Du kannst deine magischen Kräfte nicht leugnen. Sie sind ein Teil von dir. Ein Teil, der immer da sein wird.«

Die andere schüttelt den Kopf. »Unsinn. Nur weil diese alten Hexentraditionen mich eine Zeitlang fasziniert haben, bin ich nicht für den Rest meines Lebens daran gebunden. Vielleicht habe ich mich ja nur von deiner Begeisterung mitreißen lassen. Inzwischen bin ich davon überzeugt, daß die Energie, die wir gespürt haben, sich ganz einfach physikalisch erklären ließe. Ich verfüge über keine geheimnisvollen Kräfte, glaub es mir. Und wenn, sind sie nicht zum Gebrauch bestimmt. Weil ich sie ganz offensichtlich nicht steuern kann. Tut mir leid.«

Beschwörend legt Freya ihren Arm um die Freundin. »Vielleicht haben wir einfach zu früh zuviel gewollt. Wir waren noch nicht soweit. Aber ich fürchte, daß wir damals etwas ausgelöst haben. Möglicherweise sogar etwas Entsetzliches. Hast du nie darüber nachgedacht, daß wir an jenem Abend versäumt haben, den Magischen Kreis aufzulösen? Laut Starhawk muß jedes Ritual formell been-

det werden. Spürst du nicht auch, daß wir alle durch ein unsichtbares Band noch miteinander verbunden sind? Als hätten wir diesen Kreis nie verlassen?«
Isis streicht ihr Haar hinter die Ohren. »Du steigerst dich in etwas hinein. Glaub mir, für dich und die anderen hat das tote Kind keine Bedeutung. Und jetzt laß uns bitte das Thema wechseln.«
Resigniert schließt Freya die Augen. Das, was sie gesagt hat, stimmt. Auch wenn Isis sich dagegen sperrt, es gibt dieses Band, seit langem weiß sie davon, es ist gewebt aus purer Angst. Und wenn sie nicht aufpassen, wird es ihnen die Luft abschnüren.

Es ist dunkel in dem Zimmer. Jelka sitzt mit gefalteten Händen auf dem Korbstuhl. Wenn sie sich bewegt, knarrt er unwillig. Wie gebannt starrt sie durch das schmale hohe Fenster, dessen geblümte Laura-Ashley-Vorhänge sie vorhin zur Seite gezogen hat. Das funkelnde Lichtermeer dort oben ist von so unwirklicher Schönheit, daß ihr eng in der Brust wird. Früher hat sie fest geglaubt, daß jeder Mensch, der stirbt, sich in einen Stern verwandelt. Und sie fand die Vorstellung, eines Tages selbst dort oben zu leuchten, tröstlich. Für ihre Mutter hatte sie sich den allerschönsten, den hellsten Stern ausgesucht, den Abendstern, der manchmal, wenn man lange genug die Augen zusammenkneift, sogar funkelt, als wäre er lebendig, so als wollte ihre Mutter ihr versichern, daß sie dort oben Wache hält, unermüdlich, Nacht für Nacht, daß sie immer da sein wird. Immer.
Der Abendstern ist kein Stern, sondern ein Planet, nämlich die Venus, der zweite Planet in unserem Planetensystem.

Die Vorstellung, daß ihre arme Mutter bis in alle Ewigkeiten auf diesem unfreundlichen Gesteinsklumpen umherirren müßte, daß sie dort oben gefangen wäre, erscheint Jelka inzwischen eher bedrohlich. Im übrigen ist das Ganze vollkommen absurd. Albernes Kindergeschwätz. Tote Menschen vergammeln auf dem Friedhof, sie werden von Würmern aufgefressen, bis nichts mehr übrigbleibt als die nackten weißen Knochen. Jeder endet als bleiches Skelett, jeder, auch tote Mütter. Und doch leuchtet die Venus in letzter Zeit nicht mehr ganz so hell, nicht mehr ganz so strahlend. So als wäre Mama traurig darüber, daß er sie vergessen hat. Oder daß er von ihrem Geld eine Villa für seine neue Frau gekauft hat. Ja, das ist wirklich pervers, daß Christina es sich hier auf Kosten von Jelkas toter Mutter gutgehen läßt.

Im Haus ist es still. Vor einer halben Stunde ist ihr Vater heimgekommen. Er hat im Flur leise mit Christina gesprochen, jemand hat den Kühlschrank geöffnet, wahrscheinlich hat Papa sich ein Glas Weißwein eingeschenkt, einen leichten Italiener, zur Entspannung, wie er immer sagt. Ein paar Minuten später knarrte die Treppe, das Bad wurde benutzt, dann verschwanden alle Geräusche im Schlafzimmer.

Ob sie es miteinander machen? Jetzt? Die Vorstellung, daß ihr Vater in diesem Augenblick mit Christina Sex haben könnte, verursacht bei Jelka Übelkeit. Für einen Moment hat sie das Gefühl, kotzen zu müssen. Zum Glück gelingt es ihr, diesen Reiz zu unterdrücken. Um nichts in der Welt möchte sie jetzt über den Flur. Niemals will sie hören, wie ihr Vater wollüstig Christinas Namen stöhnt, oder welche Geräusche man auch immer dabei macht. Sie will nichts

davon wissen. Obwohl das ja auch wieder kindisch ist. Genauso wie die Sache mit dem Abendstern.
Langsam erhebt Jelka sich von dem Stuhl. Ihre Beine sind ganz steif vom stundenlangen Stillsitzen. Mit spitzen Fingern angelt sie den zerknüllten Brief aus ihrer Jeanstasche. Es geht ganz leicht, anders als noch vor zwei Monaten, als die Hose knalleng saß. Seit sie mit Christina zusammenleben muß, wird sie ständig dünner. Nadja hat vorgestern schon gefragt, was mit ihr los sei. Sie hat nur müde mit den Schultern gezuckt. Weiß nicht, ich fühl mich einfach nur schlapp. Vielleicht krieg ich eine Grippe. Sie hätte natürlich auch erzählen können, daß Christina immer so komisches Zeugs zusammenkocht. Streng vegetarisch. Und praktisch ungewürzt. Aber sie hatte keine Lust darauf. Obwohl sie spürt, daß Nadja ihre Stiefmutter auch nicht leiden kann.
Der Brief ist schon ganz abgegriffen.
He, wenn du Mut hast, kommst du Sonntag um Mitternacht auf den Friedhof. Wir treffen uns am Haupteingang. L.
L bedeutet Leander. Und Leander bedeutet Herzklopfen und wilde Träume. Und morgen ist schon Samstag. Seit Papa mit Christina verheiratet ist, schaut er vor dem Schlafengehen nicht mehr nach, ob Jelka schläft. Niemand wird merken, wenn sie klammheimlich das Haus verläßt.

Jedesmal, wenn Gisbert Liedke seinen dunkelblauen BMW auf die Auffahrt rollen läßt, hofft er für einen kurzen Moment, daß Christina ihn in der offenen Haustür erwartet. Christina in dem kirschroten, bodenlangen Seidenrock, den er seit dem Tag ihres Kennenlernens nie wieder an ihr gesehen hat. Ihr blondes Haar müßte sie offen tragen, genauso wie an jenem Tag, und sie würde ihre Hand grüßend heben, ein bißchen zögerlich vielleicht, so als wäre sie schüchtern oder verlegen. So wie sie damals mit einer vagen Handbewegung sein Leben in eine völlig neue Bahn gelenkt hat.

Tatsächlich steht Christina nie in der offenen Haustür. Sie sitzt um diese Zeit meistens in dem Ledersessel vor dem großen Fenster zum Garten und liest in einem ihrer Bücher. Manchmal strickt sie auch. Irgend etwas aus ungefärbter Schafwolle, für die Kinder wahrscheinlich, aber er hat noch nie nachgefragt.

Nur selten kommt Gisbert Liedke vor elf heim. Die Zwerge sind um diese Zeit natürlich längst im Bett. Dario, der hellblond ist und blauäugig, und dann noch Laura, die kleine schwarzgelockte Schönheit, die mit ihren zweieinhalb Jahren noch keinerlei Anstalten macht zu sprechen. Auch Jelka liegt im Bett, sie ist eine fleißige Schülerin und braucht ihren Schlaf. Früher hat er abends immer nachgeschaut, ob sie richtig zugedeckt ist. Doch jetzt ist Jelka eine junge Dame, fast schon erwachsen, und man darf sie nicht mehr wie ein kleines Mädchen behandeln, behauptet Christina. Alles hat sich verändert, und Christina trägt nicht mehr ihren roten Rock, dessen Seide an die chinesischen Lackschachteln erinnert, die man heutzutage für einen Spottpreis in diesen Asienläden kaufen kann, weil irgendwo Kinder ausgebeutet werden, zum Glück so weit weg, daß man es leicht vergessen kann. Christina hüllt sich jetzt in grob gewebte bodenlange Leinenkleider, die einander so sehr ähneln, daß er sie nicht unterscheiden kann. Die typische Farbe unbehandelten Leinens, dieses blasse

grauschattige Beige, läßt Christinas Haut bleich und teigig aussehen. Aber er wagt nicht, sie darauf anzusprechen.
Für die Chinesen ist Rot die Farbe des Glücks, für ihn selbst vielleicht auch, und deshalb würde er sich sehr viel besser fühlen, wenn Christina endlich wieder in roter Seide leuchten würde.
Am Ende war alles nur ein schrecklicher Irrtum. Und Christina ist überhaupt nicht die Frau, die er in ihr zu sehen glaubte. Oder man ist mit Mitte Fünfzig einfach zu alt für so eine junge Frau. Aber gerade jetzt beteuert sie, daß sie überglücklich sei, ihn wieder daheim zu haben, und sie umklammert ihn mit fiebrig heißen Armen. Irgendwie verzweifelt. So als hätte sie sich beinahe zu Tode gesehnt. Es wird das Beste sein, die Augen zu schließen und Christinas überbordende Liebe anzunehmen.

Johannas Träume sind blau. So blau wie der Wollstoff des Kleides, das ihre Mutter ihr zum Abtanzball genäht hat, und sie sind genauso unvernünftig wie die Träume jener Jahre. Sie sind so blau wie der Himmel am frühen Abend, kurz bevor die Sonne hinter dem Horizont verschwindet, so blau wie die Augen ihres Untermieters, und sie tragen seinen Namen. Paul. Und wie alle Träume schreien sie nach Erfüllung.
Daß Johannas Mülltüte seit Tagen neben der Wohnungstür lehnte, einsatzbereit, falls Paul Bischoff sich mal draußen blicken läßt, braucht ja niemand zu wissen. Heute jedenfalls ist es soweit, *rein zufällig* hat man sich neben der Garage getroffen. Jeder eine Tüte mit unsortiertem Hausmüll in der Hand.
»Hallo. Hast du heute frei?« fragt Johanna in einem mög-

lichst unverfänglichen Ton. Das einzige, was sie mit Sicherheit über Paul Bischoff weiß, ist nämlich, daß er nie da ist. Jedenfalls nicht zu den Zeiten, zu denen Johanna zu Hause ist. Pünktlich um halb sieben, wenn für sie der gemütliche Teil des Tages anbricht, hupt es zweimal auf der Straße, unten öffnet sich die Haustür, und Paul Bischoff entschwindet in einem laut tuckernden Daimler. Leas Neffe finanziert sein Studium mit Taxifahren.

»Nee. In einer halben Stunde kommt mein Kollege.«

Peng. Entschieden stopft Johanna ihre zart keimenden Hoffnungen auf ein gemeinsames Glas Wein zusammen mit dem Müll in die Tonne. »Hast du nie einen freien Tag?«

»Im Moment nicht. Ich brauche am Jahresende möglichst viel Kohle. Mein Chef will mir seine Lizenz samt Wagen verkaufen. Der kann nicht mehr selbst fahren, Rheuma. Und wenn man nur Fahrer auf den Bock setzt, lohnt sich 'n Taxi heutzutage nicht.« Er schaut auf seine Armbanduhr. »Sag mal, wann stehst du morgens auf?«

Johanna zuckt mit den Schultern. »Halb sieben oder so.«

»Was hältst du von einem gemeinsamen Frühstück? Ich bring die Brötchen mit, du sorgst für den Rest.«

»Warum nicht. Also halb sieben.«

Der geplante Abend bei Helene wird vertagt. Ringe unter den Augen sind wenig kleidsam. Im übrigen ist es zur Zeit recht anstrengend, bei Helene ein harmloses Glas Rosé zu genießen. Weil man sich ständig dafür verteidigen muß, daß man nicht auf hypergesundem Obstsaft steht. Neulich hat Johanna aus Verzweiflung Ananassaft getrunken und tierisches Sodbrennen davon bekommen. Helene muß also warten. Statt dessen acht Stunden Schlaf. Um halb sechs wird spätestens ihr Wecker klingeln. Duschen, fönen, schminken, den Tisch decken, Kaffee kochen. Ach ja, das Anziehen nicht zu vergessen. Oder sollte das nicht notwendig sein?

Endlich ist Ruhe im Schlafzimmer. Sollten sie gevögelt haben, sind sie jetzt jedenfalls damit fertig. Jelka schleicht auf Zehenspitzen zur Zimmertür. Den ganzen Nachmittag hat sie darüber nachgedacht, was sie zu diesem geheimen Treffen tragen könnte. Blödsinn natürlich, denn die ersten Mainächte des Jahres sind ungewöhnlich kalt, gestern und vorgestern fiel das Thermometer weit unter Null, und so bleibt ihr gar nichts anderes übrig, als ihre Jeans anzuziehen, mit Leggins darunter und zwei Paar Socken sowie einen warmen Wollpullover. Ihre Jacke hat sie vorhin schon in ihr Zimmer geholt, der Garderobenschrank in der Diele quietscht beim Öffnen. Mit den Schnürstiefeln in der Hand huscht sie über den Flur und dann die Treppe runter. Die vierte Stufe von oben knarrt, die muß sie auslassen.
Unten angekommen, atmet Jelka Liedke erleichtert auf. So, weiter geht's. Die Haustür darf sie nicht benutzen, sie schließt bei diesem Wetter schwer, außerdem liegt das Schlafzimmer zur Straße raus, die beiden könnten sie also hören. Die beste Möglichkeit, unbemerkt das Haus zu verlassen, ist, die Hintertür zu nehmen, durch den Garten zu schleichen und dann am Zaun entlang zur Straße. Geduckt wie ein guter Indianer. Doch zunächst einmal muß sie ihre Stiefel zuschnüren.
Bis zum Friedhof sind es höchstens fünf Minuten. Selbst wenn sie sehr langsam geht, kann sie pünktlich sein. Natürlich rennt Jelka die meiste Zeit. Die Vorstellung, alles

könnte nur ein übler Scherz sein, macht ihr ein bißchen angst, aber sie beschließt trotzig, nicht auf diese innere Stimme zu hören. Leander wird schon da sein, er ist nicht so gemein (woher willst du das wissen?).

Leander *ist* da. Er lehnt mit lässig verschränkten Armen an dem geschlossenen Friedhofstor. Leider ist er nicht allein. Claas Kaiser steht neben ihm, Matthias Raveling auch, und dann noch Constanze Buchholz. Ausgerechnet diese eingebildete Zicke. Ihren Eltern gehört die Sonnenapotheke, solche schwimmen natürlich in Geld. Constanze kriegt alles, was sie will. Und sie vergißt nie, den anderen davon zu erzählen. Seit Monaten färbt Constanze ihr weizenblondes Haar pechschwarz. Nach dem Waschen scheint sie es nicht zu kämmen, denn es steht in alle Himmelsrichtungen ab. Außerdem sieht man sie nie ohne ihre Sonnenbrille mit den kleinen kreisrunden Gläsern. Selbst während der Schulstunden legt sie die Brille nur unter Protest ab. Auch jetzt hält sie die Brille in der Hand.

»Ich dachte, du kommst nicht«, begrüßt Constanze sie unfreundlich, und jeder merkt, daß ihr das lieber gewesen wäre.

»Ich hab euch doch gesagt, daß man sich auf Jelka verlassen kann.« Leanders Stimme klingt zufrieden. Mit größter Selbstverständlichkeit legt er seinen Arm um Jelkas Schulter, so als wäre sie schon lange seine Freundin.

Die Kälte löst sich auf, genauso wie Constanzes wütendes Gesicht, und Jelkas Herz sprüht glühende Funken. Glücklich ist sie, einfach nur überglücklich. Seit der siebten Klasse schwärmt sie heimlich für Leander Hoffmann, aber er hat sie all die Jahre schlichtweg übersehen. Heute jedoch scheint die Nacht zu sein, in der sich Träume erfüllen.

Einer nach dem anderen zwängen sie sich jetzt durch eine Lücke in der Wacholderhecke, die den Friedhof vor der Welt der Lebenden schützen soll. Auf der anderen Seite bleibt Jelka für einen Moment überwältigt stehen. Ein lichter Schleier aus Mondlicht hat sich behutsam über die Gräber gelegt, alles wirkt still und friedlich und dabei so unwirklich, als wäre es in Aquarell gemalt. Die Kieselwege, tagsüber weiß Gott nichts Besonderes, reflektieren das matte Licht des Mondes, sie leuchten geheimnisvoll, Sternenpfaden gleich, die ins Unendliche führen.
Überwältigt preßt Jelka sich an den Jungen. Die dumme Frage, was das nächtliche Treffen auf dem Friedhof soll, fällt auf den Weg und schmilzt im Schein des Mondes. Warum? Weil heute nacht alles passieren könnte, weil Dinge sich manchmal ändern, weil jeder das Recht auf ein kleines Glück hat. Darum. Heute nacht muß ein Stern vom Himmel fallen, ja, direkt vor Jelkas Füßen wird er landen, jeden Moment wird Leander die anderen fortschicken, um mit ihr allein zu sein. Wie verrückt klopft Jelkas Herz gegen die Rippen, ja hämmert es, ja und tausendmal ja, ich bin für alles bereit. Stundenlang möchte sie so stehenbleiben, voller banger Erwartung, Leanders Arm auf ihrer Schulter, sein Atem an ihrer Wange, der sanfter, zärtlicher ist als jedes Wort, das er sagen könnte.
Doch er bricht den Bann, zieht sie mit sich, zielstrebig geht es rechts herum, sie biegen in den vierten Seitenweg ein, dann wenden sie sich erneut nach rechts und gehen den Kieselweg ganz zu Ende.
Wie auf ein geheimes Kommando bleiben alle stehen.
»Das ist unser Treffpunkt«, verrät Leander, und Jelka ist froh über die schützende Dunkelheit, die das Entsetzen auf

ihrem Gesicht vor den anderen verbirgt. Ein Grab, ein Kindergrab auch noch, man erkennt es an der Größe, das letzte in einer ganzen Reihe von Kindergräbern. Ein kleiner quadratischer Stein liegt am Kopf der Grabstelle, doch ohne Licht ist es unmöglich, die Inschrift darauf zu entziffern.
Matthias, der schräg hinter ihr steht, sagt leise: »Hier kommt nie einer her. Kein Schwein kümmert sich um das Grab. Echt.« Ob er wohl ihr Zaudern bemerkt hat? Daß sie für einen kurzen Moment am liebsten davongerannt wäre?
Da alle sich auf den Boden hocken, genauer gesagt auf das Grab, bleibt Jelka gar nichts anderes übrig, als es ihnen gleichzutun. Obwohl sie sich dabei ziemlich mies vorkommt, wie ein Grabschänder. Am schlimmsten treibt es natürlich wieder Constanze, die sich im Schneidersitz auf die Steinplatte am Kopfende der Grabstätte setzt. Wie halten die anderen das nur aus? Jelka hat Mühe, daß ihre Zähne nicht laut aufeinanderklappern. Die Kälte kriecht aus dem Boden und steigt in ihren Körper.
Das Geheimnis wird augenblicklich gelüftet. Matthias zieht aus seiner Jackentasche eine Flasche Baccardi. Reihum wird getrunken. Auch Jelka gibt sich cool und nimmt einen großen Schluck. Niemand hier braucht zu wissen, daß sie bis auf ein paar Schlucke Sekt und den Champagner bei der Hochzeitsfeier noch keine Erfahrung mit alkoholischen Getränken hat.
Leander dreht einen Joint. Noch nie in ihrem Leben hat Jelka Haschisch geraucht. Und eigentlich war sie bislang auch sicher, daß sie es nie tun würde. Kiffen fand sie immer ziemlich daneben. Aber jetzt nimmt sie mehrere tiefe Lun-

genzüge. Die Kälte sinkt in den Boden zurück. Mit jedem Atemzug fällt sie ein bißchen tiefer. Ein komisches Gefühl. Constanze hat einen Recorder mitgebracht. Zu einer Musik, die an Kirchenchoräle erinnert, seufzt eine merkwürdig gequälte Männerstimme: »Ein junger Engel tritt vor den Tempel ... von seinen Wimpern tropft frisches Blut ... auf den Stufen liegen faule Leiber ...« Claas springt auf und tanzt mit schweren Schritten zwischen den Kindergräbern. Constanze lacht schrill. Dann versucht sie Matthias Raveling auf den Mund zu küssen. Der dreht seinen Kopf zur Seite und zündet sich eine neue Zigarette an. Jelka schließt ihre Augen. Leanders Hände sind heiß und sehr zärtlich. Daß die anderen zugucken können, ist ihr ganz egal.

Auf dem Heimweg wird ihr schlecht. Matthias und Leander müssen sie unterhaken, damit sie einigermaßen geradeaus laufen kann. An der Bushaltestelle erbricht sie sich in den Papierkorb. Die anderen biegen sich vor Lachen.

»Mir is so komisch«, sagt Jelka kichernd. Die Worte springen wie bunte Gummibälle über das Pflaster.

»Ich wünschte, das Zeug würde bei mir auch noch mal so reinhauen«, johlt Claas. »Da kann man echt neidisch werden. Ich weiß noch, wie ich mal dachte, daß ich fliegen kann ...« Er breitet seine Arme aus und rennt in großen Wellenlinien über die Straße.

Beim Anblick des Hauses strafft sich Jelkas Gestalt. »Also dann.« Leider reagiert Leander nicht wie erhofft mit einem Abschiedskuß. Er dreht sich einfach um. »Warte mal«, sie zupft am Ärmel seiner schwarzen Lederjacke. »Wie heißt das Kind überhaupt?«

Verständnislos schaut er sie an.

»Das Kind in dem Grab mein ich! Der Name muß doch auf dem Stein stehen.«
»Ach sooo. Keine Ahnung, ist doch scheißegal.«
»Maria. Maria Heidemann, sie war sieben Jahre alt, als sie starb.« Matthias' Stimme ist nur ein schwacher Hauch. So leise, daß die anderen wahrscheinlich nichts gehört haben. Irgendwie schafft sie es, ohne großen Lärm die Tür zu öffnen. Mit den Schuhen in der Hand huscht sie in ihr Zimmer. Erst im Bett merkt sie, wie durchgefroren sie ist. Mitten in der Nacht auf dem Friedhof sitzen und kiffen, was für ein Wahnsinn! Aber für Leander würde sie noch ganz andere Dinge tun.

Nachts träumt Luzie schreckliche Dinge. Zuerst läßt sich die Wohnungstür nicht mehr öffnen. Verzweifelt rüttelt sie an der Klinke, aber die rührt sich nicht. Dann, als sie in ihrer panischen Angst den Hausmeister anrufen will, kann sie nicht den Hörer vom Telefon abheben. Als nächstes lassen die Möbel sich nicht mehr bewegen, wie angeleimt haften sie am Boden. Und dann werden ihre Füße schwer und schwerer, die Arme hängen wie leblos an den Schultern, bis sie endlich mitten im Zimmer steht und sich nicht mehr von der Stelle rühren kann. Da wacht sie meistens auf. In Schweiß gebadet. Wenn sie sich davon überzeugt hat, daß sie keineswegs gelähmt ist, klettert sie aus dem Bett und huscht in die Küche, um sich einen Likör einzugießen, damit ihr armes altes Herz sich wieder beruhigt. Ehe es sich zu Tode rast.

Zwanzig Minuten hat Johanna Lauritz für die Entscheidung gebraucht, daß es am besten ist, sich so zu kleiden wie immer. Ein weißes Shirt, eine schwarze Lederjeans, Turnschuhe, eine bestickte Weste. Alles, was sich sonst noch in ihrem Kleiderschrank befand, liegt jetzt in einem großen bunten Haufen vor ihrem Bett. Kurz entschlossen schiebt sie das farbenfrohe Durcheinander mit dem Fuß unter ihr Bett. Man weiß ja nie, wer heute noch dieses Zimmer betritt.

Der Tisch ist gedeckt. Nett, aber nicht zu nett, was heißt, daß sie auf Tischdecke und Servietten verzichtet hat.

Es klingelt. Das Kribbeln im Bauch wird zu einem heftigen Rumoren. Paul Bischoff hält ihr die Brötchentüte entgegen. Seine Augen strahlen noch intensiver als in ihrer Erinnerung. In diesem Blau könnte man sich leicht verlieren. Müde sieht er aus.

»Gemütlich hast du es hier oben. Ich sollte vielleicht auch mal was in meine Wohnung investieren.« Er greift nach dem Kaffee. Wie hypnotisiert starrt Johanna auf seine Hände. Auf seinem Handrücken wachsen winzige hellblonde Härchen. Irgendwie wäre es wohl an der Zeit, etwas zu sagen. Aber was? »Warum willst du das Taxi von deinem Chef kaufen? Lea hat gesagt, du studierst.«

Er zuckt mit den Schultern. Das Blau seiner Augen verdunkelt sich. »Ich gehe im Moment nicht zur Uni. Hab gemerkt, daß Architektur nicht mein Ding ist. Das, was du wirklich gern bauen willst, kannst du ja sowieso nicht in die Tat umsetzen. Nicht bei diesen beschissenen kleinkarierten Bauvorschriften. Nullachtfünfzehn heißt die Devise in dieser Republik, wenn du als Architekt leben willst. Und darauf hab ich keinen Bock. Dann schon lieber ganz was anderes. Mit einem Taxi bin ich wenigstens mein eigener Herr. Außerdem macht Taxi fahren süchtig.« Ihren ungläubigen Blick quittiert er mit einem Lächeln, das Johannas Herz hüpfen läßt. »Im Ernst. Ich fahre jetzt drei Jahre, und inzwischen kann ich diese Stadt nur noch nachts ertragen. Wenn sämtliche Kinder, Hundebesitzer und Spießer in ihren Betten liegen. Warst du schon mal um fünf Uhr morgens im House of Lord?«

»Allerdings. Dienstlich. Es ging um eine Razzia.« Das House of Lord ist trotz seines seriösen Namens ein als Nachtbar getarntes Bordell, in dessen Hinterzimmern Frauen aus dem Ostblock ihre Körper zu absoluten Dumpingpreisen anbieten, ob freiwillig oder gezwungen, hat die Kripo bisher nicht einwandfrei ermitteln können. Daß Paul Bischoff in dieser miesen Kaschemme verkehrt, verdirbt auf einen Schlag Johannas Laune.

Seine allerdings nicht. »Ich dachte, du ermittelst nur bei harten Sachen, Mord und Totschlag«, wundert er sich, während er nach dem zweiten Brötchen greift.

»Stimmt. Aber bei einer Großrazzia helfen wir den Kollegen schon mal aus. Eine Razzia ist sehr personalintensiv. Wenn du Stammkunde im House of Lord bist, wirst du ja schon so einige mitbekommen haben«, sagt Johanna nadelspitz.

Ihr Gegenüber grinst nur. »Frau Kommissarin, ich habe lediglich ausgesagt, daß ich manchmal morgens um halb fünf im House of Lord einen Kaffee trinke. Weil es der einzige Ort ist, an dem man um diese Zeit noch frischen Kaffee bekommt. Nehmen Sie das bitte zu Protokoll, daß das House of Lord um diese Zeit ein Treffpunkt für harmlose Taxifahrer ist. Im übrigen habe ich absolut nichts gegen Nutten, einige fahre ich regelmäßig morgens nach Hause, aber das heißt nicht, daß ich ihre Dienste in Anspruch nehme. Wenn es um die Damen des horizontalen Gewerbes geht, reagiert ihr angeblich so emanzipierten Frauen ganz schön übertrieben.« Er grinst breit. »Elfi ist jedesmal ausgeflippt, wenn ich was aus diesem Milieu erzählt habe. Ich dachte, eine Kripobeamtin hätte da weniger Vorurteile.«

[8]

Inzwischen ist es Juni geworden. Die erste Brut der Schwalben flattert aufgeregt auf dem Nestrand, die Freiheit der Lüfte lockt, der Flieder, der die Stadt tagelang in eine süßliche Duftwolke eingehüllt hat, ist praktisch über Nacht verblüht. Eine Hitzewelle hat die Stadt überrollt, Jonas haben die Meteorologen das Hochdruckgebiet genannt, dessen Zentrum über den Azoren liegt und das bis auf weiteres für schönes Wetter sorgen wird. Endlos blauer Himmel, Temperaturen, die am Vormittag schon auf dreißig Grad und höher klettern, nachts kühlt es sich kaum ab. Die Schulen geben seit einer Woche täglich hitzefrei, die Kinder haben sowieso nur noch die großen Ferien im Kopf, das Freibad schreibt Rekordumsätze trotz der zu Beginn dieser Saison erhöhten Eintrittspreise, vor den Eisdielen bilden sich lange Schlangen, laute Musik und bunte Farben bestimmen das Straßenbild. Die für diesen Monat ungewohnt hohen Temperaturen lassen Urlaubsgefühle wach werden, ein kollektives Gefühl von guter Laune greift um sich. Hier und da zeigt ein waghalsiger Skateboardfahrer sein Können, und die, die sonst ärgerlich nach der Polizei rufen, klatschen plötzlich begeistert Beifall. Die Sonne demonstriert ihre beinahe unbegrenzte Macht.

Sabine Paschke darf heim. Neun Wochen hat man gebraucht, um ihre Psyche wieder auf ein allgemein verträgliches Maß zurechtzustutzen. Mit einem Rezept und einer Tagesdosis bunter Pillen soll Christoph Paschke seine Frau mit nach Hause nehmen.
»Ist sie denn jetzt vollkommen gesund?« fragt er den Stationsarzt. Und als der ihn ausdruckslos anschaut, fügt er hinzu: »Ich meine, ist alles wieder in Ordnung?« Verflucht, wie soll er sich nur ausdrücken. Ist meine Frau wieder normal? Nicht mehr verrückt? Wahnsinnig? Wie nennt man das, ohne das Falsche zu sagen?
Der Arzt beschäftigt sich interessiert mit der Krankenakte, die aufgeschlagen vor ihm auf dem Schreibtisch liegt. Ein paarmal blättert er hin und her, dann schaut er Christoph Paschke mit ausdrucksloser Miene an. »Sagen wir es so, sie befindet sich auf dem Weg der Besserung. Ihr Zustand hat sich so weit stabilisiert, daß sie keine stationäre Behandlung mehr benötigt. Natürlich muß sie weiterhin ihre Medikamente einnehmen. Und sie darf auf gar keinen Fall die Therapiegespräche versäumen. Das würde den Genesungsprozeß ganz empfindlich stören, verstehen Sie?«
Christoph Paschke denkt an Sebastian, der so klein, so hilflos ist. Und dann an die fremde Frau, die im Gemeinschaftsraum mit unbewegter Miene Farbe auf weiße Seide kleckst. Das Ergebnis ihrer Arbeit scheint sie nicht weiter zu interessieren. Einen ganzen Stapel Seidentücher hat sie auf diese Art und Weise bereits fabriziert, Tücher die sich kaum voneinander unterscheiden und mit denen kein Mensch etwas anfangen kann. Ein paarmal hat man ihn gebeten, Geld für die Materialien zu bezahlen. Schauen Sie nur, ihre Frau macht gute Fortschritte, behauptet die Be-

schäftigungstherapeutin, aber er weiß, daß das gelogen ist. Ein gutgemeinter, leider allzu durchsichtiger Versuch, um Sabine zu motivieren. Ausgerechnet Sabine, die selbst Sozialpädagogik studiert hat und die solche Tricks im Schlaf beherrscht. Oder muß es jetzt heißen, früher einmal beherrscht hat?
Als er ihre Sachen in den Koffer packt, hockt sie mit überkreuzten Beinen auf dem Bett. Das Kleid, das sie trägt, ist am linken Ärmel mit weißlichen Flecken übersät, Joghurt vielleicht oder ihre komische Seidenmalfarbe. Sie selbst scheint nichts davon zu merken. Früher legte Sabine sehr großen Wert auf eine gepflegte Erscheinung. Früher hätte sie ihren Koffer auch selbst gepackt. Schon aus Angst, daß er ihre Kleider zerknittern könnte. Früher. Wütend knüllt er den Morgenmantel aus gelbem Frottee zusammen, damit er in die Tasche paßt. »Das wär's. Hast du dich schon von den Schwestern verabschiedet?«
Bedächtig, wie in Zeitlupe schüttelt sie den Kopf. Ihr Mund steht halb offen. Sie schaut aus, als hätte sie nicht alle Tassen im Schrank. Am liebsten würde er sie rütteln, schütteln, wenn es sein muß sogar schlagen, damit endlich diese Apathie aus ihrem Gesicht verschwindet. Statt dessen ballt er seine Hände hinter dem Rücken zu Fäusten. So schrecklich es auch klingt, aber für Christoph Paschke wäre es eine Erlösung, wenn er seine Frau hierlassen dürfte.
»Willst du nicht eben ins Dienstzimmer gehen? Ich war vorhin schon da und hab fünfzig Mark für die Kaffeekasse gegeben. Meinst du, daß das reicht?«
Gleichgültig zuckt sie mit den Schultern. Sagt nichts. Schaut ihn nicht einmal an. Ins Dienstzimmer geht sie

dann nicht mehr. Vielleicht sollte er das als ein gutes Zeichen werten, das erste Aufflackern eines eigenen Willens. Doch höchstwahrscheinlich handelt es sich nur um reine Bequemlichkeit.

»Komm.« Die Frau, die da mit gesenktem Kopf hinter ihm hertrottet, so als zöge er sie an einem unsichtbaren Band, ist nicht Sabine. Dort marschiert ein Roboter, eine seelenlose Maschine, die man mit bunten Pillen füttern muß, damit sie funktioniert. Damit sie Fragen beantwortet und Farbe auf quadratische Seidentücher kleckert. Damit sie ihre Schuhe zubindet und ihr Haar wenigstens einmal täglich kämmt. Man muß ihr erzählen, daß am nächsten Tag die Sonne scheint, wenn sie ihren Teller schön leer ißt. Möglicherweise wird sich das nicht bewahrheiten, aber das ist nicht weiter schlimm, weil sie es ohnehin nicht bemerken wird.

Beim Frühstück hat seine Mutter die Hoffnung geäußert, wieder in ihr normales Leben zurückkehren zu können. »Du weißt, daß ich Sebastian von Herzen liebe. Immerhin ist er mein erstes Enkelkind. Aber ich bin doch froh, daß Sabine nach Hause kommt und alles seinen normalen Gang nehmen kann. Mit sechzig ist man einfach zu alt für ein Baby.«

Christoph Paschke braucht nur über die Schulter zu sehen, um zu wissen, daß er noch lange nicht auf die Anwesenheit seiner Mutter verzichten kann. Niemals würde er es fertigbringen, den Kleinen mit dieser Frau, in deren Kopf gähnende Leere zu herrschen scheint, allein zu lassen.

Tom Gräfe kann wieder malen. Ganze Ewigkeiten steht er an der Staffelei, seine Hand mit dem Pinsel rast mit gera-

dezu irrwitziger Geschwindigkeit über die Leinwand. Und alles, was er zustande bringt, ist genial, ist göttlich, ist wahnsinnig gut. Für ihn selbst haben seine Bilder Stimmen. Sie seufzen, sie heulen, sie schreien. Wenn er sich schlaflos auf der Matratze wälzt, kann er sie hören. Nie würde er eines der neuen Kunstwerke verkaufen. An diesen ekelhaften Haiderbeck schon gar nicht. Dem geht Gräfe sowieso aus dem Weg. Sobald der weiße Jaguar sich nähert, verschwindet er durch die Hintertür. Soll Haiderbeck doch denken, was er will.
Die Vorstellung, wie der Galerist sich die Nase an der Fensterscheibe platt drückt, um einen Blick auf seine neuen Werke zu erhaschen, erfüllt Gräfes Herz mit gehässiger Freude. Er legt den Pinsel auf der Palette ab, um die Bilder von gestern und vorgestern zum Fenster zu drehen. Ja, Dr. Conrad Haiderbeck soll ruhig sehen, was er niemals in seine korrupten, geldgeilen Finger bekommen wird. Ein Künstler wie Gräfe braucht keinen Galeristen. Wozu? Geld spielt in seinem Leben keine Rolle mehr.
Manchmal starrt er stundenlang das Bild an, das er von Christina gemalt hat. Seine Augen treffen auch ihre. »Komm zurück«, flüstert er mit heiserer Stimme. »Du sollst verdammt noch mal zurückkommen ...«

Die Sonne hat aus Dario und Laura Zigeunerkinder gemacht. Braungebrannt, nur mit bunten Shorts bekleidet, sitzen sie am Küchentisch. Aus den Locken, noch naß vom Baden, tropft Wasser. Dario spielt mit einer gelben Kerze, indem er sie auspustet und gleich darauf mit einem Streichholz wieder anzündet. Das Brot, das seine Mutter mit Kräuterquark bestrichen hat, schiebt er achtlos beiseite.

»Mag nicht.«

Thora streicht ihm über die blonden Locken. »He, du mußt doch was essen, Kleiner. Sonst wirst du nie ein großer Mann!« Doch das scheint Dario nicht zu beeindrukken.

Die Küchentür öffnet sich lautlos. Jelka wirft einen kurzen Blick auf den Küchentisch, dann bewegt sie sich zielstrebig auf den Kühlschrank zu. Sie holt eine Flasche Diätcola und zwei Joghurts heraus, die sie zusammen mit einem Apfel, einem leeren Glas und einem Teelöffel auf ein Tablett stellt.

»Mehr ißt du nicht?« fragt Thora ehrlich erstaunt. »Davon wird doch kein Mensch satt! Kein Wunder, daß du so dünn bist. Willst du dich nicht zu uns setzen?«

Das Mädchen schüttelt den Kopf. »Keine Zeit. Ich muß noch ein Referat für Biologie ausarbeiten.«

»Jelka ist nämlich sehr fleißig. Sie ist den ganzen Tag in ihrem Zimmer und lernt.« Christinas Stimme klingt eine halbe Oktave zu hoch und somit ziemlich biestig.

»Da waren wir früher aber ganz anders drauf«, sagt Thora kichernd. »Ich kann mich beim besten Willen nicht daran erinnern, stundenlang an den Hausaufgaben gesessen zu haben. Da war ich lieber mit meinen Leuten im Eiscafé. Und die Aufgaben hab ich morgens vor der ersten Stunde von meiner Freundin abgeschrieben. Auf dem Klo! Erwischt worden bin ich nie!«

»Ich besuche das Gymnasium. Das ist vielleicht etwas anderes«, erklärt Jelka hoheitsvoll.

Christina schaut sie böse an. »Meinst du? Auch *wir* haben das Abitur gemacht, ob du es glaubst oder nicht. Und wir haben uns trotzdem nicht hinter unseren Büchern verkrochen! Wir hatten nachmittags Zeit für unsere Freunde.«

»So? Wie war denn dein Notendurchschnitt, wenn man fragen darf?«
»Oh, der war eigentlich gar nicht mal so übel. Drei Komma null.«
»Drei Komma null«, schnaubt das Mädchen verächtlich. »Was bringt einem denn so ein schlechtes Abi? Alle interessanten Studiengänge fallen doch unter den Numerus clausus. Ohne eine Eins vor dem Komma kann man sich heutzutage das Abitur schenken. Mit 'ner Drei bleibt einem höchstens Lehramt oder Sozialpädagogik. Ich wette, du hast Sozialpädagogik studiert. Und hinterher hast du keine Stelle gekriegt, stimmt's?«
Christinas unsicheres Nicken wird mit einem hochzufriedenen Grinsen quittiert. Jelka verläßt die Küche als strahlende Siegerin.
»Mensch, ist das ein Früchtchen.« Thora Detlefsen weiß gar nicht, was sie sagen soll. Diese Jelka hat sie bisher wohl vollkommen falsch eingeschätzt. Das Mädchen hat ja Haare auf den Zähnen.

Nach wie vor ist das Grab des Kindes ihr Treffpunkt. Die anderen haben wohl recht damit, daß sich niemand um diese Grabstelle kümmert. Zwischen dem Efeu wuchern Vogelmiere, Giersch und Gras um die Wette, das Unkraut steht bald zwanzig Zentimeter hoch, und wenn es so weitergeht, wird man im Spätsommer nichts mehr vom Grabstein sehen können. Niemand bringt Blumen, niemand säubert die vermooste Umrandung, niemand erinnert sich an Maria Heidemann, die vom 14. Januar 1961 bis zum 27. November 1968 gelebt hat.
Laute Musik aus Constanzes Recorder überflutet den

Friedhof. Zuerst erklingen schwermütige Geigen, dann hört man die klare, eindringliche Stimme von Anne Nurmi: No blind eyes can see.

»Lacrimosa ist doch Scheiße, viel zu zahm«, meckert Claas Kaiser. »Mach den Müll bloß aus. Ich bring morgen mal was von den Untoten mit.« Schwankend steht er auf, um auf das Nachbargrab zu pinkeln. Mitten zwischen die rosa Zwergröschen. Leander lacht gackernd. Er ist schon wieder völlig bekifft.

Jelkas nackte Arme schimmern im Mondlicht. Seltsam sieht das aus, so als wäre sie gar nicht lebendig.

»Du mußt was Langärmliges anziehen, auch im Sommer«, zischt Constanze. »Nackte Haut ist absolut widerlich. Außerdem wird man braun, wenn man so rausgeht.«

Verlegen schlingt Jelka ihre Arme umeinander. Unter den spöttischen Blicken der anderen scheinen sie förmlich aufzuleuchten. Zwei Monate ist sie jetzt mit Leander zusammen. Und gehört immer noch nicht richtig dazu. Weil Constanze ständig etwas Neues an ihr auszusetzen findet. Constanze selbst macht natürlich alles richtig. Sie hüllt sich auch bei fünfunddreißig Grad im Schatten von Kopf bis Fuß in Schwarz, sie geht nie ohne Sonnenbrille auf die Straße, sie trägt die richtigen Ringe, die richtigen Kettenanhänger, umgedrehte Kreuze und andere magische Zeichen, sie hört die richtige Musik, Lacrimosa und Scattergun, von Project Pitchfork hat sie alle CDs komplett. Geld spielt bei ihr keine Rolle. Constanzes Eltern gehört die Sonnenapotheke in der Kreuzstraße, und sie ist das einzige Kind.

Matthias Ravelings Vater ist Rechtsanwalt, seine Mutter übersetzt wissenschaftliche Bücher aus dem Französischen ins Deutsche. Claas Kaisers Eltern arbeiten beide als Professoren für Anglistik an der Universität, Leander Hoffmanns Mutter (sie ist geschieden) ist Chefredakteurin der hiesigen Tageszeitung. Sie alle haben viel zuwenig Zeit für ihre Kinder, einen Mangel, den sie durch Bares auszugleichen suchen.

Heute hat Claas was zum Rauchen besorgt, sein älterer Bruder war kürzlich ein paar Tage in Amsterdam. Jelka hat eine Flasche Malteser mitgebracht, im Keller steht genug Hochprozentiges rum. Soll ihr Vater doch denken, daß Christina eine heimliche Säuferin ist. Puh, das Zeug schmeckt scheußlich, doch sie bringt es fertig, sich nicht angewidert zu schütteln. Mit dem Rauchen klappt es viel besser. Sehr bald schon fühlt sie sich herrlich frei, beinahe so, als wäre sie schwerelos. Und es tut auch gar nicht mehr weh, daß Leander die ganze Zeit mit Constanze rumknutscht. Nach einer Weile schläft sie sogar ein, mit dem Kopf gegen Matthias' Schulter gelehnt.

Als sie wieder aufwacht, sind die anderen fort. Bis auf Matthias, der sitzt immer noch unbeweglich neben ihr. Er ist wirklich lieb. Aber er ist eben nicht Leander, der sich in der Zwischenzeit mit Constanze davongemacht hat. Claas ist auch schon los. Der ist in letzter Zeit ziemlich mies drauf. Jeder weiß, daß er in Constanze verknallt ist, aber die steht nach wie vor auf Leander. Genau wie Jelka. Im Grunde ist die Situation entwürdigend, zwei Mädchen, die sich um einen Jungen streiten. Nicht mit offenen Worten, sondern mit versteckten Gehässigkeiten. Und mit idiotischen Wettkämpfen. Wer verträgt am meisten? Wer ist am mutigsten? Heute nacht hat Constanze gewonnen. So wie sie meistens gewinnt.

»Wo sind die anderen? Hab ich lange geschlafen?« fragt sie verlegen.
»Geht so.« Matthias reibt sich so unauffällig wie möglich seinen linken Arm. Der Ärmste hat sich wahrscheinlich die ganze Zeit über nicht bewegt, um sie nicht zu wecken. »Claas wollte noch ins Politbüro.«
Das Politbüro ist eine überlaufene Szenekneipe, in der mit Drogen gedealt wird. Jeder in der Stadt weiß davon, sogar die Polizei, aber sie kriegt die Sache trotzdem nicht in den Griff.
»Ich glaube, Leander und Constanze wollten auch hin«, lügt Matthias.
Danke, du brauchst für mich keine Märchen zu erfinden, denkt sie. Vorhin hat Constanze erzählt, daß sie an diesem Wochenende allein zu Hause ist. Ihre Eltern sind nach London geflogen, ein kleiner Wochenendtrip zur Erholung. Constanze hat Leander mitgenommen, in ihr Bett wahrscheinlich. Daß die beiden regelmäßig miteinander schlafen, ahnt sie längst. »Ist noch was in der Flasche?« fragt sie müde. »Ich könnte noch was vertragen.«
Wortlos hält Matthias ihr den Aquavit hin. Ungefähr zwei Finger breit sind noch drin. In einem Zug trinkt Jelka alles aus. Brrr, widerlich, diesmal schüttelt sie sich. Leander ist ja fortgegangen. Der Alkohol brennt im Hals, doch er kann ihre Traurigkeit nicht auslöschen. Im Gegenteil, die Erkenntnis, daß sie überhaupt nicht mit Leander zusammen ist, daß Zusammensein etwas ganz anderes bedeutet als ab und an rumzuknutschen, daß Leander, wenn schon, mit Constanze zusammen ist, wird immer deutlicher. Ihr ganzer Kopf ist voll davon. Und die Flasche ist leer. Dabei sollte es genau umgekehrt sein. »Ich geh los.«

Längst haben die Kieselwege, die einst wie Sternenpfade leuchteten, ihren Glanz eingebüßt. Man gewöhnt sich viel zu schnell an das Schöne, am Ende ist alles nur noch selbstverständlich. Heute nacht erinnern sie sie an ein Labyrinth aus unerfüllten Sehnsüchten, es ist einerlei, welchem Weg man folgt, man wird nirgends ankommen.
Wenn Matthias jetzt den Arm um sie legen würde, hätte sie gar nichts dagegen. Matthias ist so altmodisch nett. Früher hat er mal gestottert, doch seine Eltern haben anscheinend einen guten Therapeuten gefunden. Jetzt hört man nichts mehr davon. Matthias läßt die Arme baumeln und schaut stur geradeaus. Entweder weil seine Muskeln immer noch schmerzen oder weil er zu schüchtern ist. Ach was, das Ganze ist viel einfacher, sie wird ihm egal sein, genauso egal, wie sie Leander ist. Ein Mädchen wie Jelka ist allen egal. Sogar ihrem Vater, und das hätte sie sich früher nie vorstellen können.
Hinter ihrer Stirn summen gewaltige Bienenschwärme. Auch sonst fühlt sie sich ziemlich mies. So ist es meistens. Die paar Minuten absoluter Freiheit müssen im Anschluß teuer bezahlt werden.
Schweigend stapfen sie über den Kies, der unter ihren Füßen rhythmisch knirscht. Ansonsten ist es eine stille, eine warme Nacht. Sogar die Sterne funkeln in verschwenderischer Pracht am Himmel. Aber gewiß nicht für Jelka Liedke.
»Kommst du morgen auch?« fragt Matthias, als sie wieder auf der Straße stehen.
Jelka nickt. Ihr Weg ist beinahe der gleiche. Matthias wohnt in der Kaiserallee, die parallel zur Bismarckstraße verläuft. Sie reden kein Wort mehr.

Gisbert Liedke kann nicht schlafen. Schweißtropfen sammeln sich auf seiner Stirn. Diese Hitze bringt ihn schier zur Verzweiflung. Das Schlafzimmerfenster steht weit offen, doch es gibt keinen kühlen Luftzug, woher denn auch. Die klebrige Hitze steht bewegungslos über der Stadt. So ein Wetter taugt nur für junge Leute, denkt er. Die freuen sich darüber. Christina zum Beispiel, die den ganzen Tag im Garten sitzen kann. Im Schatten der hohen Bäume. Liedkes Restaurantküche hat sich in diesen Tagen in eine Sauna verwandelt. Gestern gab es einen lauten Streit mit Harald Mertens, weil der in Shorts und Unterhemd zur Arbeit erschien. Doch in dieser Hinsicht ist Liedke altmodisch. Ein Koch hat seine Berufskleidung zu tragen. Immer, bei jedem Wetter. Genau wie eine Krankenschwester. Oder eine Stewardeß. Mertens war natürlich stinksauer. Daß er die Schollenfilets zu lange im Ofen gelassen hat, war bestimmt kein Zufall.

Mit hinter dem Kopf verschränkten Armen liegt Liedke neben seiner Frau und lauscht auf ihren gleichmäßigen Atem. Er träumt davon, wie es war, auf ihr zu liegen, ihr warmes, festes Fleisch zu fühlen, ihre innere Ruhe aufzubrechen, sie zu lieben, bis ihre Herzen sich überschlugen, an nichts anderes zu denken, sich einfach aufzugeben. Ist es nach der Heirat überhaupt noch so gewesen, geschah das alles nicht vor dieser Trauung, vor der absurden Feier, vor der Hochzeitsnacht, in der sie ihn mit ihrer weißen Alabasterhaut zu betäuben suchte, seine Zweifel unter ihrem schweren Haar ersticken wollte, immer wieder flüsterte: Du bist der Mann, den ich liebe! Du darfst niemals daran zweifeln.

Die Schlafzimmertür quietscht leise, nackte Füße tappen

über das Parkett, im Lichtkegel, der vom Flur hereinfällt, erkennt er Dario. Der Junge stapft zielsicher auf das Ehebett zu, klettert am Fußende herein, krabbelt auf allen vieren an Christinas Körper entlang, bis sein Kopf sich auf Höhe ihrer Schultern befindet, dann dreht er sich auf die Seite, streckt sich und preßt seinen kleinen rundlichen Leib besitzergreifend gegen ihren Rücken. Christina wacht nicht einmal auf. Ihr linker Arm greift mit traumwandlerischer Sicherheit rückwärts und umfaßt Darios Oberschenkel. Das Kind gibt einen zufriedenen Laut von sich. Mit einem ärgerlichen Schnauben wendet Gisbert Liedke den beiden selig Schlummernden seinen Rücken zu. Seit Wochen kommt Dario jede Nacht. Am Anfang hat er mehrmals versucht, den Jungen wieder in sein Bett zurückzuschicken. Das Ergebnis war jedesmal ein ohrenbetäubendes Brüllkonzert, eingebettet in Christinas vorwurfsvolle Blicke. Einmal hat sie den Jungen zurückgetragen und den Rest der Nacht auf einer Matratze im Kinderzimmer verbracht. Seither hat er sich mit Darios Gegenwart im Ehebett abgefunden. Ein Dreijähriger steckt die Grenzen seines Liebeslebens ab. Laut Christina ist das nur eine Phase, die der Junge durchläuft. Der Ortswechsel, das neue Haus, die ungewohnten Familienverhältnisse, all das kann er nicht so schnell verarbeiten. Immerhin ist sie guter Hoffnung, daß Darios Schlafstörungen sich bald geben werden. Gisbert Liedke ist es inzwischen schon fast egal. Er hat sich daran gewöhnt, daß sein Leben nur aus Arbeit und erschöpftem Schlaf besteht, genau wie vor dieser Ehe.

Es ist kurz vor drei. In neunzig Minuten klingelt sein Wekker. Dario strampelt wie wild mit den Beinen. Seufzend rückt Gisbert Liedke näher an die Bettkante.

Jetzt dreht der Kleine sich ungestüm auf den Rücken. Er schnarcht. Ein leises, aber dennoch nicht zu überhörendes Geräusch. Von Zeit zu Zeit tritt eine Pause ein, in der er laut schmatzt. Gisbert Liedke ertappt sich dabei, daß er die Atemzüge zwischen den Pausen zählt. Mal sind es neunzehn, dann einunddreißig. Zehn Minuten sind vergangen. An Schlaf ist nicht mehr zu denken.

Eine Kapitulation tut immer weh, selbst morgens um drei Uhr vierzehn. Auch erwachsene Männer haben empfindliche Seelen, die man sehr leicht verletzen kann. So leise wie möglich setzt Gisbert Liedke sich auf, dann steigt er aus dem Bett.

»Wo willst du hin?« fragt Christina verschlafen.

»Ich geh in Darios Zimmer. Hier kriege ich kein Auge zu.«

»Wenn er dich stört, bring ich ihn sofort zurück.«

Komisch, aber das macht ihn jetzt zornig. Daß sie auf einmal hellwach ist, und vor allem, daß sie tut, als wäre es eine unbedeutende Kleinigkeit, den Jungen wieder in sein eigenes Bett zu verfrachten. Obgleich es in den Nächten zuvor nicht möglich erschien.

»Spar dir die Mühe, ich geh schon. Am besten behalten wir diese Schlafregelung in Zukunft sowieso bei. Dann hat dein Sohn endlich gewonnen.«

Nur am Quietschen der Matratze, am Rascheln der Bettdecke erkennt er, daß sie sich hingesetzt hat. Er ist zu müde, um sich umzuschauen. »Gönne mir wenigstens die letzten eineinhalb Stunden Schlaf, immerhin bin ich ein alter Mann.«

Ein ersticktes »Aber Giesi ...« begleitet ihn zur Tür hinaus. Sie ist getroffen, eindeutig, wenigstens ein kleines Tröpfchen Balsam für seine kranke Seele.

Natürlich findet er auch im Kinderzimmer keine Ruhe. Sein Blick gleitet neugierig durch den Raum. Allzuoft hat er Darios Zimmer in den letzten Monaten nicht betreten. Warum sollte er auch, der Junge starrt ihn jedesmal feindselig an, wenn er sich ihm nähert. Und würde Christina nicht mit ihrer sanften Stimme auf ihn einreden, wer weiß, ob der Kleine nicht längst auf ihn losgegangen wäre, um sich wie ein wütender Hund in seiner Wade zu verbeißen.
Das Zimmer ist wirklich hübsch eingerichtet. Hellgelbe Wände mit einer dunkelblauen Bordüre, auf der sich Mond und Sterne tummeln, dunkelblaue Gardinen und rustikale Kiefernmöbel. Vor dem Fenster liegt eine Matratze mit einer bunten Wolldecke darauf. Darios Spielsachen sind unordentlich in drei große Holzkisten gestopft.
Alles von meinem Geld bezahlt. Der Gedanke ist plötzlich da, wie ein Geschwür, das aufbricht und eitrige Flüssigkeit absondert. Und die Worte hallen dumpf in seinen Ohren, an Schlaf ist gar nicht mehr zu denken. Alles von meinem Geld bezahlt. Sehr bald schon bekommen die gehässigen fünf Worte Gesellschaft. Eigentlich hat Christina es doch gut getroffen. Vorher hat sie immerhin von Sozialhilfe gelebt. Auf engstem Raum mit dieser seltsamen Thora zusammen. O ja, Christina ist die Treppe raufgefallen ... Wer weiß denn, unter welchen Umständen sie mit diesem ominösen Tom gehaust hat. Kein Wort erzählt sie davon. Warum eigentlich nicht, wenn angeblich alles vorbei ist. Wenn ... Für ein heimliches Treffen mit dem Vater ihrer Kinder stünde ihr jedenfalls alle Zeit der Welt zu Verfügung, er selbst ist ja praktisch nie daheim.
Ein neuer, quälender Gedanke macht sich in seinem Kopf breit. Das viele Geld auf seinem Konto stammt zum größ-

ten Teil von Ira. Ihre Großmutter hat ihr seinerzeit eine beachtliche Summe hinterlassen. Ob Ira einverstanden gewesen wäre mit dem, was er getan hat? Ob Christina die Frau ist, die Ira sich als Mutter für ihr Kind gewünscht hätte? Er preßt die Handinnenflächen gegen seine Ohren, um das Nein nicht zu hören, aber es ist dennoch da, laut und überdeutlich.

Um halb fünf ist er froh, endlich aufstehen zu dürfen. Er duscht sehr heiß, dann eiskalt, ein verzweifelter Versuch, das neuartige Mißtrauen abzuwaschen, dann hüllt er sich in ein flauschiges Badetuch. Barfuß tapst er ins Schlafzimmer, um frische Wäsche aus der Kommode zu holen. Die beiden Schläfer rühren sich nicht. Aber wer weiß denn, ob Christina sich nicht schlafend stellt, um jeder Diskussion aus dem Weg zu gehen. Zuzutrauen wäre es ihr.

Schlechtgelaunt schleicht er die Treppe runter. Wenigstens Jelka soll ihren verdienten Schlaf kriegen. Die hat es sowieso schon schwer genug. Jelka. Dieses Versprechen hat Christina auch nicht eingelöst.

Die Küche hat er selbst eingerichtet. Und er hat an nichts gespart. Schade, daß er nur so selten Zeit zum Bekochen seiner Familie findet. Das Wort Familie verursacht ihm heute morgen ein leichtes Unbehagen, so als hätte jemand mit einer Gabel über einen Porzellanteller gekratzt.

Christina selbst ist leider alles andere als eine begnadete Köchin. Jelka beschwert sich ständig darüber. Tatsächlich hat sie in den letzten Monaten einige Kilo abgenommen. Doch auf seinen Vorschlag, mittags von der Schule aus in die Weiße Taube zum Essen zu kommen, ist sie auch nicht eingegangen. Dunkel erinnert er sich an Christinas Worte, daß Jelka eine Weile brauchen würde, um sich an die neue

Situation zu gewöhnen. Ein Fehlurteil, Jelka scheint von Woche zu Woche stiller und unglücklicher zu werden. Nur gut, daß sie bald sechzehn wird. In dem Alter sucht man sich seinen eigenen Weg, mit dreiundfünfzig dagegen sollte man angekommen sein.

Nach zwei Bechern rabenschwarzem Kaffee fühlt er sich ein wenig besser. Seine Gedanken wandern langsam Richtung Weiße Taube, ein äußerst angenehmes Gefühl. Als er wenig später die Haustür hinter sich abschließt, atmet er befreit auf.

Kein Mensch könnte Gisbert Liedke davon überzeugen, daß seine täglichen Ausflüge auf den Großmarkt überflüssig sind. Die meisten seiner Kollegen kaufen direkt im Einzelhandel und verweisen darauf, daß die Händler schließlich auch auf dem Großmarkt einkaufen. Doch Gisbert Liedke möchte selbst sehen, selbst fühlen, selbst riechen, er möchte alles ganz allein entscheiden. Außerdem ist das laute Treiben in den großen Hallen, das schier unerschöpfliche Angebot für ihn wie ein Gang durch das Paradies. Nicht zu vergleichen damit, wenn man im Gemüseladen zwischen spanischen und holländischen Tomaten wählen kann, von denen die eine Sorte noch viel zu grün, die andere hingegen bereits überreif ist. Auf dem Großmarkt braucht man keine solchen Kompromisse einzugehen.

Heute gibt es wunderbare Aprikosen, aus denen er ein fruchtiges Sorbet als Dessert für das Tagesmenü zaubern wird. Und in der Fischhalle lockt Babybutt, so frisch, wie man ihn nur in Ausnahmefällen bekommt, außerdem herrliche Jakobsmuscheln.

Um kurz vor sechs hält sein BMW vor dem Lokal. Er schleppt seine Einkäufe in bunten Plastikkisten hinein, um sie wenig später in der Kühlkammer hinter der Restaurantküche zu verstauen.

Draußen ändern sich die Geräusche. Eben noch hörte man nichts als das Morgenkonzert der Vögel, eine Singdrossel hat sich die Linde auf dem Parkplatz neben dem Lokal ausgesucht, um sich die Seele zu erleichtern, jetzt wird es langsam laut. Autos fahren, jemand schreit ein lautes »Guten Morgen« über die Straße, eine Fahrradklingel meldet sich fröhlich zu Wort, der Tag kommt langsam in Bewegung.

Gisbert Liedke fühlt sich glücklich. Und frei. Das Haus, Christina, die Kinder, all das ist meilenweit entfernt, findet ohne ihn statt. Hier in seinem Restaurant, in der chromblitzenden Küche, seiner Zauberwerkstatt, hat sich nichts verändert.

Normalerweise fährt Liedke nach seinen Besuchen auf dem Großmarkt wieder heim, um noch einmal bis um zehn ins Bett zu gehen. Doch die Aussicht, durch die halbe Stadt zu fahren, um sich entweder auf eine unbequeme Matratze im Kinderzimmer zu legen oder aber ein weiteres Mal mit Dario um den warmen Platz neben Christina zu kämpfen, erscheint ihm heute morgen alles andere als verlockend. Liedke beschließt, im Lokal zu bleiben. Mit wenigen geübten Handgriffen setzt er die Kaffeemaschine in Gang. Ein Becher Kaffee, heiß und stark, mit einem kräftigen Schuß Cognac darin hilft ihm zu vergessen. An so einem freundlich warmen Junimorgen, der sich zu einem herrlichen Sommertag entwickeln will, der Kühlraum angefüllt mit erstklassiger Ware, für den Abend sind praktisch alle Tische reserviert, da ziemt es sich nicht, in Selbstmitleid zu schwimmen. Und nicht nur Köche wissen, daß man die Suppe, die man sich selbst eingebrockt hat, auch auslöffeln muß. Vielleicht kann er Jelka überreden, doch mittags im Lokal zu essen. Ja, dann würde er sich sehr viel besser fühlen.

Gegen halb zehn steigt Nadja Polzin die Treppe runter. Seit Liedke die Räume über dem Lokal nicht mehr braucht, ist sie dort eingezogen. Das Aprikosensorbet gefriert bereits in der großen Truhe. Es duftet köstlich nach kleinen Speckbrötchen, die Liedke nebenbei gebacken hat. Einfach nur so, aus Spaß. Mit Kressebutter kann man sie heute abend als kleine Aufmerksamkeit des Hauses auf die Tische stellen. So was kommt immer gut an. Die Tagessuppe, eine Lauchcreme auf Kartoffelbasis, ist vorbereitet. Und gerade zieht Liedke den Teig für die zweite Vorspeise, einen Gemüsestrudel mit Hähnchenfleisch, aus.

»Die Tageskarte steht schon, du kannst sie gleich in den PC eingeben.«

Eine halbe Stunde später erscheinen Harald Mertens und Thomas, der Lehrling. Beide werden sogleich mit Arbeit eingedeckt.

Halb drei. Das Lokal ist leer. Harald Mertens und Thomas sind gegangen. Genau wie Karin Treiber, die Serviererin. Gegen achtzehn Uhr werden sie alle wieder zurück sein. Um Punkt neunzehn Uhr öffnet die Weiße Taube. Siebenmal die Woche. Einen Ruhetag gibt es hier nicht.

Liedke steht mit dem Rücken zum Herd. Sein Gesicht wirkt eingefallen, graue Schatten liegen unter seinen Augen, die Mundwinkel hängen mutlos herab. Die Hände, mit denen er sich Cognac in seinen Kaffeebecher gießt, zittern leicht. Er schaut müde aus, schrecklich müde. Die Arglosigkeit, die ihn immer so jung aussehen ließ, ist ver-

schwunden. Ob heute morgen erst oder schon Wochen davor, Nadja kann es nicht sagen. Seit der Chef geheiratet hat, schaut sie ihn nicht mehr so intensiv an.
»Ist was? Du siehst nicht gut aus. Fühlst du dich nicht wohl? Macht diese Hitze dir zu schaffen? Vielleicht solltest du heimfahren und dich ein bißchen hinlegen. Für heute abend ist doch das meiste fertig. Wenn es dir nicht gutgeht, kann Harald ruhig mal eine halbe Stunde eher kommen. Soll ich ihn anrufen?«
Ihre Worte fühlen sich angenehm an. So warm und weich, daß sie mühelos unter die Haut dringen und dort die Verkrampfung lösen, die wie ein Korsett wirkt und ihn seit heute nacht auf den Beinen hält. Tränen steigen ihm in die Augen.
»Hältst du mich für einen Trottel? Sag es ruhig ganz ehrlich. Benehme ich mich wie ein Idiot?« Er preßt die Lippen aufeinander, um nicht laut aufzuschluchzen.
Nadja ist einen halben Kopf kleiner als Liedke, ihre Arme sind schrecklich dünn, man kann die Knochen darin fühlen, aber sie sind kräftig genug, um ihn die Treppe hochzuziehen. Im Schlafzimmer reden sie kein Wort. Sie kleidet ihn behutsam aus, die weiße Kochjacke, das gerippte Unterhemd darunter, dann die schwarze Baumwollhose und zuletzt den gelben Slip. In Socken und Turnschuhen steht er da, ist sich seiner weißen Haut, seiner wenig attraktiven Figur nur zu bewußt, und er versucht ohne großen Erfolg, seinen Bauch einzuziehen. Sieht er nicht aus wie eine Bratwurst ohne Pelle? Lächerlich? Unmännlich?
»Zieh die Schuhe aus«, sagt sie zärtlich, während sie sich langsam entkleidet. Unter dem Sommerkleid trägt sie blutrote Spitzenunterwäsche. Das hätte er nie vermutet. Nadja

wirkt immer so kühl. Sie ist so mager, daß man mühelos die Rippen zählen kann, ihre Brüste sind klein und spitz, unten ist sie kaum behaart. Er schämt sich ein wenig, weil sie ihn an seine Tochter erinnert, aber das ist natürlich Unsinn. Soviel er weiß, ist Nadja weit über dreißig. Sie legt sich auf das Bett und sagt: »Komm endlich.«

Und dann ist da die Erektion, auf die er gar nicht zu hoffen wagte, sein Schwanz steht steif und hart, und alles ist ganz einfach. Nadjas Haut fühlt sich ein bißchen trocken an, ganz anders als Christinas, aber in ihrem Schoß ist es feucht und warm. Nach kurzer Zeit dreht sie sich auf seinen Körper, zieht die Beine an und stützt sich mit beiden Armen auf seine Brust. Endlich kann er sich fallenlassen, braucht nicht mehr zu fürchten, daß ihre Knochen unter seinem Gewicht knacken könnten. An Nadja, wie sie sich laut stöhnend auf seinem Schoß windet, ist nichts Göttliches, schon gar nichts Mütterliches, sie macht keine Geschenke, sie kämpft nur für sich selbst. Mit beiden Händen umfaßt er ihre Hüften, packt so fest zu, daß sie aufstöhnt, aber sie soll verflucht noch mal ein bißchen langsamer machen. Mit lautem Tosen bricht die Welt über ihnen zusammen.

[9]

Etwas hat sich verändert. Der Gummibaum in der Stube verliert seine Blätter. Erst werden sie an den Spitzen gelb, dann, praktisch über Nacht, verfärbt sich das ganze Blatt bräunlich, und nach zwei oder drei Tagen fällt es ab. Morgens will die Dunkelheit der Nacht nicht mehr aus der Wohnung weichen. Sie verkriecht sich in den Ecken wie ein bockiges Kind. Und manchmal wird es Mittag, bis sie sich endgültig aufgelöst hat. Es ist unheimlich. Dunkelheit ist immer ein wenig unheimlich. Luzie Martell hat in der ganzen Wohnung die Fenster geputzt. Doch es hat nichts geholfen. Die Wohnung liegt immer noch im Dämmerlicht. Gestern ist eine der chinesischen Teetassen zerbrochen. Einfach so. Ohne daß Luzie Martell sie überhaupt berührt hat. Manchmal hört sie eine Stimme. Eine tiefe Männerstimme. Huberts Stimme. Aber Hubert ist seit drei Jahren tot. Mit eigenen Augen hat sie die Annonce in der Zeitung gesehen. Und Christina hat sie damals auch angerufen, um ihr zu erzählen, daß Hubert an einem Schlaganfall gestorben sei und daß er ihr zweitausend Mark und noch ein paar Fotoalben hinterlassen habe. Was Hubert sagt, kann sie beim besten Willen nicht verstehen.

Eigentlich sind es ja auch keine Worte, die sie hört, son-

dern mehr so ein unfreundliches Raunen oder besser Brummen.
Sie braucht in diesen Tagen sehr viel von den roten Getränken. Doch je mehr sie davon trinkt, um so lauter hört sie Hubert. Vielleicht dreht sie ja ganz einfach durch. Vor lauter Einsamkeit. Immer wenn sie an früher denkt, fällt ihr der falsche Schmuck ein. Oder die Frau, die Hubert nach ihr geheiratet hat, Adele, diese große, derbe Fleischereifachverkäuferin mit den behaarten Beinen, die er im Kaufhof kennenlernte, nachdem er dort als Fleischermeister anfing. Dieser Adele hat er bestimmt keinen falschen Schmuck geschenkt, so eine hätte das sofort bemerkt, die war mit allen Wassern gewaschen. Auch sonst war sie das ganze Gegenteil von Luzie. Das war ja gerade das gemeine. Hubert ließ Luzie mit nur so viel Geld zurück, daß sie und das Kind nicht hungern mußten. Leid tat es ihm nicht. Nein. Es ist nun einmal so gekommen, da kann man nichts mehr dran ändern, lauteten seine Worte, als er seine Sachen in ein paar Kartons stopfte. Den Koffer ließ er ihr da, lächerlich eigentlich, wohin sollte sie denn wohl fahren?
Nachdenklich betrachtet Luzie Martell ihre Wohnung. Statt glücklicher Erinnerungen hat sie hier nur ihr eigenes Unglück konserviert. Eingelegt in leuchtend roten Alkohol. Einundsechzig ist sie jetzt, und ein paar Jahre wird der liebe Gott ihr ja wohl noch gönnen. Fünfzehn vielleicht oder sogar zwanzig. Eine endlose Zeit, wenn man ganz allein auf der Welt steht. Christina lebt jetzt in einem großen Haus. Mit Garten natürlich. Vor beinahe zwanzig Jahren hat Hubert ihr einen Koffer zurückgelassen. Jetzt wird sie endlich verreisen.

Das Schild »Frisch gepreßte Obstsäfte« hängt nicht mehr im Fenster. Helenes Haar leuchtet wasserstoffblond. Im übrigen ist sie frisiert wie dereinst Marilyn Monroe. Auch das weiße Sommerkleid mit dem Plisseerock kommt Johanna irgendwie bekannt vor. Alles wieder im Lot. Hans Albers schmettert aus den Boxen. Ach ja, der schöne blonde Hans.

»Wie immer?« Schon steht der Rosé trinkbereit. Direkt neben einem Eierlikör. »Prost, meine Süße.«

»Wo sind deine guten Vorsätze?« Das kann Johanna sich einfach nicht verkneifen.

Helene winkt ab. »Hör mir auf. Von dem vielen Obst hab ich Ausschlag gekriegt. Wie ein Streuselkuchen sah ich aus. Und das mit dem Olivenöl war auch großer Mist. Meine ganzen Kissenbezüge hab ich mir damit versaut. Solche Fettflecken!«

Mit den Händen formt sie einen Kreis von zwanzig Zentimetern Durchmesser. »Die gehen doch nie wieder raus! mit diesem Biozeugs jedenfalls nicht. Kostet ein Vermögen und die ganze Wäsche wird grau. Meine Unterwäsche mochte ich zuletzt schon gar nicht mehr auf den Balkon hängen. Aber das Schlimmste ist mir letzten Dienstag passiert. Ich sitze so im Bus, denk an nichts Böses und lese die neue *Ökotest*. Neben mir steht eine Frau mit ihrer Tochter. Die Kleine guckt mich 'ne ganze Weile an. Ich wollte schon was sagen, aber dann denk ich mir: Laß mal, Helene, diese Mütter sind ja immer gleich so empfindlich, wenn es um ihre Kinder geht, lies du nur deine Zeitung. Aber plötzlich ruft die freche Göre ganz laut: Mama, warum hat die alte Oma eine Kinderhose an?«

Johanna feuert eine schadenfrohe Lachsalve ab.

Helene, die wieder ihre falschen Tigerkrallen angelegt hat, grinst. »Alte Oma!!! Und das mir. Am liebsten hätte ich das kleine Ungeheuer erwürgt! Gleich an der nächsten Station bin ich raus und zum Friseur. Erst mal die Haare blondieren und dann eine frische Dauerwelle. Zu Hause hab ich mir meinen engsten Rock angezogen, schwarze Strümpfe, meine hohen Lackpumps, und dann bin um den Block gestöckelt. Direkt zum Schlachter. Und da hab ich mir ein Steak gegönnt. Tun Sie ruhig roten Farbstoff dran, hab ich gesagt, das liebe ich nämlich! Der hat vielleicht blöd geguckt. Na ja, als auf dem Heimweg die Bauarbeiter gepfiffen haben, wußte ich: Helene, du bist wieder ganz die alte. Dann lieber ein paar Jahre weniger leben, aber dafür anständig, oder? Und bei dir? Was macht der süße Student?«

Johanna winkt ab. »Jedenfalls nicht studieren. Der fährt jede Nacht Taxi. Das Studium hat er auf unbestimmte Zeit verschoben.«

»Ach Gott, ein Taxifahrer ist doch auch ganz nett.«

»Meinst du? Ich kann das nicht beurteilen. Er ist nämlich nie da. Immerhin haben wir schon zweimal zusammen gefrühstückt. Bevor ich zum Dienst gehe und er ins Bett.«

»Ich an deiner Stelle hätte mich einfach krank gemeldet«, sagt Helene kichernd. »Du bist doch im öffentlichen Dienst. Da ist so was doch kein Problem.«

Johanna beschließt, diese gute Idee bei Gelegenheit in die Tat umzusetzen.

Es ist kurz nach halb zwölf. Die Kinder schlafen. Sogar Dario gibt Ruhe. Christina sitzt auf der Terrasse. Um ihre nackten Schultern hat sie eine helle Strickjacke gelegt.

»Mußt du wirklich jeden Tag so spät kommen? Ich habe das Gefühl, daß du immer länger arbeitest. Als wenn dich gar nichts mehr nach Hause zieht.« Sie bringt es fertig, sogar ihre Vorwürfe mild und harmonisch klingen zu lassen.

Heute allerdings hat Gisbert Liedke seine rosarote Brille abgesetzt. Er stellt sich einfach vor, sie würde alles, was sie sagt, ganz anders betonen. Härter, bestimmter, so daß man wagen dürfte, am Wahrheitsgehalt ihrer Worte zu zweifeln. Wenn sie so klein wie Nadja wäre, so knochig, wenn sie diese Art von sündiger Reizwäsche trüge, ob er immer noch vor ihr niederknien wollte, fasziniert von ihrer mystischen Ausstrahlung? Ist sie denn wirklich so klar, so wahrhaftig und ehrenwert und dabei so leicht zu durchschauen, als wäre sie aus Glas?

Oder ist dieses Glas etwa undurchsichtig, handelt es sich vielleicht gar um Spiegelglas, das nur die Wünsche des Betrachters projiziert? Könnte es nicht sein, daß sich dahinter nichts anderes verbirgt als nacktes, häßliches Begehren? Sind Christinas Träume am Ende käuflich, genauso leicht mit Geld zu erwerben wie sie selbst? Gehört sie zu der Sorte Frauen, auf die nur Idioten reinfallen? Stimmt es etwa nicht, daß gerade die Frauen, die ständig beteuern, daß sie überhaupt keinen Wert auf Materielles legen, in Wirklichkeit so scharf darauf sind wie der Teufel auf die Seele?

Heute abend sieht es ganz danach aus. Heute abend ist er so müde, so zerrissen von Zweifeln und schlechtem Gewissen, daß er immun gegen ihre Aura ist. Er mustert sie mit kalten Augen. »Das ist doch Unsinn, Christina. Das Restaurant läuft im Moment sehr gut, das ist alles. Heute abend hatten wir jede Menge Reservierungen, wir mußten sogar Leute fortschicken. Du solltest eigentlich froh darüber sein. Wenn es so weitergeht, können wir Ende des Jahres den Wintergarten anbauen. *Du* hast doch gesagt, ein Wintergarten wäre für die Kinder wunderbar.«

Mit einer anmutigen Geste wirft sie ihr Haar zurück. Doch wer weiß schon, ob sie diese Bewegung nicht sorgfältig vor dem Spiegel einstudiert hat. An einem der langen Abende, die sie allein in diesem Haus verbringt, wenn das überhaupt stimmt. »Geld, Geld, immer geht es nur ums Geld. Das kann doch nicht der Sinn des Lebens sein! Was ist mit Zufriedenheit, mit Glück, was ist mit der Liebe? Du wolltest endlich ein normales Familienleben führen, hast du damals gesagt. Was ist daraus geworden, Giesi?«

O ja, das stimmt, würde er am liebsten entgegnen, ich erinnere mich sehr gut. Am Anfang habe ich mir ein Bein ausgerissen, um nachmittags zwei Stunden mit dir zu verbringen. Aber deine Kinder haben ja nicht einmal erlaubt, daß ich deine Hand berühre, geschweige denn mehr. Sie betrachten dich als ihr Eigentum, das sie mit keinem teilen wollen. Dein Dario benimmt sich in meiner Gegenwart wie ein Vollidiot. Sobald du auch nur mit mir redest, reißt er die Bücher aus den Regalen, buddelt die Erde aus den Blumentöpfen oder dreht wie verrückt an den Knöpfen der Stereoanlage. Und dann würde Gisbert Liedke am liebsten noch hinzufügen, daß er zu alt ist, um sich mit schlecht erzogenen Kleinkindern herumzuärgern. Und daß es andere Frauen gibt, mit denen man seine Mittagszeit verbringen kann. Doch ihm fehlt die Energie für lange Gespräche. Und der Mut zur Wahrheit. Allein möchte er jetzt sein, um in Ruhe seine Gedanken zu entwirren.

»Entschuldige, aber es ist spät. Soll ich mich gleich auf die Couch deines Sohnes legen? Damit ich wenigstens heute einmal durchschlafen kann?«
Sie sackt förmlich in sich zusammen. »Ich weiß, daß es im Moment nicht so gut läuft. Aber der Junge ist drei Jahre alt. Wie soll ich ihm klarmachen, daß wir auch mal allein sein wollen?«
»Das fragst du *mich?* Du bist doch die Mutter! Andere können es ihren Kindern jedenfalls vermitteln. Jelka kam nur zu uns, wenn sie krank war.«
»Das ist unfair, Giesi. Für die Kinder ist es ja beinahe so, als würden wir immer noch allein leben. Wann bist du denn mal für uns da? Sie kennen dich doch praktisch überhaupt nicht. Wie sollen sie dich da als Vater akzeptieren? Wenn du öfter daheim wärst, würden die Schwierigkeiten von selbst verschwinden.«
»Du hast gewußt, daß ich ein Lokal habe. Und wie meine Arbeitszeiten sind«, sagt er, und es klingt härter als beabsichtigt. Trotzdem läßt er die Worte so stehen. Ein Mann darf kein Jammerlappen sein. Und Christina sollte besser nicht vergessen, da sie nicht die einzige Frau auf der Welt ist. Schönheit ist ein sehr vergängliches Gut.

Niemand hat damit gerechnet. Aber das Grab ist verschwunden, einfach weg. Die kippelige Umrandung, den Grabstein, sogar das Efeu hat man entfernt. Von Marie Heidemanns letzter Zuflucht ist nur ein Haufen schwarzer Erde geblieben. Der Nächste bitte …
»Ach du Scheiße«, flucht Leander und spuckt verächtlich auf den Weg.
»Das ist so üblich, Leute. Nach dreißig Jahren fragen die

an, ob man die Grabstelle für weitere dreißig Jahre kaufen will. Ich weiß es, weil wir neulich für das Grab meiner Oma ein zweites Mal löhnen mußten«, erklärt Matthias gleichmütig.

Januar 1961 bis November 1968. Dreißig Jahre, heute wäre Marie Heidemann siebenunddreißig Jahre alt, sie könnte einen Mann haben, Kinder, einen großen Hund, sie könnte im Haus neben Jelka wohnen, eine nette Frau, die sich die Haare goldbraun tönt, um das erste Grau zu überdecken. Aber sie durfte ihr Leben nicht führen. Und jetzt hat man ihr nicht einmal ihre letzte Ruhestätte gelassen. Ein anderer wird hier demnächst begraben. Jelka senkt den Kopf. Wie herzlos diese Welt doch ist. Ohne jedes Mitleid.

Neben ihr kichert Constanze albern, sie hat unterwegs schon drei Dosen Bier getrunken. An Maria Heidemanns würdelosem Ende interessiert sie nur eines. »Und wo treffen wir uns jetzt?«

»Ich möchte wissen, wo die mit den Knochen geblieben sind. Wär doch zu geil, wenn der Schädel noch irgendwo rumliegt! Vielleicht auf dem Abfallhaufen?« Lange schon hat niemand mehr Claas Kaiser so schnell rennen sehen. Sein dünner Pferdeschwanz schaukelt beim Laufen hektisch hin und her. Wenig später kehrt er enttäuscht zurück. »Nichts.«

»Natürlich nicht. Du glaubst doch nicht im Ernst, daß die die Knochen einfach zum normalen Müll werfen, wo jeder sie finden kann«, spottet Matthias und tippt sich gegen die Stirn.

»Genau. Das wäre doch pietätlos.« Noch ehe Jelka zu Ende gesprochen hat, weiß sie schon, daß sie mal wieder

ins Fettnäpfchen getreten ist. Pietätlos, was für ein Wort in diesem Kreis. Wie nicht anders zu erwarten, hackt Constanze genüßlich darauf herum.
»Pietäääät!« kreischt sie begeistert. »Ich wußte gar nicht, daß du dir Gedanken über Pietät machst!«
»Hör schon auf«, fährt Leander sie unerwartet heftig an. Er hat mit einem flüchtigen Blick erkannt, daß die anderen Kindergräber als Versammlungsort nicht in Frage kommen. Sie werden liebevoll gepflegt, sind überhäuft mit blühenden Blumen. Wenn sie sich dort häuslich niederließen, würde es nur Ärger geben. »Gehen wir halt in den Stadtpark«, knurrt er. »Falls die Scheißpenner uns 'ne Bank übriggelassen haben. Und morgen guck ich mal bei Tageslicht, was hier sonst noch los ist.«
Claas Kaiser rennt plötzlich zurück und macht sich mit lautem Geheule über das Nachbarsgrab her. Er trampelt mit beiden Füßen darin herum, reißt alle Blumen raus und tritt am Ende sogar noch den Grabstein um.
Am übernächsten Tag wird eine kurze Notiz in der Zeitung stehen, ein paar teilnahmslose Worte, die in keinster Weise den Gefühlen der Eltern gerecht werden, deren einziges Kind vor Jahren von einem Auto überfahren wurde und die immer noch täglich den Friedhof aufsuchen, weil sie nicht loslassen können.

Es ist die Stille, die ihn weckt. Das Fehlen ihres gleichmäßigen Atems. Aus dem Kinderzimmer dringt ein leises Wimmern. Der Junge!
Sein Herz schlägt Alarm. Er springt auf, kann gar nicht so schnell rennen, wie er will. Sebastian! würde er am liebsten laut brüllen. Ich komme ja! Aber damit würde er sie unter

Umständen verschrecken. Und gerade das könnte fatal enden.
Sabine steht über das Bett gebeugt. Sie summt eine Melodie, aber keine, die er mit irgendeinem der bekannten Kinderlieder in Zusammenhang bringen könnte. Auf der Wikkelkommode steht die leere Milchflasche. Offenbar ist sie schon länger wach. Und er hat nichts davon mitbekommen. Eine eiskalte Faust schließt sich um sein wild pochendes Herz. Sie hätte das Kind erwürgen können, ersticken, aus dem Fenster werfen, sonstwas, und er hätte seelenruhig geschlafen ...
Zuerst räuspert er sich, dann wagt er es, sie mit betont ruhiger Stimme anzusprechen: »Hallo, Sabine. Ich hab ihn gar nicht schreien gehört ...«
»Hab keine Angst, es wird nichts passieren«, sagt sie leise, und er weiß nicht, wen sie meint, ihn selbst oder den Jungen.
Gerade die Nacht ist es, die die Menschen wehrlos macht. Und Christoph Paschke wird in diesem Augenblick zum erstenmal klar, wie tief seine Verzweiflung reicht. Wie groß die Angst vor der Zukunft ist und vor allem wie heftig der Abscheu vor dieser leeren menschlichen Hülle, aus der geheimnisvolle Kräfte den Menschen Sabine herausgeschält haben. Wann wird er ihr ohne Herzklopfen den Rücken zuwenden können, wann wird er aushalten, daß sie mit dem Kind allein bleibt. Und wo um alles in der Welt ist seine Liebe, die für ein ganzes Leben ausreichen sollte und schon der ersten Bewährungsprobe nicht standgehalten hat. Nein, diese Frau, in deren Kopf Stillstand herrscht, kann man nicht lieben. Nicht einmal begehren. Denn auch im Bett ist sie bloß eine willenlose Gummipuppe. Mit fetti-

gen Haaren und schlecht geputzten Zähnen. Eine, die sich nur duscht, wenn man sie dazu auffordert. Und die auch nicht von selbst ihre Wäsche wechselt.
Das gibt sich wieder, hat der Arzt gesagt. Wir setzen Ende des Jahres die Medikamente aus, und dann werden Sie sehen, daß die Persönlichkeit Ihrer Frau wieder zum Vorschein kommt. Sie müssen noch ein wenig Geduld haben.
Geduld? Christoph Paschke weiß nicht, wie lange er es neben dieser Frau noch aushalten kann.
Er preßt die geballte Faust gegen seinen Mund, um nicht laut aufzuschluchzen. Warum ich? würde er am liebsten brüllen. Und daß das Leben ungerecht ist.

Am Samstag kann man billig reisen. Mit fünf Personen für fünfunddreißig Mark. Luzie Martell reist allein, aber fünfunddreißig Mark ist trotzdem sehr günstig. Den schweren Koffer kann sie ohne Hilfe nicht ins Gepäcknetz befördern. Zum Glück ist der Mann gegenüber so nett. Sie bedankt sich überschwenglich und schüttelt ihm die Hand. Aber das ist offenbar schon wieder zuviel. Er wendet sich peinlich berührt ab. Hat wohl den Stempel auf der Stirn entdeckt, alte Säuferin, dabei hat sie ihr Haar so sorgfältig ins Gesicht gekämmt.
Im Zug ist es unerträglich heiß. Der Mann neben Luzie wischt sich ständig mit einem Taschentuch den Schweiß von der Stirn. Jedesmal, wenn er den Arm hebt, wabert eine Wolke von säuerlichem Gestank in ihre Richtung. Luzie Martell dreht ihren Kopf zur anderen Seite, aber das hilft auch nicht viel. Sie ist heilfroh, als sie endlich aussteigen kann. Diesmal hilft ihr ein schlaksiger Bengel mit dem Koffer. Vielen Dank, mein Junge, sagt sie höflich und

kramt ein glänzendes Markstück aus ihrer Geldbörse. Der Junge schaut sie überrascht an. Beinahe so, als hätte sie schon wieder etwas falsch gemacht.
»Eine ganze Mark, Oma, das ist ja mal großzügig!«
Ja, das findet sie auch. Sie versteht allerdings nicht, warum der Junge das so unfreundlich sagt.

Liebster Leander,
Du bist der einzige, der mich wirklich versteht. Ohne dich hat mein Leben keinen Sinn mehr. Ich liebe dich so sehr. Wozu setzen Leute Kinder in die Welt, wenn sie sich später nicht mehr darum kümmern? Warum sieht Papa nicht, was Christina für eine Frau ist? Ich hasse sie, ich hasse sie so sehr, daß ich sie am liebsten ermorden würde. Mit einem Messer oder mit einem Gift, an dem man ganz langsam und jämmerlich krepiert. Hoffentlich bist du jetzt nicht schockiert. Aber glaub mir, Christina ist der schlechteste Mensch auf der ganzen Welt. Sie ist eine hundsgemeine Diebin, eine widerliche Schlampe, und sie hat mein ganzes Leben zerstört. Manchmal stelle ich mir vor, daß ich mir die Pulsadern aufschneide. Und wenn Papa nachts aus dem Lokal kommt, bin ich schon verblutet. Dann wüßte er endlich, was er mir mit dieser Ehe angetan hat.

Nachdenklich legt Jelka den Stift zur Seite. »Aber dann hättest du gewonnen.« Ihr Gesicht nimmt einen entschlossenen Ausdruck an. »Ich werde dafür sorgen, daß Papa erkennt, wer du wirklich bist. Und dann setzt er dich vor die Tür, verlaß dich drauf!«

Ihre Hände knüllen das Blatt zusammen, bevor sie es mit Schwung in den Papierkorb werfen. Zu den Briefen, die sie gestern und vorgestern geschrieben hat und deren Inhalt beinahe identisch ist.
Dann dreht sie ihre Anlage laut. »Fuck you and your killing lies. I hate your pissing attitude«, flüstert eine heisere Männerstimme. Jelka spricht die Worte leise mit. Und sie schlägt den Takt mit einem Holzlineal auf den Tisch.

Obwohl ihr Ortsgedächtnis so schlecht ist, findet Luzie Martell das Lokal sofort wieder. Einen Moment bleibt sie auf dem Bürgersteig stehen. Ihr rechter Arm ist schon ganz taub vom Schleppen des Koffers, und außerdem ist ihr richtig schlecht. In ihrem Alter sollte man sich bei dieser Hitze eben nicht so anstrengen. Wahrscheinlich ist sie rot wie ein Krebs, und von ihrer Frisur wird auch nicht mehr viel übriggeblieben sein. Mit einem tiefen Seufzer setzt sie sich auf den Koffer und öffnet ihre Handtasche, um nach Kamm und Spiegel zu suchen. Diesmal muß sie einfach einen guten Eindruck machen.
Neugierig schaut sie durch das Fenster. Drinnen herrscht um diese Zeit Hochbetrieb. Alle Tische sind besetzt. Die Dunkelhaarige, die ihr damals die vielen Martinis eingeschenkt hat, hat sehr viel zu tun. Eine stämmige Frau mit kurzen blonden Locken hilft ihr. Beide laufen emsig hin und her. Kaum zu glauben, wie viele Menschen mittags außer Haus essen. Und dann auch noch in so einem vornehmen Lokal. Das muß doch ein Vermögen kosten. So wie es aussieht, hat Christina es wirklich gut getroffen. Und jetzt würde sie wohl am liebsten für immer vergessen, wer sie großgezogen hat. Ein letztes Mal fährt Luzie sich

mit dem Kamm durch die Haare, zupft ihr vom langen Sitzen in der Bahn verknittertes Kleid zurecht, dann öffnet sie mit Schwung die Tür: Vergeßt alles, was ihr von mir zu wissen glaubt, heute lernt ihr die echte, die wahre Luzie Martell kennen!

Die junge Frau trägt heute nicht Grün, sondern ein helles Rot. Und sie wirkt sehr kühl und distanziert, wie sie dort am Tisch die Speisen auf großen Platten serviert. Über Luzies Anblick allerdings scheint sie sich zu freuen.

»Oh, das ist aber eine Überraschung. Weiß der Chef, daß Sie kommen? Nein? Geben Sie mir doch erst mal ihren Koffer, der ist ja viel zu schwer. Ich stelle ihn im Gang zur Küche ab. Dort kommt niemand Fremdes hin. Darf ich Ihnen etwas anbieten?«

Noch ehe Luzie Martell schuldbewußt zusammenzucken kann, errettet die Frau sie mit einem freundlichen: »Einen Kaffee vielleicht? Oder lieber einen Espresso?«

Erleichtert schließt Luzie ihre Augen. »Ja, eine schöne Tasse Kaffee, das würde mir jetzt guttun.«

Beide lächeln sich verschwörerisch an. Nadja Polzin zeigt auf einen freien Platz an der Theke. »Einen Tisch habe ich leider nicht frei, das sehen Sie ja selbst. Aber vielleicht mögen Sie sich ja zu mir setzen. Ich sage dem Chef gleich Bescheid.«

»Der hat jetzt sicher sehr viel zu tun, was? Lassen Sie nur, ich warte einen Moment, ich habe Zeit genug ...« Warum klingt das nur so traurig. Die junge Frau hat es auch gehört. Sie schaut so merkwürdig, und dann streicht sie kurz mit dem Handrücken über Luzies rechte Wange.

»Das ist sehr lieb, daß Sie soviel Verständnis haben. Um diese Zeit ist hier wirklich der Teufel los. Aber in einer halben Stunde ist das Schlimmste vorbei. Dann kann der Chef sich um Sie kümmern. Oder soll ich Ihre Tochter anrufen?«

»Nein, nein. Das will ich nicht. Ich dachte, daß ich vielleicht mit meinem Schwiegersohn fahren kann, nachher, ich weiß ja auch gar nicht, wo das neue Haus liegt.« Schon bei der bloßen Erwähnung von Christina bröckelt ihr mühsam zusammengekratztes Häufchen Selbstbewußtsein wieder auseinander. Rein aus Gewohnheit schielt sie zu den Spirituosen, die so verführerisch dort oben aufgereiht stehen. Aber diesmal wird sie stark bleiben. Rasch nimmt sie einen großen Schluck Kaffee.

Tom Gräfe steht an der Leinwand. Seit vier Uhr morgens. An seinem nackten Rücken läuft der Schweiß runter. Seit er von Christinas Ehe weiß, findet er keine Ruhe mehr. Nacht für Nacht schleicht er durch die dunklen Gassen der Altstadt, und sobald der Tag sich nähert, verkriecht er sich in seinem Atelier, um zu malen. Seine Augen brennen, sein Rücken schmerzt, doch er kann nicht aufhören. Mit vor Ungeduld zittrigen Fingern drückt er dicke Raupen von Ölfarbe auf ein Holzbrett. Seine Gefühle sind so braunrot wie uralter Bordeaux, sind schattenblau wie der Himmel vor Einbruch der Nacht, sind grün wie ein düsterer Tannenwald und vor allem schwarz, immer wieder schwarz. Das, was unter seinen Händen entsteht, ist lebendig, es fühlt sich warm an und hat einen lauten Pulsschlag. Die Leinwand atmet. Sie spricht. Und Christina wird zu ihm zurückkehren. Sie muß. Was der Himmel zusammengeschmiedet hat, kann der Mensch nicht trennen. Er wird ihr das Bild aus dem Schlafzimmer bringen, seit Tagen hat er das vor, aber er spürte die ganze Zeit, daß etwas darauf fehlt. Seit vorhin weiß er endlich, was. Er wird nicht lange brauchen, das Gemälde zu vollenden. Dann endlich wird sie verstehen.

Dr. Haiderbeck hat er seit Wochen nicht gesehen. Der Mann ist ihm egal. Ein Schmarotzer, der davon lebt, andere auszusaugen. Der ganze Mann ist lächerlich, glaubt, daß sein schneeweißes dandyhaftes Outfit ihn irgendwie interessant macht. Dabei rennt er doch nur seiner Jugend hinterher. Im Grunde ist es eine Tragödie, daß so einer die Kunstszene der gesamten Stadt dominiert. Einer mit derartig materiell bestimmten Absichten. Aber Kunst darf sich niemals prostituieren. Das ist ihr Tod. Und wer sich der wahren Kunst verpflichtet fühlt, weiß das und läßt die Finger von den gelackten Haiderbecks dieser Welt.

Der Tag auf dem Präsidium verlief mal wieder alles andere als erfreulich. Ein Kind, das im Swimmingpool der Großeltern ertrunken ist, ein Zimmerbrand im Altenheim, gegen Mittag erschien eine Frau, die behauptet, ihre Schwiegertochter wolle sie mit selbstgekochter Marmelade vergiften. Eine Probe hatte sie gleich dabei. Im Polizeilabor stellte sich die Marmelade als absolut harmlos heraus. Als die Laborantin allerdings nach dem Rezept für das köstliche Sanddorngelee fragte, beschimpfte die Frau sie in unflätigster Weise.

Oberkommissarin Johanna Lauritz ist froh, als sie in ihr Auto steigen kann. Feierabend, Sommer, Sonne, achtundzwanzig Grad im Schatten. Mit quietschenden Reifen hält sie vor der Eisdiele. Zwei große Becher Eierpunscheis mit Kirschsoße und Sahne, zum Mitnehmen. Jetzt heißt es Gas geben. Wer ist schneller, Johanna oder die Sonne, die das Eis zum Schmelzen bringen möchte?

Auf der Straße parkt ein schwarzer Twingo. Ob Paul Besuch hat? Ach was, der hat doch nie Besuch, beruhigt sie sich. Aus dem Garten hört man leise Musik, ergo sitzt er auf seiner Terrasse. Johanna beschließt, sich den Umweg durch das Haus zu sparen. Samt ihren Eisbechern zwängt sie sich durch den schmalen Trampelpfad an der Garage entlang. Die Zweige der Omorika kratzen an ihren nackten Armen.

Paul Bischoff ist nicht allein. Eine Frau mit dunkelblonden Locken sitzt mit ihm zusammen auf der Terrasse. Lachend wirft sie den Kopf in den Nacken. Paul Bischoff greift nach ihrer Hand. Und Johanna bricht mit der Eleganz einer Hirschkuh aus den Tannen hervor. »Hallo, ich habe uns Eis mitgebracht.« Ein albernes Kichern folgt diesen originellen Worten.

Tapfer hält sie dem Blick zweier ausgesprochen erstaunter Augenpaare stand. Zum Glück hat sie die beiden nicht bei Dingen gestört, bei denen niemand gestört werden möchte. »Ich wußte nicht, daß du Besuch hast.« Verzweifelt bemüht Johanna sich um einen harmlosen Gesichtsausdruck.

Paul Bischoff ist so zuvorkommend, sich sofort von seinem Platz zu erheben und einen weiteren Stuhl aus dem Abstellraum hinter der Garage zu holen. »Das ist Elfi.« Dunkel erinnert Johanna sich, daß Lea seinerzeit von einer Elfi sprach, die den guten Paul ganz unerwartet vor die Tür gesetzt hat.

»Ich bin Johanna. Ich wohne oben-« Sie zeigt auf ihren Balkon. Und wünscht sich verzweifelt an einen anderen

Ort. Allein. Doch solche Wünsche erfüllen sich natürlich nicht.
Elfi macht ihrem Namen wirklich alle Ehre. Sie wirkt so zart und ätherisch, als könnte der kleinste Windhauch sie fortwehen. Halblange Locken umrahmen ihr schmales Gesicht mit den großen, fragenden Augen. Johanna beschließt grimmig, daß die Locken auf keinen Fall echt sein können. O nein, wahrscheinlich muß diese Elfi nachts auf tausend dicken Lockenwicklern schlafen, um tagsüber so perfekt frisiert zu sein. Auf Make-up kann man bei so einer Porzellanhaut natürlich verzichten. Nur Elfis Mund brauchte anscheinend ein bißchen Farbe, er schmollt in dunkelrosa. Ihr Kleid ist ein hauchdünnes, bodenlanges Etwas in Weiß und kleinen blauen Pünktchen. An den winzigen Füßen trägt Elfi flache Leinenschuhe mit brav gekreuzten Bändern.
»Hi. Ich bin die Elfi. Paul und ich haben zwei Jahre zusammengelebt.« Sie stempelt einen dunkelrosa Lippenabdruck auf Paul Bischoffs Wange. »Und er ist immer noch der wichtigste Mann in meinem Leben.« Sie lächelt so lieb und harmlos, daß es einem beinahe warm ums Herz werden könnte.
»Gleich nach deinem Vater«, kontert Paul Bischoff trokken. Und dann greift er nach den Eisbechern. »Ich mache drei Portionen daraus, wenn es dir recht ist.« Er zwinkert Johanna zu.
Sobald er außer Sicht ist, stellt Elfi ihr Engelslächeln ab. »Die Wohnung gefällt mir. Vor allem dieser herrlich abgeschiedene Garten. Aus dem Haus ließe sich mit ein bißchen Aufwand einiges machen. Unten stelle ich mir einen großzügigen Wohnbereich mit integriertem Wintergarten vor,

oben die Schlafräume. Ich studiere nämlich auch Architektur. Wie Paul.«

»Ich dachte, der fährt Taxi.«

Ärgerlich verzieht Elfi ihr hübsches Gesicht. »Sagen wir mal, er macht im Moment eine schwierige Phase durch. Deshalb haben wir uns ja auch vorübergehend getrennt. Aber keine Sorge, Paul wird schon zur Vernunft kommen. Er ist ja nicht blöd.« Sie schlägt die Beine übereinander und lehnt sich auf dem Stuhl zurück. »Ich war ja so neugierig auf dich. In Pauls Familie bist du nämlich so was wie ein rotes Tuch! Wenn der gute Onkel Georg deinen Namen hört, kriegt er Zustände. Für ihn bist du eine militante Emanze, die seine harmlose Lea gegen ihn aufgewiegelt hat. Pauls Mutter denkt übrigens genauso!« Sie beugt sich vor und klimpert eifrig mit den Wimpern, wie eine Babypuppe, die man zu heftig geschüttelt hat. »Wir duzen uns doch, oder? Schließlich werden wir uns in Zukunft öfter sehen.«

Damit sind die Fronten klar abgesteckt.

Als Paul Bischoff drei Kaffeetassen mit Eis auf den Tisch stellt, runzelt sie erstaunt die Stirn. »Tassen? Warum hast du nicht unsere französischen Café-au-lait-Schalen genommen? Ach, die stehen ja noch bei mir!« Sie lächelt strahlend.

»Ich muß schon sagen, Sie überraschen mich. Das ist wirklich gut, ja, diese Tiefe, die neue Harmonie der Farben, das hat was.«

Vor Monaten hätte Tom Gräfe für diese Worte von Dr. Haiderbeck wahrscheinlich sonstwas gegeben. Jetzt wirkt er nur gelangweilt, was Haiderbeck insgeheim ärgert.

»Ich sehe das Werk als den Höhepunkt meines bisherigen künstlerischen Schaffens an«, erklärt Gräfe kühl. »Ob Sie allerdings wirklich verstehen, was ich hier ausdrücke, wage ich zu bezweifeln. Dafür ist meine Kunst einfach zu persönlich. Sie geht zu tief. Es ist, als hätte ich mit meinem eigenen Blut gemalt.«

Dr. Haiderbeck wischt sich mit einem blütenweißen Seidentuch den Schweiß von der glänzenden Stirn. Er ist von auffällig kleinem Wuchs. Ein Wohlstandsbäuchlein macht es sich über dem Hosenbund bequem und erweckt den Anschein von freundlicher Gelassenheit. Sein tiefschwarzes, überaus dichtes, gewelltes Haar hätte dringend einen Schnitt nötig, es wirkt in seiner Üppigkeit wie eine Perükke, die eigentlich für eine Frau gedacht ist. Tatsächlich ist Haiderbeck felsenfest davon überzeugt, daß seine unkonventionelle Haarlänge ihn mindestens fünfzehn Jahre jünger erscheinen läßt. Im übrigen ist das blaustichige Schwarz gefärbt. Heimlich. Daheim im Badezimmer. Und die Packungen des Färbemittels werden jedesmal aufs peinlichste vernichtet, weil niemand – nicht einmal seine Putzfrau – von seinem größten Geheimnis wissen darf.

Sein Handgelenk schmückt sich mit einer goldglänzenden Rolex, deren Zifferblatt wohl so groß wie ein Fünfmarkstück sein dürfte. Am kleinen Finger der linken Hand leuchtet ein goldener Siegelring mit einem verschlungenen Monogramm: C.H. Um den Hals hat er einen weißen Schal mit langen Fransen geschlungen. Dynamisch soll das wirken. Und natürlich jungenhaft und verwegen. Seine Anzüge sind aus weißer Wildseide geschneidert. Auf Maß selbstverständlich. Daß sein Schneider ein Türke mit einem unaussprechlichen Namen ist – der Einfachheit halber

nennt er ihn immer Ali –, dessen Werkstatt in einem Hinterhof liegt und der den Wert seiner Arbeit nicht einzuschätzen weiß, geht niemanden etwas an.
Dieser Gräfe könnte auch mal ein anständiges Outfit gebrauchen. Aber mit dem kann man wohl zur Zeit nicht reden. Was der sich überhaupt einbildet! Will ihm, Dr. Conrad Haiderbeck, das nötige Kunstverständnis absprechen! Das ist einfach unglaublich. Sein ganzes Gesicht zieht sich vor Ablehnung zusammen.
Allerdings macht dieser Gräfe Fortschritte. Jedenfalls in künstlerischer Hinsicht. Was seine persönliche Entwicklung angeht, nun ja, seit die junge Frau weg ist, geht da wohl einiges durcheinander. Aber das ist Haiderbeck eher gleichgültig. Scheinbar gelangweilt schreitet der die Reihen mit den Bildern ab. Plötzlich hält er inne, verdutzt, zerrt eine Leinwand zum Fenster, ans Licht. »He, das ist ja ...«
Ein kurzer Blick, schon steht Gräfe neben ihm und stößt ihn grob zur Seite. »Pfoten weg. Das geht Sie nichts an.« Mit fahrigen Bewegungen reißt er sich sein Hemd herunter, um damit das Bild zu bedecken. Es zeigt eine wunderschöne nackte blonde Frau. Ihr langes Haar fällt bis auf den Boden. Gräfes ehemalige Lebensgefährtin natürlich, daran kann kein Zweifel bestehen.
»Das ist außergewöhnlich. Ich würde es gern noch einmal näher betrachten.«
»Das Bild ist unverkäuflich. Und jetzt muß ich Sie bitten zu gehen. Ich habe keine Zeit zum Theoretisieren. Ich bin schaffender Künstler.«
Was bleibt Dr. Haiderbeck anderes übrig als der elegante Rückzug. Allerdings geht er mit einem Gefühl des Tri-

umphs. Dieser rebellische Wirrkopf ist auf dem besten Wege, sich in einen Vorzeigekünstler der zur Zeit etwas mager bestückten Szene zu mausern. Und Dr. Conrad Haiderbeck wird die fetten Provisionen kassieren. Vielleicht sollte er Gräfe schon bald in einem der großen Kunstblätter vorstellen. Aber nein, das ist noch zu früh. Zwei Jahre braucht der noch. Ein guter Galerist muß Geduld haben, viel Geduld. Das schnelle Geld ist nie das ganz große. Es war gut, den Wagen ein paar Meter weiter oben auf der Straße zu parken und unangemeldet hier aufzutauchen. Haiderbeck hat schon lange den Verdacht, daß dieser Gräfe ihm bewußt aus dem Weg geht. Ein Künstler halt und damit ein Spinner.

An diesem Abend wird er seiner neuen Freundin, einer schrillen grünhaarigen Kunststudentin, die sich Shareen nennt, obwohl sie von Haus aus Helga Tholen heißt, von »seiner großen Entdeckung« berichten. Und behaupten, daß er die Genialität des Künstlers auf Anhieb erkannt hat. Nun, die Wahrheit sieht ein wenig anders aus. Tatsächlich hielt er zunächst nicht allzuviel von Gräfes künstlerischer Begabung, zu düster, zu verworren, zu negativ fand er die Bilder, sie waren ursprünglich dazu gedacht, die schlechter beleuchteten Ecken in seiner Galerie auszufüllen, Billigware für Leute ohne Kunstverständnis, auch so etwas muß ein Galerist, der gern auf großem Fuß lebt, im Angebot haben. Der weiße Jaguar kostet eine ganze Menge, und die süße Kleine träumt davon, über Weihnachten in die Karibik zu fliegen.

Beim Anblick seiner Schwiegermutter wird Gisbert Liedke ganz warm ums Herz. Da sitzt ja Luzie, die kleine, armse-

lige, lächerliche Luzie. In ihrem Gesicht mit den flehenden Augen herrscht Weltuntergangsstimmung – nimm mich mit, nimm mich doch mit ...! –, und sie ist extra angereist, um ihn zu erretten. Den ganzen Morgen schon bohren sich Nadjas brennende Augen in sein wehrloses Fleisch, verfolgt ihn die ungestellte Frage, wie es jetzt weitergeht. Ja, wie? Er weiß es doch selbst nicht! Er kann ja gar nicht begreifen, was da zwischen ihnen passiert ist. Nur daß es gut war, richtig, daß es ihn befreit hat, seinen Blick geklärt, das könnte er sagen. Aber es wird nicht das sein, was sie hören will. Die letzte Stunde ist rasend schnell vergangen. Harald Mertens schielt schon auf seine Armbanduhr, der bleibt freiwillig nicht fünf Minuten länger, Karin Treiber, die gerade die letzten Tische abräumt, geht auch pünktlich, sie muß ihre Tochter aus dem Kindergarten holen. Und dann wäre er mit Nadja ganz allein. Wenn dort nicht seine Schwiegermutter säße.
Wirklich, Luzie hat ihn aus einer furchtbaren Situation erlöst. Wer weiß, ob er nicht ein weiteres Mal mit Nadja geschlafen hätte, aus einem seltsamen Ehrgefühl heraus, das man am ehesten mit Verlegenheit beschreiben könnte.
»Luzie! Das ist ja mal eine nette Überraschung! Ich freue mich, daß du gekommen bist.« Das meint er ganz ehrlich. »Sobald ich hier fertig bin, fahre ich dich nach Hause. Aber zuerst mußt du etwas essen. Nadja, gib ihr eine Karte. Wie ich Luzie kenne, ist sie direkt vom Bahnhof hierhergekommen. Ohne etwas im Magen, stimmt's?«
Und so darf Luzie Martell, die sich daheim höchst selten ein Stück Fleisch gönnt, und dann auch nur ein Nakkenkotelett oder eine grobe Bratwurst, heute einmal Filetspitzen in Senfrahm genießen und danach in Rotwein ge-

dünstete Birne auf Ingwerschaum. Und sie darf zusehen, wie diese Nadja Geldschein um Geldschein in einer schwarzen Geldtasche verschwinden läßt, alles Geld, das ihrem Schwiegersohn gehört und damit gleichzeitig auch Christina. In Gedanken schlüpft sie in ein schwarzes Kleid, bindet eine altmodische weiße Spitzenschürze darüber (obwohl diese Nadja einen ganz normalen Hosenanzug trägt), geht dann mit strahlender Miene zu den Tischen und kassiert. Hat es Ihnen geschmeckt? Vielen Dank, ich werde es meinem Schwiegersohn bestellen, beehren Sie uns recht bald wieder.

Luzie hat ihr Paradies gefunden.

Viel zu früh schließt Nadja die Tür hinter dem letzten Gast, steht Gisbert mit klimpernden Autoschlüsseln in der Hand da. »Komm, Luzie, Christina wird sich bestimmt freuen.«

Das wird sie nicht, beide wissen es nur zu gut, doch sie hoffen inbrünstig auf das Gegenteil.

Während der Fahrt plappert Luzie Martell wie ein Wasserfall. Pausenlos stellt sie Fragen, die sie sich im selben Atemzug selbst beantwortet. Euer Haus ist bestimmt schön, was? Ja, natürlich, wenn man bedenkt, mit wieviel Geschmack du dein Lokal eingerichtet hast. Geht es den Kindern gut? Ach was rede ich da, *natürlich* geht es ihnen gut. Christina ist ja so eine liebevolle Mutter.

Der Anblick des Hauses verschlägt ihr dann die Sprache. Gerade mal ein bewunderndes Oh! rutscht ihr heraus. Die hellgelb gestrichene Jugendstilvilla mit ihren hohen halbbogenförmigen Fenstern und den grauen Dachschindeln sieht ja auch wirklich wunderschön aus. Jeder, der auf der Straße vorbeigeht, muß denken, daß hier das Glück zu

Hause ist. Selbst Gisbert Liedke hat einmal geglaubt, daß das Glück sich ganz von alleine einstellt, wenn man ein warmes, gemütliches Nest gebaut hat.

»Komm, ich nehme deinen Koffer, geh du schon voraus.« Sie trippelt aufgeregt ein paar Schritte auf die Haustür zu, doch dann bleibt sie wie angewurzelt stehen. Als wäre sie gegen eine unsichtbare Mauer geprallt, eine Mauer aus Angst. Gisbert Liedkes Herz zieht sich zusammen. Ein Flut von Erinnerungen stürzt auf ihn ein, und alle sind unangenehm. Wie krampfhaft hat er die Bilder seines Hochzeitstags verdrängt, diese halbe Stunde auf dem Standesamt, die im nachhinein so falsch, so unbedeutend erschien, dann die mißratene Feier und als letztes, schlimmstes, Christinas gewalttätige Hände auf den zitternden Schultern der alten Frau. Luzie Martell hat ihm eine Seite von Christina gezeigt, die er sich nicht hatte vorstellen können, eine Seite, die er am liebsten nie kennengelernt hätte. Er will nicht mit einer Frau verheiratet sein, die ihrer alten, schwachen, einsamen Mutter Angst einflößt. Christina war für ihn die Verkörperung von Liebe und Wärme, von Verständnis und Fürsorge. Er wähnte sich überglücklich, eine solche Frau gefunden zu haben. Und dann kam Luzie und zog den Vorhang beiseite: Und hier, meine Damen und Herren, sehen Sie die Schattenseiten meiner Tochter! Kalt ist sie, unbarmherzig, ohne jede Gnade. Sie behandelt ihre Mutter wie ein Stück Dreck, eines, das sie am liebsten für immer aus ihrem Leben kehren möchte.

Gisbert Liedke hat seine eigene Mutter verloren, als er gerade vierzig war. Und wie die meisten Menschen in dieser Zeit quälte ihn nach ihrem Tod die Gewißheit, sich nicht ausreichend um sie gekümmert, sich mit seiner Arbeit im

Restaurant, seiner knappen Freizeit, die er seiner Familie widmen mußte, aus der Verantwortung gestohlen zu haben. Solche Fehler lassen sich nicht wieder gutmachen. Der Tod ist endgültig. Darüber sollte er bei Gelegenheit ein ernstes Wort mit Christina reden. Falls es denn überhaupt notwendig sein sollte. Denn nichts wünscht er sich in diesem Moment sehnlicher, als daß Christina sich wieder in einen makellosen Engel verwandelt. Es wäre doch so einfach, sie brauchte nur ihre Mutter in die Arme zu schließen, glücklich, überrascht, so wie jede andere Tochter es auch tun würde. Geh ruhig, Luzie, würde er am liebsten sagen, du brauchst keine Angst zu haben, du hast ein völlig falsches Bild von Christina, sie ist ganz anders, als du denkst, sie ist ein Mensch voller Liebe und Güte, ohne jeden bösen Gedanken, sie wird sich über deinen Besuch freuen.

Selbstredend wäre es lächerlich, so etwas zu sagen. Diese Frau da, die in den Taschen ihrer weißen Strickjacke nach ein bißchen Haltung wühlt, diese Frau ist Christinas Mutter. Sie weiß ungleich viel mehr über seine Frau als er selbst. All die Dinge, nach denen er in diesen drei Monaten Ehe nicht zu fragen gewagt hat. Wo heute der Vater von Dario und Laura lebt, warum sie sich überhaupt getrennt haben, Christinas eigene Kindheit …

Was weiß er denn groß über seine Frau?

Im Flur begegnet ihnen Jelka. Luzie erschrickt ein wenig darüber, wie das Mädchen sich in den letzten Monaten verändert hat. Sie trägt eine lange Hose und einen dicken Wollpullover, und das bei dieser mörderischen Hitze. Schlimmer ist natürlich das mit ihrem Gesicht. Diese krankhafte Blässe, und dann die übertrieben schwarz geschminkten Augen. Das schöne dunkelblonde Haar hat sie pechschwarz gefärbt, eine grauenhafte Farbe. Ob das jetzt auch wieder so eine komische Mode ist? Daß man sich wie eine Todkranke zurechtmacht? Eigentlich hätte Christina als ihre neue Mutter das verbieten müssen. Aber die hat sich ja selbst so häßlich ausstaffiert, als sie in dem Alter war. Nur daß es damals diese formlosen Flatterkleider waren, in denen man aussah, als ob man in anderen Umständen wäre. Alle jungen Mädchen machen sich häßlicher, als sie sind. Und dann erwarten sie noch, daß die Jungs sich in sie verlieben. Was für ein ausgemachter Quatsch.

Das Mädchen, das eigentlich mit einem trockenen Knäkkebrot auf dem Weg in ihr Zimmer war, dreht wieder um und folgt den beiden in die Küche. Daß Christina ihre Mutter nicht ausstehen kann, hat sie nicht vergessen. Und von der neuerlichen Begegnung der beiden will sie keine Minute verpassen.

Christina steht am Herd und kocht. Dabei summt sie irgendeine Melodie. Die beiden Kinder sitzen am Tisch und malen mit dicken Wachsstiften.

»Hallo, Christina.« Luzies Stimme klingt so hohl, als käme sie von weither durch ein Aluminiumrohr.

Das Lied bricht ab. »Mama? Wo kommst du denn her?«

Mit versteinerter Miene geht Christina auf ihre Mutter zu, um sie mit erzwungener Höflichkeit in die Arme zu schließen, wobei sie peinlich darauf achtet, einen Sicherheitsabstand von zwanzig Zentimetern einzuhalten.

Gisbert, der Koch, stürmt zum Herd und nimmt den Topf zur Seite. Naserümpfend rührt er in dem zähen graubraunen Schleim, der lange Fäden zieht, wenn man den Löffel anhebt. Buchweizengrütze könnte das sein. Allerdings kocht sie schon viel zu lange. Jeglicher Eigengeschmack dürfte dahin sein. Kein Wunder, daß Jelka mit einem Brot geflüchtet ist. Jemand, der wie sie mit gehobener Küche aufgewachsen ist, kann so was beim besten Willen nicht als Mahlzeit bezeichnen.

Die unangemessene Stille dringt in seine Gedanken. Christina hat kein weiteres Wort über die Lippen gebracht. Und Luzie steht dort und wird immer kleiner, gleich wird man sie überhaupt nicht mehr sehen können.

»Was sagst du, deine Mutter wollte uns überraschen. Das ist doch eine hübsche Idee.«

Er legt seiner Frau das Ja so in den Mund, daß ihr gar nichts anderes übrigbleibt, als anzunehmen. Genau wie beim Abendmahl, wo man diese sperrige Hostie schlucken muß, ganz gleich, wie sehr man sich davor ekelt.

Dario schaut neugierig von einem zu anderen. Diese Szene dauert ihm entschieden zu lange. Er stellt sich mit verschränkten Armen neben die beiden Frauen und brüllt aus Leibeskräften: »Hunger!«

Das wirkt. »Ach Gottchen, das arme Kind hat Hunger!« Luzie ist ganz gerührt. Im Überschwang ihrer Gefühle streicht sie über seine blonden, seidigen Locken. Wie jedesmal stößt er ihre Hand fort. Christina ermahnt ihn nicht, schlimmer noch, sie lächelt ihn an, sanft wie ein Engel, bis auf das boshafte Glitzern in ihren Augen. Ja, wehr dich ruhig, mein Sohn. Auch sonst ist da niemand, der Luzie beistehen will. Gisbert rührt immer noch mit angeekelter Miene in der Buchweizengrütze herum, Jelka beißt herzhaft in ihr Brot, während ihre Blicke neugierig über die angespannten Gesichter der anderen spazieren.

Schon jetzt sehnt Luzie sich in das Lokal zurück. In diese fremde, großartige Welt, in der es keine emotionalen Verwicklungen, keine moralischen Schulden, keine alten Rechnungen gibt. Man bezahlt sofort, viel Geld für ein außergewöhnlich gutes Essen. Und niemand fühlt sich hinterher betrogen. Die Liebe dagegen, mit der man in Familien zu zahlen pflegt, ist eine unsichere Währung, die Inflationsrate ist hoch.

Luzie selbst hat das Lieben verlernt in all den Jahren. O nein, deshalb ist sie nicht hier. Sie befindet sich auf der Flucht vor ihrer eigenen Einsamkeit, vor der Dämmerung des Tages, vor fallenden Blättern, vor den Stimmen der Vergangenheit, deren Worte sie nicht versteht. Aber es war ein Fehler, das weiß sie jetzt schon. Nichts wird jemals so sein, wie es sollte. Sie hat das bißchen Glück, das der Herrgott ihr zugedacht hat, längst aufgebraucht. Vor Jahren schon. Ach, wenn sie doch endlich lernen könnte, sich mit dem zu begnügen, was ihr geblieben ist.

[10]

An diesem Abend ist alles anders. Er weiß es schon, als sein Wagen auf die Auffahrt rollt. Das Licht hinter den Fenstern schimmert kalt und abstoßend. Selbst Luzie scheint zu spüren, daß etwas nicht stimmt. Ihr munteres Geplapper bricht mitten im Satz ab. Seit sich die Küchenhilfe vor zwei Tagen krank gemeldet hat, nimmt Luzie ihre Stelle ein. Mit Begeisterung putzt sie Gemüse, schält Kartoffeln, spült Geschirr, gut, den einen oder anderen Cognac trinkt sie auch dabei, aber längst nicht so viel, wie Christina immer behauptet. Ihre Anwesenheit in der Küche bedeutet übrigens Liedkes Rettung. Weil er so kein vertrauliches Wort mit Nadja zu wechseln braucht. Dank Luzie sind sie nicht eine Sekunde allein. Wenn es nach ihm ginge, könnte seine Schwiegermutter für immer bleiben. Sie bieten sich gegenseitig genau den Schutz, den sie brauchen, er hält daheim Christina in Schach, sie im Lokal Nadja mit den bettelnden Augen.

Auf dem Weg von der Garage zum Haus gerät er ins Stolpern. Etwas scheint sich um seinen Knöchel gelegt zu haben, eine Hand, die ihn am Weitergehen hindern will, oder ein widerspenstiger Ast, doch als er sein Gleichgewicht wiedergefunden hat und sich umblickt, ist da nichts. Wie seltsam.

Im Flur steht Jelka. Sie legt den Zeigefinger vor den Mund und winkt ihm, ihr die Treppe hinauf zu folgen. Ein merkwürdiger Wunsch, den er ihr trotzdem nicht abschlagen kann, weiß er doch, wie sie unter der neuen Situation leidet. Ein wenig kommt er sich wie ein Verräter vor, weil Luzie jetzt allein Christina gegenübertreten muß. Und das, obwohl sie sich vor ihrer Tochter fürchtet.

In Jelkas Zimmer fühlt er sich sogleich schuldig. Sicherlich, weil Ira von allen Wänden auf ihn herunterblickt. Vorwurfsvoll, wie es scheint.

»Sie hatte Besuch von ihrem Ex«, platzt Jelka heraus. »Frag nicht, was da unten los war. Die beiden haben sich stundenlang gestritten. Sie hat gebrüllt, daß sie abgemacht hätten, daß er nur vormittags kommen darf. Und dann hat er gesagt ... aber nee, das erzähl ich dir lieber nicht.«

»Früher hattest du noch Vertrauen zu mir.«

Früher gab es auch nur uns beide, würde sie am liebsten erwidern. Aber sie sagt statt dessen: »Na gut, er hat geschrien, daß sie sich immer lieben werden. Und daß sie endlich zurückkehren soll, weil er jetzt auch Geld hat. Und dann hat sie gesagt, sie kann nicht. Und daß er nicht wiederkommen darf. Weil sie das nicht aushalten kann. Er hat ihr etwas geschenkt. Ein Bild. Ich glaube, er hat es selbst gemalt. Als ich ins Wohnzimmer kam, saß sie davor und hat geweint.«

Im selben Moment bereut sie ihre Worte. Denn ihr Vater zuckt zusammen, als hätte er einen elektrischen Schlag bekommen.

»Entschuldige, ich hätte das für mich behalten müssen«, flüstert sie, doch er schüttelt den Kopf.

»Wäre ja noch schöner, wenn du Geheimnisse vor deinem

alten Vater hättest.« Auf der Stelle fühlt sie sich mies und gemein, eine Verräterin ist sie, eine Lügnerin, denn natürlich gibt es Geheimnisse, zum Beispiel die Nächte auf dem Friedhof, über die sie niemals mit ihm reden könnte. Die vielen Flaschen, die sie heimlich aus dem Keller mitgenommen hat. Ihre Schulleistungen, die längst nicht mehr so hervorragend sind, wie er es sich vorstellt.
Es vergeht beinahe eine Viertelstunde, bis Liedke sich so weit gefaßt hat, daß er seiner Frau gegenübertreten kann. Ihr harmloses: »Hallo, schön daß du da bist«, nimmt er mit einem Nicken entgegen. Mehr sagt sie nicht, obwohl er ihr weiß Gott Zeit dazu gelassen hat. Falsche Schlange. Luzie sitzt auf der Couch. Allein. Zwangsläufig geduldet. Nein, eine Göttin würde ihre Mutter niemals so schäbig behandeln. Eine Göttin nicht.
»Und? Wie war der Tag? Hattest du Besuch?«
Christinas Gestalt strafft sich merklich. Aha, das war jetzt zu deutlich. Sie muß wohl oder übel einen Teil der Wahrheit preisgeben.
»Ja. Ich nehme an, deine Tochter hat dir schon von dem Lärm hier unten berichtet. Tom war hier. Aber nicht lange. Er wollte die Kinder sehen. Ich habe ihm sehr deutlich gesagt, daß er sich künftig vorher anmelden muß.«
Sein Gesicht zeigt keine Regung.
Nervös dreht sie an den Spitzen ihres Haars. Ein schwacher Versuch, harmlos zu lächeln, mißlingt. »Es war bestimmt sehr laut. Tom ist ziemlich jähzornig. Er besteht darauf, ab und an die Kinder zu sehen, weißt du ... Er sagt, das wäre sein gutes Recht.«
»Hm.«
Jetzt schaltet sich Luzie ins Geschehen ein. »Wie konntest

du diesen Tom überhaupt hier reinlassen? Ich denke, mit dem willst du nichts mehr zu tun haben?« Die nächsten Worte sind für Gisbert Liedke bestimmt. »Ein Habenichts, angeblich ein Maler. Aber darüber kann man sehr geteilter Ansicht sein. Wenn man mich fragt, hat seine Schmiererei nicht das Geringste mit Kunst zu tun. Aber ich habe natürlich keine Ahnung. Auf jeden Fall ist er der widerlichste Mensch, den man sich vorstellen kann. Ich verstehe überhaupt nicht, was Christina an dem gefunden hat.«

»Gefunden *hat?* Von wegen! Er hat gesagt, daß es nicht zu Ende ist zwischen euch beiden, daß es nie zu Ende sein wird! Und widersprochen hast du nicht gerade!« Niemand hat Jelka kommen hören. Auf einmal steht sie mit verschränkten Armen mitten im Raum. Und sie nagelt Christina mit ihren Worten an die Lehne des Sessels.

Luzie schnappt erschrocken nach Luft und schlägt beide Hände vors Gesicht. »Christina, ich schäme mich für dich.« Dann, als hätte sie neue Kraft gefunden, steht sie unvermittelt auf. »Komm, Jelka«, sagt sie würdevoll, »wir lassen die beiden wohl besser allein.« Und sie zieht das widerstrebende Mädchen mit sich in den Flur. Nachdrücklich schließt sie die Tür. »Es ist besser so. Glaub mir. Das müssen sie unter sich ausmachen. Und ich kann nur hoffen, daß dein Vater ein großes Herz hat. Für meine Tochter und vor allem für meine armen Enkelkinder.«

Im Wohnzimmer windet Christina sich unter der Kälte in seinen Augen, die sie in Stücke reißen will. »Du mußt mir einfach glauben, daß das nicht stimmt. Nicht so. Für mich ist Tom Vergangenheit. Sonst hätte ich dich nie geheiratet. Wenn er sich allerdings nicht damit abfinden kann, ist das doch nicht meine Schuld.«

»Dann stimmt es wohl auch nicht, daß du ihn immer noch liebst?« Wie böse seine Stimme klingen kann.
Christina macht sich ganz klein in ihrem Sessel. »Nein, natürlich stimmt das nicht. Ich *habe* ihn mal sehr geliebt, sonst hätte ich wohl kaum zwei Kinder mit ihm. Aber es ist aus, das mußt du mir einfach glauben. Oder meinst du etwa, daß ich dich sonst geheiratet hätte?«
»Hm.« Er mauert sich mit Buchstaben ein. »Und was ist das für ein Bild, das er dir geschenkt hat?«
»Er hat mich in Öl gemalt. Ich weiß noch nicht, was ich damit machen werde.«
»Jedenfalls hängst du es hier nicht auf. Nicht in meinem Haus!« donnert Liedke. Die Vorstellung, daß sie in seiner Abwesenheit mit schmachtenden Augen das Geschmiere dieses Toms anschauen könnte, macht ihn schier rasend.
»Mama!« Dario, den sie ganz vergessen haben, hockt immer noch vor dem Kamin. Mit dem Feuerhaken stochert er in der Glut herum. Dabei ist eines der Holzstücke bis auf die Kacheln vor dem Kamin geraten. »Mama, es brennt!«
»Herrgott, dem Bengel müßte mal einer den Arsch versohlen!« Mit hastigen Bewegungen reißt Liedke die Schaufel vom Kaminbesteck, um damit das glühende Holz wieder in den sicheren Ofen zu befördern. Ein schwarzer Rußfleck bleibt auf den Kacheln zurück. Natürlich wird man ihn zu gegebener Zeit mit einem feuchten Tuch fortwischen können, doch jetzt sieht er aus wie ein Fußabdruck des Teufels.
»Geh bitte in dein Zimmer, Dario. Was du hier gemacht hast, war sehr gefährlich. Stell dir vor, die Flammen wären bis zum Teppich gekommen. Dann könnte das ganze Haus

brennen.« *Das* Haus hat sie gesagt und nicht etwa *unser* Haus.
Zunächst sieht es aus, als wollte der Junge sich widersetzen. Bockig hockt er sich auf den Boden, die Hände auf seine Knie gestützt. »Nee«, murmelt er. Doch als sein neuer Vater sich umdreht und einen Schritt auf ihn zugeht, springt er auf und stolpert schluchzend davon.
An diesem Abend gibt es keinen Platz für Mitleid in Gisbert Liedkes wundem Herzen. Der Junge und sein Kummer berühren ihn nicht im geringsten. »Ich schlafe heute im Lokal. Gute Nacht.«
Als die Haustür ins Schloß fällt, steht Christina immer noch regungslos im Zimmer. Mit dem Handrücken wischt sie sich über die Augen, als gäbe es Tränen fortzuwischen, doch ihre Augen sind trocken.
»Laura«, sagt sie sanft, »es ist höchste Zeit, schlafen zu gehen. Komm, mein Schatz.«
Die Kleine krabbelt unter dem Tisch hervor. Oben putzt sie brav ihre Zähne, dann läßt sie sich geduldig die Locken kämmen. In ihrem Bett schlüpft sie selig lächelnd unter die Decke. Laura liebt ihr neues, rosa gestrichenes Zimmer über alles. Die Gardinen mit den weißen Lämmern darauf, den flauschigen Teppichboden, das Puppenhaus aus Naturholz. Es wäre ein Verbrechen, Laura aus dieser Umgebung zu reißen.

Zur selben Zeit steigt Gisbert die Treppe zu Nadjas Wohnung hoch. Und wieder bedarf es keiner Worte. Sie lieben sich schnell und heftig, später rauchen sie, trinken Champagner, beinahe zwei Flaschen, dann schlafen sie engumschlungen ein. Von diesem Tom, von seinen heimlichen Besuchen erzählt Liedke nichts. Wozu auch. Er ist ja hergekommen, um zu vergessen.

Jelka beißt sich auf die Unterlippe, um nicht laut zu schluchzen. In diesem Haus wohnt das Unglück, aber das liegt nur an dieser Christina. Ihr Vater ist fort, von ihrem Zimmer hat sie ihn auf dem Plattenweg zur Garage gesehen. Er ist gerannt, als wäre der Leibhaftige persönlich hinter ihm her, gleich darauf heulte der Motor gepeinigt auf. Das Gefühl, das ihn fortgetrieben hat, kennt Jelka nur zu gut. Sie spürt es immer dann, wenn Leander und Constanze miteinander knutschen, so als wäre sie selbst überhaupt nicht da.
Christina ist mit den Kindern zusammen schlafengegangen. Luzie hat noch eine Weile in der Küche rumort, dann ist auch sie in ihrem Zimmer verschwunden. Tiefes beleidigtes Schweigen hat sich über das Haus gesenkt.
Kurz nach zwölf, die anderen sind bestimmt längst da. Jelkas Hände zittern, als sie ihre Augen mit schwarzer Kohle umrahmt. Die Kontur ihres Mundes zieht sie mit einem schwarzen Kajalstift nach, bevor sie die Lippen schwarzrot anmalt. Constanze hat ihr den Stift besorgt.
Das Mädchen im Spiegel, dessen Lippen wie lackiert glänzen, ist die wahre, die echte Jelka, die, die sie seit Jahren in sich herumträgt. Unberechenbar und geheimnisvoll, auf eine merkwürdige Art sogar schön, dabei blaß und kühl wie eine Tote. Und genauso unverletzlich. Zwanzig nach zwölf, die Gespenster sind unterwegs, und mitten unter ihnen befindet sich Jelka Liedke, auf der Flucht vor dem, was sie daheim angerichtet hat. Weil sie Christina bestrafen wollte und statt dessen ihren Vater getroffen hat, mitten

ins Herz. Und was hilft es jetzt noch zu sagen: Das wollte ich nicht. Es ist zu spät.
Heute treffen sie sich bei Matthias, seine Eltern sind übers Wochenende zu einer entfernten Verwandten nach München gefahren.
Gleich beim ersten Klingeln öffnet der Junge die schwere Eingangstür. Seine Augen sind rot gerändert, und er hält sich an der Wand fest. »Hi. Da bist du ja. Komm. Wir sind unten.«
Unten, das heißt in der Kellerbar, einem etwa dreißig Quadratmeter großen Raum, der mit vielen Strohmatten, schreiend bunten Baumwolltüchern und Plastikfrüchten, die von der Decke herunterbaumeln, ganz auf Afrika gestylt ist. Ein Deckenventilator hält die Raumtemperatur in erträglichen Grenzen. Aus der Anlage dröhnt Musik, die sie noch nie gehört hat. Das Cover der CD liegt auf dem Verstärker. Goethes Erben. Das Sterben ist ästhetisch. Jelka beißt sich auf die Lippe. Dieser Ort ist ihr auf Anhieb unsympathisch. Oder liegt es daran, daß Constanze ihre klebrigen Tentakel, die in Wahrheit nur Arme und Beine sind, um Leander geschlungen hat? Claas hockt an der strohverkleideten Bar, vor sich ein halbvolles Glas. Die Flüssigkeit leuchtet in der Farbe von Bernstein, Whiskey könnte es sein oder Cognac. Sein Haar glänzt fettig.
»Endlich, das wurde aber auch Zeit«, mault er Jelka an. »Warum läßt du uns so lange warten? Wollten gerade ohne dich anfangen.«
Warten? Am liebsten hätte sie laut gelacht. Claas' Sprache ist undeutlich, sein Blick verschwommen, Constanze hat Leander beinahe in sich aufgesogen, wer hat hier mit irgendwas auf Jelka gewartet? Matthias vielleicht? Aber wo-

von sind seine Augen dann so rot? Und warum muß er sich beim Gehen an der Wand abstützen? Matthias dreht die Anlage lauter. Der Baß läßt den Fußboden vibrieren.
Gleichgültig zuckt sie mit den Schultern. Ist doch sowieso alles egal. Das große Vergessen ist angesagt, Bewußtseinserweiterung durch Drogen, aufregend und verrückt und trotzdem ganz harmlos. Wir können jederzeit damit aufhören. Aber wir wollen nicht. Wir. Stimmt das überhaupt? Oder ist es nicht so, daß Jelka nicht wirklich dazugehört, weil sie die geheimen Regeln in diesem Kreis niemals ganz richtig begreift. Vielleicht, weil Constanze diese ganz nach Belieben ändert.
Mit einer dramatischen Bewegung knallt Claas jetzt eine kleine bunte Blechdose auf den Tisch. Solche, wie man sie für Pfefferminzpastillen verwendet. »Das hier«, er hebt den Deckel an, der scheppernd auf die schwarzen Bodenfliesen fällt, »das hier ist was ganz Besonderes. Eine Ökodroge gewissermaßen. Völlig ungefährlich, Leute, haut aber tierisch rein. Ich hab da zufällig 'ne Quelle aufgetan!« Torkelnd erhebt er sich von seinem Platz. mit der Dose in der Hand geht er reihum. »Bedient euch. Drei Stück sind das mindeste, damit man überhaupt was merkt. Fünf hab ich für jeden besorgt. Und dafür hätte ich gern 'nen Fuffziger von euch.« Leander ist der einzige, der so viel Geld dabeihat. Die anderen versprechen, innerhalb der nächsten Woche zu zahlen. Geld ist in diesem Kreis überhaupt kein Thema. Die Kids aus dem Gerichtsviertel werden von ihren Eltern ausreichend mit blauen Scheinen versorgt.
Die Kapseln sind weiß, harmlose Gelatinekapseln, wie die Pharmaindustrie sie für zahllose Medikamente verwendet.

Doch in ihrem Innersten bieten sie ausreichend Platz für alle Abgründe dieser Welt.
»Jeder fünf«, wiederholt Claas eindringlich. Sein gerötetes Gesicht verzieht sich zu einem gehässigen Grinsen. »Na, dann guten Flug, Leute!« Mit der linken Hand stopft er sich seine fünf Kapseln in der Mund, mit dem Inhalt seines Glases spült er nach.
Jelka schluckt. Dieser Claas ist ihr schon lange nicht mehr geheuer. Ein Süchtiger, der alles nimmt, was anturnt. Vor ein paar Wochen gab es den ersten richtigen Streit innerhalb der Gruppe. Claas hatte Ecstasy besorgt. Doch Leander erklärte, Ecstasy sei große Scheiße. Eine Designerdroge für Technofreaks. Mit Bewußtseinserweiterung habe das nicht das Geringste zu tun. Er stellte Claas das Ultimatum, entweder seine eigenen Wege zu gehen oder nie wieder mit so einem Mist anzukommen. Claas wählte den Mittelweg. Er schluckt Ecstasy, wenn er allein unterwegs ist, und er dröhnt sich mit Marihuana und Alkohol zu, wenn sie sich nachts auf dem Friedhof treffen. Hauptsache voll, Hauptsache ganz weit weg. In der Schule dämmert er vor sich hin, weiß keine Antworten, seine Noten sind so erbärmlich, daß er das Schuljahr wiederholen muß. Seine Eltern, wenn sie denn mal daheim sind, schieben alles auf die Pubertät.
Daß diese seltsamen Kapseln von Claas stammen, macht sie nicht gerade vertrauenerweckend. Auch Matthias scheint ähnliches zu denken, denn er wiegt die weißen Dinger prüfend in seiner Hand. Was Constanze und Leander tun, kann man nicht erkennen. Sie haben die meisten der Stuhlkissen auf den Boden gelegt, um es sich darauf gemütlich zu machen. Ihr Kichern klingt irgendwie gemein, und

von Jelkas Platz aus verschmelzen die beiden schwarz gekleideten Gestalten so eng ineinander, daß man nicht erkennen kann, wo das Mädchen aufhört und der Junge anfängt.

»Ich nehm erst mal drei«, sagt Matthias leise. »Und ich spüle lieber mit Wasser runter.«

Jelka schließt sich an, allerdings schluckt sie lediglich zwei Kapseln. Zunächst tut sich gar nichts, außer daß die beiden in der Ecke verstummen und Claas von seinem Stuhl auf den Boden fällt. Ganz langsam, wie in Zeitlupe. Ungeduldig fingert sie eine dritte Kapsel aus ihrer Jeans. »Das bringt ja gar nichts«, will sie sagen, doch ihre Stimme klingt wie das Blöken eines Schafs. Auf Matthias' Stirn sprießen zwei winzige Hörner, zuerst kann man sie kaum erkennen, doch sie wachsen sehr schnell. Und das ist noch längst nicht alles, was sich in diesem Raum verändert hat.

Fassungslos starrt Freya auf die beiden Tarotkarten in ihrer Hand. Die sieben Schwerter. Versuch. Berechtigte Hoffnung, daß ihr sehnlichster Wunsch sich erfüllen könnte. Der Erfolg ist ganz nah, doch von unerwarteter Seite droht Gefahr. Jemand will etwas fortnehmen. Die zweite Karte ist der Tod. Ein Skelett in einer schwarzen Rüstung, das einen prächtigen weißen Schimmel reitet. Immer wieder der Tod. Er scheint näher zu kommen, durch nichts läßt er sich aufhalten, wird immer bedrohlicher. Seit jenem Abend, als das brennende Papier die Gestalt des sich quälenden Kindes annahm, hat sie keine Affirmationen mehr auf Zettel geschrieben. Aus Angst, das Bild könnte sich wiederholen. Und jetzt dies.

Unruhig wandert Freya im Zimmer auf und ab. »Es ist so

bestimmt«, flüstert sie vor sich hin. »Zuerst muß ein Kind sterben. Dann wird Isis sich wieder auf ihre Kräfte besinnen.«

Jeden Morgen schlägt sie die Zeitung auf, blättert, bis sie bei den Todesanzeigen angelangt ist, und dann suchen ihre Augen die Anzeigen ab. Kann denn nicht irgendwo in ihrer Nähe ein Kind sterben? Eines, das diesen Fluch mit sich in die andere Welt nimmt? Daran, daß ihre Visionen wahr werden, zweifelt sie nicht. Magie wirkt, das wissen Frauen schon seit Urzeiten.

Eine Welle von Übelkeit rollt über ihren verschwitzten Körper. Mühsam schlägt sie die Augen auf. Irgendwo kotzt einer. Wer? Wo ist sie überhaupt? Über ihrem Kopf hängt eine quittegelbe Bananenstaude. Afrika läßt grüßen. O Mann, was soll der Scheiß?

Etwas Schweres liegt auf ihren Beinen, fühlt sich eiskalt und steif an. Das Gehirn braucht eine ganze Weile, um ein menschliches Bein zu identifizieren. Mit dem Adrenalinstoß des Erschreckens gelingt es Jelka, sich aufzurichten. Das Bein gehört zu Matthias, und der hebt gerade mühselig seinen Kopf. Die blonden Haare kleben an seiner Stirn, als käme er direkt vom Duschen. »He«, krächzt er, »bist du auch geflogen?«

Ein paar absolut irre Erinnerungsfetzen krachen gegen ihre schmerzende Schädeldecke. »Fühlst du dich auch so beschissen?« flüstert sie.

Selbst das Nicken scheint ihm Schmerzen zu bereiten.

»Wie spät?«

»Halb fünf!«

»Mist. Ich muß nach Hause.« Ich weiß allerdings nicht,

wie ich das bewerkstelligen soll, müßte sie eigentlich hinzufügen, aber das sind viel zu viele Worte.
Zwanzig Minuten vergehen, bis Matthias und Jelka sich aufgerappelt haben. Claas liegt immer noch vor seinem Stuhl. Constanze lehnt mit dem Rücken an der Wand. Sie ist es, die die würgenden Geräusche von sich gibt. Ihr Pullover und ihre Jeans sind mit grünlichem Schleim bedeckt. Leander liegt rechts neben ihr, mit dem Gesicht zur Wand.
»Ich muß nach Hause«, wiederholt Jelka, »Christina steht manchmal sehr früh auf.«
Niemand hier weiß, wer Christina ist oder warum sie zu einer solch unchristlichen Zeit ihr Bett verläßt, aber es interessiert auch keinen.
»Ich bring dich«, verspricht Matthias, ohne sich zu rühren.
Und so macht sie sich allein auf den Weg durch die menschenleeren Straßen. Ihr Magen scheint beim Gehen immer wieder unter ihre Füße zu geraten, wobei ihr jedesmal eine Fontäne von säuerlichem Mageninhalt hochkommt, ein widerwärtiges Gefühl. Einmal bleibt sie stehen, um sich den Finger in den Hals zu stecken, doch das Ergebnis dieser Aktion ist nicht der Rede wert.
Im Haus ist es still, zum Glück. Jelka sackt auf die unterste Treppenstufe und lehnt ihre schweißnasse Stirn gegen das kühle Geländer. Nur noch ein paar Schritte. Mühsam kriecht sie auf allen vieren vorwärts. Auf einmal ist da diese kleine Frau. Sie sagt kein Wort, hakt sie nur unter, führt sie zuerst aufs Klo, anschließend in ihr Zimmer. Sie löst die Bänder ihrer Schuhe, streift ihr die Jeans runter, dann deckt sie Jelka zu. »In deinem Alter sollte man noch nicht soviel trinken«, sagt sie freundlich. »Aber keine

Angst, ich werde keinem etwas verraten.« Jelka schläft sofort ein.

»So geht es nicht weiter. Du mußt eine Entscheidung treffen. Nicht wegen mir, denk bloß nicht, daß ich dich irgendwie unter Druck setzen will!« Nadja reicht ihm ein Badetuch. »Vor allem geht es um dich, Gisbert. Du bist nicht glücklich. Und erzähl mir jetzt bitte nicht das Gegenteil.«
O nein, das hatte er gewiß nicht vor. Gerade eben, als das heiße Wasser auf seinen nackten Rücken prasselte, träumte er davon, sich in der Hitze aufzulösen und dann im Abfluß zu verschwinden. Einfach so. Dann könnten die Weiber sich darum streiten, wo er abgeblieben ist, und vor allem, wer von ihnen die Schuld für sein geheimnisvolles Verschwinden trägt.
Nadja hat sich einen grauen Morgenmantel angezogen. Vorne klafft er auf. Man sieht ihr Schlüsselbein und die Rippen, wie sie am Brustbein beginnen. Gisbert Liedke, der Koch, denkt automatisch an ein Hähnchen, das es zu tranchieren gilt. Beinahe wäre ihm herausgerutscht, daß sie mehr essen solle, aber das wäre nicht nett gewesen. Und Gisbert Liedke war sein Leben lang ein netter Mensch gewesen.
»Ich weiß, was du meinst.« Er lächelt hilflos. »Aber sie ist doch nun einmal meine Frau. Vielleicht stimmt es ja, daß wir im Moment einfach eine schlechte Phase durchmachen.«
»So schnell? Ich dachte, nach drei Monaten schwebt man noch im siebten Himmel?«
Ja, das dachte er auch. Doch jetzt sieht alles danach aus, als wäre im siebten Himmel kein Platz für einen kleinen,

etwas zu dicken Koch, der die besten Jahre hinter sich gelassen hat.
Er seufzt. »Es ist spät, ich muß runter. Die anderen kommen auch jeden Moment.« Eine feige Entscheidung, aber er weiß sich nicht anders zu helfen. Im übrigen ist wirklich sehr viel zu tun.
Später in der Küche, als er die Champignons für die Suppe in hauchdünne Scheiben schneidet, so schnell, daß seine Augen den Bewegungen des Messers nicht folgen können, pfeift er ein Lied. Das hier ist sein Leben, alles andere bereitet ihm nur Schwierigkeiten. Eine versalzene Suppe kann man zur Not wegkippen und noch einmal kochen, aber eine verdorbene Ehe wird man nicht so leicht wieder los. Neben ihm bereitet Harald Mertens vierzig Portionen Mousse au chocolat für das Tagesmenü. »Mehr Cognac.« Mertens stellt sich immer so geizig an, als müßte er die Zutaten aus eigener Tasche bezahlen. Jetzt ist er natürlich wieder beleidigt. Achselzuckend wendet Liedke sich ab. »Thomas, wie oft soll ich dir noch sagen, daß du die Messerklinge schräg von dir weghalten mußt?« Dieser Lehrling ist eine Strafe! Ein Wunder, daß ihm noch nicht sämtliche Finger an der linken Hand fehlen. Aber was nicht ist, kann ja noch werden. So ungeschickt, wie der sich anstellt. Seit heute ist die Spülhilfe wieder da. Mit mürrischer Miene schält sie Kartoffeln. Für einen Moment möchte Liedke alles hinschmeißen. Ein kleineres Lokal, zwanzig Plätze vielleicht, das wäre wunderbar. Täglich wechselnde Gerichte, deren Zutaten sich am saisonalen Warenangebot orientieren, eine kleine, erlesene Auswahl an guten Weinen. Die Arbeit in der Küche könnte er allein bewältigen. Schade, daß ein solches Restaurant nicht genügend Profit

abwirft. Also doch Personal. Leute, die man dafür bezahlt, daß sie sich nichts sagen lassen wollen.
Mit Grauen denkt Gisbert Liedke an den Nachmittag. Wohin soll er gehen? Hier kann er jedenfalls nicht bleiben. Wegen Nadja. Ein weiteres Mal mit ihr zu schlafen, käme einer Entscheidung gleich. Einer Entscheidung, die er keineswegs gefällt hat. Daheim erwartet ihn Christina, wunderschön wie immer, doch nicht mehr unfehlbar. Seit gestern hat sie ihren Heiligenschein verloren. Dieser Tom hat sie schmutzig gemacht. Überall auf ihrem weißen Fleisch leuchten seine schwarzen Fingerabdrücke. Und Liedke weiß nicht, ob er seine Augen so fest zusammenkneifen kann, daß er die Male nicht mehr sieht. Die Stimmung in dem Haus ist sicherlich katastrophal. Nach so einem Abend. Vielleicht wäre es besser gewesen, nicht fortzulaufen. So konnten die anderen nichts tun als warten. Auf denjenigen, der das Urteil fällen muß. Auf den Herrn des Hauses, auf ihn selbst.

Der Tag spult seine Stunden ab, ganz brav, eine nach der anderen, doch Jelka, die im Bett liegt und in regelmäßigen Abständen grünlichen Schleim erbricht, ist ausgeschlossen. Manchmal kommt Luzie auf Zehenspitzen herein und leert den Eimer, den sie ihr heute morgen fürsorglich vor das Bett gestellt hat. Wie eine Krankenschwester benimmt sie sich, genauso fürsorglich und genauso unpersönlich. Luzie. Auf einmal weiß Jelka gar nicht mehr, ob sie Christinas Mutter bisher geduzt oder doch gesiezt hat, aber es ist ihr auch egal. Luzie ist eben Luzie. Wo ist Papa? hätte Jelka gern gefragt. Aber sie traut sich nicht, weil sie dann hätte weinen müssen. Christina läßt sich nicht blicken. Einmal

wacht Jelka davon auf, daß ihre Stiefmutter unten ein Kinderlied singt. Dario hört sie auch, er kreischt bockig. Wahrscheinlich wieder einer seiner Wutanfälle. Dario ist wirklich ein nervtötendes Ungeheuer. Von Laura hört man nichts, Laura, die süße kleine Puppe, die jeder auf Anhieb liebhaben muß.
Um halb drei steht plötzlich ihr Vater in der Tür. »Luzie sagt, du bist krank. Was fehlt dir, soll ich einen Arzt holen?«
Ihr Kopfschütteln scheint ihn zu beruhigen. »Na gut, dann nehme ich mir einen Stuhl und setze mich ein bißchen zu dir.«
Seine Hand fühlt sich warm und tröstlich an. Mit flüsternder Stimme fragt er, ob sie sich noch erinnern könne, wie es war, als sie Windpocken hatte. Und ob. Damals pendelte er den ganzen Tag zwischen Küche und ihrem Bett hin und her. Und trotz der vielen Arbeit las er ihr jeden Wunsch von den Augen ab. Vanillepudding schon zum Frühstück, eine Bayrische Creme mit ganz viel frischen Himbeeren als Mittagessen und abends Pommes mit einem saftigen Hähnchenschnitzel. Sogar die Barbiepuppe mit dem rosaroten Ballkleid, die sie sich schon so lange gewünscht hatte, legte er ihr mit spitzbübischem Lächeln auf die Bettdecke. Bis zum heutigen Tag weiß sie nicht, wann er das Spielzeug besorgt hat. Denn er war eigentlich immer da.
»Das war eine schöne Zeit, Papa, nur wir beide«, ihre Stimme stockt. Und dann ist da so viel Traurigkeit in dem abgedunkelten Zimmer, daß beide in Tränen ausbrechen.
Daß Christina ganz leise die Tür öffnet, daß sie zurücktaumelt und mit eiligen Schritten im Schlafzimmer verschwindet, hören sie nicht. Später fährt Liedke ohne ein Wort mit

seiner Frau zu wechseln zurück ins Lokal. Und Luzie steht in der Haustür und wünscht sich voller Verzweiflung, daß sie mit ihm in sein wunderbares Lokal fahren dürfte. Dorthin, wo die Welt so einfach funktioniert. Wo die reichen Leute zum Essen gehen, wo alle freundlich sind und schöne Kleider tragen. Kurz nach sechs ruft Christina ihre Freundin Thora an, weil sie sich davor fürchtet, den Abend allein mit ihrer Mutter und Giesis Tochter zu verbringen.

Luzie lehnt am Fenster und schaut hinaus. Nicht daß es draußen etwas zu sehen gäbe außer grünem Rasen und weißen Heckenrosen. Luzie weint. Wenn irgendeine Menschenseele in diesem Zimmer Interesse an ihr hätte, könnte er es ganz leicht am Beben ihrer Schultern erkennen. Aber die anderen nehmen sie gar nicht wahr.

Hinter ihrem Rücken lobt Thora Detlefsen den Rotwein, einen sehr fruchtigen Rioja Alavesa aus der Gegend von Languardia. »Was immer man diesem Gisbert Liedke vorwerfen will«, sagt sie kichernd, »sein Geschmack ist ausgezeichnet.« Und dann erzählt sie von ihrem ersten Spanienurlaub, in dem sie ständig Rioja getrunken hat. Literweise, wie sie betont.

Auf dem Ledersessel vor dem Kamin liest Christina ihrem Sohn aus einem Buch vor. Es geht um eine Hasenfamilie, und Christina liest wirklich sehr gut. Jede Figur bekommt eine eigene Stimme. Für das kleinste Häschen piepst sie in den höchsten Tönen.

Das Bilderbuch hat Luzie vorhin aus Darios Zimmer geholt. »Komm«, hatte sie dem Jungen vorgeschlagen, »die Oma liest dir was Schönes vor.«

Und was war passiert? Er hatte ihr das Buch aus den Händen gerissen. »Das darfst du nicht anfassen. Meins!« hatte er gebrüllt, und dann hatte er sie in den Bauch geboxt. Ohne daß sie es wollte, ist ihr entwischt, daß er ein widerliches Kind sei, genauso widerlich wie früher seine Mutter. Oh, sie kann nur hoffen, daß niemand ihre Worte mitbekommen hat. Der Junge wenigstens hat ihr nicht zugehört, das tut er ja nie. Er ist mit dem Buch in der Hand ins Wohnzimmer gestürmt und hat verlangt, daß Christina ihm vorliest. Sein Zeigefinger wies anklagend auf Luzie: »Die da soll wieder weg!«

Und wenn jetzt einer glaubt, daß Christina ihn zurechtgewiesen, womöglich sogar mit ihm geschimpft hätte, gesagt, daß Luzie seine Oma sei und daß ein wohlerzogenes Kind nicht so frech über erwachsene Leute reden dürfe, von wegen! Zeig mal, hat sie gesagt, welches Buch hast du da?

Luzie gibt sich wirklich alle Mühe, die Erwartungen ihres Schwiegersohns zu erfüllen. Sie macht sich nützlich, wo es nur geht. Versorgt Jelka, die heute morgen sterbenselend heimgekommen ist. Wenn ein junger Mensch schon so viel trinkt, ist das ein Zeichen dafür, daß er unglücklich ist. Die Ränder, die Jelka um ihre Augen malt, sind Trauerränder. Ihre schwarzen Kleider trägt das arme Ding nicht von ungefähr. Leider geht es ihr nicht viel anders als Luzie, niemand in diesem Haushalt nimmt sie wahr.

»Setzen Sie sich doch zu mir«, sagt plötzlich Thora. »Mögen Sie ein Glas Wein? Er ist wirklich vorzüglich!«

»Ja, gern.« Entschieden wischt Luzie ihre Tränen ab. Christinas wütenden Blick ignoriert sie einfach.

Sie trinkt den Wein in winzigen Schlucken, sorgfältig ihre Enttäuschung darüber verbergend, daß er nicht im

entferntesten so schmeckt, wie sie es sich erhoffte. Luzie Martell braucht sehr viel Zucker in ihrem Leben, sie mag es süß und klebrig, aber solche Weine gibt es hier wohl nicht.
Christina schlägt das Buch zu, Darios forderndes: »Noch mal!« überhört sie einfach. Der Junge schaut sich suchend im Raum um, sein Blick bleibt an den Matchboxautos hängen. Fünf Minuten später ist er bereits wieder in sein Spiel vertieft. Der grüne BMW, den sein Vater ihm gestern geschenkt hat, steht mitten auf der Kreuzung. Er ist das schönste und schnellste Auto, alle anderen müssen drum herumfahren. Sonst wird der BMW wütend und stößt sie von der Straße. Der BMW ist stark. Genauso stark wie Darios Papa.
Es klingelt an der Tür. Alle sehen sich erstaunt an.

Gut, daß heute so viel zu tun ist. Sämtliche Tische sind besetzt. Und zwei Pärchen warten auf einen freien Platz. Gisbert Liedke rollt die vorgebratenen Filetstücke in Blätterteig ein. Rechts von ihm arrangiert Harald Mertens zwei große Salatplatten. »Ein bißchen mehr Dressing auf die Bohnen.« Harald schiebt den Unterkiefer vor. Er sagt nichts, er sagt nie etwas. Sein Gesicht allerdings spricht Bände. Thomas schwenkt die Pfanne mit den Bratkartoffeln. Natürlich geht wieder was daneben. Gisbert Liedke seufzt demonstrativ. Aus dir wird nie ein wirklicher Koch, soll das heißen. Und an Thomas' resigniertem Schulterzucken erkennt er, daß der Junge das genauso sieht.
Von Zeit zu Zeit steht Nadja in der Küchentür. Sie trägt ein schwarzes, hautenges Kleid, das er nie zuvor an ihr gesehen hat. Es läßt sie eckig aussehen, irgendwie scharfkantig,

Schulterblätter und Beckenknochen stehen wie Fremdkörper ab. Ihr Haar hat sie kunstvoll aufgesteckt und mit einer roten Geranie geschmückt. Falsch sieht das aus, verlogen, am liebsten möchte er ihr die Blume herunterreißen. Und wie sie sich heute abend anstellt, wie künstlich sie lacht, wie sie ihm jedesmal, wenn Harald nicht herschaut, mit der Hand über seinen Nacken fährt. Mein Gott, sie sind doch kein frischverliebtes Pärchen. Das kann sie wohl nicht denken. Er ist ein verheirateter Mann von dreiundfünfzig Jahren, der sich uralt fühlt, der unglücklich ist, traurig, verwirrt, dem es nicht an Abenteuern mangelt, sondern ganz im Gegenteil an Ruhe und Frieden.
Jetzt legt sie einen Zettel auf den Tisch. Einmal Schweinefilet, einmal Zander überbacken und einmal die große Salatplatte. Sie kichert und haucht einen Kuß in die Luft. Liedke verzieht keine Miene. Ihrer Hand, die schon wieder besitzergreifend nach seinem Nacken fassen will, weicht er aus. Die Tür zum Lokal schwingt auf. Karin Treiber bringt ihre Bestellungen. Sollte sie etwas gesehen haben, so läßt sie sich nichts anmerken.
Als Nadja das nächstemal in die Küche kommt, ist ihr Lachen verstummt. Wortlos legt sie einen neuen Zettel hin und genauso wortlos nimmt er den Zettel an.
Die Arbeit geht ihm leicht von der Hand, die Sauce Hollandaise gerät so cremig wie selten, und sein Zander gelingt vorzüglich. Dabei ist die Zubereitung von Fisch wirklich eine eigene Kunst. Gegen zweiundzwanzig Uhr dreißig schickt er Harald heim. Der Lehrling ist sowieso schon fort. Nur noch ein Viertel der Tische sind besetzt, und die meisten Gäste haben bereits gespeist. Nur Nadja und Karin haben noch zu tun, am Wochenende wird viel getrun-

ken. Liedke kann es nur recht sein, an Getränken verdient er immer noch das meiste.

Wenn ihn jemand mit vorgehaltener Waffe gezwungen hätte, für immer in der Weißen Taube zu bleiben, für immer zu braten, zu kochen, Speisen auf Teller zu arrangieren, er wäre nicht böse darum gewesen. Hier ist Gisbert Liedke unschlagbar, hier hat er alles im Griff, ganz gleich, wie chaotisch sein Privatleben auch verlaufen mag, hier verliert er niemals die Kontrolle.

»Die Blüte welkt dahin«, sagt er zu Nadja, als sie das nächste Mal in der Tür erscheint, und dann zupft er mit den Fingerspitzen die müde Geranie aus ihrer Frisur. Sie schaut erschrocken auf. Die Doppeldeutigkeit seiner Worte erstaunt ihn selbst. Aber er beschönigt nichts. Denn eigentlich ist es ja genau das, was er sich nicht zu sagen traut. Und überhaupt – vielleicht ist es sein größter Fehler, daß er immer alles im nachhinein verändern will, verbessern natürlich, aber meist passiert genau das Gegenteil. Er sollte endlich lernen, zu seinen Entscheidungen zu stehen.

Als die letzten Gäste sich verabschieden – es handelt sich um den Bürgermeister und seine Frau, Stammgäste, die es nie versäumen, sich in der Küche persönlich für das köstliche Mahl zu bedanken –, atmet er auf. Noch während Nadja dem Bürgermeister in seinen hellen Mantel hilft, greift er nach seinen Autoschlüsseln.

»Ich geh gleich mit. Jelka ist krank. Bis morgen dann.«

Ihre Enttäuschung bohrt sich in seinen Rücken, aber er dreht sich trotzdem nicht mehr um. Irgendwie quälte ihn ein Gefühl, daß etwas Schreckliches passieren wird.

Während der Heimfahrt konzentriert Liedke sich auf die Nachrichten im Autoradio. In der Nähe von Hannover hat man eine tote Frau aufgefunden. Alles spricht dafür, daß ihr Verlobter sie im Streit erdrosselt hat. Was sind das für Menschen, die zu so etwas fähig sind, die bis zum Äußersten gehen, die es sich anmaßen, Leben zu nehmen. Einen Moment lang stellt er sich vor, er würde Christina erdrosseln. Oder vergiften. Ein Koch vergiftet seine Feinde. Aber dann lacht er und wechselt den Sender.

Christina führt Sabine Paschke herein. »Schaut mal, wer gekommen ist.«
Sabine Paschke bleibt mitten im Raum stehen und starrt auf ihre Schuhe. Eine kleine Ewigkeit lang. Dann geht sie plötzlich weiter. »Christoph meint, ich muß mal raus«, sagt sie dumpf. Mit beiden Händen streicht sie sich das Haar hinter die Ohren. Überhaupt, das Haar, früher glänzte es seidig, sie schwor auf ein spezielles Schweizer Kräutershampoo, das extra in der Drogerie bestellt werden mußte. Heute abend klebt das Haar strähnig am Kopf, ein Scheitel läßt sich nur mühsam erahnen, gekämmt hat sie sich vorhin bestimmt nicht mehr. Ihre Figur scheint immerhin wieder die alte zu sein, Größe 38, aber sie trägt trotzdem eines der weiten, unvorteilhaften Umstandskleider.
»Wie geht es dir? Was macht der Kleine?« fragt Christina, und ihre Stimme strotzt vor übertriebener Freundlichkeit.
»Ja, was macht der Kleine?« echot Thora. Entschlossen hakt sie Sabine unter. »Komm, setz dich zu uns. Warum hast du Sebastian nicht mitgebracht? Ich bin doch so neugierig auf den Kleinen. Christina und die Kinder hätten sich auch gefreut.«
»Christoph meint, ich muß mal raus«, wiederholt Sabine

ihre eigenen Worte. Und dann läßt sie sich willenlos abführen.
Über ihren Kopf hinweg wechseln Thora und Christina betroffene Blicke. Wie schrecklich! Wochenbettpsychose, das hört sich doch so harmlos an, wie etwas, das vorübergeht, sobald man die richtigen Medikamente eingenommen hat. Ein hysterischer Zustand, bedingt durch das hormonelle Durcheinander, das jede Frau nach der Geburt durchmacht. Und bei der einen oder anderen fällt es halt ein wenig heftiger aus. Jetzt erst begreifen sie, weshalb Christoph Paschke alle Besuche abgeblockt hat. Er wollte höchstwahrscheinlich nicht, daß jemand seine Frau in diesem entwürdigenden Zustand sieht. Die letzten Monate haben Sabine verändert. Schrecklich verändert. Jedes Wort, das sie sagt, ist unpassend, jede Bewegung falsch, jede Geste gekünstelt, sie hat es anscheinend verlernt, sie selbst zu sein.
»Das ist meine Mutter.« Christina zeigt auf Luzie, die augenblicklich ihre Mundwinkel nach oben zerrt und puppenhaft lächelt.
Sabine nickt gleichgültig, dann plumpst sie in die Mitte der Ledercouch. Breitbeinig, die Ellbogen auf die Knie gestützt, starrt sie auf den Tisch, auf die Gläser, auf die Weinflasche. »Krieg ich auch ein Glas?«
»Was hältst du von Kirschsaft? Oder soll ich uns einen Tee kochen wie in alten Zeiten«, stammelt Christina.
»Ja, das fände ich toll. Safrantee!« In ihrer Unsicherheit macht Thora diesen dämlichen Fehler. Am liebsten würde sie sich ohrfeigen. Safrantee!
»Ich nehm den Wein!« Trotzig zeigt Sabine auf die Flasche mit dem Rioja.

Mit den Worten: »Ich hole dir ein Glas aus der Küche!« stürmt Christina aus dem Raum. Das Handy, das auf der Kommode liegt, steckt sie so unauffällig wie möglich ein. Das Telefonat verläuft wenig erfreulich. Christoph kann gar nicht verstehen, weshalb sie Sabine ausgerechnet Alkohol anbieten. Sie wüßten doch, wie es um seine Frau stehe. Christinas Erklärungen, daß sie gar nichts dafür könnten, weil der Wein doch bereits auf dem Tisch war, und sie konnten doch nicht ahnen, daß ausgerechnet heute Sabine ... ja, wenn man das gewußt hätte ...

»Ein Glas«, sagt er unfreundlich. »Auf keinen Fall mehr.« Den Rest braucht er nicht laut auszusprechen. Daß er es bereut, Sabine hergeschickt zu haben, und vor allem, daß sie schuld sein werden, wenn Sabines Zustand sich durch diesen Besuch wieder verschlechtert. Er legt einfach auf.

Sabine reißt ihr das Glas beinahe aus der Hand. Sie wirkt jetzt ein bißchen gelöster. Sie hat eine Gesprächspartnerin gefunden. Luzie. Thora und Christina behandelt sie wie Luft. Sie merkt nicht einmal, daß ihre Gastgeberin die Weinflasche in die Küche bringt und mit drei verschiedenen Saftflaschen zurückkehrt, die sie demonstrativ auf den Tisch stellt.

»Mein Mann findet, daß ich zu wenig Zeit für mich habe. Immer nur das Kind, Sie verstehen schon ...«

Nein. Luzie versteht nicht. Eine Mutter, der ihr eigenes Baby zuviel ist, ist eine schlechte Mutter. Die junge Frau teilt natürlich ihre Ansicht, was man daran sieht, wie sie nervös auf ihrem Platz hin und her rutscht und ständig auf die Uhr schielt. Aber so sind die Männer. Sie können nicht teilen. Und sobald eine Frau sich in eine Mutter verwandelt hat, sind sie unzufrieden. Und sie versuchen mit allen

Mitteln das unsichtbare Band zu kappen, das Mutter und Kind miteinander verbindet. Wenn ihnen das nicht gelingt, kommen sie auf dumme Gedanken. Manchmal gehen sie sogar. Für immer. Deswegen kann man der jungen Frau auch nicht vorwerfen, daß sie heute abend gekommen ist. Gegen ihre eigene Überzeugung. Geschiedene Frauen haben es sehr schwer.

»Wer paßt auf den Kleinen auf?« fragt sie mitfühlend.

»Christoph. Also mein Mann. Er macht das auch ganz wunderbar, ich brauche mich eigentlich nicht zu sorgen.«

Luzie nickt. *Eigentlich*. Arme Kleine. Jetzt erst fällt ihr auf, daß ihr Glas leer ist. Und die Flasche steht nicht mehr auf dem Tisch. Statt dessen hat Christina Saft aufgefahren. Natürlich. Weil sie ihrer Mutter nichts gönnt. Thora dagegen, die darf sich hier nach Lust und Laune vollaufen lassen. Manchmal sind es die Kinder einfach nicht wert, daß man ihnen seine besten Jahre geopfert hat. Demonstrativ umfaßt sie den Stiel des Weinglases.

»Soll ich dir einen Saft eingießen? Welchen magst du am liebsten?« Christinas Frechheit macht sie sprachlos. Jetzt stößt diese Thora sie auch noch pausenlos unter dem Tisch an. Was soll das nun wieder bedeuten?

»Danke. Von Saft bekomme ich immer Sodbrennen. Das weißt du ganz genau. Ich gucke mal nach Jelka.«

»Gute Idee. Ich werde rasch mitkommen. Entschuldige bitte, Sabine, aber Giesis Tochter ist krank. Wir schauen rasch, wie es ihr geht.«

Christina ist schneller als ihre Mutter an der Tür. Und sie schubst Luzie beinahe in den Flur, bevor sie die Tür lautlos schließt.

»Entschuldige, Mama, aber Sabine darf auf gar keinen Fall

Alkohol trinken.« In kurzen Worten schildert sie die Situation. Luzie gehen beinahe die Augen über. Krank? Nicht ganz richtig im Kopf? Die junge Frau nebenan? Hier geht es ja zu wie im Tollhaus, typisch Christina. Sie hätte gar nicht herkommen sollen.

Zum Heulen ist ihm zumute, als er die Lichter hinter den Fenstern sieht. Alles ist gelogen, ein Kartenhaus, eine hübsche Bühnendekoration. Am liebsten hätte er das Gaspedal durchgetreten und wäre fortgefahren. Aber wohin?

Die Stimmung in der großen Wohnstube erinnert an eines dieser federleichten Boulevardstücke. Vor dem Kamin, in eine nett dahinplätschernde Unterhaltung vertieft, sitzen Christina, diese Thora und eine dritte Frau. Luzie ist auch dabei, ein wenig abseits, wie immer. Sie springt bei seinem Anblick von ihrem Sessel hoch und berichtet, daß es Jelka schon sehr viel besser geht. Dann nimmt sie ihren Randplatz wieder ein. Alle trinken Saft. Weiß der Himmel, warum. Langsam läßt Liedke seinen Blick von einem zum anderen schweifen. Diese Thora sieht heute abend sehr viel sympathischer aus als auf der Hochzeitsfeier. Vielleicht liegt es an der Beleuchtung. Oder daran, daß sie ihr Haar offen trägt.

»Hallo, Giesi, schön, daß du schon zurück bist.« Christina begrüßt ihn in genau dem Ton, den eine glückliche Ehefrau wählen würde. Es ist ganz leicht, sich dazuzusetzen und mitzuspielen. Wunderbares Wetter, hoffentlich bleibt das so, das Lokal läuft gut, ich kann nicht klagen, ja, gern, was trinkt ihr da? Saft. Wie ihr meint, ihr gönne mir jedenfalls einen Schluck Wein.

Später, als er mit dem gefüllten Rotweinglas auf der Lehne

der Couch sitzt, den Arm um Christinas Schulter gelegt – wie fühlst du dich? Schön –, da ist er beinahe glücklich.
Um kurz vor zwölf steht plötzlich Dario in der Tür und reibt sich verschlafen die Augen. War wohl schon im Ehebett und hat keine Mama gefunden, denkt Liedke schadenfroh. »Bin nicht müde«, nuschelt der Kleine, und die anwesenden Frauen kreischen begeistert: Wie süß! Wie putzig! Ach wenn sie doch immer so klein und niedlich blieben!
Mit einem entrückten Lächeln hievt Christina sich aus der Couch. »Du mußt jetzt schlafen, komm, ich bringe dich hin. Es ist gleich Mitternacht.« Der Kleine nickt zufrieden. Er glaubt, sein Ziel erreicht zu haben.
Wenig später steht sie wieder in der Zimmertür. »Er liegt im Bett und wünscht sich, daß ihr ihm alle noch gute Nacht sagt.«
Liedke traut kaum seinen Ohren. Er soll den blonden Satansbraten in seinem Zimmer besuchen, ihm womöglich sogar einen Kuß geben? Doch was bleibt ihm übrig. Luzie, Thora und die mit den fettigen Haaren schauen ihn erwartungsvoll an, zwingen ihn mit ihren arglosen Blicken das zu tun, was er unter normalen Umständen abgelehnt hätte.
Und so marschieren sie dann einer nach dem andern in das Zimmer mit den sonnengelben Tapeten und den blauen Vorhängen und damit mitten hinein in die Tragödie, aber davon ahnen sie ja nichts.
In dieser Nacht liegt Christina in seinen Armen. Wie eine Ertrinkende klammert sie sich an ihn, und sie flüstert, daß sie mit ihm glücklich sei, so glücklich wie noch nie. Und daß er niemals an ihrer Liebe zweifeln dürfe. Daß sie froh sei, ihn wiederzuhaben, daß sie gar nicht wissen wolle, wo

er die letzte Nacht geschlafen habe. Und daß er ihr versprechen müsse, nie an ihrer Liebe zu zweifeln. Daß die Geschichte mit Tom Vergangenheit sei, daß Jelka alles falsch verstanden habe, was man ihr ja nicht einmal übelnehmen dürfe, sie liebe ihren Vater doch nun einmal so, und sie sei in diesem schwierigen Alter ...
Liedke schweigt. Er steht auf und öffnet das Fenster. Diese Hitze ist wirklich unerträglich. Christinas Beteuerungen legen sich wie ein Gewicht auf seinen Oberkörper, schwer, viel zu schwer, er kann kaum noch atmen, und sie redet und redet und redet, häuft immer mehr falsche Worte auf ihn, das Gewicht bringt ihn beinahe um.
Sei still! möchte er schreien. Lüg mich doch nicht an! Was glaubst du denn, wie blöd ich bin? Aber er schweigt. Wie er beinahe sein ganzes Leben lang geschwiegen hat. Schlimmer noch, er nickt sogar, als würde er ihr diesen Unsinn glauben. Immerhin, als sie ihre Hand an seinem Körper entlanggleiten läßt, zielstrebig und selbstsicher, als sie ihr nacktes Bein über seinen Unterkörper legt, schiebt er sie beiseite. »Heute nicht.«
Dennoch schlafen sie eng aneinandergeschmiegt ein, ihr Rücken preßt sich an seinen Bauch, und er denkt, daß es so richtig ist, daß es immer so sein sollte. Und doch ist es auch falsch. Vollkommen verkehrt. Zur Hölle mit diesem Tom, der alles zerstört hat. Zur Hölle mit Christina, die nicht die Frau ist, die sie ihm vorgegaukelt hat, als sie noch rote Seide trug.
Als Liedke zwei Stunden später aufwacht, er weiß beim besten Willen nicht, weshalb, ist der Platz neben ihm leer. Hat eins der Kinder geweint? Doch das einzige Geräusch ist sein eigener Atem. Drei Uhr siebenundzwanzig zeigt der

Wecker. Dann öffnet sich die Schlafzimmertür, beinahe lautlos, und Christina schleicht auf Zehenspitzen herein.
»War was?«
Sie zuckt zusammen. »Nein, ich war nur auf der Toilette.«
Kaum daß sie sich zugedeckt hat, schläft sie wieder ein. Er selbst dagegen wälzt sich ruhelos von einer Seite zur anderen. Bei Nadja hat er weitaus besser geschlafen. Der Gedanke an Nadja verwirrt ihn. Bei Tageslicht betrachtet kann er Christina gar nichts vorwerfen. Nichts, was er nicht selbst verbrochen hätte. In den letzten Tagen. Mit Nadja, in der Wohnung über dem Lokal. Nadja – Tom, wo ist da der Unterschied?

Jelka schläft unruhig, sie träumt von schrecklichen Kämpfen mit wilden Tieren, sie träumt von Leander und Constanze, die sich mit ihren glitschigen Schlangenkörpern aneinander reiben, sie träumt von Pflastersteinen, die unter ihren Füßen lebendig werden. Gegen vier Uhr morgens wacht sie auf. Ihre Bettdecke liegt auf dem Fußboden. Ihr Nachthemd ist naßgeschwitzt. Die Hitze im Zimmer ist kaum zu ertragen. Sie öffnet das Fenster, dann legt sie sich wieder auf das Bett und zieht ihr Nachthemd aus.
Luzie, der man das kleinste, ungemütlichste Zimmer zugewiesen hat, schnarcht laut. Auf dem Weg ins Bett hat sie einen Umweg durch die Küche gemacht, schließlich weiß sie, wo hier der Wein aufbewahrt wird. Und wenn dieser Rioja auch nicht so ganz ihr Geschmack ist, so hat er ihr doch dabei geholfen, in den Schlaf zu kommen.
In einem anderen Haus schleicht Sabine Paschke auf Zehenspitzen an das Bett ihres Sohns. Sebastian ist so süß. Und sie liebt ihn so sehr. Alles würde sie für ihn tun, alles.

[11]

Déjà vu. Das hier ist schon einmal passiert. Vor vielen Jahren. Auch damals war das Kind ohne Leben, auch damals waren seine Lippen von derselben unwirklichen Farbe. Auch stand ihre Mutter in der Tür, genauso wie sie jetzt dort steht, angelockt durch ihren Schrei. Und sie sagte dieselben Worte: »Christina, was hast du getan?« Nur daß sie damals sehr viel lauter geschrien hat, aber damals war sie ja auch die Mutter, die ihr Kind hergeben mußte.

Nein, alles stimmt nicht überein. Wolfram, ihr kleiner Bruder, lag ganz still und friedlich in seinem Bettchen. So als würde er nur zu tief schlafen. Dario dagegen befindet sich auf der bunten Matte vor seinem Bett. Er liegt auf der rechten Seite, das linke obere Bein ist angewinkelt, das rechte nach hinten gestreckt, der Fuß befindet sich unter dem Bett. Der linke Arm ist nach schräg oben abgespreizt, die Finger haben sich in die gelben Fransen seines Bettvorlegers verkrallt, der rechte Arm muß unter dem Körper liegen. Sein Kopf ist zur Tür gedreht. Es sieht aus, als hätte Dario versucht, mit letzter Kraft vorwärts zu kriechen. Vergeblich. Seine Augen sind weit geöffnet, sein Mund für alle Zeit in einem gequälten Aufschrei eingefroren. Ein schmaler Streifen Erbrochenes führt von seinem Mund zu einer eingetrockneten Pfütze vor seinem Gesicht.

»Wir müssen einen Arzt holen!« keucht Luzie hinter ihr, Luzie, ihre ungeliebte Mutter, die sonst nie um diese frühe Stunde auf den Beinen ist.
Einen Arzt holen, als wäre es dafür nicht zu spät. Als hätte das Schicksal nicht längst mit aller Macht zugeschlagen. Als gäbe es irgendwo auf der Welt einen Doktor, der die Uhr zurückdrehen, der Tote wieder zum Leben erwecken könnte.
Auf einmal steht Jelka im Zimmer. Sie faßt sich entsetzt an die Kehle, bevor sie am Fußende von Darios Bett niederkniet und stammelt: »Der ist ja tot. Hört ihr nicht, der ist tot.« Dabei schaukelt sie mit dem Oberkörper vor und zurück.
Luzie ist es, die das verstörte Mädchen auf die Beine zieht und entschieden aus dem Zimmer schiebt. »Geh, das ist kein Anblick für dich. Leg dich wieder hin. Oder nein, ruf besser noch deinen Vater an. Er soll sofort kommen. Und dann euren Hausarzt.« Wer hätte gedacht, daß unter dem gefärbten Rothaar soviel klarer Verstand wohnt.
Christina kann gar nichts tun. Sie kann nur dastehen und mit ungläubigen Augen auf ihr totes Kind starren.

Da seine Frau unter der Dusche steht, nimmt Dr. Theuerkauf den Anruf selbst entgegen. Jelka Liedke. Er erinnert sich dunkel an ein blasses, dünnes, stilles Mädchen, das zu niedrigen HB-Werten und Hypotonie neigt. Wahrscheinlich treibt sie keinen Sport. Die Mutter ist sehr früh an Krebs gestorben, dem Vater gehört die Weiße Taube. Ein gutes Lokal, ein sehr gutes Lokal sogar. Erst letzte Woche hat er dort mit seiner Frau eine vorzügliche Lammkeule gegessen.

»Tot, mein Kind«, sagt er nachsichtig, »den Tod kann nur ein Mediziner feststellen. Er hat erbrochen? Liegt auf dem Bauch? Ja, dann kann er ja nicht aspiriert haben. Hast du ihn berührt? War er kalt? Nicht? Na bitte. Ich werde auf jeden Fall sofort vorbeikommen. Wo? Ach, ihr seid umgezogen. Das wußte ich ja gar nicht. Und die Nummer?«
Wenig später sitzt er bereits in seinem Wagen, die Tasche mit den Notfallmedikamenten auf dem Beifahrersitz. Nicht, daß er damit rechnet, einen Toten vorzufinden. So schnell stirbt es sich nicht. Aber das Kind scheint ernsthaft krank zu sein. Vielleicht ein Fieberkrampf. Ja, so etwas in der Art wird es sein. Wenn die Kinder dabei zyanotisch werden, denken die Angehörigen immer gleich an das Schlimmste. Dennoch gibt er Gas, als die Ampel auf Gelb umspringt, um dem Schicksal ein paar zusätzliche Minuten abzuringen.
Gisbert Liedke hat noch nicht einmal alle Lebensmittel im Kühlraum verstaut, als das Telefon klingelt. »Jelka?«
Dreißig Sekunden später spurtet er die Treppe hoch, reißt Nadja unsanft aus dem Schlaf, erstickt die Hoffnung in ihren Augen mit den Worten: »Wir öffnen heute nicht! Anscheinend ist mein Stiefsohn verunglückt! Kümmere dich bitte um alles, ich rufe dich später an!« Als er im Wagen sitzt, würgt er vor Aufregung den Motor ab.

Der Junge ist wirklich tot, und das schon ziemlich lange. Die Totenstarre ist bereits voll ausgebildet. Dr. Theuerkauf wühlt verzweifelt in dem dürftigen Bestand an gerichtsmedizinischen Kenntnissen, die er zum Glück schon lange nicht mehr anwenden mußte. Sechs bis acht Stunden, fällt ihm endlich ein. Nach sechs bis acht Stunden ist das Vollbild der Leichenstarre erreicht. Also muß dieses Kind zwischen dreiundzwanzig Uhr und ein Uhr morgens gestorben sein. Dr. Theuerkauf ist froh, noch nicht gefrühstückt zu haben. Im Angesicht des Todes wird ihm nach all den Jahren immer noch speiübel. Die Mutter des Kindes – sie ist sehr jung und ausgesprochen hübsch, er kann gar nicht glauben, daß sie den alten Liedke geheiratet hat – lehnt an der Wand. Ihre Augen sind riesengroß. Das macht der Schock, natürlich, vielleicht sollte er ihr etwas zur Beruhigung geben.

»War der Junge krank? Hatte er gestern abend hohes Fieber?«

Sie schüttelt den Kopf. »Nein. Dario war kerngesund. Nicht wahr, Mama?« Sie zerrt die kleine rothaarige Frau in dem schäbigen Morgenmantel am Arm. Die nickt und versucht so unauffällig wie möglich die Hand ihrer Tochter abzuschütteln. Vergeblich. Die junge Frau gebärdet sich, als wollte sie den Arm abreißen.

»Gibt es irgendwelche ernsthaften Erkrankungen in ihrer näheren Umgebung? Im Kindergarten vielleicht? Zum Beispiel Masern.« Wenn man eine logische Erklärung hätte, etwas, woran man sich halten könnte, dann würde diese Tragödie ein wenig von ihrem Schrecken verlieren. Eine medizinische Ursache für den Tod dieses Kindes, das ist es, was Dr. Theuerkauf an diesem Morgen erlösen würde, ihn befreien würde von den schwarzen Gedanken, die wie ein bedrohlicher Krähenschwarm in seinem Hirn herumwüten.

Doch wieder verneint die Kindesmutter sehr entschieden. »Nein. Außerdem besucht Dario keinen Kindergarten, er ist ja noch nicht einmal vier Jahre alt.«

»Hat er sich sonstwie auffällig benommen? Über Kopfschmerzen geklagt? Hatte er Husten? Schnupfen? Andere Beschwerden, die Sie für nicht so bedenklich gehalten haben?« Die Meningitiswelle in Süddeutschland fällt ihm ein, aber das ist ja viel zu weit weg.

»Er war so wie immer, so glauben Sie mir doch. Gestern gegen Mitternacht kam er noch zu uns in die Stube, gesund und munter. Dario macht nämlich gerade so eine schwierige Phase durch, beinahe jede Nacht wacht er auf und kommt in mein Bett, aber das gibt sich bestimmt wieder ... mein Gott!« Die junge Frau preßt plötzlich beide Hände gegen den Mund. Sie würgt. Schweißtropfen bilden sich auf ihrer Stirn.

»Ich glaube, Sie sollten sich setzen. Besser wäre es noch, wenn Sie sich irgendwo hinlegen. Könnte sich jemand um Frau Liedke kümmern?«

»Martell«, sagt die alte Frau in dem Morgenmantel automatisch. Und als der Arzt sie verwirrt anstarrt, erklärt sie, daß ihre Tochter zwar verheiratet sei, aber dennoch ihren Mädchennamen beibehalten habe. Ihre Ausführungen darüber, daß sich heutzutage alles verändert, daß man kaum noch mitkomme, schneidet der Arzt mit einem barschen: »Nun gehen Sie schon!« ab. Auch Jelka, die sich mit beiden Händen am Fußende des Kinderbettes festhält, schickt er hinaus. Er muß jetzt allein sein. Und nachdenken.

Dieser Junge ist keines natürlichen Todes gestorben. Dafür würde er seine Hand ins Feuer legen. So wie er daliegt, ist er vor seinem Bett zusammengebrochen. Kollabiert. Aber weshalb sollte ein Kind in dem Alter kollabieren? Ein gesundes Kind, wohlgemerkt. Um vierundzwanzig Uhr soll er noch kreuzfidel gewesen sein? Nach Dr. Theuerkaufs Berechnungen könnte er um Mitternacht schon tot gewesen sein! Nein, hier stimmt etwas ganz und gar nicht. Unter keinen Umständen wird er diesen Totenschein ausstellen. Damit es nachher heißt, er wäre alt und vertrottelt und hätte etwas Wichtiges übersehen. Seufzend erhebt er sich vom Boden, wobei er sich mit beiden Händen abstützen muß. Seine Knie knacken fürchterlich. Arthrose beiderseits. Dr. Theuerkauf feiert demnächst seinen siebenundsechzigsten Geburtstag. Er sollte die Praxis wirklich einem Jüngeren übergeben. Tote Kinder auf nüchternen Magen, mein Gott ...

Jelka steht auf dem Flur. Sie ist noch magerer als in seiner Erinnerung. Und auffällig blaß, aber das ist natürlich kein Wunder. »Wo ist hier das nächste Telefon?« fragt er so freundlich wie möglich. Dabei klopft ihm das Herz bis zum Hals. Doch es hilft alles nichts, er muß die Polizei anrufen.

Oberkommissarin Johanna Lauritz hat schlechte Laune. Der Reißverschluß ihrer heißgeliebten Lederjeans, die sich neuerdings nur noch mit Baucheinziehen und Luftanhalten schließen läßt, hat seinen Geist aufgegeben. Morgens um halb sieben. So ein Mist. Also Diät. Zum Frühstück schwarzer Kaffee und ein Toast ohne Butter. Und auf dem Heimweg ist ein Kurzbesuch beim Schneider fällig. Die Woche fängt ja gut an!

Das Telefon klingelt. Stefan Heyne ist dran und bittet sie, auf dem Weg ins Präsidium in einer Villa im Gerichtsviertel vorbeizuschauen. Das liege doch auf ihrem Weg. Ein gewisser Dr. Theuerkauf habe sich gerade über Notruf ge-

meldet. Er wurde zu einem Kleinkind gerufen, das unter merkwürdigen Umständen zu Tode gekommen sei.
Also ein totes Kind in der Bismarckstraße. Gar kein Frühstück. Das ist auch nicht schlecht. Vor der Haustür begegnet ihr Paul Bischoff, der eine Tüte frischer Brötchen schwenkt. »Tut mir echt leid, ich muß los. Dienstlich.«
Während der Fahrt ruft sie sich mehrfach seinen Gesichtsausdruck ins Gedächtnis. Er sah enttäuscht aus. *Sehr* enttäuscht.
Bismarckstraße 17. Also mitten im Gerichtsviertel. Das Haus hat sich dann auch redlich das Prädikat Villa verdient, selbst wenn es sich bei weitem nicht um das prächtigste Bauwerk der Straße handelt.
Gleich beim ersten Klingeln öffnet eine ältere Frau. Die Haushälterin, nimmt Johanna automatisch an. In diesen Kreisen hat man eine Haushälterin. Beim Anblick des Kripoausweises schnappt die Frau entsetzt nach Luft. »Polizei?« keucht sie. »Wegen dem Jungen? Aber der ist doch in seinem Zimmer ... ich meine, da war doch niemand dabei!«
»Würden Sie mir den Weg zeigen?«
Das Kinderzimmer ist hell und freundlich eingerichtet. Alles scheint noch sehr neu. Das tote Kind vor dem Bett wirkt fehl am Platz. Ein Irrtum. Der Arzt, Dr. Theuerkauf, fummelt nervös am Verschluß seiner Arzttasche herum.
»Gut, daß Sie so rasch gekommen sind. Ich habe den Eltern nämlich gar nichts davon gesagt, daß ich die Polizei zu Rate ziehen möchte. Weil es so ... na ja, Sie verstehen mich schon. Es sieht aus, als wollte ich die Familie des Mordes bezichtigen.«
Und das würde der gute Dr. Theuerkauf natürlich lieber

der Polizei überlassen. Johanna nickt. »Erklären Sie mir bitte kurz, weshalb Sie angerufen haben.«
»Sie sehen ja selbst, wie er daliegt. Als hätte er noch zu seiner Mutter gewollt. Aber dann ist er wohl zusammengebrochen. Nach vorn gefallen, oder was denken Sie darüber?«
Johanna nickt.
»Da er halbwegs auf dem Bauch liegt, geradezu in der klassischen stabilen Seitenlage, konnte er ja wohl auch nicht aspirieren. Ich meine, das Erbrochene ist mir selbstverständlich aufgefallen«, fügt er schnell hinzu. »Aber ich denke trotzdem, daß er nicht daran erstickt ist!«
Johanna nickt wieder.
»Und dann wird es immer merkwürdiger. Das Kind soll gestern gegen Mitternacht noch mal wach gewesen sein. Die Mutter hat es mir gerade erzählt. Da war er angeblich kerngesund. Völlig normal, die Großmutter hat das bestätigt. Wenn man jetzt aber den Zustand des Leichnams betrachtet, also zum Beispiel den Grad der Leichenstarre, dann müßte das Kind ungefähr um Mitternacht gestorben sein. Da stimmt doch was nicht. Warum sollte der Kleine ohne jeden ersichtlichen Grund tot vor seinem Bett zusammenbrechen?«
»Sehr umsichtig, daß Sie uns gleich gerufen haben«, lobt Johanna den Mann. Insgeheim denkt sie, daß er als Mediziner die Gründe, warum ein Kind scheinbar grundlos stirbt, besser kennen sollte als sie selbst. »Haben Sie schon etwas verändert? Den Jungen untersucht? Haben Sie seine Körpertemperatur gemessen?«
Er schüttelt den Kopf. »Er ist seit Stunden tot, da kann man nichts mehr machen. Deshalb habe ich alles so gelas-

sen, wie ich es vorgefunden habe. Man soll ja nichts am Tatort verändern!«

Tatort? Also das ist ja nun ein wenig übertrieben. Warum sollte jemand ein Kleinkind ermorden? Aber wenn man schon einmal da ist, kann es ja nicht schaden, die routinemäßigen Untersuchungen zu machen.

»Dann wollen wir mal schauen.« Behutsam schiebt Johanna den Schlafanzug des Jungen hoch. Er fühlt sich immer noch warm an. Auch die Totenflecken sind noch nicht allzu deutlich ausgeprägt. Danach wäre der Junge nicht länger als drei Stunden tot, was allerdings nicht zum Grad der Totenstarre passen will. »Haben Sie ein Thermometer?«

»Ja, natürlich.« Eifrig kramt Dr. Theuerkauf in seiner Notfalltasche. »Bitte.«

Zum Glück funktionieren die modernen Digitalthermometer innerhalb von kürzester Zeit. »34,8 Grad. Entweder hatte er hohes Fieber, oder aber der Zeitpunkt seines Todes liegt noch nicht allzulange zurück.« Dr. Theuerkauf wirft theatralisch die Arme in die Luft. Ich weiß es nicht, soll das wohl heißen.

Johanna wendet sich wieder dem toten Kind zu. Sein Rükken ist glatt und ein bißchen speckig. Wie klein er noch ist. Wie unschuldig. Sie schluckt, dann zieht sie entschieden die Hose nach unten. Auch hier nichts als unbeschädigte Haut. Es gibt keine sichtbaren Blutungen aus Nase oder Ohren, die auf eine schwere Kopfverletzung hinweisen. Beim Abtasten des Kopfes schießen ihr plötzlich die Tränen in die Augen. Weiches Babyhaar, das unverkennbar nach Shampoo riecht. Wie kann dieses Kind so einfach sterben? Der Hals weist keine Würgemale auf. »Auf den

ersten Blick keine Spuren von Gewalteinwirkung«, flüstert sie. »Ich könnte mir vorstellen, daß der Kleine an einer Vergiftung gestorben ist.«
Dr. Theuerkauf kratzt sich am Kopf. »Ja, Sie könnten recht haben. Eine Vergiftung. Tabletten vielleicht. Die Leute sind ja so fahrlässig ...«
Also eine Medikamentenvergiftung. Die Sachlage scheint sich zu klären. Und doch, irgend etwas zwingt Johanna, sich noch einmal genauer umzusehen. Das blaßgelb karierte Bettzeug ist zerwühlt, die Decke liegt halb auf dem Fußboden, auf dem Kissen entdeckt Johanna ebenfalls ein wenig grünlichen Schleim, etwa einen Eßlöffel voll. Auf dem Nachttisch stehen ein paar Matchboxautos, ein grüner BMW, der noch ganz neu aussieht, und zwei verschrammte Sportwagen. Ein Glas ist zur Hälfte mit Wasser oder einer anderen klaren Flüssigkeit gefüllt. Ein halb aufgeschlagenes Bilderbuch, in dem zwei Kaninchenkinder sich um eine Karotte zanken, gibt es auch. Unter dem Kissen liegt zusammengeknülltes Bonbonpapier. Nirgends Verpackungsreste von Tabletten. Auf allen vieren schaut Johanna unter das Bett. Ein vergessener Plüschteddy zwinkert ihr aus der Dunkelheit zu. »Wir müssen unbedingt ein wenig von dem Erbrochenen sicherstellen. Am besten auch von dem Inhalt des Glases. Und dann werde ich mit den Eltern reden.« Leider bleibt mir ja nichts anderes übrig, setzt sie in Gedanken hinzu.
»Seien Sie behutsam«, warnt der Arzt. »Die Mutter steht unter Schock. Nicht daß mir da noch was passiert!«
»Wenn Sie mir das nicht zutrauen, machen Sie es doch selbst«, fährt Johanna ihn patzig an. Beide sind erstaunt über diesen Ausbruch.

Die Haushälterin steht im Flur. »Könnte ich bitte zwei leere Schraubgläser haben?« fragt Johanna Lauritz mit möglichst unbefangener Stimme. Und dann, als die Frau sie mit großen Augen anstarrt, so als hätte sie russisch gesprochen: »Marmeladegläser vielleicht, mit Deckel. Und dann würde ich gern mit den Eltern reden.«
»Ein Glas, o Gott, ich weiß ja gar nicht, wo ... ich meine, ich bin doch nur zu Besuch. Meine Tochter liegt unten in der Stube. Und mein Schwiegersohn ist überhaupt nicht im Haus«, stammelt die Frau.
Die Haushälterin ist also die Großmutter des Kindes, notiert Johanna in Gedanken. Und dann noch, daß die Frau mitsamt ihrem abgewetzten Morgenmantel nicht in dieses vornehme Haus paßt.
In einer der anderen Zimmertüren, die vom Flur abgehen, lehnt ein etwa fünfzehnjähriges Mädchen, eins, das genau dem neuen Schönheitsideal entspricht, blaß, hohlwangig und viel zu dünn. Automatisch zieht Johanna ihren Bauch ein.
»Ich bringe Ihnen zwei Gläser. Luzie kennt sich hier nicht aus.« Die Stimme des Mädchens klingt überraschend gefaßt. Sie schubst sich vom Türrahmen ab und geht zur Treppe. Jetzt hört man, daß unten die Haustür aufgeschlossen wird.
»Papa! Dario ist tot!« Mit eiligen Schritten stürzt das junge Mädchen die Treppe runter. Der Mann, der gleich darauf in Johannas Blickfeld kommt, wischt sich den Schweiß von der Stirn. »Sie sind sicher die Ärztin«, keucht er atemlos.
Sie schüttelt den Kopf. »Nein. Ich bin von der Kripo.«
Genausogut hätte sie ihm einen Kinnhaken verpassen kön-

nen, denn der Mann geht lautlos in die Knie. Er fällt zur rechten Seite. Es gibt ein unschönes Geräusch, als sein Kopf gegen die Wand schlägt. Auch das noch. »Dr. Theuerkauf!« ruft Johanna. »Könnten Sie bitte mal kommen?«

Quietschend öffnet sich eine der anderen Türen. Ein kleines Mädchen in einem bodenlangen weißen Spitzennachthemd tapst barfuß auf den Flur. Mit ihren zerzausten dunklen Locken und den riesengroßen neugierigen Augen scheint sie direkt aus einem der altmodischen Glanzbildchen entstiegen zu sein, wie man sie selbst in unserer nüchternen Zeit noch gern in Poesiealben klebt.

»Wer bist du denn?« fragt Johanna gerührt.

Die Kleine reagiert gar nicht. Unbeirrt nähert sie sich dem ohnmächtigen Mann, um ihm liebevoll mit ihrer fleischigen Kinderhand über das Haar zu streichen.

Plötzlich ist der schmale Flur von Menschen überfüllt. Das Mädchen mit den Marmeladegläsern in der Hand schreit beim Anblick seines Vaters auf. Der wiederum öffnet zögerlich die Augen, während Dr. Theuerkauf hektisch darum bemüht ist, seinen Blutdruck zu messen. Und die Großmutter ist auch wieder da. Ihr fällt nichts anderes ein, als ständig zu jammern: »Ach du liebe Güte! Ach du liebe Güte!«

Johanna würde am liebsten fortlaufen. Diese seltsame Menschenansammlung sich selbst überlassen. Und so greift sie nach den leeren Schraubgläsern und zieht sich damit in die Stille des Kinderzimmers zurück. Hier ist die Zeit stehengeblieben. Der Junge hat die häßlich gelbe Farbe des Todes angenommen. Wahrscheinlich war das eben schon so, sie hat es nur nicht sehen wollen. Weil er

noch so klein ist, weil sein Leben noch gar nicht so richtig begonnen hatte und weil Kinder in diesem Alter noch nicht sterben sollten. Mit zusammengebissenen Zähnen schrappt sie mit dem Glasrand über den Teppich, um die letzten flüssigen Schleimreste einzusammeln. Dann gießt sie den Inhalt des Wasserglases in das andere. Beschriften braucht sie die beiden Gefäße nicht, sie sind nicht zu verwechseln. Ein letztes Mal läßt sie ihren Blick durch das Totenzimmer schweifen. Der Junge war hier nicht glücklich, der Gedanke ist plötzlich da. Vielleicht, weil alles so neu, so unbenutzt aussieht. Viel zu aufgeräumt für so einen kräftigen Burschen, der doch vor Energie gesprüht haben muß. Gestern um diese Zeit. Seine strammen Waden sehen aus, als wäre er Hunderte von Kilometern damit gelaufen, als wäre er unermüdlich die Treppe rauf- und runtergestiefelt, als hätte er den ganzen Tag gehopst, gesprungen und Fußball gespielt. Behutsam streicht sie ihm über das blonde Haar. »He, was hast du nur geschluckt?«
Später schleicht sie mit gesenktem Kopf an den immer noch aufgeregt durcheinanderredenden Menschen vorbei die Treppe runter. Bloß keinen ansehen, bloß keine Fragen beantworten müssen. Das Wohnzimmer wird sie schon allein finden. So schwer kann das ja nicht sein.
Die Mutter des toten Kindes liegt auf einem rosa-weiß gestreiften Sofa. Das erste, was Johanna registriert, ist, daß ihre großen, fleischigen Füße in den hellen Birkenstocksandalen nicht zu der Tragik der Situation passen wollen. Zugegeben ein blöder Gedanke. Aber wenigstens einer, der ihre Emotionen im Zaum hält.
Flüsternd stellt Johanna sich vor. »Johanna Lauritz. Oberkommissarin.« Daß sie im Ersten Kommissariat, der Ab-

teilung für Mord und Brand, tätig ist, läßt sie natürlich unerwähnt.
»Warum hat man Sie gerufen?« Auch die Frau spricht mit gedämpfter Stimme.
Johanna schluckt. Doch hier hilft nur die Wahrheit. »Es tut mir leid, aber der Tod ihres Sohnes erscheint auf den ersten Blick unerklärlich. Und in so einem Fall wird grundsätzlich die Polizei hinzugezogen. Im Moment vermuten wir, daß er Tabletten genommen hat. Wäre das möglich?«
»Eine Tablettenvergiftung?« Sie läßt das bedrohliche Wort eine Weile im Raum stehen, dann schüttelt sie mit aller Entschiedenheit den Kopf. »Das kann nicht sein. Unmöglich. Dario hat keine Tabletten eingenommen. Ich sagte schon dem Arzt, daß er kerngesund war.«
Johanna nickt. »Ja, das glaube ich gern. Wir gehen auch nicht davon aus, daß er absichtlich Medikamente eingenommen hat. Nein, in solchen Fällen ist es meist so, daß die Kinder irgendwo im Haus Tabletten finden und sie dann in dem Irrglauben, daß es sich um Bonbons handelt, schlucken.«
»Bei uns gibt es keinerlei Medikamente«, sagt die Kindesmutter mit fester Stimme.
»Wissen Sie, Frau ... Frau Liedke? Richtig?«
»Nein. Ich heiße Christina Martell.«
»Ach so. Frau Martell also. In so einem furchtbaren Augenblick steht man natürlich unter Schock. Das ist nur zu verständlich. Aber irgendwelche Medikamente findet man in jedem Haushalt. Überlegen Sie bitte noch einmal.«
»Lassen Sie meine Frau in Ruhe!« tönt es da bedrohlich hinter ihrem Rücken. Aha, der kleine Mann hat sich von seiner Ohnmacht erholt. Und er ist noch nicht am Ende

mit seiner Rede. »Ihre Fragen machen den Jungen auch nicht mehr lebendig. Was fällt diesem Dr. Theuerkauf überhaupt ein, ohne mein Einverständnis die Polizei zu rufen?«

Klar, so ist es immer. Eltern handeln fahrlässig, lassen Medikamente offen rumliegen, Streichhölzer, gefährliche Chemikalien, lassen Fenster und Türen offenstehen, laden das Unglück geradezu ein, und wenn das Kind dann in den Brunnen gefallen ist, wollen sie von nichts wissen. Behaupten, sie seien schon genug gestraft.

Johanna dreht sich um. »Herr Martell«, sagt sie eindringlich, »ich verstehe sehr wohl, wie weh Ihnen das alles tut, aber es muß sein. Der Tod Ihres Sohnes gibt uns Rätsel auf. Und bei unerklärlichen Todesumständen sind die Ärzte verpflichtet, die Kriminalpolizei zu benachrichtigen. Dr. Theuerkauf hat sich also völlig korrekt verhalten.« (Mein Gott, klingt das doof!) »Es tut mir wirklich leid«, beeilt sie sich zu versichern, denn das Schlimmste kommt ja noch. »Aber ich denke, für den Moment ist das Wichtigste geklärt. Vielleicht begleiten Sie mich zur Tür.«

Draußen dann schiebt sie den letzten Rest Wahrheit hinterher.

»Herr Martell, so schrecklich es Ihnen auch erscheinen wird, aber wir werden um eine Obduktion nicht herumkommen. In Fällen, in denen die Todesursache nicht eindeutig sicher ist, schreibt das unser Gesetzgeber so vor. Wenn ich Ihr Telefon benutzen darf, werde ich alles Notwendige veranlassen.«

Er schüttelt den Kopf. »Zunächst einmal heiße ich Liedke, Gisbert Liedke. Und dann, was die Obduktion angeht, nein, das erlauben wir nicht. Daß jemand an dem armen

Jungen herumschnippelt, womöglich seine Organe entnimmt. Hören Sie?« Er stemmt die Arme in die rundlichen Hüften und reckt kriegerisch sein Kinn vor. »Ich verbiete es!«
»Das können Sie gar nicht«, seufzt Johanna. Auf einmal kann sie es gar nicht mehr erwarten, dieses Haus zu verlassen, in dem ein kleiner Junge einen einsamen Tod gestorben ist. Während alle anderen friedlich in ihren Betten schliefen.

»Hast du ihn gesehen?« fragt Christina leise.
Liedke zuckt hilflos mit den Schultern. Nein, er war zu feige, Darios Zimmer zu betreten. »Es tut mir so leid, so schrecklich leid, Christina«, flüstert er.
Sie setzt sich auf und schlingt beide Arme um ihren Körper, so als wollte sie sich selbst trösten. »Weißt du, ich kann es überhaupt nicht glauben. Es ist so unvorstellbar. Dario ... er muß doch jeden Moment zur Tür hereinkommen. O Giesi ...« Sie bricht in verzweifeltes Schluchzen aus. »Versprich mir, daß du mich nicht verläßt.«
Gisbert Liedke wird es plötzlich eng in der Brust. Als hätte jemand einen Ring um seinen Brustkorb gelegt. Einen Ring aus Eisen, den er jetzt zusammenzieht. So heftig, daß es schmerzt. Und daß man keine Luft mehr bekommt.

»Na, was war?« fragt Hauptkommissar Stefan Heyne gelangweilt, während er mit einem Tempotaschentuch seine neuen Schuhe auf Hochglanz poliert. Seit seinem Geburtstag verkehrt er mit Johanna Lauritz nur noch auf dienstlicher Ebene. Und irgendwie macht es den Eindruck, als ob er auf Fehler lauern würde, die er hinterher genüßlich aus-

schlachten könnte. Zu einem Glas Wein oder gar zu einem Essen hat er Johanna nie wieder eingeladen.
»Was wirklich war, werden wir erst nach der Obduktion wissen. Vermutlich hat der Junge irgendwo Tabletten gefunden. Die Mutter behauptet natürlich, daß es im ganzen Haus keine Medikamente gibt.«
Heyne ist mit Schuheputzen fertig. »Mit anderen Worten das Übliche. Und was waren das für Leute?«
Gute Frage. Nur leider nicht so leicht zu beantworten. »Gehobener Mittelstand, sehr gehoben wahrscheinlich. Ich meine die Adresse, Bismarckstraße, spricht ja wohl für sich. Wer kann sich schon eine Villa im Gerichtsviertel leisten. Entweder die wohnen dort noch nicht lange, oder sie haben gerade alles frisch renovieren lassen. Das Kind machte rein äußerlich keinen vernachlässigten Eindruck. Da lief noch so ein Zwerg rum, ein Mädchen glaube ich, die Mutter könnte eine von der Sorte sein, deren einziger Lebensinhalt die Kinder sind.«
»Und dann läßt sie Tabletten rumliegen?«
»Angeblich nicht. Sie hat behauptet, daß es in ihrem Haus keine Medikamente gibt.«
»Pah. Dann war es etwas anderes. Bekanntlich sind in jedem Haushalt unzählige giftige Substanzen. Ameisengift, Spülmaschinenreiniger, weiß der Teufel ...«
»Keine Verätzungen im Mund«, erwidert Johanna automatisch. Müde hebt sie die Schultern. »Laß uns einfach die Autopsie abwarten. Vielleicht stellt sich ja doch was Organisches raus, ein Hirntumor, ein nicht erkannter Herzfehler ...«
Mit elegantem Schwung befördert Stefan Heyne das Papiertaschentuch in den Mülleimer. Volltreffer. Triumphie-

rend grinst er Johanna an. »Mit anderen Worten, blinder Alarm!«

»Wie steht es mit Kindesmißhandlung?« schaltet sich Oberkommissar Roland Bierwirth ein, selbst Vater von zwei Kleinkindern.

»Unwahrscheinlich. Ich habe nichts an seinem Körper entdecken können. Zum Glück. Nee, Stefan hat schon recht. Das Kind ist kein Fall für die Kripo. Irgendeine Verkettung von unglücklichen Umständen. Möglicherweise muß die Großmutter, die gerade zu Besuch ist, regelmäßig Medikamente einnehmen und hat das Zeugs in ihrem Zimmer rumliegen lassen.« Eigentlich sagt Johanna das eher zu sich selbst. Damit endlich dieses gequälte Kindergesicht aus ihrem Kopf verschwindet.

»Giesi, ich möchte, daß wir Dario ein paar Tage im Haus behalten. Damit wir in aller Ruhe Abschied nehmen können.«

»Was?«

»Ja, früher hat man die Toten grundsätzlich im Haus aufgebahrt. Und ich möchte ihn einfach noch ein bißchen länger bei mir haben. Verstehst du, ich kann ihn noch nicht hergeben. Ich brauche noch Zeit.«

Die Vorstellung, einen Toten im Haus zu haben, macht ihn panisch. Gar nicht davon zu reden, daß der Kleine jeden Moment abgeholt werden kann. Alles wurde schon in die Wege geleitet.

»Christina«, sagt er zärtlich, »mein Herz, es geht nicht. Das, was du dir da vorstellst, ist unmöglich. Der Leichenwagen wird gleich kommen.«

Mit einer heftigen Bewegung stößt sie die Wolldecke von

ihrem Bauch, dann erhebt sie sich schnaufend. »Nein, er bleibt hier. Hast du mich verstanden? Ich will wenigstens die Möglichkeit haben, in Ruhe zu trauern. Mit Laura.«

Will sie etwa das arme Kind zu einem Toten sperren? Ja, sie will, er liest es in ihren Augen.

»Du kannst nichts tun. Er wird abgeholt, weil diese unmögliche Polizistin es so angeordnet hat. Sie hat es mir gesagt. Weißt du, Darios Todesursache ist ungeklärt, und deshalb ...« Den Rest bringt er nicht über seine Lippen.

Aber sie versteht auch so. »Sie wollen ihn obduzieren? Ist es das? Sie wollen ihn *aufschneiden?*«

Hilflos zuckt er mit den Schultern. »Es tut mir so leid, Christina. Ich habe natürlich gesagt, daß wir niemals zustimmen werden. Aber diese Rothaarige hat behauptet, das sei ohnehin nicht nötig.«

Mit beiden Händen faßt sie ihr Haar im Nacken zusammen. »Nein, das kommt nicht in Frage. Giesi, du hast doch bestimmt einen Rechtsanwalt. Ruf ihn an. Wir lassen uns solche staatliche Willkür nicht gefallen. Ruf bitte auf der Stelle an.«

Natürlich ist die Sache aussichtslos, die Kommissarin ist eine von der Sorte, die weiß, wovon sie redet, das hat Liedke gleich erkannt. Trotzdem steht er brav auf und greift zum Telefon. Christina braucht jetzt jede Unterstützung, das ist ihm klar. Das, was er am Telefon erfährt, ist genau das, was er erwartet hat. Nämlich daß es keine Möglichkeit gibt, sich zu widersetzen. Im Gegenteil, sie würden sich höchstens noch verdächtig machen, wenn sie gegen eine Autopsie ankämpfen. So kann er das selbstverständlich nicht weitergeben.

Christina ist wieder in Darios Zimmer gegangen. Und ihm

bleibt nichts anderes übrig, als ihr dahin zu folgen. Er dachte, der Junge wäre im Schlaf gestorben, würde friedlich in seinem Bett liegen, mit geschlossenen Augen und einem Lächeln im Gesicht, doch das stimmt nicht. Bäuchlings auf dem Fußboden, beide Hände ausgestreckt, die Beine seltsam angewinkelt, erinnert er Liedke an ein Tier, das auf der Flucht erschossen wurde. Auf einmal kann er die Kommissarin verstehen. Der Ausdruck »ungeklärte Todesursache« bekommt ein Gesicht, Darios Gesicht.

Er legt seinen Arm um Christinas Schulter. »Du solltest dich wirklich nicht so quälen. Komm.«

Doch sie schüttelt ihn ungehalten ab. »Hilf mir, ihn aufs Bett zu heben. Er soll nicht so auf dem Boden liegen.«

Was bleibt ihm anderes übrig. Ohne seine Mithilfe wird sie es allein tun, das hört er an ihrem entschlossenen Ton. Also sagt er das, was gesagt werden muß: »Ich mach es allein, du setzt dich solange hin.«

Gisbert Liedke ist sein Leben lang vor dem Tod davongelaufen. Nur einmal, ein schreckliches Mal war er nicht schnell genug. Da starb Ira, seine erste Frau, in seinen Armen. Damals hat er das Zimmer nach zwei Stunden verlassen. Und er hat sich geweigert, seine Frau noch einmal vor der Beerdigung anzuschauen.

Und als er jetzt seine Arme unter Darios kalten Körper schiebt, muß er sich auf die Zunge beißen, um nicht laut aufzuschreien. Der Junge ist unerwartet schwer, ein kaltes Ding, steif dazu, aber irgendwie gelingt es ihm, ihn auf das Bett zu legen. Wenn er nur nicht diesen entsetzten Gesichtsausdruck hätte, wenn wenigstens der Mund sich schließen ließe.

»Hier.« Auf einmal ist Luzie da. Sie riecht unverkennbar

nach Schnaps, wahrscheinlich hat sie sich über seinen Cognac hergemacht, und vielleicht sollte er ihrem Beispiel folgen. Sie hält einen feuchten Waschlappen in der Hand. »Hier, wasch ihm das Gesicht ab. Das arme, arme Kind.«

Später holt Christina die kleine Laura in das Zimmer des Toten. Mit flüsternder Stimme erklärt sie ihr, daß Dario jetzt auf eine große Reise gehen wird. Zu den Sternen. Und daß sie sich von ihm verabschieden soll. Dann führt sie Lauras Hand zu Darios Gesicht, damit sie ihn streicheln kann. Liedke läuft eine Gänsehaut über den Rücken. Am liebsten würde er die Kleine aus dem Zimmer bringen, aber sie ist Christinas Tochter, nicht seine, und deshalb schließt er nur die Augen. Jelka hat er damals den Anblick ihrer toten Mutter erspart. Und er würde es heute wieder ganz genauso machen.

»Wir müssen Tom benachrichtigen. Ich denke, er hat das Recht, sich von Dario zu verabschieden.«

Gern hätte Liedke jetzt entgegnet, daß dieser Tom nicht über seine Schwelle darf, daß er diesen Tom nicht kennenlernen möchte, aber in dieser Situation gelten solche Vorbehalte nichts. Auch Luzie sieht das ein, doch ihr tiefer Seufzer verrät, wie sehr ihr dieser Vorschlag gegen die Natur geht. Immerhin macht sie es Liedke damit leichter, Christina zuzustimmen. »Ja, das mußt du wohl tun. Und sag, daß er sich beeilen soll. Der Kleine wird gegen halb fünf ...« Er schluckt. »Ich meine, gegen halb fünf kommen die vom Beerdigungsinstitut.«

Tom Gräfe ist binnen zehn Minuten da. Er scheint ganz in der Nähe zu wohnen. Jung ist er, aber das war ja nicht anders zu erwarten, Christina ist schließlich auch noch jung.

Außerdem sieht dieser Gräfe überwältigend gut aus, dünn und sehnig, sehr maskulin, ein hageres Gesicht mit hohen Wangenknochen und glühenden Augen, unbändige schwarze Locken fallen in sein Gesicht. Lauras Locken, wie Liedke eifersüchtig bewußt wird. Gräfe ist ein geheimnisvoller Satyr, der etwas Ungezügeltes ausstrahlt, wilde Leidenschaft etwa. Liedke fühlt sofort, daß dieser Mann Frauen verrückt machen kann, nicht wirklich glücklich, dafür wirkt er zu düster, zu zerrissen, aber verrückt im Sinn von abhängig. Und er fühlt sich augenblicklich uralt, klein, dick und nebensächlich. Ja, die beiden geben ein schönes Paar ab, eines, nach dem man sich auf der Straße umdreht. Und in ihren Kindern haben sie sich verewigt. Die kleine Laura so schwarz und geheimnisvoll wie ihr Vater und dabei doch so sanft und lieb, Dario dagegen so blond wie seine Mutter, aber längst nicht so ruhig und ausgeglichen. Nein, er mag wohl das ungestüme Wesen seines Vaters geerbt haben. Und jetzt ist er tot.

Tom Gräfe hat Augen für nichts und niemanden. Mit großen, raumgreifenden Schritten durchquert er eilig den Flur. »Wo ist er, wo ist mein Sohn, was hast du ihm angetan?«

Christinas schüchternes: »Oben in seinem Zimmer!« treibt ihn zur Treppe, die er, immer drei Stufen auf einmal nehmend, hinaufstürmt. Aha, er kennt sich hier aus, denkt Liedke. Aber er ist zu erschöpft, um sich darüber zu ärgern.

Ehe die anderen folgen können, steht Tom Gräfe schon am Bett. Schluchzend sinkt er in die Knie. »Dario, mein Sohn. Was wollten wir noch alles miteinander unternehmen …« Seine Finger umschließen die linke Hand, die Liedke zuvor so mühsam aus den Teppichfransen befreit hat. Jetzt fährt er heftig herum. »Was ist, warum antwortet hier niemand? Ich will wissen, was mit meinem Kind geschehen ist! Warum liegt er so komisch da? Warum schaut er so ängstlich aus?«

Christina lehnt an der Wand neben dem Fenster, die Hände hinter dem Rücken. Ein irritierendes Geräusch verrät, daß sie mit den Fingernägeln über die Wand kratzt.

»Hör damit auf!« fährt Gräfe sie an. »Sag mir lieber, was du mit dem Jungen gemacht hast!«

»Niemand hat hier *etwas* gemacht«, entgegnet Liedke endlich, nachdem er seiner Frau Zeit genug gelassen hat, selbst zu antworten. »Der Junge war heute morgen plötzlich tot. Wir wissen nicht, was geschehen ist. Mein Gott, wir sind doch selbst völlig durcheinander. Sogar die Polizei war schon hier.«

Kaum daß Gräfe fort ist, klingelt diese Thora an der Tür. Christina muß sie wohl angerufen haben.

»Kommen Sie herein. Meine Frau ist im Wohnzimmer.«

Gemeinsam gehen die beiden Frauen noch einmal in das Totenzimmer. Thora trägt eine große Tasche unter dem Arm. Sie schließen die Tür hinter sich. Zunächst ist es ganz still, dann hört man leisen Gesang. Liedke fühlt sich an die alten griechischen Klageweiber erinnert. Am liebsten würde er sich die Ohren zuhalten, aber da ist Luzie, und sie schaut ihn die ganze Zeit fragend an, und so zuckt er nur mit den Schultern. Laß sie machen, wenn es ihr ein Trost ist.

Jelka sitzt in ihrem Zimmer. In der Hand hält sie zwei weiße Kapseln. Fünf muß man schon nehmen, hört sie

Claas' Stimme. Sonst bringt es nichts. Aber sie hat nur zwei genommen. Und zwei waren noch in der Jeanstasche. Eine ganz einfache Rechenaufgabe, zwei plus zwei macht vier. Und fünf minus vier macht eins.

Das Kind liegt auf seinem Bett, das weiße Tuch, das man über seinen Körper gelegt hat, ist mit Rosenblättern bedeckt. Überall im Zimmer brennen weiße und gelbe Kerzen, außerdem riecht es ganz eigentümlich. Irgendwas wird in einer Schale verräuchert. Zwei junge Frauen, eine davon muß wohl die Mutter sein, summen eine traurige Melodie. Doch sie machen bereitwillig Platz, als die Männer den kleinen Sarg abstellen. Anscheinend haben sie ihre Zeremonie beendet.

»Ich wette, die gehören einer von diesen neumodischen Sekten an«, meint der Jüngere später im Wagen. »Besonders traurig sahen die nicht gerade aus.«

Das sagt er fast jedesmal. Nie können die Angehörigen es ihm recht machen. Doch diesmal muß sein Kollege ihm zustimmen. Dafür, daß das Kind heute morgen einfach tot im Bett lag beziehungsweise davor, so hat er es jedenfalls vorhin aufgeschnappt, waren die Leute recht gefaßt. Da hat er schon anderes gesehen, Mütter, die sich schreiend am Sarg festklammerten, Väter, die mit Weinkrämpfen zusammenbrachen, einmal mußte er sogar den Notarzt anrufen, weil eine Mutter sich die Treppe runtergestürzt hatte, von oben bis unten. Später hörte er, daß sie sich dabei einen komplizierten Hüftbruch zugezogen hat.

Nachdem sie Dario mitgenommen haben, ist es ganz still im Haus. Luzie hat sich hingelegt, war wohl doch ein bißchen viel Cognac, Jelka ist in ihrem Zimmer verschwunden, Christina, Thora und Gisbert Liedke sitzen auf der Terrasse. Alle drei starren wie gebannt in den Garten, wo Laura mit einem Stock im Teich herumrührt.

[12]

Bei Helene ist es voll. Ein ganzer Trupp Frauen belagert den runden Stammtisch. Sie tragen kunterbunte Jogginganzüge. Unter dem Tisch stehen die farblich passenden Sporttaschen, aus denen die Griffe ihrer Tennisschläger ragen. Ein Pokal ziert den Tisch. Den Wein trinken die Tennisspielerinnen gleich flaschenweise. Ab und an hebt eine von ihnen das Glas und prostet Richtung Theke. Helene nimmt jedesmal pflichtschuldig den Zigarillo aus dem Mundwinkel, hebt ihren Eierlikör und lächelt erfreut.

»Na, was gibt es Neues? Irgendwelche interessanten Leichen?«

»Hör bloß auf«, winkt Johanna ab. Und dann erzählt sie von dem toten Kind, dessen gequältes Gesicht sie nicht vergessen kann.

Helene wischt in gewohnter Manier mit dem Spültuch über den Tresen. »Vielleicht war das Kind eine Nervensäge, und die Mutter hat es einfach nicht länger ausgehalten«, schlägt sie vor. »Und da hat sie ihm eine dreifache Dosis Valium verpaßt. Wenn sie schlau ist, und Frauen sind schlau, hat sie die Packung inzwischen verschwinden lassen.«

Nachsichtig schüttelt Johanna den Kopf. »Helene! Wir reden hier von der Mutter eines dreijährigen Kindes.«

»Na und. Glaubst du etwa, daß alle Mütter ihre Kinder lieben? In welcher Zeit lebst du eigentlich? Wenn ich an meine Nachbarin denke, die schreit ihre Gören von morgens bis abends an. Zu Recht, wenn du mich fragst. Der Kleine ist ein wandelndes Ungeheuer, den möchte ich manchmal eigenhändig erwürgen! Ewig schmeißt der sein Bonbonpapier durch meinen Briefschlitz! Und überall kleben seine durchgekauten Kaugummis!«
Johanna schüttelt erneut den Kopf. »Bring mir bitte nicht mein ganzes Weltbild durcheinander. Gieß mir lieber noch einen Rosé ein. Bevor ich deinen abenteuerlichen Theorien Glauben schenke ...«
»Sag mal, was macht dein Untermieter?«
Johannas Mundwinkel senken sich. »Der hat sich wieder mit seiner Elfi versöhnt. Die geht da unten ein und aus.«
»Scheiße.« Mehr fällt Helene nicht dazu ein. Und Johanna denkt nicht im Traum daran, ihr zu widersprechen.

Als Liedke sich nach dem Frühstück rasiert, fällt sein Blick plötzlich auf den Medikamentenschrank. Er hat noch nie hineingesehen. Aber jetzt kann er nicht anders. Das Schränkchen befindet sich für einen Erwachsenen in Kopfhöhe, der Schlüssel liegt obendrauf, also fast zwei Meter über dem Boden. Im ganzen Bad gibt es keinen Stuhl, den ein kleiner, neugieriger Junge heranschieben könnte.
Nachdenklich schließt Liedke die Tür mit dem roten Kreuz auf. Und er muß sich auf Zehenspitzen stellen, um hineinsehen zu können. Der Schrank ist so gut wie leer. Zwei Packungen Fieberzäpfchen für Kleinkinder, weiß mit gelbem Aufdruck, ein Fieberthermometer und eine

Doppelpackung der Antibabypille. Was die Tabletten im Haus betrifft, hat seine Frau die Wahrheit gesagt. Der Junge kann an keiner Tablettenvergiftung gestorben sein. Aber das wird die Kripo dann ja selbst rausfinden.

Der Küchentisch ist mit Folie ausgelegt. Sabine Paschke hat ein Seidentuch zu einer dicken Wurst gerollt, jetzt kleckst sie mehr oder weniger zufällig Farbe darüber. Rot, orange und hellgrün, immer im Wechsel. Sebastian liegt in dem Laufgitter vor der Balkontür. Er schläft. Ab und an schaut sie zu ihm rüber. Dann weicht für einen kurzen Moment die Gleichgültigkeit aus ihrem Gesicht.

Seit einer Woche kommt Christoph Paschkes Mutter nicht mehr. »Ich weiß gar nicht, warum sie ihn nicht selbst versorgen kann. Sie macht das doch ganz hervorragend. Ich kann ja hin und wieder anrufen, ob alles in Ordnung ist. Du machst dir viel zu viele Gedanken. Wenn sie erst die Tabletten absetzen darf, wird Sabine wieder ganz die alte sein.« Wenn er selbst doch auch in der Lage wäre, so optimistisch zu denken.

Das Telefon klingelt. Ehe Sabine reagieren kann, hat er schon abgenommen. Früher war sie immer einen Schritt schneller. Doch die Tabletten haben den Takt ihrer inneren Uhr verstellt.

»Paschke. Oh, hallo, soll ich ... nein? Was??? Mein Gott, das ist ja furchtbar. Ich werde es ihr sagen. Ja, ist gut. Sie meldet sich bestimmt. Vielen Dank.« Ganz langsam legt er das Handy auf die Anrichte zurück. Sein Blick fällt auf Sebastian, der immer noch selig schlummert. Ab und zu bewegt sich der Schnuller in seinem Mund. Seine winzigen Hände sind zu Fäusten geballt, so fest, als hielte er darin seine Zukunft. Unvorstellbar, den Jungen wieder hergeben zu müssen, all die Hoffnung, die mit ihm heranwächst ...

»Sabine ...« Langsam geht er zum Küchentisch, schraubt die Farbgläser zu, eines nach dem anderen, doch sie reagiert nicht einmal darauf. »Setz dich bitte einen Moment hin. Ich muß dir etwas Furchtbares sagen.«

Mein Gott, würde er am liebsten brüllen, guck doch nicht so blöd! Ja, seit sie diese Dinger in sich reinfrißt, glotzt sie vor sich hin wie eine dämliche, wiederkäuende Kuh, die sich für nichts im Leben interessiert außer für grünes Gras.

Er schluckt. »Eben am Telefon, das war Thora. Sie wollte uns etwas Schreckliches mitteilen. Der Sohn deiner Freundin Christina ist tot. Man weiß noch nicht einmal, woran er gestorben ist, wahrscheinlich hat er irgendwo Tabletten gefunden. Jedenfalls lag er gestern morgen leblos neben seinem Bett.«

Ihre Augen füllen sich so schnell mit Leben, als hätte sie ruckartig einen Schleier beiseite gezogen. »Dario«, stammelt sie, »der kleine Dario ist tot?«

Und dann schlägt sie die Hände vors Gesicht. Ihr ganzer Körper bebt vor Schluchzen. Weshalb nur kommt es ihm so vor, als würde sie in Wahrheit lachen?

Der junge Mann, der ohne anzuklopfen in das Büro des Ersten Kommissariats stürmt, bringt kein Wort heraus. Nur Geräusche, Schluchzer, abgehackte Silben, ein verzweifeltes Stöhnen. *Mord* ist das einzige, das man eindeutig verstehen kann. Was gleichzeitig heißt, daß er hier am richtigen Ort ist.

»Nun setzen Sie sich erst einmal. Und dann beruhigen Sie sich.« Heynes Jagdtrieb ist erwacht. Man sieht es an seinem Gesichtsausdruck, an seiner gespannten Körperhaltung.

Mit großer Anstrengung zwingt der Mann sich zum Schweigen. Er gebraucht dabei beide Hände, die er übereinanderlegt und dann gegen seinen Mund preßt. Durch die Nase atmet er übertrieben tief ein und aus. Dann räuspert er sich. »Mein Name ist Tom Gräfe. Gestern morgen ist mein Sohn unter mysteriösen Umständen zu Tode gekommen. Und ich bin hier, um meine ehemalige Freundin, also die Mutter des Kindes, anzuzeigen. Sie hat Dario getötet, ich bin mir vollkommen sicher.«

Selbst in diesen Zeiten, in denen viele Menschen ihren Kindern mit außergewöhnlichen Namen ein Leben jenseits der profanen Alltäglichkeit erkaufen wollen, ist Dario nicht gerade ein häufiger Name, ergo ist Johanna gleich im Bild. »Dario Martell?« fragt sie vorsichtig.

Der Mann nickt. »Dann wissen Sie schon, was Christina ihm angetan hat?« Seine Stimme überschlägt sich beinahe.

Immer wieder ist es geschickt, eine Frage mit einer Gegenfrage zu beantworten. »Was glauben Sie denn, was seine Mutter mit ihm angestellt hat?«

Mit einem lauten Klatschen schlägt er die Hände auf Heynes Schreibtisch. »Woher zum Teufel soll ich das wissen? Ich bin nur gekommen, um zu melden, daß sie es war. Hundertprozentig. Ich weiß doch wohl am besten, wie ihr Verhältnis zu den Kindern ist!« Hilfesuchend läßt er seinen Blick durch den Raum schweifen, bis er an Roland Bierwirth hängenbleibt. Der scheint ihm der passende Gesprächspartner. »Vielleicht kennen Sie ja unsere obskure Gesetzeslage. Als unehelicher Vater hat man keinerlei Rechte. Nur Pflichten. Man muß seine Kinder der Mutter überlassen, auch wenn man weiß, daß es nicht gut für sie ist.« Er stützt die Ellenbogen auf die Tischplatte, Heynes ärgerlichen Blick ignorierend. »Mich interessiert, wie weit Sie in Ihren Ermittlungen sind.«

»Das glaube ich Ihnen gern. Nur leider können wir Ihnen da keine Auskunft geben. Woher sollen wir denn wissen, daß Sie tatsächlich der Vater des Kindes sind. Oder können Sie eine Geburtsurkunde vorlegen, in der Sie als Vater erwähnt werden?«

»Nein, kann ich nicht. Die Urkunden hat sie natürlich. Aber Dario ist mein Sohn. Und Laura meine Tochter. Fragen Sie doch auf dem Standesamt nach!«

»Wenn ich Sie recht verstehe, liegt das Sorgerecht für die beiden bei der Kindesmutter. Und Sie sind der uneheliche Vater des toten Kindes. Das werden wir zu Protokoll nehmen. Wenn Sie der Ansicht sind, daß Sie uns etwas zu sagen haben, etwas Konkretes wohlgemerkt, dann können Sie das an dieser Stelle selbstverständlich tun. Über den Stand unserer Ermittlungen geben wir allerdings keine Auskünfte. Schon gar nicht zu so einem Zeitpunkt.«

Das ist wohl nicht das, was Tom Gräfe hören will. »Sie vernachlässigt die Kinder«, knurrt er. »Läßt sie stundenlang allein. Wenn sie nicht parieren wollen, schlägt sie auch zu. Laura, das ist die Kleine, ist in ihrer Entwicklung gestört, sie wird bald drei und spricht immer noch kein Wort. Aber Christina weigert sich, mit ihr zum Arzt zu gehen. Sie behauptet, das wird sich von allein geben. Wenn Sie meine Theorie hören wollen: das Kind ist so eingeschüchtert, daß es sich nicht traut, den Mund zu öffnen. Ja, das glaube ich. Und ich werde umgehend das Jugendamt aufsuchen, um das Sorgerecht für meine Tochter zu beantragen. Bevor Christina ihr auch noch was antun kann.«

»Welches Motiv sollte Frau Martell denn haben, ihre Kinder zu ermorden?«

»Vielleicht hat ihr neuer Typ keinen Bock auf Kinder? Vielleicht will er lieber eigene? Es gibt doch tausend Gründe! Und überhaupt, was heißt schon Motiv? Eine Frau wie Christina braucht kein Motiv. Vielleicht war sie einfach genervt, wollte ein Buch lesen, und Dario hat sie nicht in Ruhe gelassen!«

»Herr Gräfe«, sagt Hauptkommissar Stefan Heyne entschieden. »Das, was Sie hier von sich geben, hört sich reichlich konfus an. Wir haben durchaus Verständnis dafür, daß der plötzliche Tod Ihres Sohnes Ihnen einen Schock versetzt hat, Sie dürfen auch nicht denken, daß wir Ihre Aussage nicht ernst nehmen, aber momentan wissen wir noch nicht einmal, woran der kleine Dario überhaupt gestorben ist. Vielleicht lassen Sie uns Ihre Adresse hier, damit wir uns gegebenenfalls mit Ihnen in Verbindung setzen können.« Damit hat er genau die richtigen Worte gefunden. Gräfe kritzelt seine Anschrift auf einen Zettel, dann schleicht er mit hängenden Schultern aus dem Büro.

Die Beamten schauen ihm nachdenklich hinterher. Kaum daß die Tür ins Schloß gefallen ist, konzentriert sich die allgemeine Aufmerksamkeit auf Johanna. Erzähl uns doch noch mal genau, was für einen Eindruck du von der Mutter hattest.

»Wenn ich sie beschreiben soll, erinnert sie mich an eine Walküre. Ihr wißt schon, so eine aus diesen Wagner-Opern. Groß, blond, kräftig gebaut, aber nicht dick. Ein starker Knochenbau, hätte meine Oma gesagt.«

»Also doch dick!« Edgar Lohse grinst. Er selbst hat übrigens gar nichts gegen mollige Frauen einzuwenden. Vor allem, wenn sie sich an der richtigen Stellen runden.
Johanna hat keine Lust zu widersprechen. Im Moment sieht es ja danach aus, daß die anderen Christina Martell noch kennenlernen werden.

Seit gestern, seit die Männer Dario mitgenommen haben, ist es so still im Haus, daß es die Bewohner friert. Niemand wagt zu sprechen, denn jedes laute Wort käme einem Verrat gleich. Alle starren mit leeren Augen vor sich hin, hilflos vor Entsetzen. Ein dreijähriges Kind ist gestorben, wer könnte darin einen Sinn entdecken, von Rechts wegen müßte der Himmel blutige Tränen weinen – aber er schweigt sich aus. Und mit ihm die Menschen, die dieses Kind gekannt haben.
Luzie steht den ganzen Tag am Fenster und weint. Gisbert Liedke ist fortgefahren. In sein Lokal. Er muß dort einiges regeln. Christina und Laura sitzen zusammengekuschelt auf der Couch vor dem Kamin. Christina erzählt der Kleinen ein Märchen. Eigentlich klingt ihre Stimme wie jeden Tag. So als wäre gar nichts geschehen. Jelka wandert rastlos von einem Raum in den nächsten. Unzählige Male ist sie bereits die Treppe hoch- und runtergestiegen. Ihr Blick ist die ganze Zeit auf den Boden gerichtet. Wenn nur ihr Vater wieder da wäre. Dann hätte sie jemanden zum Reden. Über das Sterben. Darüber, ob Dario wohl sehr gelitten hat.

Auch Nadja Polzin weint. Nicht um Dario, der ist ihr einerlei, sie hat ihn ja gar nicht richtig gekannt. Nein, sie

weint um sich selbst, um das, was nun nicht mehr geschehen wird. Das, was ihr noch gar nicht richtig gehörte, hat sie bereits wieder verloren.
Vorhin war Gisbert Liedke da. Er hat ein paar Lebensmittel geholt. Und in einem nüchternen Befehlston Anordnungen erteilt. Daß das Lokal für eine Woche geschlossen bleibt. Daß Harald Mertens und der Lehrling eine Woche Urlaub nehmen sollen. Daß die Putzfrau die Zeit nutzen, alle Küchenschränke ausräumen und mit Desinfektionslösung auswischen soll. Wie ein Fremder hat er zu ihr gesprochen. Als hätten sie sich niemals berührt. Als hätte sie die Stunden oben in ihrem Bett nur geträumt. Aber solche Dinge lassen sich nicht ungeschehen machen. Selbst dann nicht, wenn Kinder einen furchtbaren Tod sterben, der so sinnlos gar nicht ist, wie es von außen erscheint. Der Tod hat eiskalte Hände, und damit preßt er die Familie, die zu zerbrechen drohte, gewaltsam wieder zusammen. Einer wird gegen den anderen gedrückt, niemand kann da raus, niemand, auch nicht Gisbert Liedke. Und wer sagt denn, daß er überhaupt fort will. Am Ende kommt ihm Darios Tod sogar gelegen, weil er sich nicht mehr zu entscheiden braucht. Ja, Gisbert Liedke ist kein Held, eigentlich ist er sogar das ganze Gegenteil, ein Feigling, der den Weg des geringsten Widerstands geht, außerhalb seiner Küche macht er nicht, sondern er läßt mit sich machen. Weil er so sanft ist, so lieb, weil er niemandem weh tun möchte, nimmt sie ihn sofort in Schutz.

Die Frauen sitzen auf der Terrasse. Thora Detlefsen, die ihren Arm um Christina gelegt hat, Sabine Paschke, mit der eine erstaunliche Wandlung vorgegangen ist, und dann noch Rena Antorius. Einzig Sonja Mittmann war nicht bereit zu kommen. Sie versprach allerdings, für die Seele des armen Dario zu beten.

»Du hast die ganzen Monate darauf gewartet, nicht wahr?« Thora schaut ihre Freundin an. »Deshalb auch diese Ehe. Aber so etwas funktioniert nicht, das hätte ich dir vorher sagen können. Man vermag seinem Schicksal nicht zu entrinnen. Glaub mir.«

Rena Antorius zieht heftig an ihrer Zigarette. Ganz offensichtlich ist sie wütend, versucht aber, ihre Gefühle zu unterdrücken.

»Das ist doch Blödsinn. Das tote Kind, das ich gesehen habe, war ein anderes ...«

Für einen Moment herrscht betroffenes Schweigen. Dann keucht Sabine Paschke: »Ein anderes ...«

Müde streicht Christina ihr Haar zurück. Ihre glanzlosen Augen liegen in tiefen grauen Höhlen, ihr Mund ist nicht mehr als ein flüchtiger Strich. »Es war mein Bruder, den ich gesehen habe. Wolfram. Der lag eines Morgens tot im Bett. Sechs muß ich damals gewesen sein oder sieben. Ich ging frühmorgens in sein Zimmer und fand ihn. Ganz ruhig und friedlich lag er da, aber ich spürte, daß etwas nicht stimmte. Ich kann euch gar nicht beschreiben, was für ein Gefühl ich hatte. Etwas Unheimliches lag in der Luft. Aber was? Wolfram sah so anders aus. Ich bekam Angst. Irgendwie stand plötzlich meine Mutter hinter mir. Und sie schrie mich an: Christina, was hast du getan? Ich hatte seit Jahren nicht mehr daran gedacht. Doch plötzlich war alles wieder lebendig. Der Schock, Mamas Vorwürfe, später dann die ständige Gewißheit, daß sie mir die Schuld an seinem Tod gab. Dabei hatte ich doch gar nichts getan! Hinterher hat sie mich behandelt, als wäre ich ein Monster, ein Ungeheuer!«

»Woran ist dein Bruder denn gestorben?« will jemand wissen. Thora vielleicht, oder auch Sabine. Heute nacht klingen alle Stimmen gleich. Unsicher und dünn vor Mitleid.

»Frag Luzie. Ich habe keine Ahnung.«

»Vielleicht gibt es in eurer Familie ein erbliches Leiden, eine Stoffwechselstörung, einen verborgenen Herzfehler, was weiß ich ...«

»Ich wünschte, ich könnte es glauben. Aber es funktioniert leider nicht. Nein. Dario hat Tabletten gefunden. Bei Luzie natürlich, wo denn sonst. Meine Mutter nimmt alles mögliche ein. Ich wette, in ihrer Handtasche schleppt sie eine halbe Apotheke mit sich herum.«

Die Stille färbt sich nachtblau. Irgendwo hält ein Auto. Türen klappen, jemand ruft laut: »Beeilt euch doch!« Dann ist es wieder still. Sabine Paschke schlingt ihre Arme um ihren Körper.

»Ich war doch noch so klein«, wiederholt Christina Martell eindringlich. »Wie konnte sie so etwas zu mir sagen? Wie hätte ich denn meinen Bruder umbringen sollen?«

Die Frauen sind zu dunklen Silhouetten geworden. Gesichtslos und stumm. Wie Geschworene, die über Recht und Unrecht entscheiden.

»Meine Mutter hat mich immer gehaßt. Wolfram dagegen war ihr Liebling. Nach seinem Tod fing sie mit der Sauferei an. Kein Wunder, daß mein Vater sehr bald schon ausgezogen ist. Zu einer anderen Frau. Ihr glaubt ja nicht, wie gern ich damals mit ihm gegangen wäre. Aber er wollte das nicht, ein Kind gehört zu seiner Mutter, hat er gesagt. Ich mußte bleiben.«

Immer noch hat niemand ein erlösendes Wort für Christina übrig. Immer noch schweigen die Frauen im Schutz der Dunkelheit.

»Ich habe schon ewig nicht mehr an Wolfram gedacht. Kein Wunder, zu Hause haben wir nämlich nie mehr über ihn gesprochen. Meine Mutter hat sogar die Bilder aus dem Album genommen und irgendwo versteckt. Oder sogar verbrannt. Was weiß ich. Wir haben einfach so getan, als hätte es Wolfram nie gegeben. Aber an jenem Abend, ihr wißt schon, da sah ich alles wieder vor mir, schlimmer noch, ich befand mich mitten darin. Ich war wieder das kleine, verwirrte Mädchen, das nichts begriff. Und dann diese Worte meiner Mutter: Was hast du getan! Die Frau von der Kripo vermutet, daß Dario an einer Tablettenvergiftung gestorben ist. Tabletten!« Christina Martell lacht höhnisch auf. »Aber in diesem Haus gibt es keine Tabletten. Es sei denn, jemand hätte welche mitgebracht.«

»Selbst wenn es so wäre, selbst wenn der Junge die Tabletten deiner Mutter gefunden hätte, so wäre es ein tragischer Unglücksfall. Du kannst ihr doch keine Absicht unterstellen, Christina, ich bitte dich. Das geht zu weit!«

»Ach, meinst du? Glaub mir, meine Mutter hat kein normales Verhältnis zu ihren Enkelkindern. Dazu ist sie gar nicht in der Lage! Die liebt doch nur sich selbst. Und ihren Schnaps natürlich! Ich habe gehört, wie sie zu Dario gesagt hat, er sei ein widerliches Kind, genauso widerlich wie früher seine Mutter. Und das war ein paar Stunden vor seinem Tod. Versteht ihr, noch in derselben Nacht ist Dario gestorben!«

Rena Antorius ist Rechtsanwältin. »Wenn das alles wirklich so stimmt, mußt du die Kripo benachrichtigen.«

Einige Schritte weiter spielt Laura mit ein paar Steinen. Laura, die niemals spricht und die dennoch geliebt wird. In einer plötzlichen Anwandlung springt Thora Detlefsen auf und reißt das Kind an sich. »Mein Gott«, flüstert sie, »wie schrecklich das alles ist.«

Luzie Martell steht in Darios Zimmer. Warum, weiß sie selbst nicht. Vielleicht, um Abbitte zu leisten. Für die harten Worte, die er jetzt mit sich in die Ewigkeit nehmen muß. Dabei waren sie im Grunde an seine Mutter gerichtet, an Christina. Aber so ist es ja leider im Leben, immer trifft es die Falschen. Zum Beispiel dreijährige Kinder, die in ihrer Unschuld nur das nachplappern, was sie von ihrer Mutter gehört haben.

Das Fenster, das zur Terrasse hinausgeht, ist gekippt. Draußen sitzt Christina mit ihren Freundinnen. Natürlich hat sie Luzie nicht dazu gebeten. Luzie kann ja inzwischen die Geschirrspülmaschine einräumen. Das Zimmer saugen und im Bad die Waschbecken putzen. Und Kaffee für die Damen kochen.

Unten wird ziemlich laut geredet. Durch den Fensterspalt vermag Luzie jedes Wort klar und deutlich zu verstehen. Und ihr wird ganz übel vor Aufregung. Wie kann Christina es nur wagen, solche Dinge in aller Öffentlichkeit auszusprechen. Hat sie nicht vor ein paar Tagen erzählt, daß eine von ihren Freundinnen, diese Sabine, nicht ganz richtig im Kopf sei? Und jetzt vertraut sie so einer all die sorgsam gehüteten Familiengeheimnisse an? Beschuldigt ihre Mutter sogar des Mordes? »Womit habe ich so eine Tochter verdient?« flüstert Luzie Martell. Ach, wäre sie doch mutig genug, jetzt das Fenster aufzureißen und Christina vor allen zurechtzuweisen. Mit harter, unerbittlicher Stimme. Was erlaubst du dir? Könnte sie sagen. Schämst du dich denn gar nicht? Du sprichst immerhin über deine Mutter! Aber Luzie Martell ist keine trotzige Jeanne d'Arc, in ihren Adern fließt kein dunkles Heldenblut. Und so schleicht sie auf Zehenspitzen in ihr Zimmer, um dort die nötigen Vorkehrungen zu treffen. Bleib ganz ruhig, mein Püppchen, du darfst jetzt keinen Fehler machen, ermahnt sie sich selbst. Die Vorstellung, ohne Schlaftabletten, ohne Schmerztabletten auskommen zu müssen, macht ihr angst. Doch der Gedanke an die rothaarige Kommissarin läßt ihr keine andere Wahl. Die hatte so was von einem Terrier an sich, der verbissen gräbt und gräbt und gräbt, bis er sein Ziel erreicht hat. Fast zehn Minuten verbringt Luzie auf der Gästetoilette. Danach geht es ihr sehr viel besser. Soll die Polizei doch kommen, bei ihr gibt es nichts mehr zu finden.

Der arme Gisbert sitzt ganz allein im Wohnzimmer. Mit versteinerter Miene starrt er auf die leere Mattscheibe.

»Ach Gisbert ...« Sie plumpst neben ihn in das weiche Ledersofa. »Ich fühle mich so fürchterlich. Am liebsten würde ich jetzt einen Schnaps trinken.«

»Ja, natürlich. Was möchtest du, Cognac? Aquavit? Ich hole eine Flasche aus dem Keller!« Kein vorwurfsvolles Wort über die Flasche, die gestern geleert wurde, im Gegenteil, der arme Gisbert ist dankbar, daß er etwas tun darf. Vorhin hat er wie ein Besessener Frikadellen gebraten. Wohl an die hundert Stück. Mit Schafskäse hat er sie gefüllt. Mit Knoblauch, Kräutern und kleingehackten Oliven gewürzt. Als könnte jemand in diesem Haus mit Appetit essen. Zum erstenmal seit langem kann sie freundlich an

Hubert denken. Der hat auch so gern gekocht. Ob Christina deshalb diesen Gisbert geheiratet hat, weil er sie an ihren Vater erinnert?
Kaum daß er mit der Flasche zurück ist und ihr Glas vollgeschenkt hat, greift sie schon mit zitternden Fingern danach, um es auf einen Zug zu leeren. Wenn Willi aus der Pfandleihe einen Doppelkorn runterkippt, sagt er immer: Das geht runter wie Öl! Und genau das Gefühl hat sie jetzt, daß sie ihre Kehle vorbereiten muß für die sperrigen Worte, die es zu sagen gilt.
Luzie Martell holt ganz tief Luft. »Gisbert, ich muß mit dir reden. Über Christina. Und glaub mir, es fällt mir nicht leicht. Immerhin ist sie meine Tochter. Und das wird sie auch bleiben, egal, was passiert ...«

Kurz nach zwei ist es, genau zwei Uhr sieben. Liedke kann nicht schlafen. Neben ihm atmet Christina gleichmäßig. Es mag natürlich sein, daß sie trotzdem wach ist. Doch er schafft es nicht, seine Hand nach ihr auszustrecken, es geht einfach nicht. Zwischen ihnen liegt Dario, jetzt da er tot ist, hat er seinen Platz wieder eingenommen. Für immer wahrscheinlich. Vorhin ist Liedke in einen leichten Dämmerzustand gefallen, und da meinte er für einen Moment Darios leises Schnarchen zu hören. Einbildung natürlich. Der Kleine ist nicht da, wie könnte er auch. Er befindet sich zur Zeit in den Räumen der Gerichtsmedizin, vielleicht beugt sich gerade ein Pathologe über seinen geöffneten Körper. Oder arbeiten solche nur tagsüber? Schneiden sie den ganzen Menschen auf, von oben bis unten? Oder setzen sie gezielt ein paar kurze Schnitte, um die Organe einzeln zu entnehmen? Verwirrt schüttelt Liedke den Kopf.

Mein Gott, was sind das für morbide Gedanken. Kein Wunder, daß er nicht einschlafen kann.
Tatsächlich sind es natürlich Luzies Worte, die ihn um den Schlaf bringen. Sie hat damit ein Perpetuum mobile in Gang gesetzt, das jetzt bis in alle Ewigkeit weiterlaufen wird. Ein Perpetuum mobile aus Gedanken, die um Christina kreisen. Und um einen anderen toten Jungen, ihren Bruder, von dem sie ihm nie erzählt hat. Kinder können so schrecklich eifersüchtig auf ihre jüngeren Geschwister sein. Als der bedauernswerte Wolfram drei Wochen alt war, hat sie ihn in seinem Kinderwagen bei Regen und Sturm vor die Tür geschoben, tönt es in seinem Kopf, er sollte krank werden. Wenn sie meinte, daß niemand hinsah, kniff und schlug sie ihn. Einmal, als sie mit ihm spazieren war, wäre er beinahe unters Auto gekommen. Und am Tag vor seinem Tod haben die beiden miteinander gespielt. Im Garten. Mutter und Kind. Sie war natürlich die Mutter, die in ihren Puppentöpfen gekocht hat. Wolfram mußte ja immer tun, was seine große Schwester wollte. Spätsommer war es, und der Goldregen trug seine giftigen Früchte, Goldregen, Goldregen …

Sie beäugen sich mißtrauisch, jeder Satz wird in seine Einzelteile zerlegt und auf eventuelle verräterische Worte untersucht, auf Geständnisse, Anschuldigungen, was auch immer. Was gäbe Liedke dafür, wenn Luzie ihm gestern abend nicht die Wahrheit gesagt hätte. Luzie, deren rotes Haar an diesem Julimorgen tückisch glitzert, jedenfalls macht es den Anschein. Und ihre Hände umklammern den Kaffeebecher so heftig, als wäre sie eine Katze, die mit Genuß eine Maus zu Tode quetscht. Liedke würde am lieb-

sten fortlaufen. Weil er es nicht ertragen kann, daß jeder hier im Raum eine neue, eine häßliche, abstoßende Identität angenommen hat. Über Nacht. Ist es der Tod, der diese ganze Schlechtigkeit in seinen Taschen bereithält, um sie mit einem hämischen Lachen verschwenderisch über die Hinterbliebenen auszuschütten, so als hätte er noch nicht genug Leid mit sich gebracht? Christina verspeist mit gleichgültiger Miene kalte Frikadellen, obwohl sie angeblich seit Jahren überzeugte Vegetarierin ist. Sie hat vorhin im Badezimmer eines ihrer schrecklichen Kleider schwarz gefärbt. In der Badewanne. Als hätten sie kein Geld für anständige Trauerkleidung. Jetzt hängt das Kleid an der Wäscheleine und weint dicke schwarze Tränen. Wer weiß, ob man die Flecken so ohne weiteres wieder von der Emaille entfernen kann.
Und Jelka will zur Schule, unbedingt, dabei hat er ihr vorgeschlagen, bis zur Beerdigung daheim zu bleiben. Sie behauptet aber, daß sie es sich nicht leisten könnte, den Physiktest zu versäumen. Was hat das nun wieder zu bedeuten? Weshalb handelt seine Tochter so gefühlskalt? Oder ist sie einfach nur ehrlich. Noch nicht erwachsen genug, um sich den gängigen Konventionen zu unterwerfen. Stimmt es etwa nicht, daß er selbst auch lieber in sein Lokal flüchten würde? Weit weg von diesen beiden Frauen, Mutter und Tochter, Anklägerin und Angeklagte, die sich über den Frühstückstisch hinweg mit kalten Blicken messen? Wie er sich davor fürchtet, Partei ergreifen zu müssen. Für seine Ehefrau, das versteht sich von selbst, auch wenn sie in der Nacht, in der ihr Sohn ums Leben kam, weiß der Himmel warum, das eheliche Bett verlassen hat.
Die Situation ist unerträglich. Wie ein Fieber, das steigt

und steigt. Gut, daß da Laura sitzt, die kleine, süße, unschuldige Laura. Es hilft ihm, sich auf das Kind zu konzentrieren. Auf ihre dunklen Locken, ihre großen braunen Kulleraugen. Alle schauen auf Laura. Alle brauchen ihren Anblick, frei von Argwohn, frei von jeder bösen Absicht, um dieses gemeinsame Frühstück ertragen zu können.

»Na, hat schon jemand in der Gerichtsmedizin angerufen?« fragt Heyne. Besonders interessiert klingt es allerdings nicht.

»Wozu?« Edgar Lohse, Kriminalobermeister und Bodybuilder mit Leib und Seele, schaut gähnend aus dem Fenster. »Selbst wenn die Tabletten nachweisen, bringt das doch nichts. Wie viele Kinder sterben pro Jahr, weil sie Medikamente oder sonstige giftige Substanzen schlucken. Es ist doch immer dasselbe, am Ende läßt die Staatsanwaltschaft die Anklage fallen. Ihr wißt schon: Der Tod des eigenen Kindes ist Strafe genug!«

»Das stimmt. Aber vergiß nicht, daß gestern der Vater des Kindes hier war.« Johanna ist nicht bereit, das Ganze als Routine abzutun. Möglicherweise, weil sie als einzige von ihnen das tote Kind vor Augen hat.

Heyne schaut erstaunt auf. »Ich bitte dich. Der stand unter Schock. Ein mieser Denunziant. Du glaubst doch nicht im Ernst, daß eine Mutter ihr Kind mit Tabletten ermordet. Im übrigen hast *du* doch von geordneten Verhältnissen gesprochen. Und daß der Körper keinerlei Zeichen von Gewalt aufwies.«

»Jetzt behaupte nur noch, daß man Mörder auf einen Blick erkennen kann. Und daß Gewalttaten nur in der Upperclass vorkommen«, kontert Johanna.

Das kann Hauptkommissar Stefan Heyne nun beim besten Willen nicht behaupten, also schweigt er beleidigt.
Cora Samcke, die gerade hingebungsvoll die Tagespost auf den Schreibtischen dekoriert, sieht sich durch Johannas Worte veranlaßt, ihren hochverehrten Chef zu verteidigen. »Ich habe vielleicht keine Ahnung (wie richtig, denkt Johanna!), aber daß eine Mutter ihr eigenes Kind vergiftet, kann ich mir nun wirklich nicht vorstellen. Eine Mutter!« fügt sie noch theatralisch hinzu.
»Haben Sie schon den Fall Weimar vergessen? Da wird man höchstwahrscheinlich nie rauskriegen, wer die beiden Mädchen nun ermordet hat. Der Vater oder die Mutter. Schrecklich, nicht wahr?« O ja, wenn Johanna es will, kann ihre Stimme honigsüß klingen. Richtig klebrig.
Die Samcke setzt ein gequältes Lächeln auf. »Das ist doch eine Ausnahme ...« Sie weiß natürlich, daß sie verloren hat.
Erst recht, als Heyne jetzt meint, man könne ja mal beim Jugendamt anfragen, ob es dort eine Akte Martell gebe.
Johanna greift zum Telefon. Ganz beiläufig schickt sie ein Gewinnerlächeln Richtung Cora Samcke.

Es gibt sie tatsächlich, diese Akte Martell. Die zuständige Sozialarbeiterin, Kathrin Gerdes, wie ein bunt bemaltes Keramikschild auf dem Tisch verrät, legt den grünlichen Aktendeckel auf ihren Schreibtisch. Genau zwischen die kräftig gelb blühende Begonie in dem orangefarbenen Porzellanübertopf und die Ansammlung aus winzig kleinen geschnitzten Eulen. Sie selbst trägt ein gelb-orange gestreiftes Rippenshirt, dazu gelb-orange Plastikohrringe und eine neckische gelbe Haarspange. Unwillkürlich fragt

Johanna sich, ob Frau Gerdes wohl die Dekoration auf ihrem Schreibtisch täglich wechselt, je nachdem, wie sie sich gerade kleidet. Oder ob ihr ganzes Leben zur einen Hälfte gelb und zur anderen orange verläuft. Und wenn ja, was ein Farbtherapeut daraus schließen würde.
Leider besteht die Akte Martell nur aus zwei beschriebenen Seiten. Jemand aus der Nachbarschaft hat seinerzeit – was bedeutet, vor ziemlich genau vierzehn Monaten – das Jugendamt informiert, daß Frau Christina Martell ihre Kinder vernachlässige.
»Ich glaube, jetzt erinnere ich mich«, lügt die junge Frau kaltblütig und wirft sehr dekorativ ihr halblanges Haar zurück, wobei die gelb-orangen Ohrringe leise klimpern. Liest dann aber doch nur wortwörtlich ihren eigenen Bericht vor. Der Vater ist also freischaffender Künstler. »Solche leben natürlich völlig anders als Otto Normalverbraucher! Und das ruft schon mal die besorgten Nachbarn auf den Plan. So etwas erleben wir häufiger!« Die Mutter bezog für sich und die Kinder Sozialhilfe. Die Familie lebte in einem ehemaligen Geschäftshaus, alles ziemlich heruntergekommen, aber leidlich sauber. Immerhin hatten die Kinder einen großen Garten zum Spielen. Sie waren angemessen gekleidet, wirkten weder besonders verängstigt noch anderweitig auffällig, die Kleine hatte Fieber, und Frau Martell gab ihr gerade ein Zäpfchen. »Ganz normale Verhältnisse, wenn auch nicht gerade so, wie Sie und ich leben«, schließt die Sozialarbeiterin ihren Bericht. »Aber wenn wir überall eingreifen wollten, wo Kinder in Armut leben, o Gott!« Sie verdreht die Augen. »Da hätten wir ja viel zu tun! Kennen Sie die Statistiken? Eine Million Kinder leben bei uns unter dem Existenzminimum.«

Johanna Lauritz ärgert sich. Diese aufgetakelte Zicke, die ihren Schreibtisch in ein zweifarbiges Stilleben verwandelt hat, auf dem kein Platz für häßlich grüne Aktendeckel vorgesehen ist, will anhand ihrer dürftigen Notizen entscheiden, ob das Verhältnis zwischen Christina Martell und ihren Kindern in Ordnung war? Und das jetzt, nachdem der Junge unter höchst merkwürdigen Umständen zu Tode gekommen ist?

»Haben Sie nachgeschaut, ob die Kinder Spuren von Mißhandlung aufwiesen?« fragt sie streng.

Auch ein perfekt mit Konturenstift und Lipgloss geschminkter Mund kann sich in ein dümmliches Fischmaul verwandeln. »Was???«

»Ich möchte wissen, ob Sie beschwören könnten, möglicherweise sogar vor Gericht, daß weder Christina Martell noch ihr Lebenspartner die Kinder in irgendeiner Form körperlich mißhandelt haben.«

»Nein. Selbstverständlich nicht.« Das Fischmaul klappt zu. »Ich bin in keinster Weise berechtigt, solche Untersuchungen vorzunehmen. Es bestand ja auch gar keine Notwendigkeit. Wie ich bereits sagte, machte die Familie einen gefestigten Eindruck auf mich. Armut ist doch kein Strafdelikt in diesem Staat.«

»Dario Martell ist eines unnatürlichen Todes gestorben. Das habe ich Ihnen ja schon eingangs erzählt. In diesem Zusammenhang ist es für mich wichtig, worin die Anschuldigungen der Nachbarin bestanden. Und den Namen und die Adresse hätte ich auch gern.«

Als jemand, der den Tod gesehen hat, ganz nah, von Angesicht zu Angesicht, steht man im Mittelpunkt des allgemeinen Interesses. Wobei sich dieses ganz unterschiedlich äußern kann. Da gibt es die Mitschüler, die sich demonstrativ abwenden, urplötzlich wahnsinnig wichtige Dinge besprechen müssen, aus Selbstschutz wahrscheinlich, weil ihnen niemand beigebracht hat, was man in so einem Fall zu sagen hat. Da gibt es die, die mit neugierigen Blicken herüberstarren, die aufgeregt miteinander tuscheln, guckt mal, das ist sie, Jelka Liedke, ich hab vorgestern noch neben ihr im Bus gesessen. Und dann sind da die, die man normalerweise heimlich unter den bläulichen Rabenflügeln der Nacht trifft. Constanze, die sie in den Arm nimmt und Kaugummi kauend »Wie fühlst du dich?« säuselt, eine Spur zu freundlich, um es ernst zu meinen. Claas, der gerade mal fünf Minuten an sich halten kann, bevor es aus ihm herausbricht: »Erzähl mal, wie hat er ausgesehen? War er ganz steif? Hast du ihn angefaßt? Wie war das, wie war das denn?« Und Leander, der Constanze zur Seite drängt, um sie an sich zu pressen. Wortlos, weil er so gerührt ist. Matthias ist auch da. Stumm und verläßlich, wie ein Freund an solchen Tagen sein sollte, hält er sich im Hintergrund.

»Ich stelle mir vor, daß man den Tod spüren kann. Seine Anwesenheit, meine ich. Wie einen kalten Hauch. Stimmt das? Habe ich recht?« Leander hat doch noch Worte gefunden.

»Ich weiß nicht.« Sie zuckt mit den Schultern. »Es war so schrecklich. So unwirklich. Ich glaube, ich habe gar nichts gefühlt.«

»Das war der Schock.« Da ist sich Constanze ganz sicher.

»Sag mal, die Beerdigung war ja noch nicht. Ist er noch bei euch im Haus?« fragt Claas lauernd. Wenn ja, das braucht er gar nicht extra auszusprechen, würde er gern seine morbide Phantasie an der Realität aufgeilen. Ein echter Toter, zum Anfassen, das wär's doch!!!

»Quatsch!« faucht Jelka. Claas ist wirklich ein Arschloch. Genau wie Constanze, die sich nun eifersüchtig gegen Leander drängt. Wenn Constanze einen kleinen Bruder hätte, würde sie den jetzt glatt ermorden. Um wieder im Mittelpunkt von Leanders Interesse zu stehen. Widerliche Ziege!

»Laßt Jelka doch in Ruhe. Sie hat wohl genug mitgemacht.« Das, was Leander sagt, gilt. Die schwarz gekleideten Zombies ziehen sich zurück. Constanze schürzt ärgerlich ihre dunkel geschminkten Lippen. Es klingelt. Auf dem Weg in den Klassenraum hält Jelka Matthias am Shirt fest. »Ich muß dich unbedingt heute nachmittag sehen. Allein. Um halb drei an der Bushaltestelle.«

Wenn er überrascht ist, kann er das gut verbergen. »Halb drei. Geht klar.«

Die restlichen Stunden des Vormittags fließen an ihr vorbei, ohne sie zu berühren. Den Physiktest hat sie wahrscheinlich versiebt, aber das ist nicht weiter schlimm. Herr Dr. Riedel hat bereits angedeutet, daß man Jelkas Arbeit nicht werten kann, nicht unter diesen tragischen Umständen, und er hat ihr die Hand gedrückt und »herzliches Beileid« gemurmelt.

Vera Kutschke macht einen äußerst geschäftigen Eindruck. Bei einer Größe von höchstens einssiebzig muß sie gut und gern hundertachtzig Pfund wiegen, dennoch ist sie sehr flink auf den Beinen. Sie und ihr Mann führen einen Gemüseladen, in dem Obst und Gemüse von so hervorragender Qualität angeboten wird, daß Johanna beschließt, im Anschluß an die Befragung einen privaten Einkauf zu tätigen. Die goldgelben Aprikosen, die einen geradezu betörenden Duft ausströmen, haben es ihr ganz besonders angetan.

»Da drüben ist es, da haben die gewohnt. Er lebt ja immer noch dort. Der Herr Künstler mit all seinen merkwürdigen Gemälden. Aber gut«, sie lächelt entschuldigend, »ich gebe gern zu, daß ich von Malerei keine Ahnung habe. Soll ja gar nicht so schlecht sein, das Zeugs, er hatte sogar eine Ausstellung, es stand in der Zeitung. Aber Sie sind natürlich wegen der Kinder gekommen, wegen dem armen kleinen Jungen ...« Sie schnieft. »Ich kann es noch gar nicht fassen. Tot. So ein kleiner Zwerg. Niedlich war der vielleicht, Locken wie ein Weihnachtsengel hab ich immer gesagt. Und der konnte so lieb gucken ...« Sie schnieft ein weiteres Mal. »Richtig herzerweichend.«

Johanna nickt. Für einen Moment spürt sie das weiche Haar unter ihren Fingerspitzen. »Weshalb haben Sie damals das Jugendamt angerufen?«

»Nicht angerufen, einen Brief hab ich geschickt und mit meinem vollen Namen unterschrieben. Damit die das bloß ernst nehmen.« Sie seufzt schwer. »Genutzt hat es ja nichts. Hinterher war alles wie vorher. Ich weiß gar nicht, ob da überhaupt mal einer nach dem Rechten gesehen hat.«

»O ja, eine Sozialarbeiterin war in dem Haus. Und sie meinte, daß die Verhältnisse zwar ärmlich, aber sonst in Ordnung gewesen seien. Deshalb noch einmal meine Frage: Was war dort Ihrer Ansicht nach los? Warum haben Sie das Jugendamt angeschrieben?«

Vera Kutschke streicht gedankenverloren über die gelborangen Aprikosen, die an winzige Babyköpfe erinnern. »Die Kleinen taten mit halt so leid. Ewig waren die krank. Möchte ja nicht wissen, wovon die gelebt haben. Daß die junge Frau mal mit einer reell gefüllten Einkaufstasche heimkam, habe ich jedenfalls nicht gesehen. Andauernd stand sie hier und hat nach leeren Spankisten gefragt, damit sie was zum Heizen hatten. Ich hab ihr regelmäßig Obst für die Kinder geschenkt. Ich meine, man weiß schließlich, wie wichtig Vitamine sind. Gerade für die Kleinen. Die wachsen ja noch.«

»Hat Frau Martell ihre Kinder geschlagen? Haben Sie so etwas mal beobachtet?«

»Laut genug haben sie jedenfalls gebrüllt. Wir haben es gehört, wenn wir mittags auf der Terrasse saßen. Oder am Wochenende. Und die Lütte war doch total verängstigt. Ich glaub, die kann überhaupt noch nicht sprechen. Mit zweieinhalb Jahren, also ich würde mir Sorgen machen, wenn ich die Mutter wäre. Und der Junge hatte häufig blaue Flecken. An den Armen, den Beinen, überall. Da hat die junge Frau dann behauptet, er sei gefallen. Das kann man glauben oder nicht!« Verächtlich zieht sie ihre Mundwinkel herunter. »Meine eigenen Kinder sahen jedenfalls nicht so aus, und die sind auch mal gestolpert. Ich weiß doch, wie es ist! Unsere Jüngste ist mal die ganze Treppe runtergepurzelt, von oben bis unten! Stellen Sie sich das mal vor! Aus der Nase hat das Kind geblutet, daß es einem angst und bange werden konnte. Also wir sind ja gleich ins Krankenhaus. Aber zum Glück war es dann doch nicht so schlimm. Nur eine dicke Beule.« An dieser Stelle kommt sie zum Glück wieder zum Ausgangspunkt zurück. »Die junge Frau, na ja, auf mich machte die ja mehr so einen gehetzten Eindruck. Nervös. Überfordert. Nicht richtig bösartig, wenn Sie verstehen, also das will ich wirklich nicht behaupten. Die jungen Menschen heutzutage sind halt nicht mehr belastbar. Ich habe meine drei Kinder großgezogen, obwohl wir den Laden hatten und ich immer mitarbeiten mußte. Aber nun glauben Sie mal nicht, daß ich rumgejammert habe. Nee, man kann alles, wenn man nur will! Und aus meinen Kindern ist was geworden, das steht fest. Die Älteste, also die ist jetzt vierundzwanzig ...«

»Frau Kutschke«, unterbricht Johanna sie, »haben Sie jemals mit eigenen Augen gesehen, daß Frau Martell oder auch ihr Lebensgefährte die Kinder geschlagen hat?«

Ein neues, sehr erquickliches Thema für die Gemüsehändlerin. »Der???« fährt sie auf. »Der steht doch immer nur hinter der Scheibe und malt seine komischen Bilder. Falls man das Malen nennen will.« Womit ihre Meinung zu Tom Gräfes künstlerischen Fähigkeiten wohl hinlänglich abgeklärt sein dürfte. »Auf der Straße sieht man den überhaupt nie. Na ja, gut, einmal, vielleicht auch zweimal«, räumt sie ungern ein, »ging er mit den beiden Kindern spazieren. Hat ihnen alles mögliche erklärt. Über die Pflanzen, die sie gesehen haben. Da war er ganz nett, das kann man nicht anders sagen. Ein Mann halt, was will man da groß erwarten. Ich meine«, sie stemmt die Arme in die Seiten, »die Kinder sind schließlich die Aufgabe der Frau, nicht wahr? Dazu hat der Herrgott uns doch geschaffen. Sonst hätten wir ja nicht all dieses Zeugs im Bauch, sag ich immer. Und deshalb mache ich ja auch nur ihr den Vorwurf. Sie hätte besser für die Kinder sorgen müssen. Oder glauben Sie etwa, mein Mann hat sich groß um unsere Kinder gekümmert? So was gibt es doch nur in der Fernsehwerbung.«

An dieser Stelle beschließt Johanna, ihr Obst und Gemüse doch lieber woanders zu kaufen. Wenn man genau hinsieht, sind die Aprikosen ohnehin schon überreif.

»Einmal war sie mit dem Jungen im Laden. Und er starrte mit großen Augen auf die Kirschen. War gerade die Zeit. Frühsommer. Süßkirschen aus Italien, das Kilo zu neun Mark, aber das sind sie allemal wert. Jedenfalls zog sie ihn weg und brüllte ihn an. Statt dem armen Kind auch mal was zu gönnen. Und was soll ich Ihnen sagen, aus ihrem Baumwollbeutel guckte eine Weinflasche raus. Ja, so ist das bei solchen. Für sich selbst haben sie Geld, und die armen Kinder kommen ewig zu kurz. Müssen frieren und hungern. Laufen mit blauen Flecken rum. Nee, die hat ihre Kinder nicht geliebt, für so was habe ich ein Auge. Rabenmütter erkenne ich auf den ersten Blick. Ach, und das Dollste hab ich ja noch gar nicht erzählt. Drogen nahm die auch. Garantiert. Manchmal hüpfte die wie eine Irre im Garten herum.« Mit der geöffneten Hand zieht sie vor ihrer Stirn ein paar Kreise in die Luft. »Wie eine Irre, ich sag es Ihnen. Die dicke Linde im Garten hat sie dann umarmt, richtig unanständig sah das aus, man kann es gar nicht beschreiben. Und gesungen hat sie dabei. So komische Sachen, ausländisch, nehm ich an. Wie eine Katze, der man auf den Schwanz getreten ist, mein Mann hat sich richtig darüber geärgert.« Sie beugt sich vor und senkt ihre Stimme. »Jetzt mal ganz ehrlich, hätten Sie an meiner Stelle nicht auch das Jugendamt informiert?«

[13]

Matthias wartet schon. Er hockt mit angezogenen Beinen auf der Bank im Bushäuschen und raucht eine selbstgedrehte Zigarette.

»Nimm sofort die Füße da runter«, herrscht ihn eine ältere Frau an. »Du machst ja alles dreckig.« Und dann zieht sie ein Tempotaschentuch aus ihrer Handtasche und wischt damit demonstrativ die Bank ab, bevor sie sich mit ihrem hellgeblümten Kleid hinsetzt. Ihre Miene ist so finster, daß Matthias lachen muß. Seine Zähne sind unglaublich weiß. Jelka fällt auf, daß sie ihn noch nie hat lachen sehen. Matthias ist gewöhnlich sehr still und verschlossen.

»Komm«, sagt Jelka leise. »Wir gehen ein Stück.«

Beide wissen nicht, wohin mit ihren Armen. Der schlaksige Junge versucht vergeblich, seine Hände in den Taschen seiner engen Jeans unterzubringen, und nach einer Weile gibt er auf und hakt nur die Daumen in die Gürtelschlaufen. Jelka verschränkt die Arme vor ihrer Brust, die Hände verschwinden unter den Achselhöhlen. Das, was sie jetzt sagen muß, könnte sie keinem anderen Menschen anvertrauen, nicht einmal Leander. Und das, obwohl sie ihn liebt. Aber man kann so schreckliche Dinge über sich selbst wohl nur Menschen gegenüber zugeben, die einem nicht so wichtig sind. Niemals möchte sie wissen, wie Leander auf das reagieren würde, was sie mit Matthias besprechen will.

»Du weißt doch, das Zeugs, das Claas am Samstag mitgebracht hat. Diese seltsamen Kapseln.«

»Mmmh.«

»Fünf für jeden. Und ich hab nur zwei genommen.«

»Stimmt. Bei mir haben drei gereicht.«

Genau das hat sie befürchtet. Daß Matthias ihre Erinnerung bestätigen wird. »Ich wollte dann noch eine schlucken, weil nichts passiert ist, aber plötzlich ging es doch los. Und ich glaube, daß ich die dritte nicht genommen habe. In meiner Jeans waren hinterher aber nur noch zwei von den Kapseln, verstehst du? Eine ist verschwunden.«

Natürlich begreift Matthias den Sinn ihrer Worte nicht auf Anhieb. Wie sollte er auch. »Du meinst, dir ist eine aus der Tasche gefallen. Na und. Weiß doch niemand, wo die herkommt. Oder du hast sie doch genommen. Und erinnerst dich nicht mehr. Ist doch egal.«

»Nein. Egal ist es ganz bestimmt nicht. Ich glaube nämlich ...«, sie schluckt. »Mein kleiner Bruder ist doch an einer Vergiftung gestorben. Woran, weiß die Polizei noch nicht. Aber sie werden es rausfinden. Du, Matthias«, sie lehnt sich gegen den Jungen, »ich kann mich kaum entsinnen, wie ich nach Hause gekommen bin, nur daß ich auf allen vieren die Treppe hochgekrochen bin, das weiß ich noch. Und daß ich auf dem Klo war.«

»Ach so, du meinst, daß du zu Hause so ein Dings verloren hast. Und daß er ... Quatsch, das glaub ich nicht.« Die Art und Weise, wie er sich auf die Unterlippe beißt, sagt allerdings das genaue Gegenteil. »Und wenn schon, das Zeugs

ist doch nicht lebensgefährlich. Wir sind ja auch nicht daran gestorben«, fügt er nachdenklich hinzu.
»Aber Dario war erst drei. So ein Zwerg braucht nicht so viel davon. Matthias.« Verzweifelt umklammert sie seinen Arm. »Könnten wir nicht noch mal in euren Keller? Bitte. Vielleicht liegt die Kapsel irgendwo auf dem Fußboden. Ich muß sie einfach finden!«
Ein kurzer Blick, ein hastiges: »Wir müssen uns beeilen, in einer halben Stunde kommt meine Mutter!« und schon rennen beide los.
Beim Anblick der afrikanischen Idylle kann Jelka die Tränen nicht mehr zurückhalten. Auf allen vieren rutscht sie über die Bodenfliesen. Rechts neben ihr hockt Matthias mit einer Taschenlampe und leuchtet sämtliche Fugen, unzugänglichen Ecken und Rillen ab. Doch das Schicksal ist keineswegs bereit, Jelka von ihrer Schuld zu befreien. Die fünfte Kapsel bleibt verschwunden.
»Scheiße«, flucht der Junge. »Tut mir wirklich echt leid. Ich an deiner Stelle würde mir ganz einfach einreden, daß ich die verschwundene Kapsel auch noch geschluckt habe.«
»Würdest du nicht«, sagt das Mädchen leise. »Glaub mir, das funktioniert nicht. Ich muß Claas fragen, was in den Dingern drin war. Und wenn die dann rausgefunden haben, woran mein Bruder gestorben ist, habe ich Gewißheit. So oder so. Ob ich allerdings den Mut haben werde, alles zu gestehen ... ich weiß es nicht.«

Irgend jemand hat Sabines zerrissene Persönlichkeit wieder zusammengesetzt. Nein, das ist falsch. Nicht irgend jemand. Es bedurfte offenbar eines toten Kindes, damit Sabine wieder sie selbst werden konnte. Damit sie im Spiegel entdeckt, daß sie dringend zum Friseur muß. Damit sie ihre geliebten Jeans aus dem Schrank kramt und gleichzeitig die unmöglichen Umstandssachen in den Altkleidersack stopft. Damit sie endlich aufwacht und sagt: »Solange ich diese Tabletten schlucke, kann ich ja nicht gesund werden. Ich fühle mich, als ob ich ständig durch eine Milchglasscheibe schauen muß. Weißt du was? Ich nehme diesen Mist nicht länger ein. Daß Psychopharmaka die Persönlichkeit zerstören, weiß doch jeder, da kann der Therapeut mir erzählen, was er will. Schluß jetzt. Der einzige Mensch, der mir helfen kann, bin ich selbst.«

Allein der entschiedene Unterton in ihrer Stimme erstaunt Paschke über alle Maßen. Früher hat sie natürlich immer so geredet, aber das scheint Lichtjahre herzusein. Zur Beerdigung will sie auch gehen. Selbstverständlich. Das sei sie ihrer Freundin schuldig. Und sie hat vorhin ihren schwarzen Seidenblazer in die Reinigung gebracht. Macht sich Gedanken, ob ein Minirock eventuell unpassend für so einen Anlaß sein könnte, und entscheidet sich dafür, morgen vormittag mit dem Kleinen in die Stadt zu fahren. Zwischen zwei Mahlzeiten. »Ich habe richtig Lust, mir mal wieder was Schönes zu kaufen. Und ein schwarzes Kleid kann man immer gebrauchen.«

Für den Tag der Beerdigung bietet Christoph Paschke an, Urlaub zu nehmen und Sebastian zu hüten. Er selbst will unter gar keinen Umständen mitgehen. Weil er dieser Christina nicht in die Augen sehen kann. Sie mußte den Preis für seine Zukunft bezahlen. Und ein totes Kind ist ein sehr hoher Preis. Jetzt, da er selbst einen Sohn hat, kann er das wohl ermessen.

Tom Gräfe sitzt auf dem Flur. Nicht etwa auf einer der harten Holzbänke, nein, er hockt mit angezogenen Knien auf dem grünen Linoleum, die harte Wand im Rücken. Bei Johannas Anblick springt er auf. »Wissen Sie schon was?« brüllt er ihr entgegen.

Johanna, die heute morgen verschlafen hat und immer noch der Zeit hinterherrennt, hebt abwehrend beide Hände. Über den Flur schreien, danach ist ihr nicht zumute, also legt sie erst noch ein paar Meter zurück, bevor sie freundlich, aber sehr bestimmt mit Nein antwortet.

Dieser Gräfe hat anscheinend seit Tagen kein Auge zugemacht. Das blaue Hemd ist dasselbe wie Montag morgen, nur daß es heute wirkt, als hätte er es ausgezogen, zusammengeknüllt, mit schmutzigen Schuhen darauf herumgetrampelt und dann wieder angezogen. Bei genauerem Hinsehen entpuppen sich die Schmutzflecke allerdings als Farbspuren, der Maler hat sein Unglück vielleicht auf die Leinwand gebannt.

»Wir haben bisher nur Vermutungen. Und wie mein Chef Ihnen schon sagte, wir geben über den Stand unserer Ermittlungen ohnehin keine Auskunft.«

»Hatte er blaue Flecken am Körper?« fragt Gräfe müde.

»Nein.« Die Worte der Gemüsehändlerin fallen ihr ein. Hat Christina Martell am Ende wirklich ihren Sohn körperlich mißhandelt? »Nein.« Sie sagt es ein weiteres Mal im Brustton der Überzeugung. »Warum wollen Sie das wissen? Hat Ihre ehemalige Lebensgefährtin die Kinder mißhandelt?«

Er lacht rauh. »Wie man's nimmt. Wenn das Geld knapp war, saß ihr die Hand schon mal ziemlich locker. Und gebrüllt hat sie auch. Von morgens bis abends. Ich bin so manches Mal dazwischengegangen, das dürfen Sie mir ruhig glauben. Einmal war Darios Rücken grün und blau. Da hat sie behauptet, er wäre gestolpert und gegen den Herd gefallen. Aber ich weiß nicht …«

»Warum haben Sie nichts dagegen unternommen?«

»Habe ich doch. Ich bin dazwischengegangen. Immer wieder. Christina, hab ich gesagt, laß deine Enttäuschung nicht an den Kindern aus. Aber sie hat sich ja nie was sagen lassen. Nicht von mir.« Er seufzt. »Ich hab gemalt wie verrückt. Manchmal rund um die Uhr. Weil ich dachte, eines Tages muß doch mal jemand was kaufen.«

»Ich hätte die Geduld wahrscheinlich auch nicht gehabt. Jedenfalls nicht als Mutter von zwei Kindern«, wirft Johanna vorsichtig ein.

Er zuckt mit den Schultern. »Klar, das hört sich jetzt so an, als wäre ich ein versponnener Egoist. Aber Christina und ich waren uns einig, daß ich keinem zusätzlichen Broterwerb nachgehe. Sie wollte ursprünglich jobben, in einer Kneipe oder nachmittags im Kinderladen, ich hätte ja nebenbei auf die Kinder aufpassen können. Aber wenn es darauf ankam, hatte sie einfach keine Lust. Sie war manchmal das, was man vornehm als antriebsarm umschreibt. Christina konnte stundenlang auf einer Matratze liegen und lesen.«

Die Kritik in diesen Worten ist wohl nicht zu überhören. Die Künstlerseele hätte es gern gesehen, wenn seine Freundin ihn ernährt hätte. Ihn und die beiden Kinder. Soso.

»Als sie weg war, hab ich mir schon Sorgen wegen der Kinder gemacht. Aber ich dachte mir, wenn ihre Freundin dabei ist, wird sie sich schon zusammennehmen. Ich habe die Zeit dann genutzt, um ungestört zu malen. Als Künstler

braucht man solche Phasen der absoluten Isolation. Ich weiß nicht, ob Sie sich das vorstellen können. Da ist so vieles, was man in sich trägt, das raus muß, das auf die Leinwand gehört. Und nie reicht die Zeit. Ja, und da habe ich ihr nicht groß hinterhertelefoniert, sondern mich ausschließlich meiner Arbeit gewidmet. Meine erste größere Ausstellung lag ja auch in dieser Zeit. Da war ich praktisch rund um die Uhr beschäftigt. Davon, daß Christina in der Zwischenzeit geheiratet hat, wußte ich gar nichts. Ich bin aus allen Wolken gefallen, als ich davon hörte. Kennen Sie diesen Liedke?« Er lacht heiser. »Das ist doch ein Trottel, oder? Der kann einem doch nur leid tun. Merkt nicht, daß Christina bloß scharf auf seine Kohle ist.«
Johanna beschließt, dem Gespräch eine neue Wendung zu geben. »Ich hätte eine andere Frage. Nahm eines der Kinder irgendwelche Tabletten ein?«
Er schüttelt den Kopf. Ohne auch nur eine Sekunde zu überlegen. »Nee, also von der Schulmedizin hält Christina überhaupt nichts. Im Gegenteil. Sie hat die Kinder immer mit alten Hausmitteln behandelt. Tees und selbstgemixte Salben, Kartoffelbreiumschläge gegen Ohrenschmerzen, auf offene Wunden hat sie zerriebenen Breitwegerich getan, lauter so Zeugs. Sie hat sogar Kurse besucht, Das alte Wissen der Kräuterfrauen oder so ähnlich. Da hat sie doch auch diese Thora kennengelernt.«
»Und sie selbst? Hat sie vielleicht regelmäßig was eingenommen?«
»Christina? Nee, die ist kerngesund. Außerdem würde sie niemals Medikamente aus der Apotheke einnehmen, echt. Ich glaube, das hängt irgendwie mit ihrer Mutter zusammen. Die schluckt angeblich alles, was ihr unter die Finger

kommt. Muß wohl einiges vorgefallen sein zwischen den beiden. Aber geredet hat Christina nie darüber.«
Johanna ringt sich ein Beamtenlächeln ab. Nett, aber nicht zu persönlich. »Ja, vielen Dank, daß Sie so offen mit mir geredet haben. Aber was die Todesursache angeht, da wissen wir selbst noch nichts Konkretes. Ihre Adresse haben wir ja.«
Tom Gräfe geht wieder. In seinem zerknautschten schmutzigen Hemd macht er einen sehr vernachlässigten Eindruck. Plötzlich verspürt Johanna das dringende Bedürfnis, seine Bilder anzusehen.

Jelka sitzt in ihrem Zimmer. Der Garten ist verwaist. Die wunderschönen Blumen blühen ganz umsonst. Seit Tagen spielt Laura nicht mehr draußen, sondern hockt geduldig Stunde um Stunde bei ihrer Mutter, in deren Gesicht sich ein merkwürdig schiefes Lächeln eingegraben hat. Alles ist anders, seit er tot ist, schlechter, trauriger, grauer. Nicht er, Dario war sein Name, verbessert sie sich im stillen. Er hieß Dario, und er wollte dein Bruder sein. Aber du hast ihn nicht gelassen. Dabei war er gerade mal drei Jahre alt, ein kleines Kind, unbeschwert und fröhlich. Und du hast ihn immer nur zurückgeschubst und hast eigentlich Christina damit gemeint, Christina, die du nicht treffen konntest.
Dario war sein Name, und er hatte schulterlange blonde Locken, wie ein niedliches kleines Mädchen sah er aus, doch an seine Augenfarbe kann sie sich bereits nicht mehr erinnern. Und schon überhaupt nicht an seine Stimme. Nur sein bockiges Kreischen, das ist hängengeblieben. So gefräßig ist die Zeit, ehe man sich's versieht, hat sie alles

Angenehme, Freundliche verschlungen, nur das Unverdauliche, die bitteren, häßlichen Dinge läßt sie zurück. Ist das immer so, wenn einer stirbt? Von ihrer Mutter weiß sie gar nichts mehr. Das, an was sie sich zu erinnern glaubt, hat sie den Fotos entnommen. Und den Geschichten, die ihr Vater ihr erzählt hat. Damals, als sie noch über dem Lokal gewohnt haben und sie manchmal stundenlang allein in ihrem Zimmer vor sich hin träumte, hat sie sich Dinge über ihre Mutter ausgedacht, kleine nette Begebenheiten, die ihre Einsamkeit ausfüllten.
Papa ist die ganze Zeit nur mit Christina beschäftigt. Wie auf rohen Eiern balanciert er durch die Zimmer, um nur ja nicht an Dario, an die schrecklichen Umstände seines Todes zu erinnern. Und Luzie, Luzie wird von ihrer Tochter mit haßerfüllten Blicken die Treppe hochgetrieben. Zurück in das kleine, ungemütliche Zimmer am Ende des Flurs, das man ihr zugewiesen hat. Luzie wird behandelt, als hätte sie den Jungen persönlich ermordet. Gleich nach der Beerdigung will sie zurück, hat sie gesagt. Und niemand hat darauf reagiert. So als wäre ihre Stimme unhörbar. Das war gestern. Seither hat Luzie Martell eigentlich kein Wort mehr gesprochen. Stumm, mit großen, bettelnden Hundeaugen nimmt sie an den gemeinsamen Mahlzeiten teil. Aber niemand erbarmt sich. Jeder hat genug mit sich selbst zu tun. Höchstens die kleine Laura steht manchmal auf und legt ihren Kopf an Luzies Schulter. Dann sitzt ihre Großmutter ganz still und hält die Luft an, so als hätte sie Angst, das Kind durch eine unbedachte Bewegung zu vertreiben. Nach einer Weile setzt Laura sich wieder auf ihren Stuhl und ißt weiter. Auf Luzies Gesicht hinterläßt sie ein seliges Lächeln.

Gegen Mittag ist es so unerträglich heiß im Büro, daß sie alle Fenster aufreißen, was aber leider nichts bewirkt. Cora Samcke, heute ganz in Rostrot, klebt ermattet auf ihrem Drehstuhl. In ihrem eleganten wadenlangen Etuikleid (garantiert aus Polyester, wie Johanna schadenfroh registriert) kann sie einem schon leid tun. Dicke Schweißflekken breiten sich unter ihren Achselhöhlen aus, was man wirklich nicht als besonders kleidsam bezeichnen kann. Der golddurchwirkte Seidenschal, den sie heute morgen locker flockig um ihren Ausschnitt drapiert hat, erinnert mittlerweile an eine zusammengedrehte Wurstpelle. Das Make-up läuft ihr auch schon davon, ständig rennt sie zur Damentoilette im ersten Stock, um die letzten Überreste ihres guten Aussehens zu retten. Ab und an betupft sie sich die Schläfen mit Pfefferminzöl, weil das angeblich kühlen soll.

Gegen Mittag hält es Johanna nicht mehr aus. »Ich fahr mal zur Gerichtsmedizin.«

»Das lohnt doch nicht«, brummt Hauptkommissar Stefan Heyne, der gerade damit beschäftigt ist, eine seitenlange Überstundenstatistik für die Verwaltung zu erstellen. »Die werden sowieso nichts finden. Tabletten, irgendeine gebräuchliche Sorte. Das hier ist ja kein Mordfall.« Doch die Junihitze hat ihn so lädiert, daß ihm die Kraft zu einem autoritären Nein fehlt.

Das Gebäude, in dem die Gerichtsmedizin untergebracht ist, stammt noch aus dem vorherigen Jahrhundert. Ein hübscher dunkelroter Klinkerbau mit schmalen hohen Fenstern, gekrönt von weiß gestrichenen Lünetten.

Drinnen ist es angenehm kühl. Und die schlichte Holzbank in der Eingangshalle könnte durchaus zum Verschnaufen einladen. Wäre da nicht das leise Summen der Kühlaggregate im Hintergrund, das dezent auf die gut gekühlten Leichen hinweist, die in riesigen sargähnlichen Laden auf ihren letzten großen Auftritt warten. Ihr Verwesungsprozeß wird durch die niedrigen Temperaturen mehr oder weniger erfolgreich aufgehalten. Und doch liegt der typische Geruch nach Tod, nach sich zersetzendem Eiweiß in der Luft.

»Wie schön, daß Sie persönlich vorbeischauen. Ich habe auch was ganz Besonderes für Sie herausgefunden. Kommen Sie.« Der Chefpathologe winkt Johanna in sein Büro. Zum Glück. Am Seziertisch stehen und in aufgeschnittene Körper starren möchte sie bei diesen kreislaufbelastenden Außentemperaturen ganz gewiß nicht. Einmal, das war ganz am Anfang ihrer Laufbahn, ist sie bei so einer Gelegenheit umgekippt. Ohne Vorwarnung, wie ein gefällter Baum. Peinlicherweise knallte ihr Kopf dabei auf den Aluminiumtisch, direkt neben den Fuß der Leiche. Die Platzwunde an der Schläfe mußte später in der Unfallchirurgie mit drei Stichen genäht werden. Natürlich war sie monatelang das Gespött der ganzen Abteilung. Und wenn einer in die Gerichtsmedizin geschickt werden mußte, so war das unter Garantie Johanna Lauritz. Zum Glück ist diese Geschichte lange her. Und sie ist auch nicht hier passiert, sondern weit weg, nämlich in Frankfurt. Mittlerweile gelingt es Johanna Lauritz ganz souverän, ihre Abneigung gegen diesen Ort zu überspielen.

In seinem Büro hat Dr. Hasskamp, der seit vielen Jahren die Gerichtsmedizinische Abteilung leitet, auf jegliche morbiden Dekorationsgegenstände, die auf seinen Berufsstand hinweisen könnten, etwa eine Auswahl von bleichen

Schädelknochen auf dem Schreibtisch oder Gläser mit in Formalin eingelegten Embryonen in seinem Bücherschrank, verzichtet. Statt dessen hängen ein paar gerahmte Drucke an der Wand, austauschbare Stilleben, alle von derselben Machart, wahrscheinlich stammen sie aus einem der langweiligen Kunstkalender, die die Pharmaindustrie jedes Jahr zu Weihnachten an ihre Kunden verschickt. Selbstverständlich gibt es auch Fachliteratur, meterweise befindet sie sich in den Regalen, die die Wand im Rücken der Besucher ausfüllen.

Dr. Hasskamp steht kurz vor der Pensionierung. Dennoch hat sein Fachgebiet, die Gerichtsmedizin, für ihn noch nichts von ihrer Faszination eingebüßt. Auch dieser Fall ist eine echte Herausforderung. Und er hat Stunden damit zugebracht, in seinen Fachbüchern nach ähnlichen Fällen zu forschen. Mit Erfolg.

»Ich glaube, ich hab's!« sagt er erfreut. »Die eigentliche Obduktion hat nichts Spektakuläres ergeben, Herz- und Kreislaufversagen als Todesursache, keine inneren Mißbildungen, keine Tumore, nichts. Aber die Blutwerte und vor allem die Analyse des Mageninhaltes ...« Seine Stimme schraubt sich dramatisch empor, um die Spannung zu steigern. »Atropin! Der Junge ist an einer Atropinvergiftung gestorben. An einem Hitzestau, wenn Sie so wollen. Tragischerweise haben die hohen Temperaturen in der Todesnacht eine Rolle dabei gespielt. Es ist hinlänglich bekannt, daß bei Kindern in südlichen Ländern, sagen wir mal Indien, schon geringe Mengen von Atropin zum Tode führen können. Ja, unter Umständen reichen manchmal bereits therapeutische Dosierungen aus. Ich kann Ihnen das mal kurz erklären ...«

Das, was er mit blumigen Worten ausschmückt, schnürt Johanna die Kehle zu. Durst, Herzrasen, Sehstörungen bis hin zur völligen Erblindung, das Sprechen, ja sogar das Schlucken ist kaum noch möglich, ein völliges Versiegen sämtlicher Drüsenfunktionen verhindert die natürliche Schweißbildung, so daß es zu einem dramatischen Wärmestau mit hohem Fieber kommt, Muskelschwäche, Gleichgewichtsstörungen bis hin zur Lähmung, sogar Krampfanfälle können auftreten, und endlich kommt es zur Atemlähmung und damit zum Herzstillstand. »Ein schrecklicher Tod!« Bekümmert kaut Dr. Hasskamp auf seiner Unterlippe. »Das Gesicht des Jungen verrät uns ja auch, daß er fürchterliche Ängste ausgestanden hat. Ich vergaß zu erwähnen, daß Atropin entsetzliche Halluzinationen auslösen kann.«

»Und warum ist er nicht zu seiner Mutter gelaufen?« fragt Johanna. »Hätte man ihn nicht mehr retten können?«

»Doch, natürlich. In solchen Fällen gibt man ein Antidot. Also ein Gegengift. Physostigmin wäre bei einer derart schweren Vergiftung das Mittel der Wahl. Nun, offenbar war die Dosis so hoch, daß alles sehr schnell ging. Dazu die Hitze, die das Kreislaufversagen sicherlich beschleunigt hat. Ich muß Ihnen gestehen, daß dieser Fall einmalig ist in meiner Praxis.« Der Chefpathologe glüht vor Begeisterung. »Zunächst dachte ich natürlich an eine medikamentöse Vergiftung. Sie wissen schon, die üblichen Unglücksfälle. Ein Kind findet Tabletten, in diesem Fall wohl eher atropinhaltige Augentropfen, und schluckt das Zeugs heimlich runter. Möglicherweise hat es die Augentropfen schon tagsüber unter seiner Bettdecke versteckt. Wie Kinder eben so sind.«

»Da war keine Flasche mit Augentropfen, nicht in seinem Zimmer«, sagt Johanna leise. »Ich bin mir vollkommen sicher.«
Das scheint Dr. Hasskamp nicht weiter zu überraschen. »Sehr richtig, meine Liebe. Da waren keine Augentropfen. Jetzt kommt nämlich das Phantastische an diesem Fall. Im Mageninhalt des Jungen sind wir auf pflanzliche Teile gestoßen. Genauer gesagt auf Samen von Datura stramonium, im Volksmund auch Stechapfel genannt, einer hochgiftigen atropinhaltigen Pflanze, und dann noch auf Teile von getrockneten Pilzen. Von Fliegenpilzen, wie wir nachweisen konnten.«
»Der Junge hat also beim Spielen giftige Pflanzen gegessen«, schlußfolgert Johanna.
»Nein. Jedenfalls nicht so, wie Sie jetzt denken, meine Liebe. Ich sagte doch deutlich: Teile von *getrockneten* Pilzen. Und dann war da noch der Rest einer Gelatinekapsel. Sie wissen schon, diese Medikamentenkapseln, in die man alles mögliche füllen kann. Zum Beispiel Drogen. Das im Stechapfel vorkommende Alkaloid wirkt, wie schon gesagt, stark halluzinogen und ist deshalb als LSD-Ersatz gebräuchlich. Und auch die Stoffe Muscafin und Muscimol, die im Fliegenpilz enthalten sind, lösen Rauschzustände aus und werden deshalb hier und da als Drogenersatz verwendet. Stechapfel und Fliegenpilz. Eine interessante Mischung.« Der Pathologe lächelt selbstzufrieden. »Wenn Sie so wollen, eine Ökodroge. Zur Zeit wohl eine Art Geheimtip unter Drogenkonsumenten. Ich habe kürzlich einen Aufsatz darüber gelesen. Im übrigen ist auch der Ursprung dieser Mixtur nicht uninteressant. Im Mittelalter haben die Hexen sich mit solchen Drogen ihre halluzinogenen Er-

lebnisse verschafft. Sie haben diese Dinge allerdings meist nicht eingenommen, sondern zu Salben verarbeitet. Zu sogenannten Flugsalben, mit denen sie sich die Innenseiten der Schenkel eingerieben haben. Auf diesem Wege gelangten die Inhaltsstoffe schnell und zuverlässig ins Blut, wo sie zu den bekannten Rauschzuständen führten. Normalerweise sind solche Rezepturen natürlich nicht tödlich. Aber Kleinkinder reagieren mitunter besonders stark auf Atropin, das ist ein bekanntes Phänomen, dazu die Hitze ... Ich sagte es ja schon, wirklich tragisch.«

»Wann ist der Junge gestorben? Gegen Mitternacht, wie Dr. Theuerkauf meinte?«

»Nein, da hat der Kollege sich von der fortgeschrittenen Leichenstarre in die Irre führen lassen. Die wird nämlich durch hohe Temperaturen in ihrer Ausbildung stark beschleunigt. Der Tod ist meiner Ansicht nach zwischen drei Uhr dreißig und fünf Uhr eingetreten. Um Mitternacht soll er ja auch noch völlig unauffällig gewesen sein. Ich denke, das paßt ganz gut. Die ersten Symptome einer Atropinvergiftung können sehr schnell und sehr charakteristisch auftreten, im Fall einer Letaldosis schon nach fünf bis zehn Minuten. Er wird das Gift also erst im Bett zu sich genommen haben. Armes Kind ...« Das immerhin ringt er sich noch ab, bevor er sich hinter seinem Schreibtisch erhebt. Möglicherweise, um sich einer neuen Leiche und damit einem anderen Drama zuzuwenden.

»Das Kind ist also gewissermaßen ein Drogentoter. Verrückt, oder? Also hat Frau Martell nicht mal gelogen, als sie gesagt hat, daß es keine Tabletten im Haus gibt.«

»Dann fahr doch hin, und frag sie, wie es mit Drogen aus-

sieht. Ich kann dir allerdings schon vorher sagen, was sie antworten wird. Ich hab's ja gleich gewußt, kein Fall für uns. Fahrlässigkeit der Eltern.« Hauptkommissar Stefan Heyne klappt seufzend einen schwarzen Aktenordner zu. »Übrigens hab ich gerade einen Anruf gekriegt. Noch so ein faules Ei. Eine Siebzigjährige, die mindestens vier Wochen tot in der Wohnung lag, ohne daß jemand sie vermißt hat. Und das bei diesen Temperaturen! Wer geht da hin?«
Jetzt ist Johanna wirklich froh, daß sie ins Gerichtsviertel fahren darf, in ein Haus, in dem alles makellos sauber ist, zumindestens rein äußerlich. Eine halb verweste Leiche, im Hochsommer auch noch, das ist nun wahrlich eine der härtesten Strafen in diesem Beruf. Kriminalobermeister Edgar Lohse, der vielleicht abgebrühteste von allen, und Oberkommissar Roland Bierwirth werfen eine Münze – und Bierwirth verliert.
Mit langem Gesicht macht er sich auf den Weg, um zu bestätigen, was sowieso schon feststeht. Aber wenn wir es schon nicht schaffen, den Alten, Vereinsamten zu Lebzeiten Aufmerksamkeit zu schenken, so soll ihr Tod wenigstens treu unseren Gesetzen abgehandelt werden. Man wird die alte Frau, deren Herz zum Glück mitten im Schlaf aufgehört hat zu schlagen, sogar noch obduzieren. Um festzustellen, daß die oberflächlichen Verletzungen an ihrer linken Hand von ihrer Katze stammen, die eingesperrt in der Wohnung verzweifelt nach etwas Eßbarem gesucht hat, bevor sie in der großen Hitze verdurstet ist.

Die wunderschöne alte Villa hält ihr Versprechen nicht ein. Die altmodische Gemütlichkeit, die man hinter den hohen Fenstern vermutet, gibt es hier nicht. Statt dessen kalte weiße Wände, glattpoliertes Parkett, wenige elegante Möbelstücke, in den Fenstern weiße Vorhänge aus Batist. Alles ist neu. Alles wirkt unbenutzt. Auf dem Eßzimmertisch steht eine riesige Tonschale mit Äpfeln, doch ein unsichtbares »Bitte nicht berühren«-Schild weist diese als ungenießbar aus.

In diesem Haus leben keine glücklichen Menschen, das spürt man sofort, hier wird ein Theaterstück aufgeführt, und so, wie es aussieht, spielen die Beteiligten ziemlich schlecht. Die trauernde Mutter ist eine Fehlbesetzung, in ihrem fraglos schönen Gesicht zeigt sich keine menschliche Regung, sie kann keine Gefühle ausdrücken, und das, obwohl ihr Kind unter so tragischen Umständen zu Tode gekommen ist. Der Vater, dieser harmlose, etwas blasse Koch ist viel zu alt für seine Rolle, niemand nimmt den beiden ab, daß sie ineinander verliebt sein könnten. Die große Tochter ist x-beliebig, absolut neutral, ein Teenager, der mit sich selbst genug zu tun hat. Mit dem Rücken zur Haustür steht die Großmutter, klein und dünn, das Kleid mit den altmodischen Streublümchen viel zu kurz für ihr Alter, in Zinnoberrot hat sie sich ein künstliches Lächeln auf die schmalen Lippen gekrakelt, so verlogen, daß Johanna erschauert. Sie ist eine Mischung aus *Mutter Courage* und der Jenny aus der *Dreigroschenoper.*

»Ich bin gekommen, um Ihnen das Ergebnis der gerichtsmedizinischen Untersuchung mitzuteilen.«

Eine seltsame Veränderung geht mit den Menschen, die gemeinsam eine Familie bilden, vor. Die Mutter des Kindes greift nach der Lehne eines Stuhls, die sie so fest umklammert, daß ihre Knöchel weiß werden. Der Vater atmet plötzlich laut und viel zu schnell, die Großmutter sinkt wie betäubt gegen den Türrahmen, und das junge Mädchen preßt ihre rechte Hand gegen den Mund, und ihre Augen sind rund vor Entsetzen. Angst breitet sich aus, man kann sie förmlich riechen. Jeder hier scheint zu fürchten, was Johanna sagen wird. Wie seltsam. Jetzt gibt es doch eine Verbindung. Sie alle scheinen ein schreckliches Geheimnis zu teilen. Für einen Moment bietet sich der Gedanke an, daß sie das Kind gemeinsam umgebracht haben. Und die Entdeckung fürchten. Alle starren wie hypnotisiert auf Johannas Lippen. Gisbert Liedke hüstelt nervös.

»Dario ist an einer Vergiftung gestorben. Genau wie wir vermutet haben.«

Die Haut des großen Mädchens, das mit ausdruckslosem Gesicht mitten im Raum steht, hat die Farbe von Schmalz angenommen. Fahlweiß mit einem schmutziggrauen Schimmer. Sie hat die Arme vor der Brust verschränkt, was wohl lässig aussehen soll, tatsächlich macht es eher den Anschein, als könne sie sich nur mühsam auf den Beinen halten.

»Um es kurz zu machen, der Junge ist an einer Mischung aus Atropin und Muscarin gestorben. Als Medikament findet man Atropin hauptsächlich in Augentropfen oder auch in Mitteln gegen Asthma.«

Langsam schüttelt Christina Martell ihren Kopf. Ihre Hand umklammert die Stuhllehne noch fester. »Mutter«, sagt sie gepreßt, »nimmst du was gegen Asthma ein?«

»Ich und Asthma?« Luzie Martell lacht heiser. »So ein Unsinn. Und Augentropfen brauche ich schon gar nicht. Wie jeder sieht, trage ich ja nicht mal eine Brille. Und das mit einundsechzig Jahren!«

»Muscarin dagegen«, fährt Johanna unbeirrt fort,

»kommt überhaupt nicht in der Medizin vor. Dieser Stoff ist in Pilzen vorhanden, vornehmlich im Fliegenpilz und im Pantherpilz. Muscarin wirkt stark halluzinogen und wird manchmal als Drogenersatz verwendet.«

»Sie meinen, der Kleine hat irgendwo einen Fliegenpilz gefunden und gegessen«, keucht Liedke. »Womöglich sogar bei uns im Garten? Mein Gott, wo ist Laura?«

»Laura spielt unter dem Tisch.« Christina Martell wirkt sehr ruhig. Und tatsächlich, unbemerkt von allen, kniete die Kleine die ganze Zeit schon unter dem Eßzimmertisch, vertieft in ein lautloses Murmelspiel, dessen Regeln nur sie selbst versteht.

»Nein. Das meine ich *nicht*. Der Magen des Kindes war praktisch leer. Man hat ein wenig Schokolade gefunden, dann den Rest einer Medikamentenkapsel und ein paar pflanzliche Bestandteile, aber eben nur in äußerst geringen Mengen. Die Pathologen haben herausgefunden, daß Dario etwa zwei Stunden vor seinem Tod, also zwischen Mitternacht und ein Uhr morgens, eine Kapsel mit getrockneten Pflanzenbestandteilen zu sich genommen hat. In der Kapsel befanden sich Samen einer atropinhaltigen Pflanze, genauer gesagt des Stechapfels, ferner eine geringe Menge von getrocknetem Fliegenpilz. Beide Stoffe finden heutzutage bei uns Verwendung als halluzinogene Drogen. Kaufen kann man solche Kapseln natürlich nirgends.«

Aufmerksam beobachtet Johanna die Anwesenden. Vom Alter her ist das Mädchen Jelka eigentlich die Hauptverdächtige. Eine Modedroge, hat Dr. Hasskamp gesagt. Hauptsächlich unter Jugendlichen und in esoterisch angehauchten Kreisen oder bei Althippies bekannt. Aber sieht Jelka Liedke wie eine Drogenabhängige aus? Oder ihr Vater wie ein später 68er? Wohl kaum. Frau Martell kennt sich mit alten Kräuterrezepturen aus, das hat ihr Exlebensgefährte jedenfalls behauptet. Natürlich bestehen alle zusammen darauf, noch nie von solchen Drogen gehört zu haben. Die Großmutter des Kindes streicht Johanna im übrigen gleich von der Verdächtigenliste.

»Untersuchen Sie das Haus«, ereifert sich Liedke. »Sie werden nichts Derartiges bei uns finden. Das ist doch kompletter Unsinn.«

Gute Idee. Nur leider hat Johanna keinen Durchsuchungsbefehl. »Ich möchte Sie alle bitten, morgen früh um halb elf aufs Präsidium zu kommen. Wir würden Sie gern einzeln befragen.«

Das Entsetzen in den Gesichtern nimmt zu. »Aber morgen ist die Beerdigung«, stammelt Liedke. »Um dreizehn Uhr. Geht es nicht übermorgen?«

»Dann am Samstag um elf. Immerhin ist hier noch ein Kleinkind im Haus. Es wäre doch tragisch, wenn sich dieser Unglücksfall wiederholt.« Plötzlich weiß Johanna genau, daß es in diesem Raum tatsächlich ein Geheimnis gibt. Und sie, Kriminaloberkommissarin Johanna Lauritz, wird dieses Geheimnis ergründen. Sie wird herausfinden, warum das Kind sterben mußte.

Eine kleine, stille Feier hat Liedke sich vorgestellt. Weil er gemeint hat, daß niemand von dem Zeitpunkt der Beerdigung wissen kann. Sehr bewußt haben sie auf eine Annonce in der Zeitung verzichtet. Christina wollte allein trauern. Doch es hat nichts geholfen. Die Leichenhalle ist überfüllt. Die Menschen drängen sich sogar noch in einer dichten Traube draußen vor der Eingangstür. Nur unwillig machen sie den Betroffenen Platz. Flüchtig erkennt er ein paar Stammgäste aus der Weißen Taube, ein paar Nachbarn, auch Tom Gräfe ist anwesend. Irgendwie ist es dazu gekommen, daß er rechts neben Christina geht. Zwischen ihnen trippelt Laura. Liedke geht links von seiner Frau. Hinter ihm folgen Jelka und Luzie, die sich untergehakt halten. Jelka schluchzt zum Gotterbarmen. Das arme Kind. Den Abschluß der kurzen Prozession bilden Thora Detlefsen und Sabine Paschke. Liedkes Schwester Benita hat nur ein Gesteck geschickt. Gelbe Moosröschen und eine weiße Schleife. *In stillem Gedenken. Deine Tante Benita.* Gekommen ist sie nicht. Liedke kann es ihr nicht mal verdenken.

Der kleine Sarg ist schneeweiß. Ganz schlicht. Christina hat darauf bestanden. Dabei gibt es heutzutage Kindersärge in allen erdenklichen Farben. Und blau hätte nach Liedkes Meinung weitaus besser zu seinem Stiefsohn gepaßt. Aber natürlich war das allein Christinas Entscheidung.

Die Worte, die der Pastor sagt, dringen kaum an sein Ohr. Nur daß der gute Mann sich redliche Mühe gibt, die tragischen Umstände von Darios Tod so zu umschreiben, daß man meinen könnte, der Junge wäre an einer kurzen, schweren Krankheit gestorben, hört er heraus. Christina sitzt mit gefalteten Händen da. Ihr Kopf ist gesenkt, hinter dem dichten Vorhang aus blondem Haar ist das Gesicht nicht zu erkennen. Von Zeit zu Zeit geht die rechte Hand dorthin, wo man ihre Augen vermuten könnte. Als würde sie Tränen fortwischen. Komisch. Für Liedke steht fest, daß sie nicht wirklich weint. Dieser Tom Gräfe dagegen hat beide Hände vors Gesicht geschlagen, seine Schultern

heben und senken sich ruckartig, er schluchzt unterdrückt. Liedke selbst fühlt absolut nichts. Wie ein neutraler Beobachter sitzt er da, läßt seinen Blick so unauffällig wie möglich schweifen und sortiert die Trauer der anderen in eine imaginäre Liste ein. Keine Frage, Jelka steht auf dieser Liste ganz oben, dicht gefolgt von Tom Gräfe.
Die Stille reißt ihn aus seinen Betrachtungen. Der Pastor schweigt. Jetzt kommen die Sargträger durch den Mittelgang nach vorn. Männer in schwarzen Anzügen, Angestellte des Beerdigungsinstituts. Mit sorgfältig abgemessenen Schritten durchqueren sie das Kirchenschiff, fast schon wirkt ihre zur Schau getragene Feierlichkeit übertrieben. Sie entfernen die Kränze von Darios Sarg, die weißen Rosen seiner Mutter, die Margeriten von Liedke und Jelka, die Lilien von Luzie, die Anemonen von Christinas Freundinnen. Christina hat sich weiße Blumen ausgebeten.
Als die Männer den Sarg anheben, schreit Christina Martell leise auf. Ein aufgeregtes Raunen geht durch die Menge. Welche Sensation bahnt sich an, wird die Kindesmutter etwa ohnmächtig? Doch es passiert nichts weiter, nur dieser eine, verlorene Schrei, der Liedke für einen kurzen Moment versöhnt.

Der Sarg ist so schrecklich klein. Der Dario, den Jelka in Erinnerung hat, könnte niemals dort hineinpassen. Vielleicht muß er die Beine anwinkeln. Für immer. Aber das wäre schrecklich. Die Männer schwanken ein wenig beim Gehen. Vor Jelkas geistigem Auge wird der Körper ihres toten Stiefbruders bei jedem Schritt gegen die Sargwände geschleudert. Erst rechts, dann links, dann wieder rechts. Erschrocken hält sie den Atem an. Hört man etwas? Luzie

stupst sie an. Komm. Richtig. Die Angehörigen folgen dem Sarg. Mit genau den gleichen kurzen, unnatürlichen Schritten, die die Sargträger vorgeben. Christina geht zwischen zwei Männern. Zwischen dem alten und dem neuen. Geschmacklos findet Jelka das. Vorhin hat sie Matthias gesehen. Er sitzt irgendwo in der Nähe der Tür. Aber sie traut sich nicht, offen nach ihm Ausschau zu halten. Bloß niemanden anblicken müssen.
Der Pastor führt den kleinen Zug auf den Friedhof. Bei Tag sind die Kieselpfade ihr fremd. Und so erkennt sie zunächst gar nicht, welchen Weg der Pastor eingeschlagen hat. Erst als alle vor der leeren Grabstelle stehenbleiben, die ihr so vertraut ist, begreift sie den makabren Scherz, den das Schicksal sich erlaubt hat. Dort, wo man vor kurzem erst die sterblichen Überreste von Maria Heidemann aus der Erde gewühlt hat, soll jetzt Dario seine letzte Ruhe finden. Es ist, als würden alle mit dem Finger auf Jelka zeigen: Wer hat Dario auf dem Gewissen? Wer hat die Erde entweiht, in der das arme Kind jetzt begraben wird? Wer? Dort steht sie, Jelka, Jelka, Jelka! Alles wird schwarz, dann spürt sie nichts mehr. Daß Luzie ruft: »Um Gottes willen, Mädchen!« hört sie auch nicht mehr.

[14]

Um zehn Uhr fünfzig erscheint die komplette Familie Liedke/Martell auf dem Polizeipräsidium. Alle den Umständen entsprechend in Schwarz gekleidet. Natürlich ist es Christina Martell, die sämtliche Blicke auf sich zieht. Weil ihr hüftlanges blondes Haar einen so heftigen Kontrast zu ihrer dunklen Kleidung bildet.

Im Grunde sind ja nur zwei Personen wirklich interessant. Die Mutter und die Stiefschwester. Kein Mensch würde der übernervösen Großmutter oder gar Herrn Liedke mit dem Babygesicht zutrauen, daß sie sich abends heimlich mit Drogen vollpumpen.

Christina Martell hält ihr kleines Mädchen an der Hand. Niedlich ist diese Laura, aber auffallend desinteressiert. Sie wirkt weder ängstlich noch neugierig, sitzt ganz ruhig auf dem Schoß ihrer Mutter und spielt mit den Knöpfen ihres weißen Spitzenkleides. Johanna erinnert sich an Tom Gräfes Worte, daß das Kind nicht sprechen kann, entwicklungsgestört ist, seiner Meinung nach aus Angst vor seiner Mutter, und sie fragt sich, ob die Kleine am Ende gar behindert ist.

»Frau Martell«, beginnt Hauptkommissar Stefan Heyne mit sachlicher Stimme, »meine Kollegin hat Sie vorgestern schon darüber informiert, daß Ihr Sohn einer Verkettung unglücklicher Umstände zum Opfer gefallen ist. Die Kapsel mit Rauschmitteln, die er eingenommen hat, wäre normalerweise nicht tödlich gewesen. Laut dem Bericht unseres Gerichtsmediziners spielte die große Sommerhitze eine tragische Rolle bei Darios Tod. Sie hat ja wohl die Wirkung des Atropins verstärkt. Verstehen Sie mich bitte richtig. Wir gehen hier«, er lehnt sich zurück und verschränkt die Arme vor der Brust, »keinesfalls von einem vorsätzlichen Tötungsdelikt aus. Unsere Aufgabe besteht lediglich darin, die Umstände von Darios Tod aufzuklären. Mit anderen Worten: Wie ist er an diese Kapsel gekommen, die man schließlich nicht so einfach im Supermarkt kaufen kann? Ich frage Sie also hier unter vier Augen: Haben Sie selbst, jetzt oder in der Vergangenheit, diese Kapsel hergestellt?«

»Nein. Natürlich nicht.« Dabei schaut sie Heyne offen in die Augen.

Jetzt ist Johanna dran. »Frau Martell, Ihr ehemaliger Lebensgefährte hat beteuert, daß Sie sich sehr gut mit alten Hausmitteln auskennen. Mit Kräuterrezepturen beispielsweise. Könnte es nicht doch sein, daß Sie, sagen wir aus Neugierde, irgendwann einmal solche Kapseln angefertigt haben. Für sich selbst. Und Dario ist darauf gestoßen, als er heimlich in Ihren Sachen gewühlt hat. Das wäre doch denkbar. Jeder weiß, daß Kinder in dem Alter sehr neugierig sind.«

»Nein.«

»Niemand unterstellt Ihnen, daß Sie Ihrem Sohn etwas antun wollten. Aber irgendwie muß er doch an diese verdammte Kapsel gekommen sein.« Heynes Geduld schmilzt bei diesen Temperaturen um einiges schneller als gewöhnlich. Und Menschen, denen außer ja und nein nichts einfällt, bringen ihn ohnehin in Rage.

»Ich weiß nicht, was geschehen ist. Wenn Herr Gräfe sagt, daß ich mich einigermaßen gut in der Alternativmedizin auskenne, stimmt das. Aber mit Drogen hat das nichts zu tun. Im Gegenteil. Jeder wird Ihnen bestätigen, daß ich weder rauche noch Alkohol trinke. Weshalb sollte ich mich für Drogen interessieren?«

Aus Neugierde, aus Enttäuschung, die Gründe sind immer dieselben. Aber Johanna schweigt. Fragt statt dessen, wie Frau Martell ihr Verhältnis zu den Kindern beschreiben würde.

»Gut. Ich liebe meine Kinder. Sie sind das Wichtigste in meinem Leben.« Zur Bekräftigung ihrer Worte vergräbt sie ihr Gesicht in Lauras Haaren. Eine Geste, die der Kleinen durchaus vertraut erscheint, denn sie spielt ungerührt weiter.

»War Dario ein ruhiges Kind? Oder würden Sie ihn eher als lebhaft bezeichnen, vielleicht sogar als schwierig?« will Stefan Heyne wissen.

Die Erinnerung an ihren Sohn treibt ihr die Tränen in die Augen. »Er war im Moment ein wenig durcheinander. Wir leben noch nicht lange in dem Haus. Und ich bin ja erst seit April mit Gisbert verheiratet. Vorher haben wir uns nur sehr kurze Zeit gekannt. Da sind eine Menge neue Eindrücke auf den kleinen Kerl eingestürzt. Eine neue Umgebung, ein neuer Vater, eine neue Schwester ...«

»Und der Verlust seines richtigen Vaters«, wirft Johanna ein.

Gleichgültig zuckt Christina Martell mit den Schultern. »Das auch, schon. Obwohl die beiden kein besonders inniges Verhältnis hatten. Tom Gräfe lebt in erster Linie für seine Malerei. Wir, ich meine die Kinder und ich, haben ihn weit weniger interessiert. Ich denke nicht, daß meine Kinder unter der Trennung von Tom Gräfe gelitten haben.«

»Wie würden Sie sein Verhältnis zu den Kindern beschreiben?«

»Gleichgültig. Die Kinder haben ihn eher gestört. Ich mußte immer zusehen, daß sie leise waren, wenn er gemalt hat. Sonst ...«

»Sonst?« fragt Johanna atemlos, die diese Geschichte unter umgekehrten Vorzeichen schon einmal gehört hat.

»Na ja, er konnte sehr ungehalten werden. Hat rumgebrüllt, auch mal zugeschlagen. Ich mußte ständig aufpassen, daß da nichts Ernsthaftes passierte. Deshalb bin ich ja auch weg mit den Kindern.«

Noch bevor Johanna mit ihrer Überlegung zu Ende ist, wie sie Tom Gräfes Sicht der Dinge anbringen kann, gibt Heyne dem Gespräch eine neue Wendung. Er will wissen, mit wem Dario Martell am Tag seines Todes Kontakt hatte.

Als der Name Thora Detlefsen fällt, wird Johanna hellhörig. Von einer Thora hat Tom Gräfe auch gesprochen. Und davon, daß sie ebenfalls bewandert in alter Kräuterkunde sein muß. Automatisch notiert sie den Namen auf einem Zettel. Sabine Paschke sagt ihr dagegen nichts.

»Könnten Sie sich vorstellen, daß eine der beiden Damen in ihrer Freizeit solche Drogen nimmt? Und daß sie eine dieser Kapseln in ihrer Wohnung verloren hat? Vielleicht ist sie unbemerkt aus der Tasche gefallen?«

Entschieden schüttelt Christina Martell den Kopf. »Nein.

Thora Detlefsen kenne ich sehr gut. Wir haben sogar mal eine kurze Zeit zusammengewohnt. Thora nimmt keine Drogen. Und Sabine schon gar nicht. Sie war in den letzten Monaten psychisch schwer krank. Eine Wochenbettpsychose nach der Geburt ihres ersten Kindes. Sabine ist gerade erst aus der Psychiatrie entlassen worden. Mit den entsprechenden Medikamenten. Ich weiß es von ihrem Mann, der sie übrigens nie allein läßt. Sabine Paschke nimmt ganz bestimmt keine Drogen.«

»Vielleicht vor dieser Psychose? Vielleicht wurde die überhaupt durch Drogenmißbrauch ausgelöst«, schlägt Stefan Heyne vor.

Christina Martell lächelt ihn beinahe mitleidig an. »Wohl kaum. Vor der Psychose war Sabine neun Monate schwanger. Und sie hat während dieser Zeit so gesund gelebt, wie man nur gesund leben kann. Sebastian ist nämlich ein lang ersehntes Wunschkind.«

Schade. Aber es gibt ja noch mehr Personen, die als Drogenbesitzer in Frage kommen. »Wann haben Sie Tom Gräfe zuletzt gesehen?«

»Am Freitag vor Darios Tod. Er wollte die Kinder besuchen. Angeblich. In Wahrheit galt sein Besuch natürlich mir. Er hat ein Bild für mich gemalt. Tom Gräfe glaubt immer noch, daß ich zu ihm zurückkehre. Die Kinder sind für ihn doch nur ein Vorwand.«

»Und?«

Unwillig schüttelt Christina Martell den Kopf. »Ich bin sehr glücklich mit Gisbert. Nie im Leben würde ich das aufs Spiel setzen. Das habe ich Tom auch sehr deutlich zu verstehen gegeben. Er war ziemlich aufgebracht, als er ging.«

»Vielen Dank, ich denke, das war es schon«, sagt Stefan Heyne liebenswürdig. Und dann geleitet er die etwas überraschte Frau Martell zur Tür, die er sanft, aber sehr nachdrücklich hinter ihr schließt.

»Na? Was denkst du?«

Johanna kaut auf ihrem Stift, mit dem sie den Namen Thora Detlefsen mittlerweile in sieben verschiedenen Schreibweisen zu Papier gebracht hat. »Ich hätte sie gern noch gefragt, ob sie die Kinder in der Vergangenheit geschlagen hat.«

»Bestimmt hätte sie gesagt: Aber klar, das mache ich immerzu«, spottet Heyne.

So ruhig und gelassen, wie Christina Martell auf dem Stuhl saß, so nervös rutscht Gisbert Liedke darauf herum. Danach zu urteilen, wie der Schweiß von seiner Stirn tropft, wie seine Hände ziellos über seine Oberschenkel irren, müßte er eigentlich seinen Stiefsohn vergiftet haben. Außerdem ist er Koch. Aber als solcher würde er das Gift wohl eher in einem köstlichen Schokoladenpudding verstecken.

Was seine Verbindung zu Drogen angeht, hebt er entsetzt beide Hände. »Ich arbeite täglich von fünf Uhr morgens bis spät in die Nacht. Wenn es mir gelingt, vor Mitternacht in meinem Bett zu liegen, bin ich glücklich. Das dürfen Sie mir glauben. Ich bin dankbar für jede Stunde Schlaf. Wann sollte ich Ihrer Meinung nach Drogen nehmen?«

Da ist was dran. Bei so einem Tagesablauf bleibt kein Platz für stundenlange Rauschzustände. Wenn schon, würde einer wie Gisbert Liedke zu Aufputschmitteln greifen. Aber daran ist der kleine Dario nicht gestorben. Auch sonst weiß dieser Liedke nicht, was sie weiterbringen könnte.

Seine Frau geht liebevoll, wenn auch zu nachsichtig mit ihren Kindern um, seiner Ansicht nach muß Dario die Kapsel mit den Drogen auf der Straße gefunden haben, daß seine Tochter Jelka Verbindung zur Drogenszene haben könnte, bestreitet er vehement, Jelka sei eine sehr gewissenhafte Schülerin, die sich in erster Linie für ihre Noten interessiere – und die seien hervorragend.
Erfahrungsgemäß kann man sich auf das, was Eltern über ihre Kinder sagen, nur schwerlich verlassen. Jelka Liedke ist blaß und sehr dünn. Ihre Augen sind von einem blassen Blaugrün. Sie trägt Jeans und ein schlichtes rotes Shirt. Ihre Arme sind makellos weiß. Ein Junkie ist sie jedenfalls nicht.
Und wieder dieselbe Frage: Wie war das Verhältnis von Christina Martell zu ihren Kindern.
Jelka Liedke überlegt einen Moment. Dann fragt sie unsicher: »Das, was ich hier sage, dürfen Sie doch nicht weitererzählen, nicht wahr? Ich meine, Sie sagen es doch auch nicht meinem Vater oder Christina?«
»Natürlich nicht. Du kannst ganz beruhigt sein.«
»Na ja, ich finde, sie hat sich nicht besonders um die beiden gekümmert. Zum Beispiel hat sie überhaupt nicht hingeguckt, wenn Dario mit kochendem Tee oder scharfen Messern hantiert hat. Und dann hat sie ihre Kinder immer allein im Garten spielen lassen. Obwohl der Teich nicht eingezäunt ist. Dabei liest man andauernd, daß Kinder in Gartenteichen ertrinken. Dario durfte auch ohne Aufsicht am brennenden Kamin spielen. Also ich würde meinen Kindern solche Sachen nicht erlauben. Ich hätte viel zuviel Angst, daß da mal was Schlimmes passiert.« Was nun ja auch geschehen ist, aber das sagt Jelka nicht laut.

»Du weißt ja, woran dein Bruder gestorben ist. An einer pflanzlichen Droge. Könntest du dir vorstellen, daß deine Stiefmutter solche Dinge einnimmt? Hast du sie schon mal in einer merkwürdigen Verfassung erlebt?«

Jelka Liedke wird rot. Aber dann schüttelt sie den Kopf. »Nee, ehrlich nicht. Doch das muß nichts heißen, weil ich abends immer in meinem Zimmer bin. Was Christina unten treibt, weiß ich wirklich nicht. Auf jeden Fall kommt andauernd diese Thora zu Besuch. Und manchmal sind die beiden ganz schön albern. Ihr Gelächter hört man bis oben. Aber mehr kann ich dazu nicht sagen.«

»Dein Vater meint, daß Christina eine sehr liebevolle Mutter ist.«

»Klar«, sagt Jelka verächtlich, »wenn er dabei ist. Im Theaterspielen ist sie wirklich Spitze. Sie weiß natürlich, was ihm gefällt. Für mich ist Christina nichts weiter als eine Betrügerin. Eine, die es auf unser Geld abgesehen hat. Und mein Vater ist darauf hereingefallen. Ich weiß noch genau, wie er kurz vor der Hochzeit zu mir gesagt hat, daß wir endlich eine ›richtige Familie‹ sein werden. Von wegen. Bei uns redet keiner mit dem anderen, jeder geht seine eigenen Wege. Und schuld daran ist nur diese ätzende Christina Martell. Die kauft sich ein Kleid nach dem anderen, und abends säuft sie mit dieser komischen Thora unseren guten Wein weg. Und sonst interessiert sie gar nichts. Die kann nicht mal was Vernünftiges kochen. Ein Wunder, daß ihre Kinder noch nicht verhungert sind. Und ihre arme Mutter, Luzie, die werden Sie ja gleich auch noch kennenlernen. Die behandelt sie wie den letzten Dreck. Dabei ist Luzie so eine liebe Frau. Aber vor Christina hat sie richtige Angst. Das merkt jeder. Sogar mein Vater. Deshalb hat er

Luzie auch in letzter Zeit so oft in unser Lokal mitgenommen. Aus Mitleid, verstehen Sie?«

Als Johanna vorsichtig fragt, wie Jelkas Verhältnis zu dem toten Jungen war, bricht das Mädchen unvermittelt in heftiges Weinen aus.

»Ich habe ihn gar nicht richtig gekannt«, schluchzt sie. »Aber das war nicht seine Schuld, sondern meine. Weil ich so wütend darüber war, daß Papa diese ekelhafte Christina geheiratet hat, hab ich mich kaum um die Kinder gekümmert. Wenn sie im Garten gespielt haben, bin ich vom Fenster weggegangen. Damit ich sie nicht retten muß, falls sie in den Gartenteich fallen ... Darios Zimmer liegt direkt neben meinem. Ich frage mich die ganze Zeit, ob er vielleicht gerufen hat. Oder geweint. Aber ich war doch krank und habe nichts gehört ...«

»Was hattest du denn?«

»Keine Ahnung. So 'ne Sommergrippe wohl. Ich lag den ganzen Tag im Bett und hab Dario überhaupt nicht gesehen.« Verlegen zupft sie am Saum ihres roten Shirts.

»Jelka, du bist ja in einem Alter, in dem man alles mögliche ausprobiert. Rauchst du? Vielleicht heimlich. Du brauchst keine Angst zu haben, daß ich es deinen Eltern erzähle.«

»Ich finde rauchen ziemlich daneben. Mein Vater sagt, wer viel raucht, tötet seine Geschmacksnerven ab. Und er muß es ja wohl wissen. Außerdem ist Rauchen total ungesund. Und meine richtige Mutter ist sehr jung an Brustkrebs gestorben. Es heißt, daß die Veranlagung für Krebs sich weitervererbt. An Lungenkrebs möchte ich eigentlich nicht sterben. Deshalb werde ich wirklich nie im Leben rauchen.«

»Hm. Das klingt ja sehr vernünftig. Und wie sieht es mit Alkohol aus? Trinkst du manchmal was? Ein Bier vielleicht?«

»Das schmeckt mir nicht. Auf der Hochzeit habe ich Champagner getrunken. Und wenn ich will, darf ich abends auch mal ein Glas Wein trinken. Papa sagt, ich soll lernen, einen guten Wein von einem schlechten zu unterscheiden. Aber ich will nicht. Ich mag einfach keinen Alkohol. Vielleicht später mal. Ich habe ja noch jede Menge Zeit.«

»Wie stehst du zu Haschisch oder anderen Drogen? Bist du damit schon mal in Berührung gekommen?«

Jelka Liedke lächelt schwach. »Was verstehen Sie unter ›in Berührung gekommen‹? Daß andere in meinem Alter regelmäßig kiffen, weiß ich natürlich. Ich bin ja nicht blöd. Aber ich halte mich davon fern. Cannabis ist schließlich die Einstiegsdroge Nummer eins. Und ich will ganz bestimmt nicht an der Nadel enden. Nee danke.«

Meine Güte, kann eine Fünfzehnjährige wirklich so vernünftig denken? Die Frage nach den Kapseln braucht Johanna gar nicht erst zu stellen. Die Antwort steht ohnehin fest.

»Dein Vater hat uns erzählt, daß du eine sehr gute Schülerin bist. Und daß du sehr fleißig für die Schule arbeitest. Weißt du schon, was du mal werden willst?«

»Ich war mal 'ne gute Schülerin. Bevor Papa geheiratet hat. Jetzt macht mir die Schule keinen Spaß mehr, vielleicht geh ich nach der zehnten Klasse ab und fang eine Lehre an. Irgendwas im Hotel- und Gaststättengewerbe. Wenn ich abends in meinem Zimmer bin, mache ich keine Hausaufgaben. Das denken die nur. In Wahrheit höre ich Musik.

Oder ich gucke Fernsehen. Über den Kopfhörer, damit Christina nichts merkt.«
»Ich glaube, du bist ganz schön einsam. Du solltest mal mit deinem Vater darüber reden.«
»Das ist nicht möglich. Dem geht es so schon schlecht genug. Soll er sich auch noch meinetwegen Sorgen machen?«
Als letztes rufen sie Luzie Martell, die Großmutter des toten Kindes, herein. Vom langen Warten auf dem Flur ist ihr schwarzer Rock von tiefen Querfalten gezeichnet. Und so sehr sie auch daran zupft und zieht, das Muster läßt sich nicht entfernen.
Kaum daß sie auf dem Stuhl vor Heynes Schreibtisch sitzt, platzt sie schon heraus. »Also ich weiß nichts, Herr Kommissar. Ehrenwort. Ich verstehe auch gar nicht, warum ich hier bin. Das Kind ist doch durch einen Unglücksfall umgekommen. Und jetzt lädt man uns auf die Polizei, als wären wir Verbrecher!« Vorwurfsvoll klimpert sie mit ihren falschen Wimpern.
»Nun, Frau Martell, ein Unglücksfall, das ist schon richtig. Allerdings hat ihr Enkelsohn keine Substanzen eingenommen, wie man sie in jedem Haushalt findet, sondern Drogen. Und da interessiert uns schon, woher diese Drogen stammen.«
Luzie Martell ringt sich ein beleidigtes »Hm« ab.
»Frau Martell, uns liegen sehr widersprüchliche Angaben darüber vor, wie ihre Tochter die Kinder behandelt hat. Da wird sowohl behauptet, daß sie die Kinder vernachlässigt, daß sie sie sogar schlägt, als auch, daß sie eine sehr liebevolle und geduldige Mutter ist. Was ist denn nun die Wahrheit?«
»Sie ist eine gute Mutter. Ein bißchen zu nachgiebig, aber

so ist das heute ja mal. Und wer behauptet, daß sie die Kinder schlägt, der lügt.«
Johanna nickt. »Sie sind im Moment auf Besuch. Wie häufig besuchen Sie Ihre Tochter? Und wie häufig ist sie mit den Kindern bei Ihnen in Hannover?«
Eine Frage, bei der sich Luzie Martell unbehaglich fühlt. Trotzig schiebt sie ihre Unterlippe vor. »Na ja, der Weg ist natürlich ziemlich weit. Und Geld für Fahrkarten hatte sie früher sowieso nicht. Ich meine, vor ihrer Ehe, als sie noch mit diesem komischen Maler zusammen war. Arm wie die Kirchenmäuse waren die. Haben sehr beengt gelebt. Wirklich.« Sie nickt ernsthaft. »Und so primitiv! Also da hat mich nichts hingezogen, das können Sie mir glauben. In meinem Alter noch auf dem Fußboden schlafen, im selben Zimmer wie die anderen, na danke schön. Einmal war ich für zwei Tage da, kurz nach Lauras Geburt, aber da mußte ich hinterher glatt zum Arzt gehen. Wegen meiner Bandscheiben. Zur Hochzeit, das war kurz vor Ostern, da bin ich natürlich gekommen. Als Brautmutter! Und jetzt eben, weil sie in dem neuen Haus ein Gästezimmer haben. Aber sie hat mir Fotos geschickt. Von meinen Enkelkindern.«
Und auf den Fotos hatten die Kinder keine blauen Flecken, denkt Johanna. Natürlich nicht. »Glauben Sie, daß Ihre Tochter Drogen nimmt? Oder früher mal genommen hat?«
Würdevoll schüttelt Luzie Martell den Kopf. »Meine Tochter? Nie im Leben. Soll ich Ihnen mal was verraten? Christina ist noch päpstlicher als der Papst, wenn Sie verstehen, was ich meine. Wenn man mal ein Schlückchen trinkt, auf einer Feier oder so, tut sie gleich, als hätte man sonstwas für ein Verbrechen begangen.«
»Ist die Ehe Ihrer Tochter glücklich?«

Luzie Martell rümpft demonstrativ die Nase. »Gottchen, Glück – das ist ja auch so ein Wort, unter dem sich jeder was anderes vorstellt. Ich denke, sie hat endlich das, was sie schon immer wollte. Ein großes Haus mit Garten und keine Geldsorgen mehr. Ja, so gesehen ist sie bestimmt glücklich. Ob Gisbert, mein lieber Schwiegersohn, genauso empfindet ...« Vielsagend zuckt sie mit den Schultern. »Die beiden kriegen sich ja kaum zu Gesicht. Und nachts, aber das habe ich nur so nebenbei mitbekommen, beschwert hat er sich nicht bei mir, das würde Gisbert nie tun, er ist nämlich eine Seele von Mensch, müssen Sie wissen, also nachts kam der Dario immer ins Ehebett. Wenn man mich fragt, hätte Christina dafür sorgen müssen, daß Gisbert im Bett seine Ruhe hat. Der Mann arbeitet doch praktisch rund um die Uhr, und das in dem Alter, aber das hat sie natürlich nicht. Wenn Christina erst mal liegt, dann liegt sie auch. Das war schon immer so. Ich glaube«, jetzt wird ihre Stimme zu einem aufgeregten Flüstern, »die Ehe wurde ein wenig überstürzt geschlossen. Der Gisbert hat sich gar nicht recht überlegt, worauf er sich da eigentlich einläßt. Zwei so kleine Kinder, und das in seinem Alter. Und Christina, das muß ich leider sagen, die kümmert sich ja um nichts. Liest den lieben langen Tag in ihren komischen Büchern, anstatt den Haushalt zu führen. Und für das Geschäft ihres Mannes interessiert sie sich nicht die Bohne.« Einmal in Rage geredet, sind alle guten Vorsätze, nämlich nur positiv über ihre Tochter zu sprechen, schnell vergessen. »Gern sage ich solche Sachen nicht, schließlich ist sie meine Tochter, aber für die arme Jelka ist sie auch keine gute Mutter, ganz bestimmt nicht. Das Mädchen ist doch kreuzunglücklich. So dünn und blaß, und dann die

schrecklichen Haare. Schwarz gefärbt in dem Alter! Wie sieht das denn aus?«
»Glauben Sie, daß Jelka Drogen nehmen könnte?«
»Die kleine Jelka? Unsinn. Die geht doch noch zur Schule! Nein. Niemals. Und wann denn auch? Die lernt den ganzen Tag. Freunde hat das Mädchen ja leider nicht. Hockt den ganzen Tag in ihrem Zimmer. Mutterseelenallein.«
Befragt zu Christinas Freundinnen, fällt ihr auch eine ganze Menge ein. »Die eine ist nicht ganz richtig im Kopf, sagt meine Tochter. Sabine heißt die ja wohl. Hat ein Baby. Und dann geisteskrank. Schrecklich, nicht wahr? Ich möchte mal wissen, woher Christina solche Leute kennt. Na ja, und dann diese Thora, die sieht natürlich auch ein bißchen verrückt aus, trägt immer so komische halb durchsichtige Kleider, aber sonst ist sie ganz nett. Das kann man nicht anders sagen. Die kommt ja bald jeden Tag. Scheint keinen Mann zu haben. Vielleicht nimmt *die* Drogen. Aus Einsamkeit. Das könnte ich wohl verstehen. Wenn man keinen Menschen auf der Welt hat außer Christina ...«
Endlich entlassen sie auch Luzie Martell. Der Duft nach Kölnisch Wasser bleibt allerdings noch eine ganze Weile im Raum.
Heyne greift nach seiner Tasche. Wochenende. »Eines steht ja wohl fest. Absicht kann man niemandem unterstellen. Weil kein Mensch einen Vorteil durch den Tod des Kindes erlangt. Wir sollten den Fall ad acta legen.«
Das will er ja schon seit Tagen. Und doch ...
»Hör mal eben zu«, sagt Johanna. »Angenommen, diese Christina Martell hat endlich das Ziel ihrer Träume erreicht. Ein schmuckes Haus im Gerichtsviertel und viel

Geld. Aber das neue Glück ist in Gefahr, weil ihr Sohn den Ehefrieden stört. Was, wenn sie ihm einen pflanzlichen Cocktail gemischt hat, damit er nachts durchschläft. Nur leider wußte sie nicht, daß Atropin bei großer Hitze gefährlich werden kann. Wäre das denkbar?«
»Das erscheint mir ein bißchen weit hergeholt. Aber frag doch am Montag Dr. Hasskamp.«
»Gute Idee. Ich denke allerdings, ich suche zuerst Tom Gräfe zu Hause auf. Vielleicht ist ihm was davon bekannt, daß diese Martell den Kindern Mittel zum Einschlafen gemixt hat.«
»Hm. Der Typ gefällt mir nicht. Dem würde ich nicht unbedingt trauen. Schönes Wochenende!«

Benommen von ihren eigenen Worten, sitzt Luzie auf dem Beifahrersitz. Der Motor von Gisberts Wagen schnurrt wie eine zufriedene Katze. Keiner sagt was, keiner will wissen, welche Fragen die Polizei ihr gestellt hat. Zum Glück. Was sie da alles über ihre Tochter ausgesagt hat. Kein nettes Wort war dabei. Ein Wunder, daß die Christina nicht auf der Stelle verhaftet haben. Aber eigentlich hat sie nur die Wahrheit gesagt. Christina ist unordentlich und faul. Und sie hat nun einmal ein Talent dafür, merkwürdige Leute um sich zu versammeln. Wenn Luzie gemein wäre, aber das ist sie natürlich nicht, also dann hätte sie ja noch die schreckliche Geschichte von Wolfram erzählen können. Die Geschichte, die dieser hier so ähnelt, daß sie Herzstiche bekommt, wenn sie nur daran denkt. Gut, daß sie Gisbert eingeweiht hat. Aber na ja, Dario ist ja nicht an Goldregen gestorben. Dann allerdings ... So unauffällig wie möglich schielt Luzie zur Seite. Gisbert ist voll und ganz auf das Lenken des Wagens konzentriert, jedenfalls tut er so.

Auf dem Rücksitz seufzt Jelka tief. Ach Gott, die kleine Jelka, die am frühen Samstagmorgen so betrunken nach Hause gekommen ist, daß sie allein gar nicht mehr ins Bett gefunden hätte. Luzie kennt solche Zustände zur Genüge, leider, auch sie hat sich schon mittags auf dem Flur wiedergefunden, vollgekotzt und vollgepinkelt, mit aufgeschlagenen Knien. Schwach vor Übelkeit ist sie dann auf allen vieren ins Bad gekrochen, um sich notdürftig zu reinigen, und anschließend ins Bett. Und sie hat dem lieben Gott gedankt, daß sie allein lebt, daß niemand sie in diesem entwürdigenden Zustand sehen konnte. Ja, es war richtig zu lügen. Niemand braucht von Jelkas nächtlichem Abenteuer zu wissen. Sie war krank und damit fertig. Hätten die Eltern Augen im Kopf, wüßten sie von selbst Bescheid. Wenn sie trinkt, könnte sie natürlich genausogut auch schon Drogen nehmen. Ein ziemlich unangenehmer Gedanke. Abrupt dreht Luzie sich um. Jelka sitzt kerzengerade auf ihrem Platz, die Hände zwischen ihre Oberschenkel geklemmt. Ihr Kopf lehnt am Fenster. Sie trägt heute ausnahmsweise mal was Farbiges. Sieht doch gleich viel netter aus. Und gestern bei der Beerdigung ist sie vor lauter Kummer umgekippt. Einfach so. Ist ja auch alles ein bißchen viel für so ein dünnes Ding. Ach was, so sieht doch keine Drogensüchtige aus. Christina war es, Christina trägt die Schuld, das weiß Luzie sowieso ganz genau. Aber Christina ist schlau, das war sie schon als kleines Kind. Und man wird ihr wieder nichts nachweisen können. Wie damals. Und deshalb wird Luzie schön ihren Mund halten. Ehe man sie selbst eines Morgens tot im Bett findet. Vergiftet mit irgendwelchen Tabletten. Und dann wird Christina natürlich behaupten, daß es Selbstmord war. Und niemand wird das Gegenteil beweisen können.

Nie hätte Gisbert Liedke gedacht, daß es sich so leicht lügen läßt. »Ich muß heute unbedingt im Lokal vorbeischauen. Die Lebensmittel im Kühlraum sichten, mit dem Fleischlieferanten telefonieren, die Karte für nächste Woche planen. Montag öffnen wir wieder.«

Sie schaut nur kurz auf. Seit der Junge tot ist, hält sie ständig Laura an der Hand. Wie einen Stock, ohne den sie keinen Schritt mehr gehen kann. Merkwürdig, daß die Kleine sich das gefallen läßt. Sie, die sich sonst stundenlang mit sich selbst beschäftigt und an nichts und niemandem Anteil nimmt, trägt ihre neue Aufgabe mit der Würde eines Erwachsenen. Ein seltsames Kind, diese Laura. Ganz anders, als Jelka in dem Alter war.

Kaum daß er im Auto sitzt, fühlt er sich wie befreit. Der Wagen scheint den Weg zum Lokal beinahe wie von selbst zu finden. Er kurbelt die Scheibe runter, um Luzies flehenden Blick davonwehen zu lassen. In diesen Tagen muß jeder sich selbst retten.

Nadja ist in ihrer Wohnung. Sie liegt auf dem Bett und liest ein Buch, einen Kriminalroman, falls es immer noch stimmt, daß die Verlage ihre Krimis in schwarzrote Einbände stecken. Bei seinem Anblick springt sie sofort auf.

»Wie geht es dir. Wie fühlst du dich?«

Er zuckt mit den Schultern. Sinkt wie betäubt auf das Bett. Und dann bricht die schreckliche Wahrheit aus ihm heraus. All das, was ihn quält, ihn von innen zerreißen will. Luzies entsetzliche Worte. Und daß Christina in der Nacht, als der Junge starb, das Schlafzimmer verlassen hat. Und er beschönigt auch nichts an ihrer Ehekrise. »Nacht für Nacht kam der Bengel in unser Bett. Und sie hat behauptet, das sei normal. Die Umstellung eben, und er sei ja noch so klein. Und was, wenn sie den Jungen vergiftet hat? Aus Angst, daß er ihr das schöne Leben verdirbt?«

»Was redest du da? Sie ist seine Mutter! So viel kann ihr diese Ehe ja wohl nicht wert sein.«

»Die Ehe nicht, da gebe ich dir recht«, flüstert er heiser. »Aber ihr neuer Lebensstandard. Christina hat die meiste Zeit ihres Lebens Sozialhilfe bezogen. Und wenn wir uns scheiden ließen, müßte sie genau dahin zurück, wo sie hergekommen ist. Wir haben einen Ehevertrag gemacht. Weil das Geld für die Villa doch zum größten Teil aus Iras Erbe stammte und damit später einmal Jelka zusteht.«

»Trotzdem. Der Kleine war ihr Kind! Ihr eigen Fleisch und Blut!«

Er verbirgt den Kopf in seinen zitternden Händen. »Ja, das weiß ich selbst. Deswegen kann ich es ja auch nicht glauben, nicht wirklich. Aber der Verdacht macht mich wahnsinnig. Ich muß immer an die Geschichte mit dem toten Bruder denken. Und wenn sie jetzt nicht ganz normal ist? Irgendwie gestört?«

»Das hättest du doch längst gemerkt!«

»Wann denn?« bricht es verzweifelt aus ihm heraus. »In der halben Stunde, die wir abends noch geredet haben, bevor wir ins Bett gegangen sind? Oder nachts, wenn der Junge zwischen uns lag?«

»Du mußt noch einmal mit ihrer Mutter sprechen. Ganz in Ruhe. Wie sie ihre Tochter einschätzt. Am besten hier im Lokal, da seid ihr ungestört. Sag doch einfach, daß wir al-

les gründlich putzen wollen, bevor wir übermorgen wieder öffnen. Und daß ich mich über Hilfe sehr freuen würde.«
Begierig greift Liedke nach dem Zipfel Hoffnung, der in diesem Vorschlag steckt. Ja. Luzie, die Mutter, wer sonst kennt Christina wirklich. Luzie muß helfen.
Nach einer Tasse Kaffee wird ganz nüchtern besprochen, was noch erledigt werden soll. Gisbert Liedke will die Karte ändern, will endlich ein paar ungeliebte Dauergerichte streichen und statt dessen die Tageskarte erweitern. Und Nadja bringt ein weiteres Mal ihren Wunsch an, einen modernen Farbdrucker anzuschaffen, damit sie die Speisekarten ansprechender gestalten kann. Ganz unerwartet gibt Liedke sein Okay.
Zum Abschied haucht er ihr einen sanften Kuß auf die Wange. »Ich danke dir. Jetzt geht es mir viel besser.«
Nicht alle Siege werden im Bett errungen. Nadja spürt, daß wieder alles offen ist. Mehr noch, Fortuna neigt sich zu ihren Gunsten.

Den schwarzen Twingo sieht Johanna schon von weitem. Ungeniert macht er sich vor ihrer Garage breit. Und es gibt keinen anderen freien Parkplatz an der ganzen Straße. Na gut. Wildentschlossen stellt Johanna ihren roten Renault quer hinter Elfis Gefährt. Den Impuls, mit ihrem Wagenschlüssel ein abstraktes Muster in den schwarzen Lack zu kratzen, unterdrückt sie klugerweise. Aber nur, weil der Verdacht automatisch auf ihre Person fallen würde. Eigentlich müßte man sich bei diesem Wetter im Garten sonnen. In Anbetracht dessen, daß diese Elfi schon wieder zu Besuch ist, will die Idee Johanna allerdings nicht so recht gefallen. Dann geh ich schon lieber zu Fuß in die Eisdiele, beschließt sie trotzig. Wirklich schade, daß Elfi ihren Wagen solange nicht von der Stelle bewegen kann ... Augenblicklich klettert ihre Laune wieder in den positiven Bereich.

Oben in der Wohnung huscht sie auf Zehenspitzen ans Stubenfenster. Sehen kann sie nichts, dafür müßte sie auf den Balkon gehen. Aber hören, jedenfalls nachdem es ihr gelungen ist, die Tür lautlos zu öffnen.

»Ich finde die Terrasse zu kahl«, beschwert sich Elfi gerade mit weinerlicher Stimme. »Hier fehlen Blumen. Und vielleicht so ein Netz mit kleinen Glühbirnen. Wir könnten es unter der Überdachung befestigen. Im Dunkeln wirkt das wie ein Sternenhimmel. Und dann frag ich Luise, ob sie uns nicht eine von ihren Statuen verkaufen will. Sie hat neulich so ein Mittelding zwischen Hund und Pferd gemacht. Irrsinnig gut. Wir könnten es mitten auf den Rasen stellen. Vorher müßtest du ihn allerdings mal mähen.«

Johanna ballt ihre Fäuste. Nach dem Eisessen gehe ich direkt ins Kino, beschließt sie. Und danach zu Helene. Vor Mitternacht bin ich bestimmt nicht zurück.

Wäre sie einen Moment länger an der Tür stehengeblieben, hätte sie Paul Bischoffs Antwort hören können: »Der Rasenmäher steht in der Garage. Tu dir keinen Zwang an. Und wenn die Statuen deiner Busenfreundin dir so gut gefallen, kauf dir doch eine und stell sie in dein Schlafzimmer.«

Auch der weitere Verlauf des Gesprächs hätte Johanna sicherlich gefallen. Vor allem die Stelle, an der Elfi beleidigt nach ihren Autoschlüsseln greift und nach Hause fahren will. Als sie etwa sieben Minuten später bei Johanna Lauritz Sturm klingelt, zwei Minuten hat sie gebraucht, um die aussichtslose Lage ihres Twingos zu erfassen, weitere fünf Minuten verbrachte sie damit, sich lautstark bei Paul Bischoff über »die blöde Ziege von oben« zu beschweren, ist diese bereits um die nächste Straßenecke verschwunden.

[15]

Das Gespräch mit Claas liegt ihr wie ein Stein im Magen, weil alles an Claas widerlich ist. Seine weiße, schuppige Haut, das dünne, strähnige Haar, das er zu einem unordentlichen Pferdeschwanz gebunden trägt, sein breiter, schmallippiger Mund, der an ein Haifischmaul erinnert, die bleichen Finger mit den langen Nägeln, sogar sein leicht gebückter Gang mit den pendelnden Armen. Und dann seine Angewohnheit, sich ständig mit seinen dünnen Fingern zu kratzen. An der Stirn, am Hals, an den Armen, überall scheuert er sich blutig. Und jetzt, während sie ihm flüsternd ihr Problem schildert, bearbeitet er hektisch die ganze Zeit über seinen linken Unterarm.

»Ich muß wissen, was in den Kapseln drin war. Wenn du es nicht weißt, sag mir, von wem du sie hast«, fleht Jelka. Ja, sie überwindet sich sogar dazu, eindringlich den Oberarm des Jungen zu drücken. Aber nur dort, wo das Hemd die Haut bedeckt.

»Glaubst du, ich bin verrückt? Ohne Stillschweigen läuft nichts in der Szene. Von mir erfährst du kein Wort!« Ärgerlich schüttelt er ihre Hand ab.

»Claas! Verstehst du denn nicht? Mein Bruder ist tot, an einer Drogenvergiftung gestorben, und mir fehlt eine von

diesen Scheißkapseln. Ich *muß* einfach wissen, was da für ein Zeug drin war.«
Eigentlich verändert der Junge gar nicht viel an seiner Körperhaltung, nur, daß er plötzlich den Rücken geradehält und dadurch einen halben Kopf größer wirkt. Und daß er die Arme in die Seiten stemmt. Doch auf einmal wirkt er ausgesprochen bedrohlich.
»Damit das klar ist, wenn du zu dämlich bist, um mit solchen Sachen umzugehen, ist das nicht mein Problem. Jedenfalls hältst du meinen Namen da raus. Wenn irgend etwas darüber laut wird, was an jenem Abend passiert ist, mußt du dich sehr warm anziehen. Im übrigen bin ich dafür, daß du künftig nicht mehr an unseren Treffen teilnimmst. Ist wohl 'ne Nummer zu heiß für dich, oder?« Fragend schaut er in die Runde.
Constanze, die ihre Arme um Leanders Bauch geschlungen hat, lächelt eiskalt. »Tut mir echt leid, aber das sehe ich genauso. Ich an deiner Stelle würde mir die Pulsadern aufschneiden. Gott, wie konntest du nur, das arme Kind!«
Und Leander? Leander ist meilenweit von ihr entfernt, so fremd, so kalt, so abweisend, als hätten sie sich nie berührt. Seine linke Hand spielt mit Constanzes wild auftoupierten Haaren. So wie es aussieht, hat er die letzten Monate bereits aus seinem Leben gestrichen. Was gleichzeitig bedeutet, daß sie auch in Jelkas Erinnerung zum Tode verurteilt sind. Er stützt sein Kinn auf Constanzes Kopf. »Ist schon besser, wenn man uns nicht mehr zusammen sieht. Sorry. Wenn meine Alte mitkriegt, daß ich was mit Drogen zu tun habe, wird's ungemütlich.« Und dann dreht er sich um und geht. Ohne zu zögern. Constanze zieht er mit sich. Claas wirft ihr einen letzten, hämischen Blick zu, bevor er

den beiden folgt. Dieser Claas ist ihr egal, der kann bleiben, wo er will. Constanze sowieso. Aber Leander, Leander, der müßte doch zu ihr stehen. Müßte. Für ihn war jedoch alles wohl nur ein Spiel, ein liebloses Nebeneinander, lieb-los, nur um sich die Langeweile zu vertreiben. Wir sind ja so cool, Baby. So glatt wie polierter Marmor und genauso kalt, nicht mal der gemeine Staub bleibt haften. Leander liebt niemanden, nur sich selbst, das hat sie all die Zeit gespürt, doch das Lügen war gar nicht einmal so schwer.

»Was hast du erwartet?« Matthias ist nicht mit den anderen gegangen, Matthias steht immer noch neben ihr, und weil er wieder mal nicht weiß, wohin mit seinen Händen, legt er den linken Arm um ihre Schulter. Erschöpft läßt sie sich in die Umarmung fallen.

»Nichts«, sagt sie gequält. »Am besten erwartet man nichts.«

Der Mann sieht nicht unbedingt aus, als könnte er sich ein mehrgängiges Menü in der Weißen Taube leisten, aber Nadja Polzin weiß aus Erfahrung, daß man sich auf solche äußeren Eindrücke nicht verlassen darf.

»Ein Tisch für eine Person?« Sie behandelt alle Gäste mit gleichbleibender Freundlichkeit, ihr Lächeln ist so passend wie ihr schlichtes Kleid, und hätte es eine Farbe, so wäre es blaßrosa und kurz vor Feierabend schon mal ein wenig durchscheinend.

»Nein. Mein Name ist Gräfe. Ich möchte Herrn Liedke in einer persönlichen Angelegenheit sprechen. Es ist wichtig.«

Das Lächeln wird abgestellt. »Oh, das ist nicht so einfach.

Herr Liedke hat um diese Zeit sehr viel in der Küche zu tun. Und dabei läßt er sich nur ungern stören.«
»Das kann ich gut verstehen. Aber es ist wirklich wichtig. Zu Hause kann ich ihn auch nicht aufsuchen, weil ich ihn unbedingt unter vier Augen sprechen muß.«
»Einen Moment. Nehmen Sie doch solange Platz. Karin«, sie winkt die Serviererin heran, »bring dem Herrn bitte ein Getränk seiner Wahl.« Der Mann ist nervös. Offenbar ist das, was er loswerden will, zu schwerwiegend, um sich damit geduldig auf einen Stuhl zu setzen. Er bleibt breitbeinig stehen, beide Hände in den Taschen seiner Jeans vergraben, und wippt vor und zurück. Das Bier, das Karin Treiber ihm serviert, rührt er nicht an.
Bei dem Namen Gräfe zuckt Gisbert Liedke ängstlich zusammen. »Das ist Darios Vater«, keucht er entsetzt. »Was will der hier? Meinst du, er will mir eine Szene machen? Wie wirkt er auf dich? Aufgeregt, aggressiv? Kannst du den nicht abwimmeln?«
Harald Mertens, der gerade die Steinpilzbouillon auf Teller verteilt, horcht interessiert auf. Nadja zieht Liedke auf den Gang vor der Küche. Beruhigend klopft sie ihm auf die Schulter.
»Der macht einen ganz vernünftigen Eindruck. Denk an deinen Verdacht, was Christina angeht. Vielleicht weiß er etwas, vielleicht glaubt er auch, daß sie es war. Hör dir an, was er zu sagen hat. Ich bleibe in deiner Nähe. Mit dem Handy, notfalls rufe ich die Polizei. Außerdem sind Harald und Thomas auch noch da.«
»Der?« jammert Liedke. »Der schafft es ja nicht mal, die große Pfanne aus Gußeisen mit einer Hand zu tragen. Der soll mir beistehen?«

»Mit Harald zusammen wird es schon reichen«, entgegnet sie lachend. Und dann haucht sie einen Kuß auf seine Wange. Ach Gisbert, denkt sie zärtlich. Ein Held bist ja gerade nicht.

Die beiden Männer geben sich die Hand, ein kurzer, fester Druck, das Kriegsbeil wird begraben.

»Ich weiß, ich habe ihr nichts geboten. Jedenfalls nicht das, was sie gesucht hat. Bei uns war das Geld immer knapp. Und ich habe mich auch nicht genug um die Kinder gekümmert, das ist mir in den letzten Tagen klargeworden. Die Hände möchte ich mir dafür abhacken, glauben Sie es mir.« Gräfe fährt sich mit beiden Händen durch die dichten schwarzen Locken. »Ich mache mir solche Vorwürfe, wirklich. Ich fühle mich, als wäre ich über Nacht uralt geworden. Wie war sie denn in letzter Zeit? Den Kindern gegenüber, meine ich?«

Hilflos dreht Gisbert Liedke an den Knöpfen seiner weißen Jacke. »Ich weiß es doch nicht«, murmelt er unglücklich. »Ich bin doch praktisch überhaupt nie zu Hause. Nur zum Schlafen, wenn Sie so wollen.« Entschieden stellt er sich auf Zehenspitzen. »Und ich habe sie nie rumbrüllen gehört. Nicht ein einziges Mal. Sie war immer sehr lieb mit den Kindern.«

Der andere Mann nickt. »Klar. Sie hat ja auch bekommen, was sie wollte. Viel Geld. Jedenfalls hat sie das zu mir gesagt. Daß ich sie nicht mehr belästigen soll, weil sie jetzt ihr Glück gefunden hat.«

In diesem Zusammenhang klingt das Wort Glück ausgesprochen häßlich, wie Liedke verärgert feststellt. Zumal er selbst genau das Gegenteil fühlt, nämlich daß er mit dieser viel zu rasch geschlossenen Ehe sein Glück verspielt hat.

»Das, was Sie da sagen, erscheint mir reichlich suspekt. Ich habe Christina nur als sehr besorgte Mutter erlebt.« Gisbert Liedke merkt, wie aufgesetzt das klingt. Weil er selbst nicht überzeugt ist von seinen Worten. Ist es da ein Wunder, daß der andere ihn mitleidig anlächelt, so wie man einen Trottel anschaut, der es nicht besser weiß?
»Herr Liedke, ich wäre überglücklich, wenn das stimmt. Weil es mich von meinen Schuldgefühlen befreien würde. Verstehen Sie? Wenn man seine Kinder einer unberechenbar jähzornigen Frau überläßt und dann eines der Kinder unter merkwürdigen Umständen zu Tode kommt, ist das entsetzlich. Sie beschwören also, daß Christina zur Ruhe gekommen ist. Jetzt, da sie hatte, was sie wollte.« Das beinahe schon unterwürfige Flehen in seiner Stimme bringt Liedke in Verlegenheit. Hilflos weicht er dem bettelnden Blick des anderen aus.
»O Gott, warum denn gleich schwören. Das kann ich nicht. Weil ich von morgens bis spätabends hier am Herd stehe.«
»Warum haben Sie dann überhaupt geheiratet?«
Eine Frage, auf die Gisbert Liedke keine Antwort weiß. Das, was es darauf zu sagen gäbe, ist ganz gewiß nicht für die Ohren seines Vorgängers bestimmt, schon gar nicht unter diesen tragischen Umständen.
»Ich sehe, Sie können mir auch nicht weiterhelfen.« Mit hängendem Kopf schleppt Tom Gräfe sich wieder auf die Straße.
Nadja, die alles gehört hat, legt ihren Arm um Liedkes Schulter. »Siehst du, es war gar nicht so schlimm. Im Gegenteil. Jetzt wissen wir, daß er sie auch für die Mörderin hält.«

Der hintere Teil des Raums, in dem Tom Gräfe malt und wahrscheinlich auch schläft, sieht aus wie eine dieser provisorischen Behausungen, die Obdachlose sich in Abrißhäusern oder unter Brücken einrichten. Auf dem Holzfußboden, der bei jedem Schritt unwillig knarrt, liegt eine Matratze mit einer zerwühlten Bettdecke darauf, deren Farbe sich beim besten Willen nicht mehr eindeutig identifizieren läßt. Gräfes Nachttisch besteht aus einem kurzen Holzbrett, das er über zwei Backsteine gelegt hat. Darauf versammeln sich eine schmutzige Tasse ohne Henkel, ein Teller mit angeklebten Essensresten sowie ein Kerzenstummel auf einer Untertasse und eine Schachtel Streichhölzer. Ein paar Bücher liegen auf dem Boden verstreut. Am Fußende des Bettes stapeln sich gelesene Tageszeitungen etwa einen halben Meter hoch sowie zahlreiche Plastiktüten, deren bunt aufgedruckte Namen eine gut sortierte Auswahl der örtlichen Geschäfte darstellt. Um nichts in der Welt möchte Johanna wissen, was sich in diesen Tüten befindet. Müll wahrscheinlich.

Im vorderen Teil des ehemaligen Fischgeschäfts liegt dann Gräfes Atelier, wobei der Name Atelier Johanna ein wenig hoch gegriffen erscheint. Auf jeden Fall lehnen dort unzählige Bilder an den Wänden. Auf einer Staffelei entsteht gerade ein neues Werk. Nicht gegenständliche Malerei in dunklen, traurigen Farben, anders wüßte Johanna die Kunst von Tom Gräfe nicht zu beschreiben. Kaufen würde sie keines der Gemälde. Weil sie spätestens nach zwei Tagen vom bloßen Anschauen Depressionen kriegen würde. Von der Decke hängen ein paar Trockensträuße herab, möglicherweise ein letztes Andenken an Christina Martell. In einer Ecke des Raums hat jemand aus Spankisten eine

Art Puppenküche gebaut. Mittlerweile ist sie halb eingestürzt. Jetzt spielt Laura bestimmt mit schöneren Sachen.
Tom Gräfe trägt dasselbe blaue Hemd wie in der letzten Woche. Die Grundfarbe allerdings ist kaum noch auszumachen. Seine geröteten Augen liegen in tiefen Höhlen, das Haar hängt ihm wirr in die Stirn, auf seinen eingefallenen Wangen sprießt ein dunkler Bart. Der Mann gehört ins Bett. Und unter die Dusche. Egal in welcher Reihenfolge. Wobei es fraglich ist, ob es in diesem Haus überhaupt eine Dusche gibt.
Johannas Besuch scheint ihn wenig zu erstaunen, aber es könnte genausogut sein, daß ihm die Kraft für Gefühlsausbrüche gleich welcher Art fehlt. Jedenfalls bringt er nur ein gleichmütiges: »Ach, Sie sind es!« zuwege. Immerhin legt er den Pinsel auf ein beschmiertes Holzbrett und knipst dann die gräßlichen Halogenspots aus.
»Wollen Sie nicht Platz nehmen?« Mit der Hand zeigt er vage in die Runde, stutzt, räuspert sich, »Ach so, Moment, ich hole einen Stuhl aus der Küche.«
Eine gute Idee, denn außer der Matratze gibt es keine Sitzgelegenheit in diesem merkwürdigen Raum. Der Stuhl, den er anschleppt, macht immerhin einen stabilen Eindruck. Das ist aber auch das Beste, was sich über ihn sagen ließe. Sein gelber Anstrich blättert in großen Stücken ab, und darunter kommt ein müdes Braun zum Vorschein. Der bunte Stoff, mit dem die Sitzfläche ziemlich stümperhaft bezogen ist, starrt vor Schmutz. Egal, Johanna setzt sich trotzdem drauf.
»Herr Gräfe, ich hätte noch ein paar Fragen zu der Person von Frau Martell.«
»Ich habe Ihnen doch schon mehr als genug über Christina

erzählt. Daß sie keine Geduld mit den Kindern hat. Daß das Jugendamt sogar mal hier war. Was wollen Sie denn noch von mir hören?« Tom Gräfe hat sich auf die Matratze gesetzt, oder eigentlich mehr gelegt, wobei er die zusammengeknüllte Bettdecke als Kissen benutzt. Johanna thront etwa einen halben Meter über ihm, eine merkwürdige Situation für eine Vernehmung.

»Herr Gräfe, Sie haben mir letztes Mal erzählt, daß Frau Martell die Kinder immer mit alten Hausmitteln behandelt hat. Ist es auch mal vorgekommen, daß sie den beiden was zur Beruhigung gegeben hat? Zum Beispiel, damit sie nachts durchschlafen?«

Müde zuckt Tom Gräfe mit den Schultern. »Keine Ahnung. Vielleicht hat sie ihnen wirklich was verabreicht, dann aber, ohne mir etwas davon zu sagen. Weil sie wußte, daß ich niemals damit einverstanden gewesen wäre. Aber die Kinder, das sagte ich ja schon, die waren immer mehr ihre Angelegenheit. Bedauerlichweise hab ich mich da rausgehalten.«

Also vielleicht. Leider kann die Kriminalpolizei mit einem watteweichen Vielleicht nicht viel anfangen. »Eine andere Frage. Nimmt ihre ehemalige Lebensgefährtin manchmal Drogen?«

»Unsinn!« braust er auf. »Christina doch nicht. Die hat sich höchstens Kräutertees gekocht. Christina raucht nicht, trinkt nicht, sie lebt total gesund. Jedes Glas Wein, das ich mir mal gegönnt habe, brachte sie gleich in Rage. Und Drogen, also nee, wirklich nicht. Warum wollen Sie das überhaupt wissen? Wollen Sie etwa behaupten, daß mein dreijähriger Sohn ein Drogentoter ist, daß er sich den Goldenen Schuß verpaßt hat?«

Der Stuhl ist nicht sehr bequem. Johanna schlägt das linke Bein über das rechte, um ihre Sitzposition zu verändern. »Im Moment wissen wir sicher, daß Dario an einer Vergiftung gestorben ist, und zwar an einer Mischung aus Stechapfelsamen und getrocknetem Fliegenpilz. Diese Pflanzen lösen Halluzinationen aus und werden deshalb mitunter als Drogenersatz verwendet. Noch einmal meine Frage: Können Sie sich vorstellen, daß Frau Martell solche Sachen zu sich nimmt? Ökologische Drogen gewissermaßen?«

Tom Gräfe springt so plötzlich auf, daß Johanna zusammenzuckt. Seine Augen glühen schwarz vor Zorn. »Fliegenpilz, Stechapfel, das sind doch alte Hexendrogen, nicht wahr?« Mit der geballten Faust hämmert er gegen die seegrünen Kacheln. »Ich wußte, daß sie es war, ich wußte es! Ist Ihnen überhaupt klar, daß Christina ganz besessen ist von diesen alten Hexengeschichten? Daß sie sich regelmäßig mit ihren komischen Freundinnen trifft, um magisch zu wirken, wie die das nennen? Ich kann beschwören«, jetzt preßt er beide Hände gegen sein Herz, »ich kann beschwören, daß sie sich selbst als Hexe bezeichnet. Und daß sie jede Menge Bücher über die alten Hexenrezepte besitzt. Ein paar hat sie zurückgelassen. Da ...« Er weist mit der Hand auf die Taschenbücher, die neben der Matratze liegen. Ihr lila Einband läßt auf einen esoterischen Inhalt schließen. »Und ich weiß, daß sie vorhatte, den Quatsch auszuprobieren. Ja, das hat sie immer gesagt: Eines Tages finde ich den Mut, das alles auszuprobieren!«

Schlafentzug kann wirklich komische Auswirkungen auf die Menschen haben. Johanna lächelt milde. »Herr Gräfe, ich bitte Sie. Wollen Sie jetzt ernsthaft behaupten, daß Ihre ehemalige Lebensgefährtin eine Hexe ist? Also das erscheint mir nun doch ein wenig absurd.«

»Das hab ich auch mal gedacht«, sagt er müde. »Am Anfang, als sie mit diesem Kram anfing. Aber glauben Sie mir, Christina bezeichnet sich selbst als Hexe. Sie hat nicht nur die Bücher gelesen, sie hat auch den ganzen Krempel gekauft, den sie für die sogenannten Zeremonien braucht. Irgendwelche Räucherungen, magische Dinge, einen Dolch und so'n Zeugs, was weiß ich. Sie hat ihre Zeremonien ja nicht hier abgehalten, sondern bei ihrer Freundin Thora. Die ist nämlich auch ein ... eine Hexe, mein ich. Und dann gehören da noch so ein paar andere abgedrehte Weiber dazu, eine Sabine, eine Rena ... Wenn Sie mir nicht glauben, fragen Sie doch bei Thora nach. Die hat diesen komischen Laden im Ostertorsteinweg. Da gibt es diesen ganzen Mist zu kaufen.«

»Meinen Sie Thora Detlefsen?« fragt Johanna vorsichtig nach. Er zuckt gleichmütig mit den Schultern.

»Keine Ahnung, wie die mit Nachnamen heißt. Ich kenne sie kaum.«

»Dann könnte es also sein, daß Frau Martell diese merkwürdigen Kapseln für sich selbst angefertigt hat. Und daß der Junge eine davon gefunden und heimlich geschluckt hat?«

Tom Gräfe umkreist mit großen Schritten Johannas Stuhl. »Christina würde die Dinger niemals so einfach in der Gegend rumliegen lassen. Nee. Das ist bestimmt nicht ihre Art. Wennschon, hat sie Dario das Zeugs mit Absicht gegeben. Vielleicht war sie genervt, wollte ihre Ruhe haben, was weiß ich. Oder ihr neuer Gatte fühlte sich von Dario gestört. Der Junge war nämlich ein ganz schönes Energiepaket. Der konnte einem manchmal den letzten Nerv rauben.« Mit der Hand fährt er sich durch die Haare. »Wissen Sie was? Ich gehe noch heute zum Jugendamt und beantrage das Sorgerecht für Laura. Ehe ihr auch noch was passiert. Christina traue ich alles zu.«

Wie nicht anders zu erwarten, finden die männlichen Kollegen das, was Johanna erfahren hat, äußerst amüsant. Vor allem Edgar Lohse kriegt sich gar nicht wieder ein und lacht ohne Unterlaß.

»Ich vernehme die Dame jedenfalls nicht«, japst er. »Am Ende belegt sie mich mit einem Fluch. Nee, das ist mir zu heiß. Dann mache ich lieber eine zweite Sonderschicht in Hannover.« Lohse war am letzten Wochenende als Personenschutz für den dänischen Außenminister abgestellt. Ein Job, den er liebt. Mit Sonnenbrille und schwarzem Anzug, die Dienstwaffe griffbereit im Schulterhalfter, plötzlich ist Hollywood gar nicht mehr fern.

»Der Typ war sich seiner Sache allerdings verdammt sicher. Ich meine, das klingt doch so blöd – das behauptet man nicht, wenn man es nicht beweisen kann, oder?« wirft Johanna ein.

»Ist der nicht Maler? Freier Künstler also? Vielleicht geht seine Phantasie manchmal mit ihm durch«, schlägt Roland Bierwirth vor. »Eine Hexe! Also echt. So was hab ich auch noch nicht gehört!«

Stefan Heyne sagt nichts. Heute trägt er, wohl als Zugeständnis an die immer noch anhaltende Hitze, ein helles Leinenhemd mit aufgekrempelten Ärmeln und einer blaß gestreiften Weste darüber. Ganz verwegen hat er auf einen Schlips verzichtet. Cora Samcke betrachtet ihn versonnen.

Sie weiß eben nicht, was Johanna weiß. Nämlich daß Erika wirklich einen guten Geschmack hat.
Entschlossen greift Johanna zum Telefon. Der Anruf bei Dr. Hasskamp steht noch aus.
»Fliegenpilz und Stechapfel als Beruhigungsmittel? Also das wäre mir neu, meine Liebe. Wenn die Mutter des Kindes so bewandert in der Kräuterkunde ist, würde sie sicherlich zu anderen Mitteln greifen. Etwa ein Lindenblütenbad vor dem Einschlafen, vielleicht auch Tee von Johanniskraut oder Baldrianwurzel. Allerdings fällt mir gerade ein, daß die vor allem im Ostblock gebräuchlichen sogenannten K.-o.-Tropfen Auszüge aus atropinhaltigen Pflanzen enthalten. Sie wissen schon, diese Tropfen, mit denen man Reisende innerhalb von kürzester Zeit in tiefe Bewußtlosigkeit fallen lassen kann, um sie auszurauben. Mehrere Todesfälle hat es gegeben. Kürzlich fand doch ein großer Prozeß statt.«
Urplötzlich klingt das, was Luzie Martell am Samstag ausgesagt hat, wie ein Tatmotiv. Eine Frau, deren gesellschaftlicher Aufstieg von einem ungezogenen Kleinkind bedroht wird. Eine Frau, die ihre Kinder vielleicht in der Vergangenheit mißhandelt hat. Johanna holt ganz tief Luft. Einen Mord wollte Frau Martell ganz sicher nicht begehen, aber möglicherweise wollte sie ihren Sohn mit starken Medikamenten von seinen nächtlichen Wanderungen abhalten, die den Stiefvater um seinen wohlverdienten Schlaf brachten und damit zu einer ernsthaften Ehekrise führten.

Die Redaktion der Tageszeitung ist in einem nüchternen Hochhaus untergebracht. Im Stockwerk darunter hat eine Versicherungsgesellschaft ihre Büroräume angemietet, die

Etage darüber teilen sich ein Immobilienmakler und eine Rechtsanwältin.
Tom Gräfe hat sich nicht angemeldet. Frisch geduscht, in seinem letzten sauberen Hemd, einem fröhlich rot-gelb karierten Holzfällerhemd, das leider in keiner Weise zu der Situation paßt, in der er sich befindet, aber das kann er jetzt auch nicht ändern, Geld für ein angemessenes Kleidungsstück ist zur Zeit nicht vorhanden, steht er vor der jungen Frau im Foyer, deren einzige Aufgabe es zu sein scheint, Besucher schnellstmöglich abzuwimmeln.
»Es tut mir leid, aber ohne Termin ist Frau Hoffmann um diese Zeit nicht zu sprechen.« Schnippisch wirft sie ihren Kopf in den Nacken.
»Nun hören Sie mir mal gut zu. Ich habe eine heiße Geschichte. Eine, die Frau Hoffmann mit Sicherheit interessiert. Es geht um einen Skandal ohnegleichen. Wenn Sie mich nicht anmelden wollen, gehe ich so rein!«
Das wirkt. Der Vorzimmerdrachen wird zahm und greift zum Telefon.
Anne Hoffmann, die Chefredakteurin des »Städtischen Anzeigers«, hat er schon mal gesehen. Aber wo? Bei welchem Anlaß? Noch ehe er zu Ende überlegen kann, hilft sie ihm auf die Sprünge.
»Herr Gräfe, stimmt's? Ich war auf Ihrer Vernissage. Die Bilder haben mich wirklich fasziniert. Obgleich sie auf den ersten Blick eher verstören, beinhalten sie durchaus auch eine sehr menschliche Komponente. Sie wirken so ... *intensiv.* Seit Wochen überlege ich schon, ob ich mir nicht eines ihrer Werke kaufen sollte. Als Geldanlage gewissermaßen.« Sie lächelt eiskalt.
Richtig. Die kühle Blonde mit den Katzenaugen, die auf

dem Foto neben ihm steht. Chefredakteurin ist sie also. Sehr interessant. Gekonnt beugt sie sich vor, gewährt tiefe Einblicke in ihr rotes Kleid. Damals trug sie etwas sehr Enges, Leopardengeflecktes. War auch nicht übel.

»Was kann ich für Sie tun? Hängt Ihre Geschichte mit Dr. Haiderbeck zusammen?« Unter anderen Umständen hätte ihre rauchige Stimme ihn garantiert angeturnt. Doch heute ist Tom Gräfe auf dieser Wellenlänge nicht erreichbar.

»Wußten Sie, daß es Hexen in unserer Stadt gibt?« fragt er lauernd.

Ihre Mundwinkel sinken kaum merklich herab. Ruckartig richtet sie sich auf. Ende der Fleischbeschau. »Wenn Sie das für eine großartige Geschichte halten, muß ich Sie enttäuschen. Skandal? Da habe ich schon Besseres gehört.«

»Dann passen Sie jetzt mal sehr gut auf ...«

Etwa zwei Stunden parkt ein unauffälliger Kleinwagen gegenüber dem Haus, in dem sich Christina Martell und ihre Mutter über den großen Küchentisch hinweg anschweigen. Jemand nimmt eine Spiegelreflexkamera vom Beifahrersitz, bringt ein 100-mm-Teleobjektiv an, kurbelt die Scheibe runter und schießt eine ganze Serie Fotos.

»Freya?«

»Hm.«

»Laß uns einen Schadenszauber machen. Für denjenigen, der Dario auf dem Gewissen hat.«

»Was?«

»Ja, ich hab es mir genau überlegt. Der oder die Schuldigen müssen bestraft werden.«

»Isis, wir sind nicht die Polizei. Und wir sollten uns nicht anmaßen, jemanden strafen zu wollen.«

»Ja«, unterbricht Isis ungeduldig. »Wir wollten unser magisches Wirken nicht auf dritte Personen ausdehnen. Das war innerhalb des Covens abgemacht. Aber der Coven besteht nicht mehr. Es gibt nur noch uns beide. Bitte, Freya, laß uns diesen Zauber wirken.«
Die andere schüttelt entschieden den Kopf.
»Ich kann nichts Schlimmes daran finden«, sagt Isis beharrlich. »Es geht doch nur darum, den zu treffen, der wirklich eine Schuld auf sich geladen hat. Wenn es ein Versehen war, wenn derjenige gar nichts davon weiß, wenn er keine bösen Absichten hatte, wird ihm nichts passieren.«
»Ich weiß nicht. Es heißt, daß alles siebenfach auf uns zurückfallen kann. Nein, Isis. Kein Schadenszauber. Ich bleibe dabei. Das ist Schwarze Magie. Und damit will ich nichts zu tun haben.«
»Dann mache ich es allein. Irgendwann in den nächsten Tagen. Du kannst mich ja anrufen, wenn du es dir anders überlegst. Ich bin mir meiner Sache sicher. Glaub mir, es muß getan werden. Sonst finde ich keine Ruhe.«

Der Artikel nimmt beinahe die Hälfte der Titelseite ein. Und dank der Überschrift »Tod durch Hexendrogen? Mysteriöser Tod eines Kleinkindes« wird es wohl niemanden in der Stadt geben, der ihn nicht von der ersten bis zur letzten Zeile liest. Bilder sind da natürlich auch. Links oben lacht der verstorbene Dario Martell in die Kamera, gleich darunter sieht man seine Mutter, wie sie mit einem dicken Strauß Kräuter oder Blumen, das ist nicht so genau auszumachen, am Waldrand steht. Rechts unten dann ein gestochen scharfes Foto der Villa, in der das »arme Kind unter ungeklärten Umständen zu Tode gekommen ist«. Christina M. wird in dem Artikel genau siebenmal als angebliche Hexe tituliert. Nicht vergessen hat der Schreiberling, daß ihr Ehemann ein gutgehendes Lokal in der Handwerkergasse betreibt. Genausogut hätte er den Namen Weiße Taube schreiben können, denn in der Handwerkergasse gibt es nur dieses eine Restaurant. In unserer Stadt existiert ein Kreis von Frauen, die sich selbst als Hexen bezeichnen, steht dort schwarz auf weiß zu lesen. Zum Glück hat man wenigstens die Namen der anderen Frauen weggelassen. Christina M. wird als die geistige Führerin dieses Kreises bezeichnet. Und in den Satz, daß ihr Sohn an einer Vergiftung mit Hexendrogen gestorben ist, hat man geschickterweise das Wort scheinbar eingebaut. Frau K., eine ehemalige Nachbarin, habe behauptet, die junge Frau hätte sich ausgesprochen seltsam benommen. Und sie habe ihre Kinder nicht ordentlich versorgt. Doch obwohl Frau K. rechtzeitig das Jugendamt informiert habe, sei nichts zum Schutz der Kinder geschehen. Und jetzt sei das arme Kind tot.

Christoph Paschke fühlt sich nach der Lektüre der Morgenzeitung, als hätte jemand ihn minutenlang mit dem Kopf unter Wasser gedrückt. Irgendwie bekommt er einfach keine Luft mehr. Bebend vor Zorn hält er seiner Frau den Artikel entgegen. »Wenn ich mir vorstelle, daß da auch dein Name stehen könnte, zusammen mit deinem Foto, wird mir ganz schlecht! Versprich mir, daß du die anderen nicht mehr triffst. Du warst auf dieser Beerdigung, und damit hast du deine Pflicht erfüllt. Halte dich künftig von diesen verrückten Weibern fern! Was glaubst du, wie mein Chef reagieren würde. Oder meine Eltern. Vergiß nicht, was wir Mutti zu verdanken haben. Und dann Sebastian. Sollen die Kinder auf der Straße ihn auslachen, weil seine Mutter eine Hexe ist?«

Sabine, die ihren Sohn gerade mit Reisbrei und passierten Birnen füttert, seufzt. »Dabei ist der Artikel so mies! Nichts als Halbwahrheiten und häßliche Andeutungen. Mit Journalismus hat das nichts zu tun. Käseblatt!« Sie schiebt einen weiteren Löffel Brei in den geöffneten Mund. »Die arme Christina. Als wäre sie noch nicht schlimm genug gestraft.«

Rena Antorius ist so wütend, daß sie die Zeitung in Fetzen reißt und dann im Klo runterspült. An Christinas Stelle würde sie versuchen, gerichtlich gegen den »Städtischen Anzeiger« vorzugehen. Nach drei gierig gerauchten Zigaretten muß sie sich allerdings eingestehen, daß so eine Klage wohl wenig erfolgversprechend wäre. Auf jeden Fall fühlt Rena Antorius sich so ähnlich, als hätte sie als einzige einen Flugzeugabsturz überlebt. Nein, sie wird Christina auf gar keinen Fall anrufen und ihr zu einer Unterlassungsklage raten. Am Ende wird damit noch sehr viel mehr Staub aufgewirbelt. Jetzt beglückwünscht sie sich zu dem feigen Entschluß, Darios Beerdigung fernzubleiben.

Das, was Gisbert Liedke beim Anblick der Zeilen fühlt, ist eine Mischung aus Enttäuschung, Angst und Abscheu. »Sag mir, daß das nicht wahr ist«, flüstert er heiser, aber er kann die Antwort in Christinas Augen lesen. Sie sitzen sich allein am Frühstückstisch gegenüber, Luzie und Jelka schlafen noch, Laura hockt auf dem Fensterbrett und knabbert ein trockenes Brötchen.

»Giesi, so wie es hier steht, stimmt es natürlich nicht.« Christina stellt ihre Kaffeetasse wieder auf den Tisch. »Wir haben uns früher regelmäßig getroffen. Und wir haben uns

auch mit der Hexentradition beschäftigt. Ja. Weil das eine uralte Religion ist.«
»Religion?« kreischt Liedke entsetzt. »Du wagst es, diesen heidnischen Hokuspokus als Religion zu bezeichnen?«
»Man sieht, daß du dich noch nie damit beschäftigt hast. Sonst wüßtest du ...«
»Ich *werde* mich auch nie damit beschäftigen. Hast du verstanden?« Ungehalten springt Liedke von seinem Stuhl auf. »Ich fahre los.«
»So früh?«
»Ja.« Eine Entschuldigung denkt er sich gar nicht erst aus. »Wenn Luzie gefrühstückt hat, soll sie sich ein Taxi zum Lokal nehmen. Ich brauche heute ganz dringend ihre Hilfe.«
Liedke, der schon auf dem Großmarkt war und heimgekommen ist, weil er sich noch zwei Stunden ins Bett legen wollte, aber jetzt ist an Schlaf natürlich gar nicht mehr zu denken, ist so aufgeregt, daß er es kaum schafft, den Wagen anzulassen. Seine Hände zittern. Vor Wut. Vor Enttäuschung. Vor Fassungslosigkeit. Seine Göttin hat endgültig ihren Heiligenschein verloren. Für immer und ewig. Eine Hexe will sie sein! Die Ampel springt auf Rot. Liedke bremst heftig, weil viel zu spät. So ist das, wenn man mit den Gedanken ganz woanders ist. Wegen Christina wird er noch einen Unfall bauen! Etwas Verrücktes fällt ihm ein, etwas schier Unglaubliches, so irrwitzig, so abstrus, daß er mit niemandem, mit keiner Menschenseele darüber sprechen könnte. Und doch läßt ihn der Gedanke nicht mehr los. Was, wenn diese Christina ihn kurz vor Ostern mit einem geheimnisvollen Liebeszauber an sich gebunden hat? Stimmt es etwa nicht, daß er sich gerade in letzter Zeit oft

genug gefragt hat, warum er diese Frau so überstürzt heiraten mußte? Schreckliche Dinge fallen ihm ein, beispielsweise Voodoo-Puppen, die man aus Wachs formt, um sie mit geheimnisvollem Zauber zu belegen. Braucht man dafür nicht Haare oder Fingernägel der Person, die man verhexen will? Blut? Sperma? Hinter Liedke hupt jemand ungeduldig. Die Ampel ist längst auf Grün umgesprungen. Er hebt entschuldigend die rechte Hand und gibt Gas.

Im Präsidium herrscht Krisenstimmung. Heyne marschiert vor seinem Schreibtisch hin und her. Ein paar Kilometer dürfte er schon abgeleistet haben. »Wer hat diesen Mist an die Presse gegeben?« Ein bitterböser Blick bohrt sich in Johannas Schulter.

»Ich bestimmt nicht«, erwidert sie pikiert.

Die Tür öffnet sich, und eine genervte Cora Samcke wischt sich höchst undamenhaft den Schweiß von der Stirn. »Ich kriege heute noch einen Nervenzusammenbruch«, jammert sie. »Das Telefon steht nicht mehr still. Die Leute rufen an und behaupten die verrücktesten Sachen. Kranke Kinder, brennende Häuser, jemand will beweisen können, daß diese Martell den bösen Blick hat. Sogar ein Teufelsaustreiber hat seine Dienste angeboten. Wenn das so weitergeht, nehme ich den Hörer nicht mehr ab!« Hinter ihrem Rücken klingelt es bereits wieder. Diesmal ist es allerdings der Dienststellenleiter, Kriminaloberrat Dr. Rosenius, der Heyne zu sich bittet. Natürlich, auch in der Chefetage wird Zeitung gelesen. Und jetzt will Dr. Rosenius wissen, was an der Sache dran ist.

»Du fährst diesen Hexenclub ab. Zuerst die Martell, dann ihre merkwürdigen Freundinnen, die auch am bewußten

Abend anwesend waren«, ordnet Heyne an, bevor er seinen Schreibtisch verläßt.
Johanna steht stramm. »Aye, aye, Sir.«
»Wenn du nicht bis Mittag zurück bist, schicken wir einen Suchtrupp aus«, sagt Roland Bierwirth grinsend.
»Sollten sie dich in eine Kröte verwandeln, gib uns irgendwelche Zeichen, damit wir dich erkennen!« Auch Edgar Lohse läßt es sich nicht nehmen, zur allgemeinen Heiterkeit beizutragen.

»Frau Martell, sind Sie eine Hexe?« Mein Gott, was für ein lächerliches Wort. Johanna kann nicht verhindern, daß ihre Wangen sich röten. Aus Verlegenheit.
Christina Martell wirft den Kopf in den Nacken und lacht laut. »Wenn Sie wissen wollen, ob ich nachts auf einem Besen um die Häuser fliege, ob ich andere Menschen mit bösen Flüchen belege, ob ich womöglich heimliche Blutopfer bringe, so kann ich Ihre Frage mit gutem Gewissen verneinen.«
»Aber so ganz falsch ist das, was in der Zeitung stand, nicht, oder?« fragt Johanna lauernd.
»Darüber kann man geteilter Meinung sein. Ich denke, Tom Gräfe wollte mir schaden, und das ist ihm ja zweifellos gelungen.«
»Ich möchte meine Frage wiederholen. Sind Sie eine Hexe?«
»Hexe, das ist hier in Deutschland ein so negativ besetztes Wort. Weise Frau wäre mir lieber. Oder meinetwegen auch Wicca. Ja, ich wäre gern eine Wicca. Und ich habe mich darin versucht. Aber es ist nicht so gelaufen, wie ich mir das vorgestellt habe.«

»Wie soll ich das verstehen?«

»Nun ja, wir haben uns mit mehreren Frauen regelmäßig getroffen. Der Grundgedanke, der hinter dieser Urreligion steckt, hat uns fasziniert. Daß wir Frauen eine große Macht in uns tragen. Und daß wir es schaffen können, unser Urwissen zu aktivieren. Ich möchte das nicht weiter ausführen. Es bringt nichts, mit Leuten darüber zu sprechen, die von vornherein dagegen sind.«

Johanna lächelt. »Soso. Was ist bei diesen Treffen abgelaufen?«

»Wir haben Bücher gelesen. Die Standardwerke, die es im Buchhandel gibt. Von Starhawk, von Zsuzsanna Budapest, von Sandra, von Luisa Francia. Und dann haben wir darüber diskutiert, was davon für uns in Betracht kommt. Wir haben einen eigenen Coven gegründet.«

»Coven? Was ist das?«

»Ein Coven, manche sagen auch Konvent, ist ein Zusammenschluß von Hexen. Ein fester Kreis, der zusammen Rituale abhält. Traditionsgemäß sollten es nicht mehr als dreizehn Mitglieder sein. Wir waren zu fünft. Es ist nicht so einfach, gleichgesinnte Frauen zu finden. Die meisten Hexen wirken im verborgenen.«

»Weiter? Treffen Sie sich noch regelmäßig?«

»Nein. Es gab einen unangenehmen Zwischenfall, über den ich hier nicht reden möchte. Der Coven ist dadurch auseinandergebrochen.«

»Sie haben sich zerstritten?«

»Ganz bestimmt nicht. Unangenehm ist vielleicht auch nicht das richtige Wort. Es ist etwas Unheimliches passiert. Etwas, das den meisten angst gemacht hat. Einerseits war es ein Beweis dafür, daß das, was in den Büchern steht, auch stimmt. Andererseits wurde uns dabei klar, daß man nicht mit Kräften spielen sollte, die man nicht kontrollieren kann. Das größte Problem an der Magie ist eben, daß sie tatsächlich funktioniert. Und darauf sind die meisten Leute nicht eingestellt. Wir waren es anscheinend auch nicht.«

»Hm. Ehrlich gesagt, machen Sie mich ganz schön neugierig. Was ist passiert?«

Christina Martell überlegt einen Moment, dann nickt sie. »Na gut. Wir haben gemeinsam meditiert. Und plötzlich befand ich mich in einer Situation meiner frühen Kindheit, die ich längst vergessen hatte. Es war unvorstellbar realistisch. Ich muß wohl geschrien und getobt haben. Und ich war auch für kurze Zeit nicht ansprechbar. Alle waren schockiert. Mir selbst hat es ehrlich gesagt auch gereicht.«

Bedingt durch das, was tagtäglich in den Medien lang und breit ausgewalzt wird, gibt es für Johanna nur einen Gedanken. »Sie sind sexuell mißbraucht worden«, sagt sie leise. »Und daran haben Sie sich plötzlich erinnert.« Doch sie irrt. Christina Martell hat eine andere Geschichte zu erzählen.

»Als kleines Mädchen habe ich meinen Bruder tot aufgefunden. In seinem Bett. Und meine Mutter hat geschrien: Christina, was hast du gemacht? So, als hätte ich Schuld an Wolframs Tod. Heute weiß ich, daß ich mein Leben lang unter dieser Anschuldigung gelitten habe. Meine gesamte Kindheit war von diesem unglaublichen Vorwurf überschattet.«

»Woran ist Ihr Bruder gestorben?«

»Ich weiß es nicht genau. An einer Vergiftung, glaube ich ...« Sie bricht ab und schüttelt den Kopf. »Ich will nicht mehr daran denken. Jetzt schon gar nicht, da mein Sohn Dario ebenfalls an einer Vergiftung gestorben ist. Ausgerechnet in der Zeit, in der meine Mutter zu Besuch ist.«

»Aber Frau Martell, Sie denken doch wohl nicht ...«

»Ich denke gar nichts. Alles, was ich denke, ist hinterher falsch. Wissen Sie, ich glaube, daß alles im Leben seinen Sinn hat. Und daß es unsere Aufgabe ist, nach diesem Sinn zu suchen. Diese Vision bedeutete für mich, daß ich mich mit meiner Vergangenheit auseinandersetzen sollte. Was ich auch getan habe. Ich mußte erkennen, daß ich mich zwanghaft mit Menschen umgab, die mich in Wahrheit ablehnten. Wie meine Mutter. Es ist doch bekannt, daß viele Menschen dazu neigen, die Umstände ihrer Kindheit wieder aufzubauen. Einfach weil sie ihnen als Lebensmuster so vertraut sind. Mein erster Freund war gewalttätig, er hat mich regelmäßig geschlagen, und trotzdem brauchte ich drei Jahre, um mich aus dieser Beziehung zu lösen. Dann kam Tom Gräfe, ein egozentrischer Egoist, der sich im Grunde überhaupt nicht für mich interessiert hat. Gisbert Liedke war der erste, der wirklich gut zu mir war, der nichts von mir verlangte, der geben wollte und nicht immer nur nehmen. Deshalb habe ich ihn geheiratet. Aber es funktioniert nicht. Langsam merke ich, daß ich meinem Mann nichts geben kann. Das ist schrecklich. Glauben Sie mir.« Sie faltet ihre Hände wie zum Gebet. »Wissen Sie, was komisch ist? Die anderen Frauen aus dem Coven haben geglaubt, ich hätte in die Zukunft gesehen. Ja, alle haben darauf gewartet, daß irgendein Kind stirbt. Nur ich nicht. Und dann ist ausgerechnet mein Sohn gestorben ...«

Luzie gehen beinahe die Augen über. »Das hat sie Ihnen selbst erzählt? Christina? Hm.« Keine Frage, von ihrer Tochter hält sie nicht besonders viel. »Dann kann ich es ja ruhig sagen. Mein armes Schätzchen ist an einer Vergiftung gestorben. Diese kleinen Dinger vom Goldregen, die wie Erbsen aussehen, hat man in seinem Magen gefunden. Massenhaft. Ein tragisches Unglück, sagte der Arzt damals. Ich habe natürlich geschwiegen. Sollte ich etwa meine sechsjährige Tochter des Mordes bezichtigen? Aber sie hat ihm das Gift mit Absicht gegeben, ich weiß es ganz genau. Alles hätte das Luder unternommen, um Wolfram aus dem Weg zu haben.« Sie verschränkt die Hände ineinander. »Nun ja, gelitten hat er nicht. Er lag ganz friedlich in seinem Bettchen. Das war mir dann ein Trost. Ein *kleiner* Trost.«

»Können Sie mir das genaue Datum sagen, wo Sie damals gewohnt haben und dann noch den Namen des behandelnden Arztes?«

»1974 ist das gewesen. Am 25. Juni.« Sie stutzt. »Jetzt haben wir wieder Juni. Na ja. Der Arzt hieß Zielke. Der ist aber schon lange tot. Sein Sohn hat die Praxis übernommen. In Hannover, in der Stresemannstraße 23 ist das passiert. Wir haben da zur Obermiete gewohnt. Und die Kinder durften hinten im Garten spielen.«

Johanna nickt.

Ein späterer Anruf in Hannover wird ergeben, daß Hubert Wolfram Martell tatsächlich an einer Vergiftung durch die Fruchtstände des Goldregens verstorben ist. Mutmaßungen, daß es sich nicht um einen Unglücksfall handeln könnte, gab es seinerzeit nicht. Und schon gar keine schlüssigen Verdachtsmomente.

Vor der Badezimmertür prallen Luzie und Christina Martell zusammen.
Luzie überlegt nicht lange. Breitbeinig baut sie sich vor ihrer Tochter auf, beide Hände in die Hüften gestemmt, den Kopf zornig in den Nacken geworfen. »Hast du dem armen Jungen das Zeug gegeben, damit er durchschläft? Damit er dich nachts nicht mehr stören kann?« Die rechte Hand schnellt vor und stößt Christina gegen den Unterleib. »Sag es mir, hast du das getan? Und wie war das damals mit Wolfram? Hast du dem auch irgendwas eingeflößt, damit der dir nicht mehr im Wege ist? Mein armes Schätzchen, ich mag gar nicht daran denken. Wie kannst du nur mit dieser Schuld leben? Ich an deiner Stelle wäre längst zur Polizei gegangen und hätte mein Gewissen erleichtert.«
»Bist du verrückt? Was redest du da für einen Unsinn?« Ärgerlich wehrt Christina Martell die Hände ihrer Mutter ab.
Die lacht höhnisch. »Verrückt? Ich? Nur jemand, der sich mit Kräutern auskennt, konnte solche komischen Dinger zusammenmixen. Das steht sogar schon in der Zeitung! Und wer von uns da in Frage kommt, ist ja wohl klar! Der arme Gisbert, so hat er sich eure Ehe bestimmt nicht vorgestellt.«
»Dario war mein eigenes Kind, mein Sohn«, sagt Christina Martell leise. »Vergiß das bitte nicht.«
»Na und. Wolfram war dein Bruder«, kontert Luzie ganz spitz.
»Ich war damals noch klein! Wie kannst du bloß annehmen, daß ich meinen Bruder vergiftet habe?«
Luzie zieht nur verächtlich ihre Mundwinkel herab. »So

klein warst du gar nicht, mein Mädchen. Du warst schon sechs und bist zur Schule gegangen. Und du warst verdammt schlau für dein Alter.«
Aufgebracht greift Christina nach dem Arm ihrer Mutter. »Jetzt hör mir mal gut zu. Ich habe niemanden ermordet. Und ich verbiete dir, solche Lügen über mich zu verbreiten! Nur weil du von deiner eigenen Schuld ablenken willst. Glaubst du, ich hab alles vergessen? Daß du von morgens bis abends auf der Couch gelegen und in deinen blöden Liebesromanen gelesen hast? Wer mußte sich denn um Wolfram kümmern? Ich, seine Schwester. Du warst doch den ganzen Tag mit dir selbst beschäftigt. Wenn ich mittags aus der Schule kam, spielte Wolfram ganz allein im Garten. Wenn überhaupt einer die Schuld an seinem Tod trägt, dann doch wohl du! Papa hat das auch gesagt. Und Oma ...«
»Das stimmt nicht«, entgegnet Luzie weinerlich. »Das hast du dir nur ausgedacht. Nie im Leben hätte Hubert so schlecht über mich geredet, zu dir schon gar nicht. Und jetzt laß mich los.« Heftig schüttelt Luzie Martell die Hand ihrer Tochter ab. Auf ihrem Oberarm sieht man rote Abdrücke, die sich scharf von der weißen Haut abheben. »Immer tust du mir weh. Allen Menschen tust du weh. Morgen habe ich bestimmt wieder blaue Flecken.«

Sabine Paschke sieht aus wie hunderttausend andere Frauen ihrer Generation. Eine schlichte, aber sehr kleidsame Frisur, kein Make-up, Jeans und ein einfaches Shirt. Die Unterhaltung mit ihr gestaltet sich allerdings eher schwierig. Das Kind auf ihrem Arm schreit wie am Spieß. »Ist ja gut, mein Engel. Mami ist bei dir.« Sie wiegt den

Säugling hin und her, was ihn leider keineswegs schläfrig macht.
»Frau Paschke«, brüllt Johanna Lauritz. Der Kleine stutzt einen Moment, um gleich darauf seine Lautstärke um einige Dezibel zu steigern.
Seine Mutter lächelt hilflos, dann streckt sie ihn Johanna hin. »Wenn Sie ihn einen Moment halten, mache ich ihm schnell eine Teeflasche. Vielleicht können wir anschließend in normaler Lautstärke miteinander reden.«
Ehe Johanna ablehnen kann, strampelt das lautstarke Bündel Mensch schon auf ihrem Schoß. Ganz automatisch schaukelt sie da weiter, wo Sabine Paschke aufgehört hat. Mit ähnlich niederschmetterndem Ergebnis. Das Kind brüllt ums Verrecken.
Mit der gefüllten Teeflasche bringt seine Mutter endlich die Erlösung. Schmatzend schließt sich der rosige Mund um den Sauger.
»Wenn Sie an den Abend vor Darios Tod denken, was ist da passiert? Wie war die Stimmung?«
»Also wenn ich ehrlich bin, kann ich mich kaum an Einzelheiten erinnern. Ich stand zu diesem Zeitpunkt ja noch unter der Wirkung von Psychopharmaka. Dadurch verändert sich die gesamte Wahrnehmung. Man ist absolut gleichgültig. Ein schrecklicher Zustand. Ich bin froh, daß ich die Dinger nicht mehr einnehme.«
»Sie waren in der Psychiatrie, nicht wahr?«
»Ja, das stimmt. Ich hatte eine Wochenbettpsychose. Ich denke, sie ist durch ein tragisches Ereignis ausgelöst worden, über das ich jetzt nicht reden möchte.«
»Sie sprechen von Christina Martells Vision, nicht wahr? Sie hat mir vorhin davon erzählt.«

»Tatsächlich? Nun ja, dann kann ich es ja sagen. Dieser Abend war absolut schrecklich. Beängstigend. Ein totes Kind! Hat sie damals gesagt. Ich habe ein totes Kind gesehen. Mein Gott, das habe ich einfach nicht mehr aus meinem Kopf gekriegt. Ein totes Kind! Irgendwie habe ich das auf meines bezogen. Und durch den Hormonumschwung nach der Geburt hat sich diese wahnsinnige Angst in einer Psychose manifestiert. So hat es mir jedenfalls mein Therapeut erklärt.«

»Frau Martell hat mir erzählt, daß Ihre Gruppe (das Wort Coven bringt Johanna einfach nicht über die Lippen) sich danach mehr oder weniger aufgelöst hat.«

»Ja, das stimmt. Es war aber auch so fürchterlich. Ein Horrorerlebnis. Ich hab wirklich gedacht, Christina ist jetzt für alle Zeiten durchgeknallt. Die einzige, die hinterher noch weitermachen wollte, war Thora.«

»Meinen Sie Thora Detlefsen? Die war doch auch an diesem Samstagabend dabei.«

»Ja. Ein merkwürdiger Zufall, daß wir uns alle dort getroffen haben. Eigentlich trägt mein Mann die Schuld, er hat mich nämlich hingeschickt. Damit ich mal was anderes sehe.«

»Kennen Sie sich mit Drogen aus? Mit Stechapfel, Tollkirsche, Fliegenpilz?« fragt Johanna so beiläufig wie möglich.

»Wie man's nimmt. In der Theorie weiß ich darüber Bescheid. Daß man früher die sogenannten Flugsalben daraus hergestellt hat.«

»Würden Sie sich denn als Hexe bezeichnen?« fragt Johanna lauernd.

»Nein. Nicht wirklich. Ich habe mich an diesen Ritualen beteiligt, weil sie sehr viel mit Selbstfindung und Selbstheilung zu tun haben. Immerhin bin ich nach etlichen Jahren vergeblichen Hoffens doch noch schwanger geworden. Ich denke, weil ich dort gelernt habe, meine eigenen Energien in die richtigen Bahnen zu lenken. Aber andere Leute habe ich nicht mit irgendwelchem Zauber belegt, falls Sie das meinen.«

»Und die anderen Frauen?«

»Die anderen sollten Sie selbst befragen. Drogen hat keine von uns genommen. Wir haben uns höchstens mal ein Täßchen Safrantee genehmigt. Damit sollen sich angeblich die medialen Kräfte verstärken. Bei mir hat es allerdings wenig geholfen.« Das Baby ist eingeschlafen. Zärtlich fährt sie über sein flaumiges Haar.

»Befinden Sie sich noch in ärztlicher Behandlung?« möchte Johanna als nächstes wissen.

»An den Therapiegesprächen habe ich schon längere Zeit nicht mehr teilgenommen. Und Psychopharmaka nehme ich auch nicht mehr ein. Über die Behandlungsschemata in der Psychiatrie läßt sich bekanntlich streiten. Ob es mir wirklich gutgetan hat, diese ganzen dämpfenden Medikamente einzunehmen, möchte ich im nachhinein bezweifeln. Aber ich kann natürlich nicht das Gegenteil beweisen.«

Eine letzte Frage muß noch gestellt werden. »Trauen Sie Christina Martell einen Mord zu?«

»Sie meinen, daß Christina dieses Gift ... Nein. Auf gar keinen Fall. Das ist lächerlich.«

»Kennen Sie überhaupt jemanden, dem Sie einen Mord zutrauen würden?«

Sabine Paschke lacht leise. »Da haben Sie allerdings recht. Grundsätzlich kann man sich von keinem Menschen vor-

stellen, daß er so eine Gewalttat begeht. Und wenn ich ganz ehrlich bin, kenne ich Christina Martell nicht besonders gut. Warum hat sie zum Beispiel diesen Mann geheiratet? Ich denke, es war das Geld, das tolle Haus. Aber Liebe? Könnten Sie sich in Herrn Liedke verlieben?«
Vor Johannas geistigem Auge erscheint Gisbert Liedke, wie er ohnmächtig im Flur zusammensackt und dabei auch noch mit dem Kopf gegen die Wand knallt. Sie grinst.
»Sehen Sie. Niemand kann das glauben. So gesehen muß Christina ziemlich berechnend sein. Aber das eigene Kind ermorden? Nein.«

Thora Detlefsen ist eine Hexe. Behauptet sie jedenfalls. Und wenn Johanna die obskuren Dinge betrachtet, die man in diesem Laden kaufen kann, ist sie geneigt, daran zu glauben. Kerzen, die zum Teil seltsam geformt sind, merkwürdige Tees und Pülverchen, Öle, Steine, Silberschmuck, Dolche, Messer, Kelche, Pendel, eigentlich fehlen nur noch Krötenblut und Spinnenbeine. Das behält Johanna natürlich für sich. So wie sie überhaupt sehr bemüht ist, ihr Erstaunen über die Dinge, die hier in schwarzen Regalen ausgestellt sind, zu verbergen. Hagazussa. Allein der Name des Ladens klingt nach unerklärlichen Geschehnissen.
Die Besitzerin trägt ein schiefergraues Kleid aus Pannesamt, das bis auf den Boden fällt. Um die Schultern hat sie sich ein blau marmoriertes Seidentuch gelegt. An jedem ihrer knochigen Finger mit den schwarz lackierten Nägeln prangt mindestens ein breiter Silberring. Sogar die Daumen sind geschmückt. Einen Raben auf der Schulter gibt es allerdings nicht. Auch keine schwarze Katze.
»Ja, ich bin eine bekennende Hexe. Für mich bedeutet das

nichts anderes, als daß ich eine Frau bin, die sich ihrer Kräfte bewußt ist. Und die den Mut hat, diese zielgerichtet einzusetzen. In unserer Zeit fällt das den meisten Frauen sehr schwer. Weil es in unserer Erziehung nicht so vorgesehen ist. Wir sollen dienen und nicht selbst aktiv werden. Im übrigen verdiene ich meinen Lebensunterhalt damit, Dinge zu verkaufen, die man zu Hexenritualen braucht.«

»Das klingt ja so, als gäbe es jede Menge Hexen in dieser Stadt.«

»Es gibt mehr, als Sie glauben. Aber meine Kundschaft besteht nicht nur aus Leuten, die aktiv den Hexenglauben ausüben. Davon könnte ich nun wirklich nicht leben. Wie Sie sehen, führe ich ein großes Sortiment an esoterischer Fachliteratur. Auch Titel kleiner, unbekannter Verlage, die man in anderen Buchhandlungen kaum findet.«

»Sehr interessant. Aber leider bin ich nicht gekommen, um mich in Ihrem Laden umzusehen. Ich würde gern wissen, was an dem Samstag vor Darios Tod passiert ist. Sie waren doch zu Besuch bei Frau Martell. Würden Sie mir alles schildern, was Ihnen heute noch dazu einfällt?«

»Ich weiß nichts, was Ihnen weiterhelfen könnte. Aber bitte ...« Das, was Thora Detlefsen berichtet, entspricht genau dem, was Christina Martell und Sabine Paschke ausgesagt haben.

»Würden Sie Frau Martell zutrauen, daß sie ihrem Sohn etwas zum Einschlafen gibt? Medikamente?«

»Nein. In der Zeit, als sie bei mir gewohnt hat, war es Christina immer ziemlich egal, wann die Kinder zu Bett gingen. Sie hat das nie so eng gesehen. Auch an jenem Samstag wirkte sie nicht genervt. Eher amüsiert.«

»Ist sie eine gute Mutter. Ruhig? Geduldig?«

»Selbstverständlich. Wenn das eine indirekte Anspielung auf den Müll sein soll, der heute in der Zeitung stand, kann ich nur sagen, wer Christina kennt, glaubt kein Wort davon.«

»Aber sie kennt sich mit diesen – ich sag jetzt mal der Einfachheit halber – Hexendrogen aus.«

»Das tun wir alle. Weil wir dieselben Bücher gelesen haben.«

»Ein merkwürdiger Zufall. Finden Sie nicht? Ich habe von der halluzinogenen Wirkung dieser Stoffe nichts gewußt, bevor der Gerichtsmediziner mich aufgeklärt hat. Und der mußte sich auch in seinen Fachbüchern schlau machen. Sie dagegen wären alle drei in der Lage gewesen, diese Kapseln herzustellen. Und komischerweise waren Sie auch die letzten, die das Kind lebend gesehen haben. Drängt sich da nicht der Verdacht auf, daß eine von Ihnen Dario die Kapsel gegeben hat?«

»Warum? Weil wir Hexen sind? Und weil Hexen kleine Kinder fressen? Tut mir leid. Ich kann kein Motiv für Ihre ungeheuerliche Anschuldigung sehen. Ein Kind, das niemandem etwas getan hat. Warum fragen Sie nicht Tom Gräfe? Der war am Freitag da. Wissen Sie, ob er Dario nicht eine Kapsel gegeben hat? Um dann in aller Seelenruhe abzuwarten, wann der Kleine das Ding schluckt? Tom Gräfe konnte sehr leicht über ihre sogenannten Hexendrogen Bescheid wissen. Er hätte nur in Christinas Büchern nachzulesen brauchen. Soviel ich weiß, hat sie die meisten Bücher dagelassen. Aber nein«, sie schüttelt unwillig den Kopf, »ich will niemanden beschuldigen. Christina hat jedenfalls nichts damit zu tun. Das weiß ich einfach.«

Luzie hat es übertrieben. Mit dem Cognac. Irgendwann hat sie nichts mehr gefühlt, aber trotzdem weitergetrunken. Das alte Übel. Die anderen liegen längst in ihren Betten. Aber Luzie ist sie ja gewohnt, diese einsamen Nächte, in denen Alkohol den einzigen Trost bedeutet. Den Weg zur Treppe hat sie noch einigermaßen geschafft, wenn man davon absieht, daß sie mit der Hüfte gegen den Schuhschrank gestoßen ist. Aber die Treppe, Stufen, nichts als Stufen, ein Ende kann sie gar nicht erkennen, die Vorstellung, daß sie da hoch muß, macht sie schwindelig. Obgleich sie sich vorsichtshalber auf alle viere niederläßt, passiert das Unglück. Ungefähr in der Mitte verliert sie den Halt, ihre Hände greifen ins Leere, polternd rutscht sie die Treppe runter, und kurz bevor sie unten ankommt, schlägt ihre Stirn auch noch hart auf die äußere Kante einer Stufe. Erschrocken schreit sie auf. Schon öffnen sich oben die Türen. Jelka, Gisbert, Christina, sogar die kleine Laura erscheinen auf der Bildfläche. O nein, nicht das Kind. Beschämt schließt Luzie die Augen.
»Luzie, um Himmel willen, bist du gefallen?« fragt Gisberts Stimme direkt an ihrem Ohr. Hilfreiche Hände, die ihr aufhelfen.
Auch Jelka ist da. Ihre Finger sind angenehm kühl. »Mensch, das gibt 'ne dicke Beule. Tut es sehr weh? Soll ich dir Eis holen?«
Christina ist der Weg zu weit. Mit vor der Brust verschränkten Armen steht sie auf der obersten Treppenstufe. Ihr Nachthemd ist unschuldig weiß. Ihre Worte sind es nicht. »Sie ist schon wieder besoffen! Merkt ihr das nicht? Mutter, wie kannst du nur? Hier, in meinem Haus!« Die Tür fällt ins Schloß, Christina hat genug gesehen.

Jelka und Gisbert tun, als hätten sie nichts gehört. Fürsorglich haken sie Luzie unter, einer rechts, einer links, und bringen sie die Treppe hoch in ihr Zimmer. »Soll Jelka dir beim Ausziehen helfen?« fragt Gisbert.
Luzie schüttelt den Kopf. Das wäre zuviel verlangt. Wer will schon einen schlaffen weißen Altfrauenkörper anschauen. Ein Mädchen wie Jelka bestimmt nicht. »Ihr seid so lieb«, murmelt sie undeutlich. »Aber ich komm schon zurecht.« In ihrem Bett wickelt sie sich fest in die Decke. Trotz der Hitze. »Christina lügt«, lallt sie. »Das hat Hubert niemals gesagt ...« Der Schlaf ist so gnädig, sie innerhalb von Sekunden in seine warmen, fürsorglichen Arme zu ziehen.
Jelka und ihr Vater wechseln einen Blick. Dann geht jeder in sein Zimmer.
Christina sitzt auf der Bettkante. Nervös trommelt sie mit den Fingerspitzen auf der Nachttischplatte. Als Gisbert eintritt, eilt sie mit großen Schritten auf ihn zu. »Ist das nicht widerlich? In dem Alter? Wie kann sie nur?«
Plötzlich vermag er ihre Härte nicht mehr zu ertragen. »Vergiß bitte nicht, daß du über deine Mutter sprichst.«
Sie lacht bitter. »Ich habe schon gemerkt, daß sie es geschafft hat, dich auf ihre Seite zu ziehen. Du mußtest ja auch nicht deine Kindheit mit ihr verbringen. Auf jeden Fall hat sie ein Alkoholproblem, das kannst du wohl nicht leugnen. Und ich gestatte mir, *nicht* höflich darüber hinwegzusehen. Immerhin bin ich ihre Tochter!«
»Manchmal frage ich mich, ob du überhaupt lieben kannst ...«
»Aber Giesi, was hat das mit ...«
»Sie ist unglücklich. Sie hat ihr Enkelkind verloren. Und

du gestehst ihr nicht einmal zu, mit uns zu trauern. Du behandelst sie wie eine Fremde, die hier nichts verloren hat. Findest du nicht, daß sie Grund hat, sich zu betrinken? Wenn ich nicht meine Arbeit hätte, würde ich mich auch vollaufen lassen. Christina, neben dir ist es bitterkalt. Ich friere.«

[16]

Das Haus hat eine Wunde. Jemand hat ihm wütende Schnitte zugefügt. Genau dreizehn. Dreizehn gerade Linien, die das Wort Hexe bilden. Rote Farbe, die aussieht wie frisches Blut, hat dieser Jemand benutzt. Natürlich werden sie diesen Vandalen niemals kriegen. Das weiß Liedke genau.
Doch die falschblutigen Lettern treffen ihn tief. Die Zeitung braucht man nicht zu lesen, man kann sie zusammenknüllen und in den Müll werfen. Aber das, was man an sein Haus geschmiert hat, ist beim besten Willen nicht zu übersehen. Jeder muß hinschauen, ob er mag oder nicht. Hexe. Als hätte das böse Wort noch nicht genug Unheil angerichtet.
Luzie, die gute Seele, hat geweint. Und dann hat sie versucht, die Farbe abzuschrubben. Mit einer Bürste und heißer Seifenlauge. Natürlich vergeblich. Das einzige, was sie erreicht hat, ist, daß die Ränder der Buchstaben nun etwas verwischt sind, was auch nicht besser aussieht. Sie wollte ihr Glück mit Terpentin versuchen oder mit Verdünnung, aber Liedke hat abgewinkt. Und den Maler angerufen. Der versucht jetzt, das Vanillegelb des Hausanstrichs anzumischen, um dann den Schriftzug zu überpinseln.
So was kommt heutzutage andauernd vor, hat er mit wich-

tiger Miene erklärt. Und daß die Polizei sich überhaupt keine Mühe gebe, die Täter zu fassen. »Überhaupt, die Polizei ...«, hat er dann gemeint und ausführlich über die Gleichgültigkeit der Ordnungshüter geschimpft. Und Gisbert Liedke hat mitgeschimpft. Um Dampf abzulassen. Wenigstens ein bißchen. Was sind das nur für verrückte Tage? Gestern abend hat er seinen Rechtsanwalt angerufen. Er sollte eine Gegendarstellung bei der Zeitung erzwingen. Leider eine völlig aussichtslose Sache, wie er erfahren mußte. Schließlich habe Frau Martell (er sprach den Namen ein wenig von oben herab aus!) sich ja selbst in der Vergangenheit als Hexe tituliert. Und wenn ihr Exlebensgefährte das der Zeitung mitteile, könne man ihm dies nicht verbieten. Im übrigen sei der zuständige Redakteur klug genug gewesen, alle Anschuldigungen Gräfes in den Konjunktiv zu verpacken beziehungsweise in Anführungsstriche zu setzen. Damit gebe es nichts, was die Zeitung widerrufen müsse.
Heute morgen sind vier Tischbestellungen storniert worden. Und eine Hochzeitsgesellschaft, die für Ende des Monats vier Tische gebucht hatte, hat ebenfalls abgesagt. Nun gut. Dagegen ist man machtlos. Die Leute werden sich schon wieder beruhigen, das weiß Liedke, nur ob er selbst sich jemals beruhigen kann, das weiß er nicht. Christina meint also, daß sie eine Hexe ist. Daß sie zaubern kann. Menschen beeinflussen. Natürlich ist das kompletter Blödsinn. Niemand verfügt über solche unerklärlichen Kräfte. Aber wenn doch, wispert unaufhörlich diese leise, gehässige Stimme, wenn doch ...
Nadja hat nicht viel gesagt, sie hat ihn nur in die Arme genommen, genauso wie man ein kleines Kind tröstet. Sie ha-

ben wieder miteinander geschlafen. Gestern morgen schon und auch heute. Karin Treiber hat was gemerkt, aber das ist Liedke jetzt egal.
Gestern mittag stand Jelka plötzlich in der Tür. »Ich hab Hunger, machst du mir was Schönes?« Zwei Pfannkuchen, gefüllt mit Spinat und Schafskäse, hat er aus dem Ärmel gezaubert. Und seine Tochter hat alles aufgegessen. Da war er zum erstenmal seit Wochen wieder glücklich. Jetzt ist es halb eins. Um Viertel nach eins kommt Jelka. Heute mittag gibt es eine Gemüselasagne. Für vier Personen. Liedke, Jelka, Nadja und Luzie. Und zum Nachtisch Mohneis. Das hat er gestern abend noch rasch zubereitet.

»Mehr kann ich euch nicht sagen«, schließt Johanna ihren Bericht.
»Die Detlefsen will also eine Hexe sein. War die zufällig auch kürzlich in der Psychiatrie?« fragt Heyne grinsend. »Hast du dich danach erkundigt?«
Johanna schüttelt den Kopf. »Etwas beschäftigt mich noch. Wenn die Paschke Psychopharmaka eingenommen hat und dann Rotwein ...«
»Ach so, du meinst ... Und woher hatte sie die verfluchte Kapsel? Die müßte sie ja schon mitgebracht haben.«
»Stimmt. Trotzdem. Ich versuch mal mein Glück in der Klinik.«
Ein paar Telefonate sind nötig, dann steht fest, daß Sabine Paschke neun Wochen in der Psychiatrischen Klinik Sankt Ansgar verbracht hat. Johanna greift nach ihren Autoschlüsseln.

»Hat Frau Paschke mich von der ärztlichen Schweigepflicht entbunden?« Streng lugt Dr. Hermerding über den oberen Rand seiner schwarzen Hornbrille, Modell Kassengestell fünfziger Jahre. »Haben Sie so ein Schreiben dabei?«

Johanna schüttelt den Kopf.

»Dann kann ich Ihnen selbstverständlich keine Auskunft geben. Das sollten Sie in Ihrer Position eigentlich wissen, Frau ...« Er wirft einen Blick auf Johannas Dienstausweis. »Frau Oberkommissarin Lauritz. Sie müßten sich doch in diesen Dingen auskennen. Oder wollten Sie mich überfahren? Haben Sie gehofft, ich ließe mich übertölpeln?«

»Nein, ich möchte ganz allgemein über den Fall reden. Eine Schwangerschaftspsychose ...«

»Wochenbettpsychose, meine Liebe. Die Störung trat erst nach der Geburt des Kindes ein. Wir Mediziner unterscheiden da sehr genau.«

Johanna lächelt gezwungen. »Eine Wochenbettpsychose also, laut eigenen Angaben der Patientin ausgelöst durch ein Erlebnis, bei dem der Tod eines Kindes angekündigt wurde.«

Der Arzt verzieht keine Miene.

»Frau Paschke braucht offenbar starke Medikamente, um mit ihrer Furcht zu leben. Doch eines Abends besucht sie die Frau, die diese Vorahnung hatte, trinkt zusätzlich zu ihren Medikamenten ein Glas Wein, und am nächsten Morgen ist das Kind ebendieser Frau tot. Gestorben an einer seltsamen Mixtur aus pflanzlichen Drogen. Die Prophezeiung hat sich also erfüllt. Und siehe da – Frau Paschke setzt ihre Medikamente ab und ist wieder gesund. Liegt der Gedanke nicht nahe, daß Frau Paschke das Schicksal selbst in die Hand genommen hat. Vielleicht, um ihren Sebastian zu schützen? Möglicherweise eine Kurzschlußhandlung, bedingt durch den ungewohnten Alkohol?«

Diesmal lüpft der Arzt verächtlich seine Oberlippe. »Was Sie sich da zusammenreimen, erinnert mich an einen billigen Psychoschocker. Ihre Verdächtigungen, werte Frau Oberkommissarin, entbehren jeder logischen Grundlage. Vor keinem Gericht der Welt hätten Sie damit eine Chance. Eine Frau, die unglücklicherweise an einer Wochenbettpsychose erkrankte, gleich eines Mordes zu bezichtigen, ist wirklich ungeheuerlich. Aber das ist typisch. Wenn einer in der Psychiatrie war, taugt er allemal für solch eine Tat. Nicht wahr, so denken Sie doch? Daß meine Station mit lauter potentiellen Mördern belegt ist. Frau Paschkes Krankheit hat, genau wie es zu erwarten war, einen positiven Verlauf genommen. Das kann ich jederzeit belegen. Als Mörderin scheidet sie aus. Ich möchte Sie bitten zu gehen. Meine Arbeit ist mir wichtiger als dieses unerquickliche Gespräch. Guten Tag.«

Damit ist Johanna entlassen. In Unehren natürlich.

Seit jenem Abend war Sabine Paschke nicht mehr hier. Ja, jetzt erst fällt ihr auf, daß sie sogar die Straße gemieden hat. Dabei gibt es bei dem Bäcker schräg gegenüber hervorragendes Vollkornbrot. Und den gedeckten Apfelkuchen, den Christoph so liebt. Thora wirkt heute morgen ein bißchen blaß. Die ganze Geschichte hat sie wohl sehr mitgenommen. Ihre Begrüßung fällt eine Spur zu süßlich aus. Als sie ihre Hände nach Sebastian ausstreckt, würde Sabine den Kleinen am liebsten an sich reißen. Aber sie beherrscht sich.

»Hat Christina dich auch angerufen?«
»Wegen des Zaubers? Ja, hat sie.« Thora kitzelt Sebastian unter dem Kinn. Er verzieht das Gesicht. »He, was ist denn kleiner Mann?«
»Er fremdelt. Gib ihn lieber her, bevor er losbrüllt.« Erleichtert schließt Sabine Paschke ihren Sohn in die Arme. »Und, was hältst du davon?«
Immer schon fand sie es hier im Laden zu düster. Auch jetzt läßt sich Thoras Gesichtsausdruck nur erahnen. »Bislang war es klar, daß unsere Riten nur uns selbst betreffen. Noch nie haben wir einen Zauber gegen einen anderen Menschen gerichtet. Ich kann Christina natürlich verstehen. Aber ich fühle mich nicht wohl bei dem Gedanken. Und du?«
Sabine Paschke weicht unwillkürlich einen Schritt zurück. »Ich mache auf gar keinen Fall mit. Im übrigen betrachte ich unseren Coven eigentlich als aufgelöst. Genau wie Rena. Die kommt auch nicht. Wir haben vorhin telefoniert. Nach diesem fürchterlichen Zeitungsartikel hat alles ja auch ein anderes Gewicht bekommen. Christoph hat gute Aussichten, zum Ende des Jahres Abteilungsleiter zu werden. Der hat jetzt natürlich eine Heidenangst davor, daß man meinen Namen mit Christina in Verbindung bringen könnte. Und ich kann das auch sehr gut verstehen.«
»Ich sag dir was«, Thora beugt sich vor. Sie riecht nach Patchouli, und das viel zu intensiv für Sabine Paschkes Geschmack. »Ich will nichts in Gang setzen, dessen Wirkung ich nicht mehr kontrollieren kann. Wer weiß denn, unter welchen Umständen das Zeug tatsächlich in Darios Hände gelangt ist. Ist der Verursacher wirklich schuldig in mei-

nem Sinn? Will ich überhaupt, daß er bestraft wird? Oder kommt alles siebenfach zu mir zurück?«

Auf dem Heimweg zu ihrer Wohnung geht Sabine Paschke sehr langsam.

Im Lokal ist die Hölle los. Dank des Zeitungsartikels genießt die Weiße Taube eine ganz neue Popularität. »Sind Sie die Hexe?« hat jemand vorhin Nadja Polzin gefragt und dann über seine Großmutter und ihre hellseherischen Fähigkeiten lamentiert. Daß Nadja die falsche Adresse für seine Geschichte war, hat ihn nicht in seinem Redefluß unterbrochen. Die Menschen sind schon merkwürdig. Der Filettopf mit frischen Waldpilzen war innerhalb von einer Stunde ausverkauft. Und beinahe jeder hat grinsend gefragt, ob er das wirklich ohne Bedenken verspeisen könne.

Nadja ist froh, daß so viel zu tun ist. Wegen Gisbert. So kommt er wenigstens nicht zum Nachdenken. Luzie hat erzählt, daß die Polizei wieder da war. Endlich ist die Geschichte von Christinas totem Bruder ans Tageslicht gekommen. Wahrscheinlich dauert es nicht mehr lange, bis die Polizei Christina Martell verhaftet. Gestern nachmittag, als sie mit Liedke im Bett lag, haben sie darüber gesprochen, daß es schön wäre, wenn Luzie bleiben könne. Sie ist so glücklich, wenn sie in der Küche helfen darf. Und sie arbeitet schnell und zuverlässig. Nadjas Pläne gehen bereits weiter. Aber Liedke weiß noch nichts davon. Die Villa in der Bismarckstraße ließe sich wunderbar als Restaurant umbauen. Die Zimmer im Obergeschoß reichen allemal zum Wohnen. Und das ewige Hin- und Herfahren ist eine Belastung, die Liedke sich ersparen könnte. Im übrigen ist die Lage im Gerichtsviertel erstklassig. Jeder, der Geld hat und was auf sich hält, versucht dort ein Haus oder wenigstens eine Eigentumswohnung zu kaufen. Den Namen für das neue Lokal weiß Nadja auch schon: Fürst Bismarck.

Isis steht am Fenster ihres Schlafzimmers. Nackt. Maat, die Göttin der Wahrheit, wird stets nackt dargestellt. Und in dieser Nacht geht es um die Wahrheit.
Auf dem Fensterbrett hat sie einen Halbkreis weißer Kerzen aufgestellt, in der Mitte ist eine einzelne schwarze Kerze. Mit einem Rosendorn hat sie mehrfach das Wort Täter eingeritzt. Jetzt bestreicht sie die Kerze mit einem übelriechenden Öl und wälzt sie anschließend in gemahlenem schwarzem Pfeffer. Die Kerzen werden eine nach der anderen entzündet, zuletzt die schwarze. Dabei singt Isis leise vor sich hin: »Über deine Dummheit wirst du stolpern. Deine Fehler bringen dich zu Fall!«
Als sie den Ritus beendet hat, fühlt sie sich zum erstenmal seit langem wieder lebendig und frei. Darios Tod wird nicht ungesühnt bleiben.

Als Claas Kaiser erwacht, ist es schon hell. Er liegt auf dem Fußboden, den Kopf auf einen unordentlichen Haufen schwarzer Klamotten gebettet. Es dauert eine Weile, bis er die fremde Umgebung anhand der silbernen Kettenanhänger, die über dem Bett befestigt sind, identifizieren kann. Richtig, sie haben sich gestern Abend bei Constanze getroffen. Ihre Eltern sind über das Wochenende auf einen Apothekerkongreß gefahren. Sonntag gegen Abend wollen sie zurück sein. Sonntag. Die Frage ist nur, welcher Wochentag heute ist. Mit großer Anstrengung hebt Claas sei-

nen Kopf. Links neben ihm schnarcht Leander. Quer über seinem Brustkorb liegt Constanze. Ihr wirres Haar verdeckt ihr Gesicht. Der Zeigefinger ihrer linken Hand ist abgespreizt, so als wollte sie auf etwas deuten.
Stöhnend reibt Claas seine brennenden Augen. Das Tageslicht blendet. »Aufwachen.« Unsanft stößt er gegen Leanders Hüfte. »Weiß jemand, welchen Tag wir haben?«
Der zwinkert einen Moment, dann kneift er beide Augen zusammen. Außer einem trockenen Husten bringt er keinen Laut zustande.
»Ist schon Sonntag? Dann müssen wir zusehen, daß wir das Feld räumen. Falls ihre Alten auftauchen«, krächzt Claas und versetzt dem anderen noch einen unfreundlichen Stoß.
Mit Erfolg. Leander hebt den Kopf. »Laß das, du Arsch«, beschwert er sich. »Mein Schädel platzt gleich. He, Constanze, aufwachen!« Unsanft rüttelt er das Mädchen. Keine Reaktion.
»Die ist noch voll. Hab ja gleich gesagt, daß acht Kapseln zuviel sind.« Claas wischt sich den Schweiß von der Stirn. Dann setzt er sich wildentschlossen auf. Es dauert ein paar Minuten, bis das rotierende Zimmer zum Stillstand kommt. »Scheiße, ist mir schlecht«, jammert er beim Anblick der Flaschen, die neben seinen Füßen liegen. Whiskey und Roter Genever. Beide sind leer.
Neben ihm versucht Leander mühsam, das Mädchen von seinem Brustkorb zu schieben. »He, Constanze, jetzt ist aber gut. Reiß dich zusammen. Los!«
Das Mädchen rührt sich nicht. Selbst als er ihr ins Ohr brüllt, zeigt sie keinerlei Reaktion. Nicht mal ihre Augenlider zittern.

»Mensch, ist die stoned. Und was jetzt? Sollen wir sie so liegenlassen und abhauen?« Verächtlich tippt Leander mit dem Fuß gegen das Mädchen.
»Laß das«, fährt Claas ihn unerwartet heftig an. »Nee, wir müssen sie ins Bett legen. Was meinst du, wenn ihre Alten sie so finden. Die wissen doch gleich Bescheid. Vergiß nicht, daß die vom Fach sind. Wir ziehen ihr die Klamotten aus und decken sie schön zu. Dann kann sie in Ruhe ihren Rausch ausschlafen. Und wir machen die Fliege.«
»Bin ich ihr Kindermädchen oder was?« flucht Leander. »Ich weiß nicht mal, ob meine Beine mein eigenes Gewicht tragen. Und dann soll ich die durch die Gegend schleppen?« Doch irgendwie ist ihm klar, daß Claas recht hat. Sie müssen das Mädchen ins Bett legen, falls die Eltern demnächst auftauchen.
»Du nimmst die Beine«, ordnet Claas an, der seine Arme bereits unter Constanzes Armen durchgeschoben hat. »Eins, zwei und hepp!« Mit Schwung hieven die beiden das Mädchen hoch und tragen es die drei Schritte zu ihrem Bett.
Claas zieht ihr Schuhe und Strümpfe aus. Dann die Jeans. Das schwarze Shirt und den Slip lassen sie an. Mit einer heftigen Geste zieht Leander die schwarz bezogene Bettwäsche über den mageren Mädchenkörper. »Glotz sie nicht so an!«
»Red keinen Scheiß. He, findest du nicht auch, daß sie komisch atmet? So flach? Ist das normal?« Mißtrauisch beobachtet Claas den Brustkorb des Mädchens, der sich kaum hebt. »Und daß sie so gar nicht reagiert. Auf nichts. He, Constanze ...« Er kneift in ihren Oberarm. Nichts. Keinerlei Reaktion.

Leander zuckt mit den Schultern. »Die ist noch absolut high. Was willst du bei der Dröhnung erwarten. Die hat den Whiskey doch fast allein gesoffen. Das hat sie jetzt davon. Nie den Hals vollkriegen. Laß uns das Nötigste aufräumen und dann abhauen. Ich möchte ihrem Vater lieber nicht begegnen. Der alte Buchholz ist ein richtiger Widerling. Kennst du den?«

Claas schüttelt den Kopf.

Im Endeffekt bedeutet »das Nötigste aufräumen« dann nur, daß sie die leeren Flaschen mit dem Fuß unter das Bett rollen. Daß Claas versehentlich mit seinen Springerstiefeln Constanzes allgegenwärtige Sonnenbrille zertritt, bemerkt er nicht einmal.

Die Hitze setzt den weißen Blüten auf den Kränzen mächtig zu. Würde der Friedhofsgärtner nicht täglich ein paar Kannen Wasser darüber gießen, wären sie wohl schon hin. Normalerweise wäre das ja die Aufgabe der Hinterbliebenen. Aber in diesem Fall hat er noch keine Menschenseele am Grab gesehen. So sorgt er eben dafür, daß alles ordentlich ausschaut. Er macht es für das arme Würmchen, für keinen sonst. In der Zeitung stand, daß die Mutter ihr eigenes Kind vergiftet hat. Während das Wasser in die grüne Plastikkanne plätschert, läßt er seinen Blick über die umliegenden Gräber schweifen. Bei Dr. Müller war lange keiner mehr. Die Blumen in der grünen Plastikvase sind seit Tagen verwelkt. Richtig schäbig sieht das aus. Eigentlich ist das nicht die Art der alten Frau Müller. Vielleicht ist sie krank. Die Hitze macht den alten Leuten sehr zu schaffen. In der letzten Woche gab es eine Menge Beerdigungen.

Sabine Paschke hat Blumen mitgebracht. Vergißmeinnicht und weiße Röschen, ein kleiner Strauß nur, aber das erschien ihr gerade passend für ein Kindergrab. Jetzt weiß sie nicht, wohin damit. Die Kränze sind ja noch gar nicht abgeräumt. Das hätte sie sich auch denken können. Wie dumm. So bleibt ihr nichts anderes übrig, als ihren Strauß einfach obendrauf zu legen. Als jemand laut fragt, ob sie eine Vase brauche, schreit sie laut auf. »Nein. Vielen Dank. Es geht schon.« Ohne sich noch einmal umzusehen, entfernt sie sich mit großen, eiligen Schritten. Der Friedhofsgärtner schaut ihr kopfschüttelnd hinterher. Ob das die Mutter war, diese Giftmörderin? Benommen hat sie sich jedenfalls, als wäre der Teufel hinter ihr her. Oder die Polizei.

Es geht auf Mitternacht zu. Das Wohnzimmer wirkt leer. Trotz der teuren Möbel, trotz der drei Menschen, die jeder für sich allein auf einer Couch sitzen und wortlos vor sich hin starren. Jelka ist vor einer halben Stunde zu Bett gegangen.

»Ich habe als Kind Blockflöte gespielt.« Luzies Worte verlieren sich beinahe in der bedrückenden Stille. »Ich war sehr musikalisch«, fährt sie tapfer fort. »Aber meinen Eltern war der Unterricht zu teuer, ich mußte dann aufhören.«

»Ach, wie schade. Ich war leider nie musikalisch. Dabei hätte ich so gern Gitarre gespielt. Damals gab es ja noch diese Wandergitarren. Mit den bunten Bändern dran. Das gefiel mir immer so gut«, entgegnet Gisbert Liedke mit der ihm eigenen harmlosen Freundlichkeit.

Luzie nickt lächelnd.

»Du kannst doch immer noch Gitarre spielen lernen.« Christina sagt natürlich das Falsche. Zwei Augenpaare schauen sie strafend an.
»In meinem Alter, Unsinn.« Liedke schüttelt den Kopf. »Außerdem habe ich überhaupt keine Zeit.«
Auch Luzie preßt ärgerlich die Lippen zusammen. »Später wollte ich Krankenschwester werden. Dabei konnte ich doch gar kein Blut sehen, nicht das kleinste Tröpfchen. Sofort wurde mir übel. Bin ich halt als Verkäuferin gegangen.«
»Ach, das war bei mir anders. Kochen war schon von klein auf meine heimliche Leidenschaft. Als Junge hab ich mit Begeisterung meiner Mutter in der Küche geholfen.«
Luzie lacht. »Man meint immer, daß Kochen Frauensache ist. Und dann sind alle wirklich guten Köche Männer.«
»Das stimmt ja nun auch nicht. Daß die Spitzenköche meist männlich sind, liegt doch nur daran, daß Frauen in dieser Männerdomäne keine Chancen haben. Wenn die Machtverhältnisse in unserer Gesellschaft anders wären ...«
»Christina«, sagt Luzie tadelnd. »Wir wollen uns einfach nur nett unterhalten. Über harmlose Dinge.«

Constanzes Platz ist leer. Vielleicht kommt sie später. Physik in der ersten Stunde. Das lädt doch zum Verschlafen ein. Leander beugt sich zur Seite. »Sollst mal sehen, die ist immer noch high«, flüstert er Claas zu. Der verzieht unwillig das Gesicht.
Auf einmal ist da dieses Unbehagen zwischen ihnen, diese leise Angst. »Hab gestern nachmittag versucht anzurufen. Aber sie hat sich nicht gemeldet«, wispert Claas.

»Na und, vielleicht war sie weg. Du kennst doch Constanze. Die hält es nicht lange allein aus.«
In der zweiten Stunde steht plötzlich die Klassenlehrerin, Frau Schmaldfeld-Meyer, im Raum. Ganz außerplanmäßig. Sie wirkt sehr aufgeregt. Beim Reden zerpflückt sie ein Papiertaschentuch zwischen ihren Händen.
»Ich möchte euch eine traurige Mitteilung machen. Constanze Buchholz liegt im Krankenhaus. Auf der Intensivstation. Es sieht wohl sehr ernst aus. So wie ich verstanden habe, sind die Eltern gestern abend von einer Reise zurückgekehrt. Und da haben sie Constanze bewußtlos aufgefunden. Man weiß noch nicht, was vorgefallen ist. Möglicherweise liegt eine Vergiftung vor.«
Als die Klassenlehrerin den Raum verläßt, bleibt ein Häufchen weißer Papierfetzen auf dem Boden zurück. Jelka schließt die Augen. Niemand braucht ihr zu sagen, was da passiert ist. Sie weiß es auch so. Eine Vergiftung. Tiefes Koma. Intensivstation.
»Glaubst du das?« flüstert Leander seinem Freund zu.
Dieser zuckt mit den Schultern. »Daß sie im Krankenhaus liegt? Klar. Aber nicht, daß es so schlecht aussieht. Überleg mal, die ist doch voll im Training. Was die sich in letzter Zeit alles so eingeworfen hat. Nee, Constanze macht nicht so schnell schlapp. Sollst mal sehen, in ein paar Tagen ist sie schon wieder draußen. Hauptsache, sie hält die Klappe.«
Leander kichert leise. »Wenn du ihren Alten kennen würdest, wüßtest du, daß wir uns darüber keine Sorgen zu machen brauchen. Es sei denn ...« Er weist mit dem Kopf auf Jelka Liedke, deren Hände so zittern, daß ihr Stift laut klappernd auf den Tisch fällt.

In der Pause stehen Claas und Leander neben ihr. Einer rechts, einer links. Beide drängen sich dicht an ihren Körper. »Wenn du was sagst, egal, zu wem, gibt es Ärger«, zischt Claas.

»Constanze kannst du damit sowieso nicht helfen«, flüstert Leander heiser. »Halt lieber die Schnauze. Sonst sind wir alle dran.«

»Vergiß nicht, wenn irgendwas bekannt wird, wissen wir, von wem das kommt.« Claas' Gesicht ist jetzt so nah vor ihrem, daß sie die hellen Punkte in seinen grauen Pupillen erkennen kann.

»Keine Angst, ich bin still«, murmelt Jelka. Dann ist plötzlich Matthias da. Er stößt Claas unsanft beiseite. »Verpiß dich«, knurrt er ihn an. Und er legt seinen Arm um Jelkas Schulter und zieht sie mit sich fort.

»Müssen wir nicht doch zur Polizei? Stell dir vor, da passiert noch mehr. Dann waren wir doch auch schuld. Irgendwie ...« Hilflos schlägt Jelka ihre Hände vors Gesicht.

»Vorläufig wissen wir doch gar nicht, was mit Constanze los ist. Vielleicht ist sie einfach krank. Hirnhautentzündung oder so was. Eine ehemalige Nachbarin von uns ist daran gestorben«, will Matthias sie beruhigen.

»Aber die Schmaldfeld-Meyer hat von einer Vergiftung gesprochen. Hast du das schon vergessen?«

»Sie hat gesagt, daß man noch nichts Genaues weiß. *Vielleicht* eine Vergiftung. Mehr nicht. Mach dich jetzt nicht verrückt. Außerdem ist die Constanze selbst schuld. Die hat sich doch alles reingepfiffen, was anturnt. Nachts hat sie kein Ende gefunden, und morgens hat sie vor der Schule diese komischen Tropfen genommen, X 112 oder wie die

heißen. Angeblich sollten die aufputschen. Was glaubst du, wie lange der Kreislauf so was mitmacht?«
»Es ist trotzdem schrecklich. Und wenn du mich fragst, hätte es besser Claas getroffen.«

Auf Johannas Schreibtisch klingelt das Telefon. Zu ihrer großen Überraschung ist Dr. Hasskamp dran. Eine Weile kommt Oberkommissarin Johanna Lauritz gar nicht zu Wort. All ihre leisen: Heißt das etwa, aber das würde ja bedeuten ... enden im luftleeren Raum. Dr. Hasskamp redet und möchte nicht unterbrochen werden. Am Ende bleibt Johanna nur ein höfliches: »Wie sagten Sie ist die Adresse?« und ein »Vielen Dank, daß Sie gleich an mich gedacht haben. Ich werde der Angelegenheit nachgehen.«
Solche Neuigkeiten kann man nur im Stehen verkünden. »Haltet euch fest. In den Städtischen Kliniken liegt eine Fünfzehnjährige. Man hat sie mit einer schweren Vergiftung eingeliefert. Und das, was sich in ihrem Magen fand, ist absolut identisch mit dem, woran unser Dario gestorben ist.«
»Dann fahr sofort hin und quetsch die Kleine nach ihrem Dealer aus«, verlangt Heyne. »Wenn es ihr so richtig mies geht, wird sie garantiert reden.«
Johanna schüttelt den Kopf. »Sinnlos. Sie ist praktisch tot. Man läßt die Maschinen nur noch laufen, weil man hofft, daß die Eltern in eine Organspende einwilligen.«
»Noch ein Opfer«, murmelt Roland Bierwirth. »Langsam sollten wir rausfinden, was da eigentlich los ist. Hat schon mal jemand im Rauschgiftdezernat angerufen? Vielleicht haben die was gehört.«
»Gute Idee«, lobt Heyne. »Da hätte man auch eher drauf

kommen können.« Ein deutlicher Tadel Richtung Johanna.
Die zuckt nur mit den Schultern. Spart sich die Bemerkung, daß er bislang kein besonders großes Interesse an dem Fall gezeigt hat. »Ich fahr zu den Eltern. Ihnen gehört übrigens die Sonnenapotheke. Da müßte es eigentlich Drogen genug geben, oder?«
Keiner lacht.

Robert Buchholz sieht genauso aus, wie man sich gemeinhin einen Apotheker vorstellt. Groß und schlank, das graue Haar seitlich gescheitelt und sehr kurz geschnitten. Beim Sprechen beugt er sich vor und dreht den Kopf ein wenig nach links, ein aufmerksamer Zuhörer, der wahrhaftigen Anteil an den Krankheitsgeschichten seiner Kundschaft nimmt. Auch privat trägt er Weiß, ein fleckenloses Poloshirt von Lacoste, akkurat bis zum Kragen geknöpft. Hier steht ein Mensch, der sich vor lauter Verständnis für andere selbst aufgegeben hat. Ein weißer Kittel, der für jedes Problem ein Mittel parat hat in einer seiner Taschen.
Für einen kurzen Moment stellt Johanna sich vor, so einen Vater zu haben. Hygienisch weiß und makellos und dabei triefend vor Verständnis, ein Mensch, den man nicht persönlich treffen kann.
Auf den Kripoausweis hat er nur einen flüchtigen Blick geworfen. Robert Buchholz ist nicht mißtrauisch, er glaubt an das Gute im Menschen. Weshalb die Kriminalpolizei ihn allerdings aufsucht, weiß er nicht.
»Wegen Ihrer Tochter«, hilft Johanna Lauritz ihm weiter. »Seit heute morgen liegen die Laborergebnisse vor.«

»Jaja, wir sind bereits informiert. Eine merkwürdige Wirkstoffkombination. Und dann in dieser hohen Dosierung. Sehr seltsam, nicht wahr? Aber ich verstehe nicht ganz, was die Kriminalpolizei daran interessiert.«

»Nun, ganz einfach. Die Stoffe, die im Blut Ihrer Tochter nachgewiesen wurden, sind zur Zeit als Ersatzdrogen in Mode. Im Mageninhalt Ihrer Tochter wurden übrigens auch Reste von Medikamentenkapseln gefunden. Wir gehen zur Zeit davon aus, daß sie fünf bis sechs Kapseln mit getrockneten Pflanzenbestandteilen geschluckt hat.«

»Wenn überhaupt, und ich wage Ihre Theorie zu bezweifeln, aber wenn es so sein sollte, dann hat jemand unserer Tochter die Kapseln unbemerkt untergeschoben. Etwa in einem Getränk. Dabei fällt mir ein, daß es im Ostblock diese sogenannten K.-o.-Tropfen gibt. Die werden doch auch aus atropinhaltigen Pflanzenbestandteilen gewonnen.« Vor Aufregung nehmen seine Wangen eine menschliche Farbe an. »Sehen Sie, da haben wir es ja. Jemand hat versucht, unsere Tochter mittels dieser Substanzen gefügig zu machen! Mein Gott, das ist ja eine furchtbare Vorstellung.«

»Sie vergessen die Reste der Gelatinekapseln. Oder mußte Ihre Tochter andere Medikamente einnehmen?«

»Nein, natürlich nicht. Constanze ist ein kerngesundes Mädchen. Und sie hat keinerlei Probleme, wenn Sie wissen, was ich meine. Sie brauchte keine Drogen.«

»Ob überhaupt jemand Drogen *braucht,* wie Sie das ausdrücken, wollen wir mal dahingestellt sein lassen. Auf jeden Fall hat man im Blut Ihrer Tochter reichlich Restalkohol gefunden. Eins Komma vier Promille, wenn ich mich recht entsinne. Und das, obwohl man davon ausgeht, daß sie bereits längere Zeit im Koma gelegen hat und somit zumindestens ein Teil des ursprünglichen Blutalkohols abgebaut worden ist. Ganz so unbedarft, wie Sie es gern hätten, war Ihre Tochter demnach nicht. Aber vielleicht sollte ich Ihnen erklären, warum wir überhaupt von Constanzes Vergiftung erfahren haben. Normalerweise, da haben Sie schon Recht, ist das ja kein Fall für die Kriminalpolizei. Aber dem Laborarzt, der ihr Blut untersucht hat, fiel sofort auf, daß er vor kurzem genau dieselben Substanzen gefunden hat. In dem Blut eines dreijährigen Kindes, das allerdings an den Folgen der Vergiftung gestorben ist. In beiden Fällen fanden sich im Mageninhalt die Reste von Medikamentenkapseln. Der Arzt war so clever, uns sofort zu informieren.«

»Sie meinen ja wohl nicht das Kind von dieser neuzeitlichen Hexe, oder? Wir haben davon in der Zeitung gelesen. Mit diesen Leuten haben wir nicht das Geringste zu tun. Eine Verbindung ist absolut lächerlich. Ich bleibe dabei, daß jemand meiner Tochter die Kapseln heimlich untergeschoben hat.«

»Herr Buchholz, als Apotheker sollten Sie wohl wissen, daß es kaum möglich ist, jemandem unbemerkt Kapseln zu verabreichen.«

»Man braucht ja nur die Kapseln zu öffnen und das Pulver in ein Getränk zu schütten.«

»Dann hätte man keine Gelatinereste in Constanzes Mageninhalt gefunden.«

»Hm. Dazu kann ich im Moment nichts sagen. Will ich auch gar nicht. Ich brauche meine ganze Kraft für meine private Situation. Später können wir ja Constanze fragen, was sie zu der Geschichte weiß. Ich bin nämlich fest davon überzeugt, daß meine Tochter diese Sache übersteht. Sie ist eine Kämpfernatur, das war sie von Anfang an, nicht wahr, Gesine?«

»Der Arzt ist nicht deiner Meinung. Er hält die Schäden für irreversibel. Ein toxisches Hirnödem, bedingt durch Sauerstoffmangel.«

Constanzes Mutter ist groß und ebenfalls sehr schlank. Ihr aschblondes Haar hat sie im Nacken zu einem unordentlichen Zopf zusammengefaßt – mit einem ordinären roten Gummiband. Sie trägt ein mintfarbiges Kleid und darüber eine tannengrüne Strickjacke. Eine grausame Farbzusammenstellung. Und irgendwie ist klar, daß sie sich unter normalen Umständen niemals so kleiden würde. Aber genau das macht sie Johanna sympathisch. Denn Menschen, die gerade ihr Kind stückweise verlieren und dabei keine Regung zeigen, sind ihr zuwider.

»Ich glaub es einfach nicht«, flüstert Gesine Buchholz erstickt. »Weshalb sollte Constanze Drogen nehmen? Das hat sie doch gar nicht nötig.«

»Richtig«, schaltet sich Robert Buchholz ein. »Diese jungen Leute, die nicht wissen, was aus ihnen werden soll, denen die Perspektiven fehlen! Mit solchen hat unsere Tochter absolut nichts gemein. Sie wird Pharmazie studieren und die Apotheke übernehmen. Angst vor der Zukunft braucht Constanze ganz gewiß nicht zu haben. Wir sind natürlich keine Millionäre, aber unser Auskommen haben wir schon, und Constanze ist unser einziges Kind. Ihre Zukunft ist also gesichert.«

Viel Platz für eigene Entscheidungen scheint er seiner Tochter nicht gelassen zu haben. Sie wird Pharmazie studieren und die Apotheke übernehmen. Mein Gott, die

Kleine ist gerade mal fünfzehn. Vielleicht hat sie ganz andere Träume, solche, die ihr Vater nie akzeptieren würde.
»Ich würde gern ihr Zimmer sehen.«
Ein Ruck geht durch den Körper des Apothekers. »Haben Sie einen Durchsuchungsbefehl? Nicht? Dann kommt das überhaupt nicht in Frage. Oder was meinst du?« Er dreht den Kopf kurz über die linke Schulter. Eine Antwort scheint er nicht zu erwarten.
»Wie heißen die Freundinnen Ihrer Tochter?« will Johanna wissen.
»Warum? Damit Sie überall Gerüchte verbreiten können, daß unsere Tochter drogensüchtig ist? Damit sind wir nicht einverstanden. Wir erwarten äußerste Diskretion in dieser Angelegenheit. Schließlich haben wir einen Ruf zu verlieren. Vergessen Sie nicht, daß wir eine Apotheke führen. Meine Güte, Drogen und Apotheke, das ist tatsächlich ein unglückseliges Zusammentreffen.«
»Wollen Sie wirklich nicht wissen, woher Constanze diese Pillen bekommen hat? Interessiert es Sie nicht, daß es schon morgen das nächste Opfer geben könnte?«
Frau Buchholz bricht in verzweifeltes Schluchzen aus. Ihrem Mann ist so viel pures Gefühl offenbar unangenehm.
»Da sehen Sie, was Sie angerichtet haben. Ich möchte Sie höflich darum bitten, jetzt zu gehen. Wir haben nichts zu sagen. Und ich denke, in dieser Situation haben wir ein Recht auf unsere Privatsphäre. Sollte ich hören, daß Sie hinter unserem Rücken Unwahrheiten über Constanze verbreiten, werde ich nicht zögern, meinen Anwalt einzuschalten.«
»Herr Buchholz, wenn Sie mir keine Auskunft über Constanzes Freunde geben wollen, werde ich mich an die

Schule wenden. Ich hoffe, das ist Ihnen klar. Bei allem Verständnis für Ihre schwierige Situation – Sie können nicht eigenmächtig unsere Ermittlungsarbeit an dieser Stelle unterbinden.«

»In der Schule stellen Sie mir keine Fragen über meine Tochter. Damit irgendwelche Gerüchte in die Welt gesetzt werden. Man weiß ja, wie das ist. Was meinst du?« Wieder schaut er sich flüchtig nach seiner Frau um. Bevor die allerdings reagieren kann, konzentriert er seine Aufmerksamkeit bereits wieder auf Johanna. »Sie haben Ihr Ziel erreicht, unter Protest werden wir Ihnen die Namen der Freunde nennen.«

Na bitte. Johanna greift nach ihrem Notizblock. Das zufriedene Siegerlächeln verkneift sie sich. Einer wie dieser Buchholz kann das bestimmt nicht ertragen.

»Also, ihre beste Freundin ist die Tochter von Dr. Boyke, Vanessa. Die beiden waren früher zusammen im Reitverein. Außerdem trifft Constanze sich nachmittags häufig mit Leander Hoffmann. Seine Mutter ist die Chefredakteurin vom »Städtischen Anzeiger«. Aber das dürfte Ihnen ja wohl bekannt sein. Frau Hoffmann und ihr Sohn wohnen auch in unserem Viertel. Ein zuverlässiger Junge, dieser Leander, wir kennen ihn seit dem Kindergartenalter. Die beiden gehen hin und wieder zusammen aus, ins Kino oder so. Alles selbstverständlich ganz harmlos, schließlich sind sie ja minderjährig. Dann ist da noch Claas Kaiser. Sein Vater ist Professor für Anglistik. Eine Kapazität auf seinem Gebiet. Er reist sehr viel. Der arme Junge leidet an Neurodermitis. Gerade in diesem Alter ist das eine schwere Last, und er ist wirklich schlimm betroffen. Nun ja, unsere Constanze haben wir natürlich zu Toleranz erzo-

gen. Sie kennt da keine Ressentiments. Zeigt sich unbefangen mit Claas in der Öffentlichkeit. Ach ja, Matthias Raveling gehört auch noch zu dieser Clique. Ebenfalls ein harmloser Junge aus sehr gutem Haus. Raveling, den Namen haben Sie doch sicherlich schon mal gehört? Der Vater ist Anwalt. Sie sehen also, Constanzes soziales Umfeld ist völlig in Ordnung. Ihre Drogentheorien entbehren jeder logischen Grundlage.«
Ein paar nette, unverbindliche Worte zum Abschied, dann ist Johanna entlassen.

Wann hat sie zum letztenmal wirklich mit Constanze geredet? Über Dinge, die sie nicht mit jedem x-beliebigen besprechen würde? Wann war sie zuletzt in diesem Zimmer, außer wenn sie die Tür aufgerissen und sich lautstark über etwas beschwert hat, wann? Wie lange ist es her, daß sie beschlossen hat, diese düstere Räuberhöhle nicht mehr zu betreten, um sich nicht wieder und wieder über die gleichen Dinge zu ärgern.
Es ist unaufgeräumt. Natürlich. Seit mehr als zwei Jahren ist es hier drinnen unaufgeräumt. Irgendwann war es ihr so peinlich, daß sie Frau Henke, der Putzhilfe, verboten hat, bei Constanze sauberzumachen. Nur noch Betten beziehen und Fenster putzen, mehr nicht. Dann wird sie schon merken, daß es nicht ohne ein gewisses Maß an Ordnung geht, hatte sie damals gemeint. Ein Irrtum, wie man sieht. Ein loses Knäuel aus Kleidungsstücken – allesamt schwarz natürlich, aber das ist so eine Phase, die machen sie alle durch – hängt aus dem Kleiderschrank. Zwei Paar dieser gräßlichen Soldatenstiefel liegen vor der Heizung. Außer an der Farbe der Schnürsenkel kann man sie nicht vonein-

ander unterscheiden. Im Krankenhaus steht ein drittes Paar. Wozu braucht man dreimal die gleichen Schuhe?
Die dunkelgrauen Vorhänge sind zugezogen. Wie immer. Mit einem energischen Ruck zieht sie die Gardinen beiseite und öffnet das Fenster. Jetzt erst wird sichtbar, wie staubig es hier drinnen ist. Und wie düster trotz Tageslicht. Die Bettwäsche ist aus schwarzem Seidensatin, ein Weihnachtsgeschenk. Das einzige, über das sich Constanze im letzten Jahr wirklich gefreut hat. Neben der Stereoanlage stehen wohl fünfzig CDs. Wahllos zieht Gesine Buchholz eine davon heraus. Auf dem Cover grinst ein nackter Totenschädel, dem grünliche Würmer aus den Augenhöhlen dringen. Widerlich. Die Musikgruppen tragen so merkwürdige Namen wie Grave, was ja wohl Grab heißt, Crematory, Lacrimosa oder Sodom. Auf dem Nachttisch liegt ein aufgeschlagenes Heftchen. Ein Comic. Es geht um Untote, um Zombies, Leichen werden aus Gräbern gezerrt, überall tropft Blut, es ist ekelerregend. Schund der primitivsten Sorte. An der Wand über dem Bett hängen billige Ketten in der Art von Hundehalsbändern. An einem Lederband baumelt ein umgedrehtes Kreuz. Was soll das nun wieder bedeuten? Und dann dieser fünfzackige Stern, der an einem schwarzen Lederband hängt. Ein Pentagramm. Für eine Sekunde verschwimmt alles vor ihren Augen. Ein Pentagramm. Ein Hexenzeichen. Und dann der Zeitungsartikel über diese Frau, die sich selbst als Hexe bezeichnet. Ihr Kind ist an Hexendrogen gestorben. Und jetzt hat man bei Constanze genau dieselben Stoffe nachgewiesen. Mein Gott!
»Sei froh, daß ich die Kriminalbeamtin nicht in Constanzes Zimmer gelassen habe!« Plötzlich steht Robert Buch-

holz im Raum. Mit angeekelter Miene schaut er sich um. »Pervers ist das, wenn du mich fragst. Aber du mußtest ihr ja immer alles erlauben.«
»Sei still, ich bitte dich.«
»Ich soll still sein? Ich bin viel zu lange still gewesen, meine Liebe. Du mit deinen merkwürdigen Erziehungsmethoden. Eine Fünfzehnjährige, die kommen und gehen darf, wann es ihr paßt. Die bis zum Morgengrauen wegbleibt!«
»Das dürfen heute alle. Die Zeiten haben sich geändert Robert. Mit Strenge erreicht man nichts.«
Er lacht höhnisch. »Aber mit deiner Laisser-faire-Methode erreicht man was, das sehen wir ja! In Wahrheit hast du meine Tochter nie verstanden! Zum Ballett hast du sie geschleppt, dabei war sie in etwa so graziös wie ein Trampeltier. Kein Wunder, daß sie nie eine Hauptrolle in den blöden Weihnachtsaufführungen bekommen hat. Trotz all der Röckchen und Kleidchen, die du ihr für teures Geld hast nähen lassen. Und als Reiterin war sie ebenfalls eine Niete. Keine Haltung. Keine Ausdauer. Und viel zu ängstlich. Der Klavierunterricht, die Tennisstunden, alles rausgeworfenes Geld. Constanze ist genauso wie ich. Ein Kopfmensch. Die braucht solchen Firlefanz nicht. Aber du wolltest ihr ja alles bieten, was du nicht gehabt hast in deiner Jugend.«
»Fang nicht schon wieder an! Du warst es, der sie mit seinem krankhaften Ehrgeiz unglücklich gemacht hat. Schon als sie zur Schule kam, hast du ihr eingetrichtert, daß sie zu den Besten gehören muß. Damit sie mal Pharmazie studieren und die Apotheke übernehmen kann. Hast du sie jemals gefragt, ob sie das überhaupt will? Ob sie vielleicht was ganz anderes mit ihrem Leben vorhat?«
»Red keinen Unsinn. Natürlich hat meine Tochter die Frei-

heit zu studieren, was sie will. Doch die Apotheke ist nun einmal da, und warum sollte ein Fremder sie übernehmen. Du verstehst das vielleicht nicht, aber Constanze ist im Grunde wie ich. Ein Mensch, der nüchtern abwägt. Jedenfalls wäre sie so, wenn du sie nicht so maßlos verzogen hättest. Schau dich doch um!« Seine Hand beschreibt einen Halbkreis. »Und jetzt räum das gefälligst auf. Ich möchte auf gar keinen Fall, daß jemand Constanzes Zimmer in diesem skandalösen Zustand zu sehen bekommt.« Mit hocherhobenem Haupt stolziert Robert Buchholz hinaus. Zurück bleibt ein dezenter Duft nach medizinischem Haarwasser.

Seine Frau ist froh, wieder allein zu sein. Ihr Blick fällt auf die Rücken der Bücher, die ordentlich in Reih und Glied in Constanzes Bücherschrank verstauben. Peter Härtling komplett, Christine Nöstlinger ebenfalls, dann kommen zwei Reihen Pferdebücher, in denen teilweise noch Lesezeichen stecken. Damals war Constanze dreizehn. Ihr blondes Haar, das sie häufig zu einem Bauernzopf geflochten trug, reichte bis zum Po. Man durfte sie noch Conny nennen. Die Bücher, die weiter unten stehen, anspruchsvolle Jugendliteratur, sorgfältig mit dem Buchhändler zusammen ausgesucht, sind ungelesen. Genau dort verläuft der Bruch in Constanzes Entwicklung. Quer durch ihren Bücherschrank, etwa in Kniehöhe.

Endlich besinnt Gesine Buchholz sich auf die Worte ihres Mannes. Er hat schon recht. Eine eventuelle Hausdurchsuchung. Wer weiß denn, ob diese energische junge Frau sich nicht in diesen Minuten ein entsprechendes Papier besorgt. Zielstrebig öffnet sie alle Schranktüren, greift unter die Matratze des Bettes, sucht alle Porzellandosen und Span-

schachteln ab. Das, was sie findet, läßt das Blut in ihren Ohren rauschen.
Drei Packungen Rohypnol, alle noch mit den Originalpreisschildern der Sonnenapotheke. Gesine Buchholz ist lange genug in der Apotheke tätig, um zu wissen, was man mit Rohypnol in Verbindung mit Alkohol erzeugen kann. Doch woher wußte Constanze davon? Eine Flasche X 112 Tropfen, Appetitzügler, die bei entsprechender Dosierung aufputschen! Gesine Buchholz muß sich eingestehen, daß es für ihre Tochter ein leichtes gewesen ist, nachts unbemerkt runter in die Apotheke zu huschen und sich in den großen Schubladen zu bedienen. Sie wußte sogar, wohin die Zettel für die Nachbestellung gehörten. Sie konnte also gefahrlos Medikamente stehlen. Und so, wie es jetzt aussieht, hatte sie da keinerlei Hemmungen. Eine angebrochene Packung Marvelon findet Gesine Buchholz auch. Also hat ihre Tochter die Antibabypille genommen. Dabei ist sie gerade erst fünfzehn. Mein Gott, sie hat nicht die geringste Ahnung, mit welchem Jungen Constanze so eng befreundet ist. Etwa Leander? Oder dieser gräßliche Claas? Hier im Haus ist ihr nie etwas aufgefallen. Unter dem Bett liegen zwei leere Flaschen. Roter Genever und Whiskey. Beides wahrscheinlich Weihnachtsgeschenke von Pharmavertretern. Der ganze Keller steht voll von solchen Präsenten. Niemand macht sich die Mühe, die Flaschen nachzuzählen. Ganz hinten an der Wand findet sie den Karton mit Fotos und bunten Schleifen. Die Trophäen einer kurzen, nicht besonders erfolgreichen Reiterkarriere.
Nachdenklich stopft sie die Medikamente in die Tasche ihrer Strickjacke. Sie wird sie später entsorgen. Genau wie die beiden Flaschen. Und sie wird niemandem etwas davon

erzählen, nicht mal Robert, dem am allerwenigsten. Neben der Zimmertür liegen die Überreste der kleinen dunklen Sonnenbrille, ohne die Constanze nie auf die Straße gegangen ist und die sie selbst immer so gehaßt hat. Weil man die Augen hinter den Gläsern nicht erkennen konnte. Die Brille ist kaputt. Anscheinend ist jemand draufgetreten. Mit versteinerter Miene hebt Gesine Buchholz die Scherben und das verbogene Gestell auf. Und sie denkt an ihre Tochter, die nicht weit von hier in einem Krankenhausbett liegt. Ihre Haut ist so durchsichtig, als wäre sie aus dünnem Reispapier, das man ganz leicht zusammenknüllen könnte. Und darunter wäre nichts mehr, nur Luft. Plötzlich möchte sie aus der Wohnung stürzen, den Wagen nehmen und in die Klinik fahren, um die empfindliche Papierhülle zu beschützen. Dabei ist sie erst vor einer guten Stunde heimgekehrt. Weil sie es nicht mehr ausgehalten hat neben dem Gerät, das ihrer Tochter rhythmisch Atemluft reinpreßt und absaugt, ohne daß die sich dagegen wehren könnte. Ihr Gehirn ist durch Sauerstoffmangel praktisch zerstört, hat der Arzt gesagt. Und er hat mitleidig ihre Hand gedrückt.

Dies hier ist wahrscheinlich das letzte, das sie für Constanze tun kann. Dafür sorgen, daß niemand ihre Tochter mit Drogen in Zusammenhang zu bringen vermag. Und wenn übermorgen jemand anders an genau den gleichen ominösen Kapseln stirbt, so hat das nichts mit Constanze zu tun. Jede Familie muß selbst sehen, wie sie mit ihren Tragödien zurechtkommt. Und so zieht sie die schwarze Bettwäsche ab, um sie durch hellblau gestreifte zu ersetzen, sammelt die merkwürdigen Schmuckstücke von den Wänden, um an den Nägeln wieder die harmlosen

Schleifen für das kleine Hufeisen und das kleine Reiter-Abzeichen zu befestigen, außerdem die rosa Ballettschuhe in Größe 33 und die Fotos von der Weihnachtsaufführung, als Constanze als der eleganteste aller Schwäne über die Bühne schwebte. Sie hockt sich auf den Boden und sortiert das Bündel an schwarzen Sachen. In einer Jeanstasche findet sie zwei aufgerollte Hundertmarkscheine. Woher hatte das Mädchen so viel Geld? Und was wollte sie damit? Egal. Das braucht auch keiner zu erfahren. Am nächsten Morgen wird sie die Putzhilfe beauftragen, das Zimmer gründlich zu säubern. Und sie wird neue Gardinen bestellen. In einem dieser modischen Ethnomuster bedruckt. Das paßt doch zu einem jungen Mädchen. Und wenn jemand fragt, wird sie sagen: Das soll eine Überraschung sein, wenn meine Tochter wieder nach Hause kommt.
An diesem Abend wird sie sich mit einer Flasche Champagner im Badezimmer einschließen. Und sie wird ein Glas nach dem anderen trinken und ihrem Spiegelbild Dinge versprechen, von denen sie weiß, daß sie sie nicht halten muß.
»Wenn Constanze wieder gesund ist«, wird sie sagen, »lasse ich mich scheiden. Ich gehe mit ihr ins Ausland. Nach Spanien, da hat es ihr immer so gut im Urlaub gefallen. Ich werde ihr ein eigenes Pferd kaufen. Einen Andalusier. Zum Tanzen melde ich sie auch wieder an. Es muß ja nicht unbedingt klassisches Ballett sein. Und seine Scheißapotheke kann er sich dann in der Arsch stecken!«

Johannas Weg führt direkt zur Schule. Von diesem Buchholz läßt sie sich gar nichts verbieten. Die Schulsekretärin weiß nicht, wie sie beim Anblick des Kripoausweises

reagieren soll, und so ruft sie den Rektor aus dem Unterricht. Der hört sich Johannas Anliegen an.
»Ja, Constanze Buchholz ist Schülerin der neunten Klasse des Gymnasialzweigs. Wir haben schon von ihrem Krankenhausaufenthalt erfahren. Aber daß es dabei um Drogen geht, haben wir natürlich nicht geahnt. Das Beste wird sein, wenn ich Frau Schmaldfeld-Meyer, die Klassenlehrerin, holen lasse. Frau Dietrich, bitte.«
Die Schulsekretärin eilt davon.
Kaum drei Minuten vergehen, da öffnet sich die Tür zum Rektorat, und eine aufgelöste Frau in einem flatternden Blümchenkleid segelt mit weit ausgebreiteten Armen herein. »Schmaldfeld-Meyer, ich bin Constanzes Klassenlehrerin.« Ihre Hand fühlt sich feucht und schwitzig an.
»Ja, Sie wissen wohl schon, daß Constanze im Krankenhaus liegt. Man hat in ihrem Blut Alkohol und pflanzliche Drogen nachgewiesen. Die Eltern sind völlig überrascht von der Situation. Sie auch?«
Nervös trippelt Frau Schmaldfeld-Meyer auf der Stelle. Sie trägt knallrote Lacksandalen, die eine Nummer zu klein wirken. Zwischen den engen Riemchen quillt ihr weißes Fleisch hervor. »Überrascht bin ich nicht. Nein.« Trotzig wirft sie den Kopf zurück. »Eher entsetzt. Daß es gleich so böse ausgehen mußte. Constanze ist ein schwieriges Mädchen. Unzugänglich. Total verschlossen. Nach außen hin gibt sie sich natürlich ganz cool. Wie es innen aussieht, kann man nur vermuten. Ich denke, das Elternhaus übt zuviel Druck aus. Der Vater erwartet mit größter Selbstverständlichkeit Supernoten. Daß seine Tochter eine mathematische Schwäche hat, will er einfach nicht wahrhaben. Die Mutter möchte, daß ihre Tochter etwas Besonderes

wird. Sie interpretiert die verrücktesten Begabungen in das arme Mädchen.« Sie seufzt. »Ich weiß nicht, ob Sie die beiden bereits kennengelernt haben. Reden kann man mit denen nicht.«

Wohl wahr. »Die Eltern haben mir ein paar Freunde genannt. Moment.« Johanna schlägt ihr Notizbuch auf. »Vanessa Boyke, Leander Hoffmann, Claas Kaiser und Matthias Raveling.«

Frau Schmaldfeld-Meyer zieht die Mundwinkel herab. »Vanessa Boyke können Sie getrost von Ihrer Liste streichen. Die beiden habe ich noch nie zusammen gesehen.«

An dieser Stelle schaltet sich der Rektor ein. »Vanessa und Constanze waren meines Wissens nach während der Grundschulzeit befreundet.«

»Da sehen Sie mal, wieviel diese Eltern über ihre Tochter wissen. Vanessa Boyke ist übrigens genau das Mädchen, das Frau Buchholz sich als Tochter wünscht. Sie reitet mit großen Erfolg Turniere. Es ist sogar die Rede davon, daß sie an den Landesmeisterschaften teilnehmen soll. Sie ist sehr ehrgeizig. Mit Constanze hat sie wirklich gar nichts gemein.«

»Und wer ist *jetzt* Constanzes beste Freundin?« möchte Johanna wissen.

Frau Schmaldfeld-Meyer zieht ratlos die Schultern hoch. »Sie hat keine Freundin. Constanze ist bei den meisten Mitschülern unbeliebt. Mit ihrer schroffen Art stößt sie alle vor den Kopf. Fast alle. Leander, Claas und Matthias sind die Ausnahme. Das heißt ... in letzter Zeit habe ich sie auch mal mit Jelka Liedke gesehen.«

Johannas Herz macht einen Satz zur Seite. »Jelka Liedke geht in Constanzes Klasse?«

»Aber ja. Befreundet sind die beiden allerdings nicht. Das will ich jedenfalls hoffen. Obwohl Jelka sich in den letzten Monaten sehr verändert hat. Man könnte beinahe den Eindruck gewinnen, daß sie Constanze nachahmen will. Rein äußerlich, meine ich. Jedenfalls hatte ich mir vorgenommen, mit ihrem Vater zu sprechen. Aber kürzlich gab es in der Familie ja einen tragischen Todesfall. Jelkas Stiefbruder starb an einer Vergiftung. Na, Sie werden es vielleicht in der Zeitung gelesen haben. Es stand ja genug Unsinn drin. Das arme Mädchen ...« Plötzlich hält sie inne. »Sagen Sie mal, ist der Kleine nicht auch an pflanzlichen Drogen gestorben?«

Johanna nickt.

»Jelka«, sagt Johanna leise, »findest du nicht auch, daß das ein komischer Zufall ist? Dein kleiner Bruder stirbt an einer Überdosis einer in dieser Form nur höchst seltenen Droge. Und kurze Zeit später vergiftet sich eine deiner Klassenkameradinnen mit genau denselben Substanzen.«

Schweigend knetet das Mädchen ihre Finger, peinlich darauf bedacht, nur ja nicht Johannas Blick zu begegnen.

»Jelka, ich finde, man könnte sehr leicht auf den Gedanken kommen, daß du zusammen mit dieser Constanze Drogen genommen hast. Vielleicht nicht regelmäßig. Vielleicht sogar nur ein einziges Mal. Und dann hat Dario so eine Kapsel in deinem Zimmer gefunden. Kleine Kinder sind schließlich sehr neugierig. Vielleicht war dir nicht klar, wie neugierig.« Ganz sanft faßt Johanna unter Jelkas Kinn und hebt den Kopf an. Sie ist keineswegs bereit, auf Blickkontakt zu verzichten.

Das Mädchen schluckt. »Das muß ein Zufall sein. Ich weiß

nichts. Und ich bin völlig clean. Meinetwegen lassen Sie doch eine Blutanalyse machen. Dann werden Sie es sehen.«

»Meinst du nicht, daß es an der Zeit wäre zu sagen, was du weißt? So wie es ausschaut, wird Constanze nie mehr gesund. Du hast es in der Hand zu verhindern, daß es in absehbarer Zeit ein neues Opfer gibt.«

Nachdenklich betrachtet Jelka ihre Fingernägel. Dann schüttelt sie entschieden den Kopf. »Nein. Das ist Blödsinn. Ich habe nichts damit zu tun. Darum kann ich auch nichts verhindern.«

Mühsam unterdrückt Johanna ihren Ärger. »Es bleibt eine Tatsache, daß dein Bruder und Constanze dieselben Substanzen geschluckt haben. Und du bist das Verbindungsglied.«

»Das ist eben ein verrückter Zufall. Mit Constanze habe ich seit Tagen kein Wort gewechselt. Sie kann mich nämlich nicht leiden. Und ich mag sie auch nicht besonders. Auch wenn man das in so einer Situation nicht sagen sollte. Weil sie so krank ist, meine ich. Niemand mag Constanze. Höchstens ein paar von den Jungs finden sie gut.«

»Hm. Das kann ja sein. Trotzdem frage ich mich, ob du vor Darios Tod manchmal Drogen genommen hast. Wenn ich dich so ansehe, bist du ganz schön blaß und dünn. Du schaust nicht gerade aus, als würdest du einen gesunden Lebenswandel führen.«

»Das hat ganz andere Gründe«, geht das Mädchen ungehalten dazwischen. »Ich habe nach der Hochzeit fast nichts mehr gegessen. Aus Protest. Zugegeben, das war kindisch von mir. Ich wollte wohl unbewußt Christina damit ärgern. Aber die hat das nicht mal gemerkt. Weil ich ihr so egal bin. Der wäre nicht mal aufgefallen, wenn ich tot neben ihr am Tisch gesessen hätte. Irgendwann habe ich das zum Glück begriffen. Ich gehe jetzt jeden Tag nach der Schule in unser Lokal. Luzie ist auch immer da, Papa und Nadja. Wir vier essen zusammen was Schönes. Beinahe ist es wieder so wie früher. Deshalb habe ich auch schon zwei Kilo zugenommen.«

»Du magst deine Stiefmutter nicht besonders?«

»Ich *hasse* sie. Und ich hoffe, daß die beiden sich wieder scheiden lassen. Je eher sie unser Haus verläßt, um so besser. Sie hat uns nur Unglück gebracht.«

[17]

Constanze ist tot. Heute ist die Todesanzeige in der Zeitung. Durch ein tragisches Geschick verloren wir unsere hoffnungsvolle Tochter. In der Schule gibt es kein anderes Gesprächsthema. Leander Hoffmann fehlt. Jeder weiß, daß er mit Constanze zusammen war. Manchmal. Er wird die Nachricht sicher schon eher erfahren haben.

Claas Kaiser ist vollgekifft zum Unterricht erschienen. Seine Pupillen gleichen großen schwarzen Löchern. Die Schmaldfeld-Meyer merkt natürlich nichts. Sie glaubt immer noch, daß ihre Schule drogenfrei ist. Daß Claas sich so seltsam benimmt, schiebt sie auf den Schock. Mit stokkender Stimme gibt sie ein paar gestelzte Worte zum Thema Tod zum besten. So weltfremd, daß niemand sich emotional angesprochen fühlt. Nur Jelka Liedke weint. Kein Wunder, hat sie doch kürzlich erst unter tragischen Umständen ihren Bruder verloren.

»Jelka, möchtest du lieber heimgehen?« fragt die Lehrerin.

Das Mädchen schüttelt den Kopf.

»Na gut. Dann lassen wir dich heute ganz in Ruhe.«

»Jelka, Besuch für dich!« Luzie schiebt einen etwas verlegen wirkenden Matthias in Jelkas Zimmer. »Soll ich euch beiden was zu trinken bringen?«

Sein Ja und ihr Nein treffen aufeinander und lösen sich in einem albernen Gelächter auf.
»Cola bitte«, sagt Jelka kichernd.
Und dann ist die Tür geschlossen, Luzie ist fort, nur noch Jelka und Matthias befinden sich in dem Zimmer, in dem das Mädchen noch niemals Besuch hatte. Doch das fällt ihr erst in diesem Moment auf. Überhaupt, das Zimmer, die Tapeten, die Gardinen, die Möbel. Eine rosarot geblümte Puppenstube. Beschämt weist sie auf den Korbstuhl mit dem Rüschenkissen. Das einzig Erwachsene, das einzig Coole sind die schwarzen Rahmen mit den Bildern ihrer Mutter, die den Jungen von allen Wänden mißtrauisch beäugt.
Doch Matthias hat kaum einen Blick übrig für die Umgebung. »Hier, ich hab dir was mitgebracht.« Aus seiner geballten Faust läßt er etwas in Jelkas Hand fallen. Eine weiße Kapsel. »Ich war vorhin noch mal unten. Und da hab ich sie gefunden. Auf dem Barhocker, auf dem du gesessen hast, ist sie in die Nahtrille gerutscht. Gut, daß unsere Putze nicht gerade die Ordentlichste ist.«
Der Krieg ist zu Ende, die Kanonen schweigen, Jelka Liedke hat überlebt. Schluchzend schlägt sie die Hände vors Gesicht. Irgendwann fällt ihr auf, daß Matthias immer noch auf dem Stuhl sitzt, die Hände in den Hosentaschen, den Kopf zwischen die Schultern gezogen.
Es klopft. Luzie bringt ein Tablett mit einer Colaflasche und zwei Gläsern.
»Ist das eure Haushälterin?« will Matthias wissen, als sie wieder allein sind.
Jelka schüttelt den Kopf. »Das ist Luzie, Christinas Mutter. Sie ist auf Besuch.« Und da wird ihr zum erstenmal

klar, daß sie die kleine Luzie richtig liebgewonnen hat. Vielleicht weil sie genauso glücklos ist wie Jelka selbst. Vom Pech verfolgt. Jedenfalls bis gerade eben, bis Matthias kam, der sie mit einer unscheinbaren Kapsel erlöst hat. Nicht ganz so romantisch, als wenn der Prinz Dornröschen nach hundert Jahren Schlaf wachküßt, aber trotzdem wunderbar.

»Ich könnte die ganze Welt umarmen«, jubelt Jelka. Aber dann begnügt sie sich doch mit einem einzigen Menschen. Und der hat, wie es scheint, schon ziemlich lange darauf gewartet.

Ein Tag, wie er schlechter nicht anfangen könnte. Johanna wird zum Dienststellenleiter bestellt, um sich anzuhören, daß ihre Vernehmungen in der Schule völlig unnötig waren. Zum Antworten bleibt ihr gar keine Zeit, weil Dr. Rosenius bereits den nächsten kalten Guß über ihrem Haupt ausschüttet. Constanzes Eltern hätten sich beschwert – zu Recht. Es sei tragisch genug, sein Kind auf diese Weise zu verlieren. Und dann eine übereifrige Kriminalbeamtin, die dort wühlt, wo es nichts zu finden gibt.

»Aber es ist doch eine Tatsache, daß die Stoffe, die zu Constanzes Tod geführt haben, identisch sind mit denen, an ...«

»Mir sind die Fakten bestens bekannt. Was glauben Sie denn wird bei der Geschichte rauskommen? Nun, ich kann es Ihnen sagen. Nichts. Alle Beteiligten sind minderjährig. Im übrigen gibt es keinerlei Anhaltspunkte für ein Gewaltverbrechen. Frau Lauritz – sehen Sie sich bitte auf ihrem Schreibtisch um. Da liegen genug Dinge, die wichtiger sind. Guten Tag.«

Drei grinsende Gesichter erwarten sie im Büro. Die Herren waren offensichtlich schon informiert. Heyne läßt sich noch zu einer weiteren Erklärung herab: »Vergiß die Geschichte. Wir haben keinen Hinweis gefunden, daß diese Kapseln in der Drogenszene erhältlich sind. Wenn du mich fragst, haben die Kids mit den Sachen experimentiert. Und nach allem, was passiert ist, werden sie künftig die Finger davon lassen. Wer die Dinger hergestellt hat, ist im Grunde einerlei. Wir werden es sowieso nie rauskriegen. Die halten nämlich dicht. Und mit den Elternhäusern im Hintergrund kann man den sauberen Früchtchen sowieso nichts anhaben.«

»Ich möchte eine Aussage machen. Eine wichtige Aussage. Aber unter vier Augen, wenn es geht.«
Jelka Liedke macht heute morgen einen so entschlossenen Eindruck, daß Johanna sich beinahe vor dem fürchtet, was da kommen soll. Bitte kein Geständnis. Wir sind gerade dabei, den Fall zu den Akten zu legen.
»Läßt du heute die Schule ausfallen, oder weiß Frau Schmaldfeld-Meyer, das du hier bist?«
Die Antwort besteht aus einem vagen Schulterzucken, das alles mögliche heißen kann.
»Dann komm mal mit. Wir haben am Ende des Flurs ein Vernehmungszimmer.«
»Ich habe Sie angelogen. Wegen der Drogen. Es stimmt, daß ich auch schon mal was genommen haben. Zusammen mit Constanze. Was genau wir da geschluckt haben, weiß ich aber nicht. So weiße Kapseln eben. Leander, Claas und Matthias waren auch dabei. Es war absolut irre. Man sieht die unglaublichsten Dinge. Daß den anderen Hörner

wachsen und so. Und man glaubt, daß man fliegen kann. Aber hinterher geht es einem beschissen.« Sie schlägt sich auf den Mund. »Entschuldigung. Ich meine, mir war den ganzen nächsten Tag über schlecht. Ständig mußte ich erbrechen.«

»Hm. Und das wolltest du zuerst nicht erzählen, weil deine Eltern nichts davon erfahren sollten.«

»Mein Vater. Der sollte nichts erfahren. Christina ist mir egal. Aber das war nicht der wahre Grund für mein Schweigen. Es war nämlich so, daß jeder von uns fünf Kapseln bekommen hat. Ich habe aber nur zwei davon geschluckt. Das hat schon gereicht. Gegen fünf Uhr morgens bin ich wieder zu mir gekommen. Wie ich den Heimweg geschafft habe, weiß ich bis heute nicht. Jedenfalls hab ich später in meiner Jeanstasche nur noch zwei Kapseln gefunden. Verstehen Sie? Eine war verschwunden. Und Dario war tot. An einer Vergiftung gestorben.«

»Du meinst also, Dario hat sie gefunden. Das scheint mir jetzt auch sehr wahrscheinlich«, sagt Johanna vorsichtig.

Jelka nickt. »Genau das habe ich gedacht. Daß ich sie irgendwo zwischen Haustür und meinem Zimmer verloren habe. Es war so schrecklich. Ich konnte es einfach niemandem sagen. Papa sollte doch nicht wissen, daß ich mich nachts heimlich fortgeschlichen habe. Von wegen Jelka ist eine Musterschülerin, die immer früh zu Bett geht!« Sie lächelt wehmütig.

»Aber jetzt ist Constanze tot. Und da hast du es dir anders überlegt.«

»Mit Constanze hat das nichts zu tun. Mein Freund, bei dem wir damals in der Kellerbar die Drogen genommen haben, hat gestern noch mal alles auf den Kopf gestellt.

Und dabei hat er die Kapsel doch noch gefunden. In der Naht von dem Barhocker, auf dem ich gesessen habe. Hier ...« Sie legt das Corpus delicti auf den Tisch.

Ein harmloses Ding. Unschuldig weiß, hübsch gerundet. Mit den Fingerspitzen öffnet Johanna die Gelatinekapsel. Grünlichbraune Krümel rieseln heraus. Der Geruch ist eher angenehm. »Jelka, wer hat diese Dinger hergestellt? War es einer von deinen Freunden?«

»Keine Ahnung. Das weiß ich wirklich nicht. Aber ich weiß, wer sie besorgt hat. Vielleicht schlägt er mich zusammen, wenn er erfährt, daß ich ihn verraten habe, aber ich will nicht schuld daran sein, wenn noch jemand stirbt.«

»Das ist sehr vernünftig von dir. Ich brauche die Namen von allen, die an jenem Abend anwesend waren.«

Als das Mädchen fort ist, steckt Johanna die weiße Kapsel in eine Plastiktüte. So ein winziges Ding, und auf der anderen Seite gibt es zwei Tote.

Triumphierend öffnet sie die Tür zum Büro. »Falls es euch überhaupt noch interessiert, Jelka Liedke hat mir einen dieser Ökotrips gebracht. Sie hat das Zeugs zusammen mit anderen Jugendlichen auf einer Fete geschluckt. Constanze war auch dabei. Und einer der Jugendlichen, die ich seinerzeit in der Schule vernommen habe, genauer gesagt ein gewisser Claas Kaiser hat die Dinger besorgt. Woher, weiß Jelka leider nicht. Ich bring die Kapsel erst mal ins Labor.«

Die Vorstellung, daß irgendwo ein skrupelloser Dealer diese Dinger herstellt, weiß der Teufel in welcher Stückzahl, daß er sie für teures Geld an abenteuerlustige Jugendliche verhökert, daß dieser Jemand höchstwahrscheinlich keinen Gedanken an die Opfer verschwendet, macht sie

wütend. Daß Heyne sich allerdings gähnend in seinem Sessel zurücklehnt und sagt: »Nun gib doch endlich Ruhe. Die werden das Zeugs zusammen angesetzt haben. Das will die Kleine bloß nicht eingestehen. Hör mir auf mit diesem geheimnisvollen Dealer«, raubt ihr die Sprache.
Auf dem Weg ins Polizeilabor wirft Johanna einen Blick auf die Straße. Jelka Liedke wird offenbar sehnsüchtig erwartet. Von einem schwarz gekleideten Jungen, der sich bei genauerem Hinsehen als Matthias Raveling entpuppt. Eng umschlungen gehen die beiden zur Bushaltestelle. Johanna fühlt sich plötzlich sehr einsam.

»Aber das ist ja ... ich meine, haben Sie denn gar nichts gemerkt? Das arme Kind ist praktisch taub. Da, sehen Sie!« Anklagend hält Dr. Pfeiffer Christina Martell ein Blatt entgegen, auf dem schmale rote Wellen, hauchzart wie Spinnweben, nebeneinanderlaufen, ohne sich zu berühren. »Schauen Sie mal hier«, er tippt mit einem blauen Kugelschreiber auf eine der Linien. »Das Trommelfell zeigt kaum eine Reaktion. Ich weiß gar nicht, wann ich zuletzt so ein schlechtes Audiogramm gesehen habe. Uns bleibt nur die Operation, und das so bald wie möglich. Vielleicht läßt sich ein Resthörvermögen retten.«
Dann erklärt er Christina mit knappen unfreundlichen Worten, wie so ein Eingriff aussieht. »Lassen Sie sich bei meiner Sekretärin einen Termin geben. Sagen Sie, daß es dringend ist!« herrscht er sie an. »Mein Gott, Mädchen, ist Ihnen denn gar nicht klar, was Sie da verbockt haben? Ihre Kleine könnte taub bleiben, für immer!«
Laura sitzt ganz still auf ihrem Stuhl, ihre Füße baumeln in der Luft. Aufmerksam schaut sie von einem zum anderen.

Als der Arzt seine Stimme erhebt, steht sie auf, geht um den riesigen Schreibtisch herum, bis sie neben dem Sessel des Arztes steht, legt ihre kleine weiche Hand auf seine Schulter und läßt sie dort liegen. Ein paar Sekunden nur, gerade so lange, daß sich der Gesichtsausdruck des Mannes ändert. Dann hüpft sie unbekümmert zur Tür.

»Ich werde es mir überlegen«, sagt Christina Martell freundlich und streckt dem Arzt, der wie versteinert in seinem Ledersessel sitzt, ihre Hand entgegen.

Draußen geht sie mit einem höflichen Nicken an der Sekretärin vorbei. Auf dem Bürgersteig schließt sie Laura zärtlich in die Arme. »Du brauchst nichts zu hören. Glaub mir, es lohnt sich nicht. Und wenn du es wirklich willst, schaffst du es auch ohne so einen Doktor, stimmt's?«

Laura hat den Kopf in den Nacken gelegt. Sie beobachtet die weißen Wolken am blauen Himmel, bläst ihre Backen auf und pustet. Dann zieht sie ihre Mutter mit sich, Richtung Stadtpark. Die große Jahrhunderteiche hat es ihr angetan. Immer wieder preßt sie ihre Handinnenflächen gegen die rauhe Borke.

Der Gärtner, der die Anlage betreut, hat Anfang des Jahres einen Spezialisten zu Hilfe gerufen, weil der Baum ihm Kummer bereitete. Ganze Äste starben ab, scheinbar ohne jeden Grund, denn auch der »Baumdoktor« konnte nichts finden. Doch neuerdings, keiner weiß, warum, schießt die gewaltige Eiche mit ungeahnter Energie wieder neu aus.

Claas Kaiser läuft bei Johannas Anblick aschfahl an. Das schlechte Gewissen in Person lehnt da im Türrahmen. Sehr aufschlußreich.

»Sind deine Eltern zu Hause?« Johanna hat keine Lust auf Höflichkeit.
Der Junge grinst dümmlich. »Nee, die sind in Hamburg. Mein Vater hält einen Vortrag.«
»Kann ich reinkommen?«
»Wozu? Ich brauche nicht mit Ihnen zu reden, hat mein Alter gesagt.«
»Daß Constanze tot ist, weißt du ja. Es scheint dich aber nicht weiter zu berühren, oder?«
»Scheiße. Sie haben doch gar keine Ahnung.« Verächtlich rotzt er auf die Steine. Zwei Zentimeter neben Johannas geliebten roten Basketballstiefeln. Was sein Glück ist. Denn wenn es um ihre Lieblingsschuhe geht, versteht Johanna keinen Spaß.
»Claas, schau mal, was ich hier habe.« Triumphierend hält sie ihm die Plastiktüte mit der weißen Kapsel unter die Nase. Er schluckt, dann beginnt er sich wie besessen zu kratzen. An den Schläfen, am Hals, an den Oberarmen. Weiße Hautschuppen rieseln auf die Terrakottafliesen im Flur.
»Und, was soll das sein?« Seine Stimme klingt längst nicht mehr so schnippisch, wie er es wohl gern hätte.
»Das ist eine der Kapseln, die du an deine Freunde verkauft hast. Für zehn Mark das Stück. Ganz harmlos, wie du versichert hast. Wirklich dumm, daß es zwei Todesfälle gegeben hat. Es sieht schlecht aus für dich, mein Junge.«
»Die blöde Schlampe hat gequatscht. Das wußte ich doch«, heult er auf. »Daß diese Jelka ihre Klappe nicht halten kann. Aber Sie können mir nichts beweisen. Gar nichts ...«
»Claas«, sagt Johanna eindringlich, »das Handeln mit

Drogen ist strafbar. Erst recht, wenn es zu Todesfällen kommt. Weißt du überhaupt, was du da angerichtet hast? Woher hast du die Informationen, welche Kräuter Halluzinationen auslösen? Wo hast du das Zeugs gesammelt?«

»Überhaupt nicht. Sie reden Müll. Ich hab nichts gesammelt. Und gedealt hab ich schon gar nicht. Das laß ich mir nicht anhängen. Ich hab die Trips für eine Fete besorgt. Das ist alles. Und dort hab ich sie zum Selbstkostenpreis weitergegeben. Zehn Mark das Stück mußte ich dem Typen zahlen.«

»Von wem redest du?«

»Weiß ich doch nicht. Meinen Sie, der hat mir seinen Namen verraten? Der hängt manchmal vor dem Politbüro rum. Ein Süchtiger, der Kohle braucht. Davon gibt es jede Menge. Wenn Sie bei der Kripo sind, wissen Sie das doch selbst. Der hat mich angequatscht. Ob ich mal was erleben will ...«

»Wie sieht der Mann aus?«

»Wie der aussieht? Wie ein Wahnsinniger eben, einer der an der Nadel hängt.«

»Haarfarbe, Größe, Alter?«

»Keine Ahnung. Auf so was achte ich nicht. Der hatte so ein irres Glühen in den Augen, mehr fällt mir zu dem nicht ein. Hab ihn schon länger nicht gesehen. Einmal war er auch im Stadtpark. Stand in den Büschen und hat ein Liebespaar beobachtet. Irgendwie unheimlich, der Typ, ich glaube, der hat 'ne echte Macke. Vielleicht ist der schizophren.«

Stefan Heyne würde sich über diese brillante Personenbeschreibung totlachen. Wenn Johanna ihm davon erzählen würde. Wenn.

»Paß mal auf. Hier hast du meine Handynummer. Falls du den Typen mal wieder siehst. Du kannst mich jederzeit anrufen. Auch mitten in der Nacht. Der Rest ist dann mein Problem.«

»Tragen Sie eine Waffe?« will Claas Kaiser plötzlich wissen.

Johanna grinst. »Klar. Und im Schießen bin ich ein As.« Nette kleine Lüge. Wie leicht es manchmal sein kann, diese angeblich so ausgebufften Kids zu beeindrucken.

»Was ist das für ein stechender Geruch?« Naserümpfend öffnet Liedke die Terrassentür.

»Ich habe vorhin ein wenig Rosmarin verräuchert. Rosmarin schafft Wärme und Harmonie. Ich denke, das können wir im Moment brauchen.« Heute, ausgerechnet heute, trägt sie ihren roten Seidenrock.

»Du hast was?« keucht er. »Du wagst es, deinen Hexen-Hokuspokus in meinem Haus zu veranstalten? Bist du wahnsinnig? Hast du noch nicht genug Schaden angerichtet.«

»Gisbert, was redest du da?«

»Ich habe mich in dir getäuscht, Christina. Du bist das ganze Gegenteil von der Frau, die ich heiraten wollte. Egoistisch, kalt und berechnend. Eine wunderbare Mutter!« Er schnauft verächtlich. »Frag doch mal Jelka, wie sie dich als Mutter findet. Und Luzie. Was, meinst du wohl, hält Luzie von dir? Soll ich es dir verraten? Den beiden graust es vor dir. Und mir geht es nicht viel anders.«

Wie betäubt sinkt sie auf den nächstbesten Stuhl. In ihren Augen glitzern Tränen. »Ich sehe ja ein, daß unser gemeinsames Leben anders verläuft, als wir es uns vorgestellt haben. Aber daß du mir ausgerechnet jetzt, in dieser schweren Zeit, solche Vorwürfe machst ...« Sie schluchzt unterdrückt auf. »Ich könnte dir doch auch vieles anlasten, zum Beispiel, daß du meine Mutter aufgenommen hast, obwohl du weißt, wie angespannt unser Verhältnis ist. Oder daß du nie hier bist. Du lebst dein Leben doch in der Weißen Taube. Ohne mich. Hast du dich jemals gefragt, wie ich meine Tage verbringe? Mit einer Stieftochter, die kein normales Wort mit mir redet? Ich kann nichts davon merken, daß du dich nach einem normalen Familienleben sehnst, wirklich nicht.«

»Wenn du einen Mann willst, der den ganzen Tag zu Hause hockt, dann hättest du bei deinem Maler bleiben müssen. Aber der hat dir wohl nicht genug Geld verdient, was?« Kampflustig wirft Liedke seinen Kopf in den Nakken.

Schwerfällig erhebt sie sich. »Das meinst du nicht wirklich. So häßlich kannst du nicht über mich denken. Nicht du! Giesi, bitte laß uns noch einmal in Ruhe über alles reden. Morgen. Wenn wir eine Nacht darüber geschlafen haben.«

»Was soll das helfen?«

Plötzlich steht sie hinter ihm und schlingt ihre Arme um seinen Leib. Ihr Mund ist ganz dicht an seinem Ohr. Er kann ihren warmen Atem fühlen. »Ich verstehe doch auch nicht, warum das alles so gekommen ist. Laß uns fortgehen. Laß uns noch einmal ganz von vorn anfangen. In einer anderen Stadt. Bitte, Giesi ...«

Ärgerlich schüttelt er ihre Arme ab. »Vielleicht ist es dir noch nicht klar, aber dies hier war bereits mein Neuanfang.«

Der Abend bei Helene will mal wieder kein Ende nehmen. Helenes Hit der Woche sind die Comedian Harmonists. »Das waren mal wirklich gutaussehende Männer«, schwärmt sie mit verklärtem Blick. »Stell dir vor, man hätte die persönlich gekannt. Sechs göttliche Kerle, und man hätte sich den schönsten aussuchen können ...«

»Mir würde schon einer reichen«, seufzt Johanna. Und dann läßt sie sich in aller Ausführlichkeit über ihr Privatleben aus. Über Paul Bischoff mit den blauen Augen. Und über Elfi, die ihn nicht aus den Krallen zu lassen gedenkt. Das heißt, Johanna will sich auslassen. Leider winkt Helene schon nach wenigen Sätzen ab.

»Du machst was Entscheidendes verkehrt. Ich habe alle meine Verehrer natürlich schlecht behandelt. Das brauchen sie einfach. Man muß ihren sportlichen Ehrgeiz wekken.«

Als Johanna eine halbe Stunde später draußen auf dem Bürgersteig steht, neigt die Welt sich ein wenig nach links. Und dann nach rechts. Ihr roter Renault zwinkert ihr fröhlich zu. Doch Johanna widersteht und geht zu Fuß nach Hause.

Paul Bischoff hat für heute Feierabend gemacht. Sein Taxi steht vor dem Haus. Immerhin ist der schwarze Twingo nirgends zu entdecken. Alle Fenster sind dunkel. Auch die Außenlampe hat der nette Herr Untermieter ausgeschaltet. Wirklich sehr zuvorkommend. Vor allem, wenn man bedenkt, daß der Lichtkegel der Straßenlaterne genau an der Pforte endet. Wütend kämpft Johanna sich durch die Dunkelheit zum Haus. Unterwegs stellt sich heraus, daß der Plattenweg dringend neu verlegt werden müßte, ständig stolpert sie über hochstehende Steine. Endlich stößt sie mit dem Fuß gegen die Steinstufen, die zur Haustür hochführen. Aua. Vorsichtig tastet sie sich vorwärts, wobei sie mit der rechten Hand in der feuchten Blumenerde landet, die einen kugelig geschnittenen Buchsbaum beheimatet. Kein besonders angenehmes Gefühl, wenn die Finger in etwas kaltem Glitschigen versinken. Mit ihrem Schlüssel stochert sie an der Haustür herum. Wo verdammt ist das Schlüsselloch? Irgendwann fällt mit lautem Geklapper ihre Handtasche samt Inhalt auf die Steine. Den Geräuschen nach zu urteilen, war die Tasche nicht verschlossen. Als Johanna einen Schritt nach vorn macht, knirscht es verdächtig unter ihrem Schuh. Das dürfte der Lippenstift gewesen sein. Der teure, kußechte, den sie sich vorletzte Woche geleistet hat. Unnötigerweise. Weil niemand bisher ihre roten Lippen küssen wollte. Scheiße. Endlich wird der Schlüssel fündig. Die Tür öffnet sich, Johanna knipst das Licht an und sammelt ihre Siebensachen zusammen. Die zerknüllten Tempotaschentücher, die am Ende übrigbleiben, stopft sie einer plötzlichen Eingebung folgend zusammen mit den sterblichen Resten des dreißig Mark teuren Lippenstifts in Paul Bischoffs Briefkasten. Kleine Geschenke erhalten schließlich die Freundschaft. In diesem erhebenden Augenblick der Schadenfreude klingelt ihr Handy. Drei Uhr siebzehn zeigt die Armbanduhr an. So muß es wohl ein dienstlicher Anruf sein. Ein Mord wahrscheinlich. Nun, der Fall Dario Martell ist ja laut Heyne so gut wie abgeschlossen, warum nicht etwas Neues anfangen. Und das in jeder Hinsicht?

»Ja? Lauritz hier.« Das klingt sehr souverän und überhaupt nicht nach den sieben Gläsern Rosé, die sie bei Helene bezahlen mußte.

»Ich bin es. Claas Kaiser. Der Typ steht wieder vor dem Politbüro. Ob er was verkaufen will, weiß ich nicht. Er steht nur da.«

»Ich komme sofort. Danke.« Ihr erster Impuls ist, Heyne anzurufen. Ein Gedanke, den sie augenblicklich in der Versenkung verschwinden läßt. Ihren zweiten Gedanken, nämlich selbst zu fahren, kann sie leider nicht in die Tat umsetzen. Weil ihr Wagen vor Helenes Kneipe steht. Gar nicht davon zu reden, daß sie nicht unbedingt das ist, was ein Verkehrsgericht als fahrtauglich bezeichnen würde. Also ein Taxi. Und wo steht das nächste Taxi? Etwa vier Meter hinter ihr. Direkt an der Straße. Welch glückliche Fügung des Schicksals. Ohne mit der Wimper zu zucken, klingelt Johanna bei ihrem Untermieter Sturm. Als der wenig später in der Tür steht, nur mit einem Laken bekleidet, die Haare zu einer abenteuerlichen Frisur aufgerichtet, die Augen halbblind vor Müdigkeit, erklärt sie forsch: »Ich brauche sofort ein Taxi. Zieh dich an. Ich hab es sehr eilig!«

»Hä? Ich hab Feierabend! Seit zwei Stunden schon. Ruf dir eins. Mensch, Johanna, ich hab gerade so schön geschlafen.«

»Egal. Es geht um Minuten. Eine dienstliche Angelegenheit. Mach schon.«

Entweder ist Paul Bischoff zu müde, um zu widersprechen, oder aber Helene hat recht mit ihrer Theorie, daß man Männer einfach nur schlecht behandeln muß. Jedenfalls sitzen sie fünf Minuten später im Taxi. Paul hat sich nicht mal die Zeit gelassen, seine Haare zu kämmen.

»Warum forderst du keinen Dienstwagen an?« will er wissen. »Mit Blaulicht?«

»Es handelt sich um eine inoffizielle Geschichte. Da kann ich kein Aufsehen gebrauchen.«

»Dann hättest du doch deinen eigenen Wagen nehmen können«, findet Paul, der gerade im Rückspiegel seine extravagante Haartracht entdeckt hat und jetzt versucht, mit feuchten Fingern eine Frisur daraus zu machen.

Johanna grinst. »Ich kann nicht mehr fahren. War bis eben in der Kneipe.«

Ihr Chauffeur reißt den Kopf so heftig herum, daß seine Nackenwirbel knirschen. »Hä? Du bist angesäuselt? Ist das hier etwa ein blöder Scherz? Und dafür holst du mich aus dem Bett?«

»Übrigens hast du die Außenlampe abgeschaltet. Das finde ich sehr unhöflich. Ich konnte im Dunkeln überhaupt nicht das Schlüsselloch finden. Gar nicht davon zu reden, daß die Dunkelheit Spanner und ähnliches Gesindel anlockt.«

»Ich denke, du bist bewaffnet.«

»Es geht mir ums Prinzip. Die Außenlampe brennt die ganze Nacht. Das haben Lea und ich immer so gehalten. Da vorn ist das Politbüro. Fahr rechts ran.«

»Ich weiß selbst, wo das Politbüro ist. Und? Was soll hier sein?«

»Hier steht ein Drogendealer. Einer, der möglicherweise zwei Menschen auf dem Gewissen hat.«

»Gepanschte Drogen?«

»So ähnlich. Ich komm gleich wieder.«

Doch dafür hat Paul Bischoff sein Bett ganz bestimmt nicht verlassen. »Das könnte dir so passen. Ich begleite dich. Wenn schon Abenteuer stattfinden, dann aber auch richtig.«

»Meinetwegen.«
Claas Kaiser steht neben der Eingangstür und raucht hektisch eine Zigarette. Eine selbstgedrehte. Ob wirklich nur Tabak drin ist, weiß der Teufel. Seine Pupillen jedenfalls erinnern an schwarze Pingpongbälle. »Das hat ja ewig gedauert«, beschwert er sich. »Der Typ steht auf der anderen Straßenseite. Der große Dünne mit dem langen Mantel. Er hat aber nichts dabei. Ich hab ihn schon gefragt.« Unvermittelt dreht der Junge sich um und verschwindet hinten im Inneren der Kneipe.
»Achtung. Der Typ kommt über die Straße«, raunt Paul. Johanna, die noch nicht gewagt hat, sich umzudrehen, nickt. »Was macht er jetzt?«
»Er geht direkt auf uns zu.«
»Sie hier? Privat oder dienstlich?« Tom Gräfe verbeugt sich und zieht einen imaginären Hut.
Von irgendwoher zaubert Johanna ein unverfängliches Lächeln zutage. »O, Herr Gräfe. Sie hab ich hier ja noch nie gesehen.« Das ist noch nicht mal gelogen, wenn man bedenkt, daß Johanna zum erstenmal nachts vor dem Politbüro steht.
Gräfe zuckt mit den Schultern. »Kann sein. Ich geh nicht gern in Kneipen. Viel zu laut. Ich laufe nur so rum. Kann nicht schlafen. Seit der Junge tot ist, kann ich nicht mehr schlafen. Haben Sie was rausgefunden? Ich meine, wegen dieser Drogen. Daß Christina was damit zu tun hat, ist doch wohl offensichtlich.«
»Ja. Es sieht alles danach aus«, sagt Johanna vorsichtig. »Dürfen wir Sie noch auf ein Bier einladen?« In Gedanken überschlägt sie ihre Barschaft, die heute bereits beträchtlich geschrumpft ist, und kommt zu dem Ergebnis, daß das

Geld so gerade eben reichen dürfte. Zur Not muß ein Scheck her. Oder sie pumpt Paul Bischoff an.

»Warum nicht?«

Im Politbüro ist es dunkel. Vor lauter Lärm und Zigarettenqualm kann man die Theke kaum finden. Hier und da mischt sich der süßliche Duft von Marihuana in den Nikotindunst. Auf dem Weg zur Theke stoßen sie beinahe mit Claas Kaiser zusammen. Sowohl der Junge als auch Tom Gräfe schauen demonstrativ aneinander vorbei. Interessant.

Mittlerweile ist es zwanzig vor vier. Obwohl es sich bei den Gästen überwiegend um Schüler handeln dürfte, ist das Lokal immer noch hoffnungslos überfüllt. Ein Tisch ist trotzdem frei. Sitzen ist wohl nicht so cool wie mit ausdrucksloser Miene rumstehen. Noch ehe Johanna etwas sagen kann, hat Paul bereits drei Bier bestellt. Ganz offensichtlich ist er hier bekannt. Der junge Mann, der hinter der Theke steht, hebt grüßend eine Hand. »Hi, Paul«, haucht das Mädchen mit den gelbgrün schillernden Haaren, das die Getränke bringt. Aufreizend langsam stellt sie die Gläser auf den Tisch, ihre lasziven Blicke nebeln Paul Bischoff förmlich ein. Johanna beugt sich vor und flüstert ihrem Untermieter etwas ins Ohr, was die Kleine offenbar ärgert. Jedenfalls knallt sie Johannas Glas so auf den Tisch, daß die ohnehin nicht allzu üppige Schaumkrone verängstigt in sich zusammensackt. Dabei waren die Worte absolut harmlos und unverfänglich. »Frag mal, ob sie den Gräfe hier schon mal gesehen hat.«

Daß Paul bei seiner Antwort: »Kann ich dich denn überhaupt mit dem Typen allein lassen?« beide Hände auf ihre Schultern legt, hat sicher nichts zu bedeuten. Immerhin

entspannt Gräfe sich sichtbar, weil er jetzt glaubt, daß Johanna tatsächlich privat hier ist.
»Ich hol mal Zigaretten«, verkündet Paul. Wirklich ein schlaues Kerlchen.
Gräfe zieht seinen Stuhl näher an Johanna heran. »Ich bin auch schon beim Jugendamt gewesen. Wegen des Sorgerechts für Laura. Diese Frau Gerdes meint, solange nicht bewiesen ist, daß Christina was mit Darios Tod zu tun hat, könnte sie nichts unternehmen.«
Eine schwach illuminierte gelb-orange Erscheinung taucht vor Johannas geistigem Auge auf.
»Wenn nicht bald was passiert, könnte ich mich ans Fernsehen wenden«, spinnt Gräfe derweil seinen Faden weiter. »Die Privaten interessieren sich doch für solche Geschichten. Ich hab da mal was über Jugendliche gesehen, die einen Freund ermordet haben. Satanisten wollen die gewesen sein. Der Beitrag schien mir ganz gut recherchiert.«
Mittlerweile ist Paul Bischoff wieder zurück. Demonstrativ wirft er eine Schachtel Marlboro auf den Tisch. Auch er zieht seinen Stuhl näher an Johanna heran. Sein Knie berührt ihren Oberschenkel.
»Was halten Sie davon?« will Gräfe von ihm wissen. »Ihre Freundin hat Ihnen doch bestimmt von dem Fall erzählt. Wenn die Polizei keine Beweise findet, könnte ich mich an eine dieser privaten Fernsehanstalten wenden. Oder an die überregionale Presse. *Stern* meinetwegen oder *Spiegel*. Das Kind einer Frau, die sich selbst Hexe nennt, stirbt an Drogen, wie sie in Hexenkreisen gebräuchlich sind. Und die Polizei findet das nicht mal seltsam. Sorry. Es geht ja nicht gegen Sie persönlich.« Er grinst Johanna entschuldigend an, bevor er sich wieder Paul Bischoff zuwendet.

»Das Schlimme ist, daß wir noch ein gemeinsames Kind haben. Und ich mache mir die allergrößten Sorgen um Laura. Wissen Sie zufällig, ob Christina endlich mit ihr beim Hals-Nasen-Ohren-Arzt gewesen ist?« Ohne eine Antwort abzuwarten, steht er unvermittelt auf. »Entschuldigung. Ich muß weiter.« Mit großen Schritten strebt er dem Ausgang zu, ein Getriebener, dem Gott weiß was auf den Fersen ist.

»Der muß diese Frau ja wirklich hassen«, sagt Paul Bischoff gedankenverloren. »Übrigens ist der Gräfe noch nie hier drinnen gewesen. Aber Susi glaubt, daß sie ihn schon mal auf dem Parkplatz gesehen hat. Beschwören will sie das allerdings nicht. Auf jeden Fall ist er keiner der bekannten Dealer.«

»Das ist wirklich sehr bedauerlich«, seufzt Johanna. »Wollen wir los?« Plötzlich ist sie todmüde. Im Auto schläft sie beinahe ein. Daß Paul sie unterhakt und ganz kavaliermäßig zur Haustür geleitet, nimmt sie nur noch verschwommen wahr. Auch seine Worte ganz nah an ihrem Ohr: »Schade, daß du schon so müde bist!« dringen kaum noch in ihr Bewußtsein.

[18]

Manchmal ist der Wecker wirklich Johannas größter Feind. So wie heute morgen. Stöhnend kriecht sie aus dem Bett. Die Decke liegt auf dem Fußboden. Das, was das Wasser unter der Dusche mit ihrem Kopf anstellt, grenzt an schwere Körperverletzung. Es fühlt sich an, als würde der Duschkopf dicke Hagelkörner ausspucken. Zum Frühstück gibt es ein großes Glas Leitungswasser mit zwei Aspirin. Anziehen kann man an so einem Tag nur etwas Weites, Flattriges, das dem schwer beleidigten Magen nicht zu nahe kommt, zum Beispiel das grüne Baumwollkleid, das sie seit Jahren nicht getragen hat. Mühsam schleppt Johanna sich auf die Straße. Es ist heiß und sonnig. Wie schrecklich. Als sie sich umschaut, kann sie ihren Renault nirgends entdecken. Dunkel erinnert sie sich, daß er vor Helenes Kneipe steht. Also Bus fahren. Und zu spät kommen. Pauls Taxi steht dort, wo er es vor drei Stunden abgestellt hat. Der pennt natürlich noch. Taxifahrer scheint ein toller Job zu sein.

An der Haltestelle warten Menschen, die schrecklich wach und kommunikationsbereit sind. Sie reden miteinander. Laut. Über völlig unwichtige Dinge. Die Fußballergebnisse vom Wochenende. Der schwere Verkehrsunfall auf der Autobahn, der drei Tote gefordert hat. Und das schöne Wetter soll noch anhalten. Ja, man muß direkt aufpassen, daß man nicht in so ein blödes Gespräch verwickelt wird. Trotzig starrt Johanna auf ihre Füße. Irgendwie machen die heute morgen keinen besonders gesunden Eindruck. Ein bläulicher Schimmer liegt über den nackten Zehen. Im warmen Bett wären sie sicherlich besser aufgehoben. Die Busfahrt verläuft ohne größere Zwischenfälle, wenn man davon absieht, daß Johanna von der Schaukelei speiübel wird. Als sie an ihrer Haltestelle dann endlich aussteigen kann, steht ihr der kalte Schweiß auf der Stirn. Vor der Eingangstür des Polizeigebäudes läuft sie Stefan Heyne in die Arme. »Wie siehst du denn aus? Bist du krank?«

Johanna schüttelt den Kopf. Ein energischer Ruck geht durch ihren Körper.

Oben im Büro reißt sie erst einmal alle Fenster auf, bevor sie sich auf die Kaffeemaschine stürzt. Ein großer Kaffee, mit viel Milch und noch mehr Zucker, dazu ein Stück trokkener Zwieback bringen ihren Kreislauf endlich wieder auf Trab. Die Herren Kollegen sind mittlerweile auch eingetrudelt. Sie sitzen an ihren Schreibtischen und erledigen allerlei unsinnige Dinge. Roland Bierwirth reinigt seine Fingernägel, Edgar Lohse spitzt Bleistifte an, und Heyne, der Chef, überprüft die Überstundenliste, die er gestern erstellt hat, auf Fehler. Johanna holt tief Luft. Dann läßt sie die Bombe platzen.

»Heute nacht gegen halb vier, ich nehme an, ihr alle habt um diese Zeit gut geschlafen«, ein anzüglicher Blick trifft Stefan Heyne, »da klingelte bei mir das Telefon.« Daß sie zu diesem Zeitpunkt gerade damit beschäftigt war, das Schlüsselloch ihrer Haustür zu finden, läßt sie aus dramaturgischen Gründen weg. »Claas Kaiser war dran. Ratet, was er wollte.«

»Ein telefonisches Geständnis ohne Zeugen, dazu noch möglicherweise unter dem Einfluß von Alkohol oder anderen Drogen ist wertlos«, knurrt Heyne ungnädig. »Ich nehme an, er hat zugegeben, daß sie alle zusammen die Scheißkapseln hergestellt haben.«

»Falsch. Claas Kaiser wollte mir gestern abend den Mann zeigen, von dem er die Kapseln gekauft hat. Vor dem Politbüro. Dieses Etablissement dürfte euch ja wohl zumindestens in der Theorie als wichtigster Umschlagplatz für die örtliche Drogenszene bekannt sein.«

»Sieh mal einer an. Also der große Unbekannte«, sagt Edgar Lohse gähnend. »Wirklich originell. Ich nehme an, als du vor Ort warst, war er gerade weg. Was für ein ärgerlicher Zufall. Und beschreiben konnte der Kaiser ihn vermutlich nicht.«

Johannas Freude wird immer größer. »Wieder falsch. Der Typ stand noch da. Es handelt sich übrigens um jemanden, den wir alle im Zusammenhang mit diesem Fall kennen.«

Jetzt wird die Dreieinigkeit langsam hellhörig. Roland Bierwirth klappt die Nagelfeile seines Schweizer Offiziersmessers zusammen, Heyne sitzt plötzlich kerzengerade auf seinem Stuhl, Lohse legt den Anspitzer zur Seite.

»Vor dem Politbüro stand doch tatsächlich der gute Tom Gräfe. Am Freitag hat er seinen Sohn zuletzt besucht. In der Nacht von Samstag auf Sonntag war Dario tot.«

»Gräfe?« Nervös zieht Heyne den Knoten seiner Krawatte strammer. »Der alles unternommen hat, um die Martell als oberverdächtig herauszustellen?«

»Ebendieser Gräfe«, antwortete Johanna grinsend. »Der

als einziger von Christina Martells Zugehörigkeit zu einem Hexencoven wußte. Und der sich problemlos über diese Art von Drogen informieren konnte. Gräfe, der seine Exfreundin haßt. Der sie am liebsten vernichten möchte.«
»Komm!« Ungestüm reißt Heyne sein Leinensakko von der Stuhllehne. »Den knöpfen wir uns vor. Ist dieser Claas Kaiser bereit, vor Gericht auszusagen?«
Johanna zuckt mit den Schultern. »Keine Ahnung. Offiziell durfte ich ihn ja nicht vernehmen. Erinnerst du dich? Mein Kurzbesuch in der oberen Etage? Laß uns zuerst bei der Martell vorbeischauen«, schlägt sie vor. »Fragen, ob er mit dem Jungen allein war. Ob er Geschenke mitgebracht hat.«
»Okay.« Ach, wenn Heyne doch immer so einsichtig wäre.

Christina Martell ist mit ihrer kleinen Tochter allein im Haus. Wenn der erneute Besuch der Polizei sie erschreckt, so zeigt sie es zumindest nicht. Ihre Augen wirken müde, ihr Haar hängt mutlos herab. Sie trägt trotz der sommerlichen Temperaturen einen langärmligen Wollpullover und dicke Socken.
»Wir hätten noch ein paar Fragen«, sagt Johanna, und sie sagt es bewußt sehr freundlich.
Die blonde Frau winkt resigniert ab. »Die Antworten hab ich Ihnen doch längst gegeben. Ich habe nie in meinem Leben halluzinogene Drogen hergestellt. Ich habe meinem Sohn keine Medikamente verabreicht. Und mit dem Tod meines Bruders habe ich auch nichts zu tun. Damals war ich noch ein Kind.«
»Frau Martell, zwei Tage vor Darios Tod war Tom Gräfe hier. Wie ist dieser Besuch verlaufen?«

»Wozu ist das jetzt noch wichtig? Tom wollte, daß ich zu ihm zurückkomme. Er hat mir ein Geschenk mitgebracht. Ein sehr schönes, sehr persönliches Geschenk. Ein Bild. Er wollte einfach nicht wahrhaben, daß es vorbei ist. Möchten Sie es sehen?«

Johanna nickt. Heyne schiebt die Unterlippe vor. Ist das jetzt nötig?

Beim Anblick des Gemäldes muß Johanna schlucken. Eine nackte, wunderschöne Christina Martell, deren Haar mit winzigen weißen Blüten geschmückt ist, steht vor einem eindrucksvollen Gewitterhimmel, zu ihren Füßen liegt ein schlafendes Reh. Gerade weil Johanna weiß, wie düster und abstrakt Tom Gräfe ansonsten malt, begreift sie, daß dies hier eine Liebeserklärung ist, wie man sich keine schönere vorstellen kann.

Zärtlich fährt Christina Martell mit den Fingerspitzen über das Tier. »Das Reh hat eine besondere Bedeutung. Es ist eine Art Entschuldigung für etwas, das einmal zwischen uns geschehen ist. Wenn Sie ihn so gut kennen würden wie ich, wüßten Sie, wie schwer ihm das gefallen ist.«

Ich liebe dich! Manche kriegen das nie über die Lippen, denkt Johanna. Und dann noch, daß sie Christina Martell um dieses Bild beneidet.

»Hm. Gräfe hat Ihnen also ein Bild gemalt. Und sonst? Hatte er was für die Kinder dabei?« Heyne mit seinem nüchternen Denken bringt die beiden Frauen wieder in die Wirklichkeit zurück.

»Ja. Ein Matchboxauto für Dario und eine Tüte Murmeln für Laura. Und Schokoladenbonbons.«

Die beiden Beamten sehen sich an. »Haben die Kinder die Bonbons gleich gegessen?« fragt Johanna.

»Ich weiß es nicht. Ehrlich gesagt war ich zu aufgeregt, um darauf zu achten. Tom und ich haben uns gestritten. Ziemlich lautstark. Er wollte nicht einsehen, daß die Ehe mit Gisbert mir sehr viel bedeutet. Aber das will ja niemand einsehen ...« Gedankenverloren zupft sie an dem Gummiband, das ihren Zopf zusammenhält. »Jeder glaubt ja, daß es mir nur um Giesis Geld geht.«

»Frau Martell, könnten Sie sich vorstellen, daß ihr Exfreund Dario die Giftkapsel gegeben hat. Möglicherweise, um sie später zu belasten. Was er ja auch getan hat.« Jetzt wird Heyne konkret.

»Tom? Sie meinen ... Nein. Das glaube ich einfach nicht. Dario war sein Sohn!«

»Ich kann mich erinnern, daß Sie früher ausgesagt haben, die Kinder wären ihm eher gleichgültig.«

»Stimmt. Er hat sich nicht großartig um die beiden gekümmert. Aber das heißt doch nicht, daß er sie umbringen würde.«

»Gibt es diese Tüte noch?« fragt Johanna.

Plötzlich kommt Leben in Christina Martells apathische Gestalt. »Ich weiß es nicht. Aber ich werde nachschauen. Sofort. Mein Gott, Laura.« Sie reißt das spielende Kind vom Sofa. »Vielleicht können Sie inzwischen in Darios Zimmer suchen.«

Hektisch durchkämmen sie die beiden Kinderzimmer. Doch bis auf ein paar zusammengeknüllte Häufchen Bonbonpapier unter Darios Bett finden die Beamten nichts. Christina Martell stößt in Lauras Puppenstube ebenfalls auf Kügelchen von Bonbonpapier, die leere Tüte allerdings bleibt verschwunden.

»Das Papier könnte schon ewig da liegen«, gibt Johanna

zu bedenken, was Frau Martell allerdings sehr entschieden abstreitet.

»Meine Kinder kriegen normalerweise keine Süßigkeiten. Zu Ostern hat jeder einen großen Hasen aus Schokolade bekommen, mehr nicht. Diese Schokobonbons sind von Tom, ich erkenne es am Papier. Und die Tüte, das fällt mir jetzt ein, lag im Korb mit dem Kaminholz. Ich habe Laura noch erklärt, daß man Plastik nicht verbrennen kann.« Dann nimmt sie etwas von Darios Nachttisch. »Hier, diesen Wagen hat Tom ihm mitgebracht.«

»Ein BMW«, sagt Heyne leise. »Kann man den Kofferraum öffnen?« Man kann. Alle drei starren auf den winzigen Hohlraum.

»Vielleicht wollte er niemanden umbringen«, sagt Johanna leise. »Für seine Zwecke hätte es schon gereicht, wenn eines der Kinder mit einer Vergiftung ins Krankenhaus gekommen wäre. Dann hätte er Sie beim Jugendamt anschwärzen können. Er wollte doch unbedingt das Sorgerecht für die Kinder, oder?«

»Er wollte mich.«

»Aber Sie wollten ihn nicht. Enttäuschte Liebe kann manchmal in blindwütigen Haß umschlagen. Dann sind Menschen zu unglaublichen Dingen fähig. Vor allem Männer.« Johanna ignoriert tapfer Heynes bitterbösen Seitenblick. Weil sie recht hat. Die Statistiken beweisen es.

Auf der Straße sagt Heyne: »Wir besorgen uns zuerst einen Durchsuchungsbefehl für die Wohnung. Wenn Gräfe tatsächlich diese Dinger herstellt, werden wir schon irgendwelches Belastungsmaterial finden. Nur die Aussage von dem Jungen ist als Beweis ein bißchen dünn. Und wir sollten diesem Spinner keineswegs die Möglichkeit geben, Spuren zu beseitigen.«

Zwei Stunden und einige Becher Kaffee später hält ein Auto vor dem ehemaligen Fischgeschäft. Johanna, Heyne und Edgar Lohse steigen aus. Durch die großen Fenster sehen sie, daß Gräfe auf der Matratze liegt und schläft. Da die Klingel nicht funktioniert, klopfen sie gegen die Haustür.

»Herr Gräfe«, Johannas Stimme klingt streng und sehr unpersönlich. »Uns liegt eine Aussage vor, daß Sie vor dem Politbüro Drogen an Jugendliche verkauft haben. Stimmt das?«

Ganz offensichtlich fällt Tom Gräfe das Denken zur Zeit ziemlich schwer. Auf jeden Fall dauert es eine ganze Weile, bis er ein verschnupftes »Wer behauptet das?« herausbringt.

»Das ist egal. Auf jeden Fall hat man Sie eindeutig identifiziert.«

»Der Kleine mit dem Pferdeschwanz. Mein Gott, bin ich ein Idiot! Und ich hab echt geglaubt, daß Sie privat mit ihrem Freund da sind.«

Ein irritierter Blick aus Heynes Richtung läßt Johannas Wangen sanft erröten.

»Hier ist ein Durchsuchungsbefehl.« Entschlossen hält sie Gräfe das Papier unter die Nase. Der zuckt nur mit den Schultern. Heyne, dem gerade wieder eingefallen ist, daß er hier das Sagen hat, schickt Lohse ins Obergeschoß und Johanna in die Küche. Er selbst schaut sich im Atelier um.

Mit verächtlicher Miene mustert er die Bilder. »Das soll Kunst sein?«

Gräfe lacht heiser. »Hätte mich auch gewundert, wenn ein

kleiner Polizist wie Sie meine Bilder auf Anhieb verstehen könnte!«

Diese Provokation läßt Oberkommissar Stefan Heyne kalt. Da mußte er schon Schlimmeres ertragen. Mit angewiderter Miene macht er sich daran, das Chaos in dem Zimmer zu durchforsten. Nicht allerdings, ohne sich vorher ganz demonstrativ Gummihandschuhe übergestreift zu haben. Die Plastiktüten hinter Gräfes Matratze werden eine nach der anderen auf den Boden gekippt. Sie enthalten vor allem leere Bierdosen und Kleidungsstücke. Ob gewaschen oder schmutzig, läßt sich nicht so ohne weiteres ausmachen. Außerdem finden sich ein paar zerknitterte Zeitungsabschnitte, die über Gräfes Ausstellung in der Galerie CH berichten, und ein gutes Dutzend Liebesromane. In einer Tüte stößt Heyne auf ein Sortiment Ölfarben, allesamt noch unbenutzt.

»He!« ruft Gräfe erfreut aus. »Die hab ich schon ewig gesucht. Die brauchen Sie nicht wieder einzupacken.« Er lächelt gönnerhaft.

Edgar Lohse inspiziert die beiden oberen Zimmer. Sie sind leer bis auf die vermoderten Teppiche und ein buntes Sortiment an Schüsseln und Eimern, das ganz offensichtlich dazu bestimmt ist, bei entsprechender Wetterlage Regenwasser aufzufangen. Eine Fensterscheibe ist kaputt. Jemand hat den Schaden notdürftig mit Pappe und Isolierband behoben. Auf dem winzigen Flur steht ein alter Kleiderschrank. Die Türen sind abgeschlossen, ein Schlüssel ist nirgends zu finden. »Herr Gräfe, ich brauche den Schlüssel für diesen Schrank«, brüllt er die Treppe runter. Daß keine Antwort die Stufen emporschwebt, scheint ihn zu erfreuen. Ein zweites Mal fragt er gar nicht erst nach. Statt dessen holt Edgar Lohse tief Luft, spannt seine Muskeln an und wirft sich mit einem heiseren Aufschrei gegen den Schrank. Das Holz knirscht bedenklich, doch die Tür bleibt geschlossen. Auch ein zweiter Versuch endet ähnlich erfolglos. »Scheiße.« Ärgerlich macht Lohse sich auf den Weg, um einen Schraubenzieher aus dem Wagen zu holen. Später stellt sich leider heraus, daß die ganze Aktion unnötig war. Außer Mäusedreck und ein paar alten Zeitungen birgt der Schrank keine Geheimnisse.

Johanna ärgert sich, weil Heyne ihr sinnigerweise die Küche zugewiesen hat. Geradeaus unter dem Fenster steht ein kleiner Tisch, auf dem sich schmutzige Tassen und ein Holzbrett mit einem verklebten Messer befinden, daneben stapelt sich ungeöffnete Post und ein dicker Katalog für Kunstbedarf. Auf dem Fensterbrett gammeln Zwiebeln in einem roten Plastiknetz vor sich hin. Rechts an der Wand steht ein uralter Herd mit dunkelbraun verkrusteten Platten. Das doppelreihige Gewürzregal darüber ist so spärlich gefüllt, daß es an ein lückenhaftes Gebiß erinnert. Der Mülleimer quillt vor Abfall über. Der unangenehme Geruch nach Fäulnis hat zahlreiche Fliegen angelockt, die laut summend die Lampe umkreisen. Seufzend öffnet Johanna den Kühlschrank. Der ist genauso leer wie ihr eigener daheim. Eine angebrochene Tüte H-Milch, ein paar Scheiben Käse, ein Topf Margarine, zwei weiche Tomaten. Keine Fliegenpilze. Nirgends ein Sträußchen Stechapfel.

Unter der Spüle, die so schmierig ist, daß es Johanna graust, sie zu berühren, stehen ein Eimer mit Kartoffeln und eine angebrochene Flasche Spülmittel von Aldi. Der graue Lappen, der wohl als Abwaschtuch gedacht ist, stinkt ekelerregend. Viel verbergen kann man hier wahrhaftig nicht. Einer plötzlichen Eingebung folgend, öffnet sie den Backofen. Schon wieder nichts. Nicht einmal ein Backblech ist vorhanden. Auch die Tassen und Teller, die mehr oder weniger sauber abgewaschen in dem Geschirrschrank stehen, verbergen keine Geheimnisse. Seufzend schließt Johanna die Küchentür hinter sich.

Tom Gräfe liegt auf der Matratze. Mit großen Augen starrt er an die Decke. Vielleicht glaubt er, daß sein offensichtliches Desinteresse ihn in irgendeiner Form entlastet. Wenn die Durchsuchung so weitergeht, hat er das allerdings gar nicht nötig.

Das Zimmer nebenan hat wohl mal als Schlafzimmer gedient. Jedenfalls ist beinahe der gesamte Boden mit Matratzen ausgelegt. Ein uralter Fernsehapparat steht auf einer nachlässig angestrichenen Kommode. Vier Schubladen, in denen sich Wäsche, Fotoalben, ein paar Kunstbücher und Papiere befinden.

»Johanna? Schau mal, was ich gefunden habe!« Heyne strahlt vor Stolz. In der Hand hält er ein Buch mit dem Titel *Das alte Hexenwissen.* »Du glaubst ja nicht, wo das Lesezeichen steckt. Nämlich zufällig genau dort, wo beschrieben wird, welche Pflanzen die Hexen früher getrocknet haben, um sich daraus Mittelchen herzustellen, die Halluzinationen auslösen. Fliegenpilze finde ich hier, sogar mit einem grünen Textmarker angestrichen, und dann noch Stechapfel, Datura stramonium. Das ist ja ein merkwürdiger Zufall, Herr Gräfe. Können Sie uns das erklären?«

»Selbstverständlich. Obwohl Sie mir natürlich nicht glauben werden. Diese Markierungen müssen von Christina stammen. Ich habe noch nie einen Blick in diese Bücher geworfen. Warum sollte ich auch? Ich bin schließlich keine Hexe!«

»Ich geh mal in den Garten«, verkündet Johanna. Gräfe rollt sich auf die Seite, mit dem Gesicht zur Wand. »Mit Darios Tod hab ich nichts zu tun. Nicht das Geringste«, murmelt er. »Aber suchen Sie ruhig weiter.«

Der Garten besteht aus einer leidlich großen, ungemähten Wiese und einem riesigen Baum. Einer Linde, wenn Johannas biologische Kenntnisse sie nicht im Stich lassen. Auf der Grenze zum Nachbargrundstück gibt es einen primitiven Unterstand aus Holz, der sich kurz vor dem Zusammenbruch zu befinden scheint. Das windschiefe Dach beherbergt einen rostigen Rasenmäher, der nicht so aussieht, als würde er noch funktionieren, ferner eine Schubkarre und ein altes schwarzes Hollandrad. Auf einem wakkeligen Tisch glänzt etwas in der Sonne.

Beim Näherkommen erkennt Johanna ein Backblech. Wahrscheinlich das, was in der Küche fehlt. Und auf diesem Backblech liegen feine hellbraune Scheibchen, die offenbar getrocknet werden sollen. Die Pilzform ist unverkennbar. Von der Decke hängen mehrere Stengel eines getrockneten Krauts herab. »Wenn das kein Stechapfel ist«, murmelt Johanna leise, die zugegeben keine Vorstellung davon hat, wie diese Pflanze tatsächlich aussieht. Unter der Tischplatte befindet sich eine Schublade. Darin liegt eine Plastiktüte mit leeren weißen Gelatinekapseln. Außerdem eine Pinzette und ein Besteck, wie Raucher es zum Stopfen ihrer Pfeife benutzen.

Der Zauber hat gewirkt. Natürlich, was hat sie denn sonst erwartet. Enttäuschte Liebe kann in blindwütigen Haß

umschlagen, hat die Kommissarin gesagt. Haß ist ein furchtbares Gefühl, Haß zerstört alles. Haß bindet die Menschen mehr aneinander, als Liebe es jemals könnte. Warum sonst sollte Luzie draußen auf der Terrasse sitzen, Luzie, die in Hannover wohnt und wahrscheinlich selbst nicht genau sagen kann, was sie eigentlich hier hält.
»Mama?«
Erstaunt blickt Luzie Martell von der Illustrierten auf. Christina denkt automatisch, daß sie schon wieder viel zu stark geschminkt ist. Übertrieben bunt, als müßte sie beweisen, daß sie noch am Leben ist.
»Sie haben Tom verhaftet. Es sieht so aus, als hätte er Dario diese Kapsel zugesteckt. Am Freitag, als er das letzte Mal hier war.«
»Oh.« Mehr als diesen kleinen erschrockenen Laut bringt Luzie Martell nicht über die Lippen. Minutenlang fällt kein Wort. Dann meint sie nachdenklich: »Der Mann ist eben wahnsinnig. Das hab ich dir immer gesagt. Man braucht sich nur diese verrückten Bilder anzuschauen. Aber Töchter hören ja nie auf ihre Mütter.« Sie probiert ein vorsichtiges Lächeln.

Tom Gräfe macht seit Stunden nichts anderes, als seinen Kopf zu schütteln. »Mit Darios Tod habe ich nichts zu tun. So glauben Sie mir doch. Ja, ich habe diese Drogen hergestellt. Ich war verzweifelt, verstehen Sie? Ich hatte kein Geld, keine Ideen für neue Bilder, nichts. Eines Tages habe ich aus Langeweile in den Büchern geblättert. Und da bin ich auf diese Seiten gestoßen. Daß Stechapfel auf dem Gelände der alten Kaserne wächst, wußte ich schon ewig. Keine Ahnung, woher. Gut möglich, daß Christina davon gesprochen hat. Fliegenpilze im Wald zu besorgen war auch kein Problem. Und diese Kapseln kriegt man in jeder Apotheke. Die fragen nicht mal, wozu man die braucht. Verkaufen wollte ich zuerst gar nicht. Ich hab das Zeug selbst ausprobiert. Und die Wirkung war phantastisch. Endlich hatte ich wieder Ideen. Fragen Sie meinen Galeristen. Meine Bilder sind so gut wie nie zuvor. Ich hab mir ein paar Kapseln eingepfiffen. Nach sechs bis acht Stunden bin ich wieder aufgewacht. Meistens ging es mir ziemlich dreckig. Aber mein Kopf war voll von irren Eindrücken, die ich auf die Leinwand bringen mußte. Ich habe bis zur Erschöpfung gemalt. Trotzdem konnte ich nicht schlafen. Nachts bin ich durch die Stadt gewandert, habe andere beobachtet und mich mies gefühlt, einsam, ausgeschlossen, wie der letzte Arsch. Irgendwann stand ich vor dem Politbüro, wo diese Kids rumhängen, die so obercool tun, obwohl sie von nichts 'ne Ahnung haben. Da wird man ständig angequatscht, ob man was kaufen will. Und eines Tages hatte ich selbst die Taschen voll und hab Leute angesprochen, ob sie 'ne neue Droge ausprobieren wollen, 'ne absolut ungefährliche Ökodroge. Viel Geld hab ich damit nicht gemacht, aber wenigstens meine Farben konnte ich bezahlen.«

»Absolut ungefährlich«, spottet Johanna.

»Ja. So stand es in den Büchern. Ungefährlich. Mal abgesehen davon, daß es einem nach jedem Rausch höllisch schlecht geht. Das hab ich denen natürlich nicht gerade erzählt. Wenn man sich besäuft, hat man am nächsten Tag schließlich auch einen dicken Kopf. Das gehört eben dazu.«

»Aber Dario ist tot.«

»Damit habe ich nichts zu tun. Das ist Christinas Werk! So glauben Sie mir doch! Daß ich zwei Tage vor seinem Tod da war, ist ein verrückter Zufall.«
»Ein junges Mädchen, das Ihre Scheißtrips eingeworfen hat, ist ebenfalls gestorben.«
»Was?« Aufgeregt springt Tom Gräfe auf. Hinter ihm kippt der Stuhl mit lautem Gepolter auf den Boden. »Ein Mädchen? Davon weiß ich nichts. Und das kann auch nicht sein!«
»Es ist aber passiert. Ihre angeblich so ungefährlichen Ökotrips und dazu Alkohol. Das Mädchen wurde vor einer Woche beerdigt.«
»Aber das ist doch ... ich meine, warum nimmt sie das Zeugs zusammen mit Alkohol ein? Das ist doch krank!« stöhnt Gräfe. »Dafür kann man mir doch nicht die Schuld geben!«
»Drogenhandel ist strafbar in diesem Land.« Stefan Heyne steht jetzt ebenfalls. »Wo haben Sie eigentlich die Kapsel für Ihren Sohn versteckt? In den Schokoladenbonbons oder in dem Matchboxauto?«
Fassungslos starrt Gräfe ihn an. »Sie sind ja vollkommen verrückt. Ich habe Dario geliebt.«
»Frau Martell behauptet das Gegenteil. Daß Sie sich kaum um die Kinder gekümmert haben.«
»Weil sie von ihrer Schuld ablenken will. Christina war es. Und jetzt kommt sie ungestraft davon! Ich glaub es einfach nicht!«

Als Johanna an diesem Abend heimkommt, so spät, daß ihr Untermieter längst wieder in seinem Taxi durch die Stadt streift, findet sie neben ihrer Wohnungstür eine rote

Rose, leider schon etwas lädiert von der Sommerhitze. Auf einer Karte steht: Die Nacht war aufregend, nur das Ende fand ich entschieden zu kurz. Hoffe, wir gehen bald wieder auf Gangsterjagd. Paul.

Der magische Kreis ist angeweiht. Freya und Isis knien sich vor den Altar. In Freyas Hand liegt ein altes Foto. Es zeigt eine rothaarige Frau, klein und dünn, die verschüchtert lächelt. In einem spitzenbesetzten Kissen hält sie einen schlafenden Säugling. Neben ihr steht ein etwa fünfjähriges Mädchen mit langen blonden Zöpfen, das ungewöhnlich ernst in die Kamera schaut.
Freya rollt das Foto auf, dann schlingt sie ein rotes Band darum. »Luzie und Christina, ich entbinde euch davon, euch gegenseitig weh zu tun. Was war, soll vergessen sein. Ihr werdet keinen Haß mehr verspüren, wenn ihr euch begegnet. Im Namen der Großen Göttin, löst euch voneinander, damit euer Leben neu beginnen kann.«

Sechs Monate später ...

»Wie schon gesagt, Gräfe, der Anwalt ist wirklich gut. Er meint, was das tote Kind angeht, kann man Ihnen gar nichts beweisen.« Conrad Haiderbeck lacht nervös. Mit beiden Händen fährt er sich durch sein volles Haar. »Diese nehm ich auch noch mit.« Er zeigt auf zwei Bilder. »Und sollte alles schiefgehen«, er klopft Tom Gräfe jovial auf die Schulter, »sorge ich dafür, daß Sie auch im Gefängnis malen können.« Im Geist sieht er schon die Schlagzeilen, in denen so herrlich plastische Worte wie Rache, Leidenschaft, enttäuschte Liebe vorkommen, Worte, die Gefühle

wecken und auf Gräfes Kunst neugierig machen. Die Leute werden kaufen. Und er, Dr. Conrad Haiderbeck, wird kassieren. Ja, vielleicht sollte er dem Anwalt nahelegen, nicht allzu überzeugend aufzutreten. Ein Künstler, vollkommen isoliert hinter Gittern, dessen einzige Verbindung zur Außenwelt die Malerei darstellt, läßt sich gewiß hervorragend vermarkten.
Daß die besten Bilder Gräfes unter Drogeneinfluß entstanden sind, stört Haiderbeck nicht weiter. Schon immer haben Maler auf diese Weise ihre Phantasien beflügelt. Schließlich schreibt man die Entstehung des Impressionismus dem übermäßigen Genuß von Absinth zu, dem Wermutlikör, der später wegen seiner irreparablen Nebenwirkungen verboten wurde.

»Zweimal Hasenrücken, einmal Ente.« Nadja legt den Zettel auf die Anrichte.
Luzie, die gerade einen Stapel sauberer Teller in den Wärmer stellt, schüttelt den Kopf. »Wir haben keine Ente mehr.« In ihrer Schürzentasche steckt ein Brief. Christina hat geschrieben. Aus England. Seit Luzie Martell sich damit tröstet, daß Christina nie wirklich ihre Tochter war, jedenfalls nicht so, wie andere Mädchen die Töchter ihrer Mütter sind, hat sie Frieden geschlossen. Diese Christina muß man wohl ihren eigenen Weg gehen lassen.
Das Telefon klingelt. »Restaurant Fürst Bismarck, am Apparat Nadja Liedke ... Am Freitag für vier Personen, da muß ich nachschauen. Ja, Sie haben Glück. Sie bekommen unseren letzten freien Tisch. Um zwanzig Uhr dann, vielen Dank.«
Eine Treppe höher liegt Matthias Raveling auf Jelkas Bett.

Die Wände sind frisch tapeziert. Nüchtern grün-weiß gestreift. Die Bilder von Jelkas Mutter haben im Fotoalbum ihre verdiente Ruhe gefunden. Jelka sitzt in Unterwäsche am Schreibtisch, vor sich einen Spiegel, und färbt ihre Augenlider kupfergold. »Ist das zu knallig?«
»Nöö. Sieht cool aus. Können wir jetzt los?«
Sie haucht einen Kuß in die Luft. »Ja, gleich. Nun sei doch nicht so ungeduldig.«
Ungeduldig? Matthias denkt, daß er mehr als geduldig war, daß er wochenlang geschwiegen hat, gewartet, gehofft, gekämpft, sogar gelogen, bis sie ihn endlich wahrgenommen hat. Und dann denkt er, daß diese Kapsel, die eine der beiden war, die er nach jener Nacht sorgfältig in Alufolie gewickelt und mit einem Streifen Tesafilm an die Rückwand seiner Schreibtischschublade geklebt hat, ein geringer Preis für Jelkas Liebe war.
Unschlüssig wühlt Jelka ihre Shirts und Pullover durch. Schwarz ist immer noch ihre liebste Farbe, aber ein bißchen was Buntes gehört dazu. Zum Beispiel diese kultige Siebziger-Jahre-Bluse, die Nadja gestern in einem Secondhandshop entdeckt hat. »Bin gleich fertig. Holst du uns noch eine Cola von unten?«
»Klar.«

Cornwall, in einem kleinen Dorf bei Gunnislake.

Janice zeigt mit dem brennenden Zigarillo auf das altersschwache Sofa, über dem eine rote Wolldecke liegt. Die Frauen setzen sich hin. Freya und Isis nennen sie sich. Sie sind aus Germany gekommen. Jetzt hocken sie ein bißchen verlegen auf der Couch und wissen nicht, was sie sagen sollen. Als wüßte Janice nicht längst alles. Ihr Interesse gilt ohnehin dem Kind. Sie, die Tochter von Isis, trägt eine unglaubliche magische Energie in sich. Sie muß eine uralte Hexe sein. Fraglos hat sie die beiden Frauen hergeführt.

»Hi«, sagt Janice leise. Und dann öffnet sie eine bunt bemalte Blechdose und holt einen Rosenquarz heraus. Er ist nicht größer als der Nagel ihres Daumens, aber kugelrund. Sie selbst hat ihn vor mehr als fünfzig Jahren von ihrer Großmutter bekommen. Wortlos hält sie ihn der Kleinen hin. Und die nimmt ihn genauso wortlos entgegen.

Während die Erwachsenen reden, betrachtet Laura den Stein in ihrer Hand. Er schimmert rosa oder orange, je nachdem, wie man ihn hält. Ganz behutsam tippt sie mit dem Zeigefinger dagegen, so daß er in ihrer gewölbten Handinnenfläche hin- und herrollt.

Laura lächelt. Sie liebt runde, glatte Oberflächen, Dinge, die sich wie von selbst in ihre Hände schmiegen. Solche Kostbarkeiten liegen oft genug am Wegesrand und warten darauf, daß man sie aufhebt. Manchmal behält Laura ihre Schätze für sich, manchmal macht sie auch andere Menschen damit glücklich. Einmal hat sie einen winzigen weißen Bonbon gefunden und Dario geschenkt. Das war in der Nacht, als Dario so traurig war, weil er nicht in Mamas Bett durfte. Später ist Dario fortgegangen. Zu den Sternen, hat Mama gesagt. Aber Dario ist nicht wirklich fort. Sie kann ihn immer noch fühlen. Ganz nah.

[Danksagung]

Ich habe zu danken:

Benjamin Wendelken für die musikalische Beratung, Peter von Pentz für seine fachlich kompetenten Ratschläge, Monika und Erich Wagner, in deren Restaurantküche ich mich umsehen durfte, und Thorsten aus dem Zagor, der mich überzeugt hat, daß die Hexen wirklich unter uns sind.